中华当代学术著作辑要

可持续发展经济学

洪银兴
曲福田 等著

商务印书馆
The Commercial Press
创于1897

图书在版编目(CIP)数据

可持续发展经济学/洪银兴等著.—北京:商务印书馆，2023

（中华当代学术著作辑要）

ISBN 978-7-100-21893-1

Ⅰ.①可… Ⅱ.①洪… Ⅲ.①经济可持续发展—经济发展理论 Ⅳ.①F061.3

中国版本图书馆 CIP 数据核字(2022)第 233307 号

中华当代学术著作辑要

出 版 说 明

学术升降，代有沉浮。中华学术，继近现代大量吸纳西学、涤荡本土体系以来，至上世纪八十年代，因重开国门，迎来了学术发展的又一个高峰期。在中西文化的相互激荡之下，中华大地集中迸发出学术创新、思想创新、文化创新的强大力量，产生了一大批卓有影响的学术成果。这些出自新一代学人的著作，充分体现了当代学术精神，不仅与中国近现代学术成就先后辉映，也成为激荡未来社会发展的文化力量。

为展现改革开放以来中国学术所取得的标志性成就，我馆组织出版"中华当代学术著作辑要"，旨在系统整理当代学人的学术成果，展现当代中国学术的演进与突破，更立足于向世界展示中华学人立足本土、独立思考的思想结晶与学术智慧，使其不仅并立于世界学术之林，更成为滋养中国乃至人类文明的宝贵资源。

"中华当代学术著作辑要"主要收录改革开放以来中国大陆学者、兼及港澳台地区和海外华人学者的原创名著，涵盖语言、文学、历史、哲学、政治、经济、法律、社会学和文艺理论等众多学科。丛书选目遵循优中选精的原则，所收须为立意高远、见解独到，在相关学科领域具有重要影响的专著或论文集；须经历时间的积淀，具有定评，且侧重于首次出版十年以上的著作；须在当时具有广泛的学术影响，并至今仍富于生命力。

自1897年始创起，本馆以"昌明教育、开启民智"为己任，近年又确立了"服务教育，引领学术，担当文化，激动潮流"的出版宗旨，继上世纪八十年代以来系统出版"汉译世界学术名著丛书"后,近期又有"中华现代学术名著丛书"等大型学术经典丛书陆续推出,"中华当代学术著作辑要"为又一重要接续,冀彼此间相互辉映,促成域外经典、中华现代与当代经典的聚首,全景式展示世界学术发展的整体脉络。尤其寄望于这套丛书的出版,不仅仅服务于当下学术,更成为引领未来学术的基础,并让经典激发思想,激荡社会,推动文明滚滚向前。

商务印书馆编辑部

2016 年 1 月

序

厉以宁

1990 年年初,我担任了中国环境与发展国际合作委员会中方委员兼环境经济专家组组长,至今已近 10 年。这些年内,环境、资源、可持续发展成为我研究的重要领域之一。在同北京大学光华管理学院几位研究环境与资源经济学的博士生谈论时,我曾经向他们提出这样三个问题,供他们思考。这三个问题是:

1. 经济学的研究范围有多大?

2. 经济学的边界在哪里?

3. 新的经济学分支学科是怎样形成的?

实际上,这也是我时常思考的问题。我希望经济学界有越来越多的人对这些问题感兴趣,愿意参加讨论。最近我读到南京大学洪银兴同志等所著《可持续发展经济学》书稿,十分高兴。书稿中涉及的若干理论问题,如人口增长、自然资源、生态、环境与可持续发展的关系,产业协调、区域协调、产权、技术进步与可持续发展的关系,文化、法治建设与可持续发展的关系,等等,都同我在上面提到的第一个问题与第二个问题有关,而书稿中关于可持续发展经济学及其理论史的阐述,又同我在上面提到的第三个问题有关。本书是一部专著,有特定的研究对象和研究范围,书中涉及的专门问题,我不想在这里展开陈述自己的看法,但可持续发展经济学作为一门新的经济学分支学科,却引起了我进一步的思考。在应洪银兴同志的约请为本书撰写序言时,我想先就上述三个问题谈一些看法。

一、经济学研究的范围有多大？

这里实际上可以分为两个问题，一是纯经济学的研究范围有多大？二是所有的经济学分支学科加在一起有多大的研究范围？所谓纯经济学，无非就是指经济学基本理论研究。这一研究范围大体上是已有定论的。生产、分配、交换、消费领域内的经济学基本理论，无疑是纯经济学的研究范围。换一个角度来看，宏观经济的、微观经济的、制度经济的理论研究，应是纯经济学范围内的课题。假定按照一种流行的观点，经济学是研究资源配置的科学，怎样合理地、有效地配置资源，怎样调整资源配置以增进公平和效率并使二者协调，同样是纯经济学所要研究的。因此，从纯经济学的含义可以基本上判断出什么问题是纯经济学要研究的，什么问题是纯经济学不研究的。简言之，纯经济学的研究范围就是经济学的基本理论问题。至于所有的经济学分支学科加在一起的研究范围有多大，那就很难说清楚了，因为谁也不知道究竟有多少个经济学分支学科，今后还会出现哪些新的经济学分支学科。19世纪末、20世纪初的经济学大师，像英国的马歇尔，他能料到以后几十年内会出现那么多经济学分支学科吗？马歇尔研究过消费问题，他怎能料到以后会出现消费经济学这一学科？马歇尔研究过福利问题，他在世时还没有福利经济学这一学科，但他去世后不久，福利经济学就产生了。既然谁也不能准确地掌握经济学分支学科的数目，而经济学的研究范围又要把所有的经济学分支学科的研究范围包含在内，那么经济学的研究范围究竟有多大只可能是一个无法回答的问题。

我们也许可以换一种方式来回答。在所有的研究领域内，只要是同经济有关的，总会是经济学某一分支学科所要研究的问题。如果说至今还没有这一经济学分支学科的话，那么随着时间的推移，随着其他学科研究工作的深入、细致，以及随着人们眼界的拓宽，迟早会出现与此有关的经济学分支学科。教育经济学、环境经济学、卫生经济学、信息经济学、旅游经济学等经济学分支学科不正是这样一个个相继出现的吗？何况这里所说的是分支学科，既包括二级学科，也包括三级学科。二、三级学科的出现，意味着经济学的研究范围扩展了，难道三级学科之下不会出现四级学科吗？不管我们是不是把它们称作四级学科，但事实上是存在着四级学科的。这样，我们可以有把握地说：经济学的研究领域将会越来越大，而在每一个具体的研究领域内，研究将越来越深入。

二、经济学的边界在哪里？

经济学研究的边界涉及的是这样三个有关联的问题。一是经济学研究是不是渗入了（或"侵入了"）其他学科的研究领域？二是经济学研究的尽头究竟在哪里？三是经济学研究如果说有一个边界的话，那么边界之内的研究课题是不是也容许其他学科介入？

当然，一个学科的研究不可能没有边界。假定没有边界的话，岂不是任何问题都可以成为某一学科的研究对象了，那么学科的划分也就失去意义了。具体学科研究总是有边界的，问题在于：一个学科的研究边界同另一些学科的研究边界如何划定？以经济学来说，经济学研究是不是渗入（或"侵入"）其他学科的研究领域？不妨以教育经济学和卫生经济学这两个经济学分支学科为例。教育经济学是经济学和教育学的交叉学科或边缘学科，卫生经济学是经济学和医学的交叉学科或边缘学科，既然这两门经济学分支学科都是交叉学科或边缘学科，那么当经济学研究者研究教育经济方面和卫生经济方面的问题时，就不可避免地渗入了教育学和医学的领域。这种渗入是正常的，不然的话，交叉学科或边缘学科怎会产生并发展起来呢？换句话说，在一个学科与另一学科的交叉地带或边缘地带，很难划定两个学科的边界，因为两个学科的研究者在交叉地带或边缘地带开展研究、展开讨论，是正常的、有意义的。在交叉地带或边缘地带完全没有必要去划定这一学科与另一学科的边界。

这样，我们就可以回答"经济学研究的尽头究竟在哪里"这一问题了。经济学研究的尽头在于经济学所有各个分支学科同其他学科的交叉地带或边缘地带。由于交叉地带或边缘地带的范围很广，而且如上所述，很难划定经济学的边界，也没有必要划定经济学的边界，所以，经济学研究的尽头究竟在哪里，只可能笼统地说说，而不可能具体地指出究竟在什么地方。何况，经济学中的分支学科的出现并未到此为止，今后仍会不断出现经济学的新的分支学科。每出现一个新的经济学分支学科，经济学同其他学科之间就会出现一块新的交叉地带或边缘地带。经济学研究的尽头就需要把这块新的交叉地带或边缘地带包括在内。这同样是学术研究中不可遏制的趋势。

尽管"经济学研究的尽头何在"只可能笼统地说说，但经济学研究总有一定的边界，而不可能漫无边际地把任何问题都包括进来。那么，在经济学研究的边界（即使是模糊的、不明确的）之内，是不是容许其他学科介入呢？在这里，有必要先说明这样两点。

第一，其他学科的研究者以个人身份或出于个人爱好而研究经济问题，与我们现在所讨论的学科边界无关。魁奈是医师，他深入研究了经济问题，这不等于说医学研究渗入了经济学研究。与此相似的是，尼古拉斯·巴尔本既是医师，又是建筑商，也是经济学家，我们不能说巴尔本把医学、建筑工程、经济学三者结合在一起了。个人出于爱好或兴趣，从一个学科的研究又转入第二个学科、第三个学科的研究是常有的事情。

第二，既然经济学同其他学科之间存在着交叉地带或边缘地带，而且经济学中会不断出现新的经济学分支学科，那么，我们完全有理由认为，在其他学科中也会出现新的分支学科，研究该学科中的有关经济问题。因此，其他学科研究介入经济学研究领域，是必然的。这里不存在经济学界容许还是不容许其他学科介入的问题。经济学研究渗入其他学科，同样不需要其他学科的容许。即使经济学界不容许其他学科介入经济学研究领域，顶什么用？挡得住吗？

把这些问题弄清楚了，我们也就可以对社会上一部分人中间流行的一种说法做些评论，这种说法是："经济学类的'帝国主义'，老是侵入其他学科的领域；经济学有'扩张主义'倾向，经济学的领域拓展得太宽了……"毫无疑问，这种说法是不符合事实的。如果说某个研究经济学的人对其他学科有兴趣，比如说，他除了研究经济学之外还研究文艺理论或数学，那么这纯粹是他个人的事，同经济学这门学科的研究领域无关，正如一个化学家在闲暇时也探讨些音乐问题或历史问题同化学这门学科的研究领域无关一样。如果说经济学中不断出现新的分支学科，经济学同其他学科之间一再出现交叉地带或边缘地带，那么这是科学进步的结果，而不能把这种情况说成是经济学的"扩张主义"倾向。其实，随着科学的进步，一个学科中不断出现新的分支学科，这个学科同其他学科之间一再出现交叉地带或边缘地带，应当是比较普遍的现象，岂止经济学如此？社会学、法律学、伦理学的分支学科不是也越来越多吗？它们之中每一个都有同经济学交叉的研究领域，难道我们能说社会学（或法律学、伦理学）侵入了经济学的领域，从而有"扩张主义"倾向吗？显然是得不出这样的论断的。

三、新的经济学分支学科是怎样形成的？

新的经济学分支学科的形成通常需要三个条件。

第一个条件是：在新的经济学分支学科形成以前，已经有一些经济学研究者从事有关问题的研究了。他们或者是从经济理论的角度来进行研究的，或者是从有关的实际问题出发进行探讨的。他们在这些问

题的研究中得出一些有价值的看法,从而引起较多的人的兴趣,也愿意
投入类似的研究中。

第二个条件是:这一即将形成的、新的经济学分支学科确实有较大
的发展空间,而且它可以单独成为一个新的研究领域。这样,在研究逐
步深入的过程中,人们逐渐取得了一个共识,即认为有必要也有可能建
立一个新的经济学分支学科。否则,研究无法深入进行下去,还有什么
必要建立新的经济学分支学科呢?

第三个条件是:新的经济学分支学科总是处于经济学同其他学科
的交叉地带或边缘地带,因此,要形成一个新的经济学分支学科,除了
经济学研究者的努力而外,还有赖于与此有关的其他学科研究者的努
力。换句话说,在两个学科的边缘地带形成一个新的边缘学科,需要这
两个学科的研究者的共同努力,缺少任何一方的努力都不行。

具备了这样三个条件,新的经济学分支学科就会逐渐形成。至于
这一分支学科是否被经济学权威性的学科分类机构或文献编纂机构所
认定,那是另一回事。学术研究是学术界的事情,新的经济学分支学科
什么时候载入权威性的学科分类目录或在文献杂志上单列出来,可能
会拖延很久,但只要这一新的经济学分支学科具有广阔的发展空间,并
且有深入挖掘、探讨的余地,那么不管什么时候被权威性的学术分类机
构或文献编纂机构所认定,都无损于这一新的分支学科的继续发展。

以上,我对序言中一开始提出的三个问题一一做了阐述,现在,让
我们转入可持续发展经济学这一课题上来。

可持续发展经济学是经济学中一个新的分支学科,它是形成于经
济学同人口、环境、资源、生态等学科之间交叉地带或边缘地带的一个
新的分支学科。而在经济学内部,它又同发展经济学、人口经济学、教
育经济学、环境经济学、资源经济学、技术经济学、区域经济学、城市经
济学、产业经济学等学科有交叉之处。可持续发展问题是上述各个学

科（不管是经济学以外的学科，还是经济学内部的学科）共同关心的问题，也是所有这些学科的研究者需要共同探讨的问题。可持续发展的重要性，已经被越来越多的人所认识；可持续发展之不易，也已经越来越被经济增长的事例所证实。因此，建立这样一个经济学的新的分支学科，任务是迫切的。那么，可持续发展经济学的研究同经济学中其他分支学科的研究有没有重复之处呢？如果有重复的话，有没有必要另建一个分支学科即可持续发展经济学呢？应当承认，重复是不可避免的，这正是交叉学科、边缘学科的特点，但这并不等于不必建立可持续发展经济学这一新的分支学科了。比如说，可持续发展经济学在研究中要探讨人口、环境、资源等问题，人口经济学、环境经济学、资源经济学同可持续发展经济学在有关问题的重复研究显然是存在的。我们需要有人口经济学、环境经济学、资源经济学的研究，同样需要有可持续发展经济学的研究，在学科与学科之间存在着交叉地带、边缘地带的情况下，研究中有一些重复是没有关系的。可持续发展经济学在研究这些问题时不同于人口经济学、环境经济学、资源经济学之处在于，它是从综合方面对可持续发展问题进行研究的，而且它不限于考察人口、环境、资源问题，它还考察人口经济学、环境经济学、资源经济学所不考察的许多问题。因此，不能因为已经有了人口经济学、环境经济学、资源经济学而不必建立可持续发展经济学了。

洪银兴同志等所著的《可持续发展经济学》一书，尽管书中有些论述还有深化的必要，但毕竟在这个领域内开了一个很好的头。衷心希望他们在现有基础上继续探讨，为这一新的经济学分支学科的建立与发展做出新的贡献。

2000 年 3 月 15 日

目　　录

总论：可持续发展的经济学问题

习近平主席 2020 年 9 月在联合国大会一般性辩论时明确承诺中国碳达峰和碳中和的时间表：2030 年碳达峰，2060 年实现碳中和。十九届五中全会通过的"十四五"规划建议提出："深入实施可持续发展战略，完善生态文明领域统筹协调机制，构建生态文明体系，促进经济社会发展全面绿色转型，建设人与自然和谐共生的现代化。"

可持续发展问题是针对资源、生态、环境提出的，涉及自然、社会、科技、经济等多个领域和学科。从经济学的角度研究可持续发展问题，突出在三个方面。第一，经济学的基本问题是资源配置，需要解决好资源的有效配置问题。自然资源是资源配置的重要方面。一般经济学强调的是资源配置的效率，可持续发展经济学则要进一步强调资源、环境供求的代内和代际公平，不能为满足当代人的福利而损害子孙后代发展。第二，经济学研究的发展问题，不仅要持续更要可持续。这就涉及资源、环境的有限性设置的经济增长自然界限。可持续发展经济学不仅要研究适应自然界限的经济增长，还要在尊重自然前提下突破自然界限的科技进步。第三，经济学研究的经济系统不是孤立的，与人口、资源、生态系统密切相关。可持续发展经济学需要研究经济发展与人口、资源、环境的相关性，寻求人与自然和谐共生、资源节约、环境友好的文明发展道路。其中包括从经济入手解决可持续发展问题。

第一节　经济增长的自然界限

早在一百多年前,马克思在《资本论》中就引用威廉·配第的名言"劳动是财富之父,土地是财富之母"。[①] 恩格斯进一步将此解释为:"劳动和自然界一起才是一切财富的源泉,自然界为劳动提供材料,劳动把材料变为财富。"[②] 可见自然资源在创造国民财富中的重要作用。这里所讲的自然资源是广义的也包括了环境和生态。

经济增长离不开自然资源的供给。土地资源为农业提供劳动对象,为经济增长提供食物和原料。矿产资源为经济增长提供能源和原材料。清洁的土壤、洁净的水和新鲜的空气,多样性的生物是经济增长所要谋求的生态财富。经济的可持续发展牵涉与自然资源、环境、生态的相关关系。社会资源系统、经济资源系统和生态环境系统在人类作用下又分别进行着经济的再生产、人口的再生产和资源环境的再生产,相应地产生一定的经济效益、社会效益和生态效益,经济能否实现可持续发展的基础是这三大系统再生产的协调。

一、自然资源的可持续力

自然资源可以根据研究的不同目的做出不同的分类,在科学上自然资源分为气候资源、水资源、生物资源、土地资源、矿产资源。迄今为止自然资源仍是人类利用最多的资源。今后的经济发展自然资源的作用仍然不会降低。在可持续发展经济学研究的框架内,自然资源有耗竭性资源和非耗竭性资源之分。耗竭性资源进入可持续发展经济学

---

①　马克思:《资本论》第1卷,人民出版社2004年版,第57页。
②　恩格斯:《自然辩证法》,《马克思恩格斯文集》第9卷,人民出版社2009年版,第550页。

研究的视野。耗竭性自然资源可划分为可再生资源与不可再生资源。

可再生资源是指在被消耗以后可以经过人类的努力而得到再生的资源,主要指可以通过繁殖生长而自我更新、自我繁殖的生物资源,包括动物、植物、微生物及其相应的生存环境。可再生资源不等于资源能可持续供给。生态平衡不能维持,动植物的生存环境遭到破坏,这些可再生资源可能不再生。如果由于人类利用方式破坏了生物资源的生存环境和生态的平衡。这些可再生资源也可能成为不可再生的资源。因此可持续发展对可再生资源的要求是促使其保障永续性,防止生态的破坏和动物的灭绝等。

不可再生资源是指经过地质年代形成的,在被消耗以后不可能经过人类的努力而再生的资源。如土地资源,煤炭、石油等化石能源,铁磷等金属矿产资源和非金属矿产资源。不可再生资源意味着资源会最终被耗尽。根据短边原理,不可再生资源是制约经济长期发展的主要因素,不可再生资源也制约着可再生资源在长期内可以利用的程度。人们对某些不可再生的自然资源的稀缺性已经感受到,但对某些却没有感受到。例如,海洋资源,在人们的心目中似乎是取之不尽用之不竭的。其实,这只是表明人类受科学发现的视野限制及开发能力的限制对海洋资源的利用还不够。回顾过去,当一些发达国家发动工业化时,土地、矿产资源在当时也可以说是取之不尽的。而现在呢,谁都会肯定其稀缺性。可以说,科学的发展和应用,既可以降低资源的稀缺性程度,同样也会使一些在今天是相对宽裕的资源进入稀缺性资源的行列。

资源的日益衰减是现代工业文明取得巨大进步的昂贵代价,为了当代发展的需要,对土地、石油、矿产等自然资源采取掠夺式开发与消耗,把资源匮乏的困难留给后人。这种做法的后果是加剧人与自然的矛盾,最终会毁灭人类自己。现在在许多发展中国家出现的不可持续问题已经不是无力给后代人提供发展的条件问题,而是现代人已经缺乏发展的条件。

　　研究可持续发展的关键是明确自然资源的可持续力。可持续发展经济学的一个基本任务是明确将经济规模保持在自然资源持续力的边界内，即最大限度的自然资源持续力所能允许的经济系统的规模，在不破坏我们未来生存的情况下可能达到的经济规模。自然资源的可持续力指的是自然资源、生态、环境在数量和质量上，不仅为本代人，而且为后代人提供可持续的供给。这种可持续力是动态的。资金的投入、技术的进步都可能提高其可持续力，从而为经济的可持续增长提供更大的空间。

　　在现代工业社会中，随着科学技术的发展，人类劳动同自然资源相结合形成财富的规模大大扩大，社会生产力的水平大大提高。这也同时造成社会再生产对自然资源需求的不断扩大。很多自然资源相对于这种不断扩大的需求，其现存量和再生量都表现出日益严重的稀缺性。这种情况迫使人类采取两方面行为。一方面防止经济活动对自然资源的破坏和污染，使自然资源保持其作为使用价值的必要的生态环境质量。另一方面要投入资本、技术和劳动使可再生资源得以更新，促使其再生量逐步等于或超过其耗用量。可持续发展资源观要求我们合理地利用资源。一方面，要节约保护资源使可再生资源的利用速度小于其更新速度，不可再生资源的利用速度小于可再生替代资源的更新速度；另一方面，通过生产力与生产关系的不断创新提高资源产出率，增加资源的有效供给量。

　　在人类发展的进程中，人与自然的关系经过了几个阶段。在农业文明阶段是人被自然支配，刀耕火种，望天收。进入工业文明阶段是人支配自然，最极端的是"让高山低头、河水让路"的理念。其结果是人受自然惩罚，不仅经济发展到了极限，人类的生存条件也难以维持。

　　工业化进程中对自然资源的疯狂掠夺，高废液废物污染，高碳排放的黑色粗放型发展模式造成了空前巨大的生态灾难,环境的自净能力弱化甚至丧失,资源大规模短缺,全球气候变暖等矛盾凸显。当年马克思就发现,自然资源的"丰饶度往往随着社会条件所决定的生产率的提高而相应地减低……例如,我们只要想一想决定大部分原料产量的季节的影响,森林、煤矿、铁矿的枯竭等等,就明白了"。① 针对当时的工业化造成自然界生态平衡的破坏和人与自然关系的恶化状况,恩格斯深刻指出:"我们不要过分陶醉于我们人类对自然界的胜利。对于每一次这样的胜利,自然界都对我们进行报复。"② 如果人类不保持自身与自然的和谐统一,就会危及自身的生存发展。

在低收入阶段所推进的工业化、城市化、重工业化,不可避免地造成资源的耗竭及不可持续供给。依靠化石能源的工业文明给人类造成的生态破坏表现在:自然资源的迅速枯竭,造成生态体系的破坏、物种的灭绝、水质污染、大气污染、垃圾堆积。这种状况就是习近平总书记所指出的:"人类社会在生产力落后、物质生活贫困的时期,由于对生态系统没有大的破坏,人类社会延续了几千年。而从工业文明开始到现在仅三百多年,人类社会巨大的生产力创造了少数发达国家的西方式现代化,但已威胁到人类的生存和地球生物的延续。"③

20世纪70年代罗马俱乐部发布的关于《增长的极限》研究报告指出:面对自然资源日趋耗竭的威胁,人口的增长、经济的增长就有自然界限;能够开采的但不能再生的资源存量的有限性,环境吸收污染的容量的有限性,可耕地的数量的有限性,每一单位可耕地的粮食产量的有限性。这些成为经济增长的自然界限。

① 马克思:《资本论》第3卷,第289页。
② 恩格斯:《自然辩证法》,《马克思恩格斯文集》第9卷,人民出版社2009年版,第560页。
③ 习近平:《之江新语》,浙江人民出版社2013年版,第119页。

　　许多经济学家依据发达国家经济增长的实际状况指出,自然资源供给给经济增长设置的界限是可以改变的。自然资源的稀缺性、不可再生性、不可替代性依靠投资和技术进步是可以改变的。随着科学技术的进步,人类可以从自然界发现新的资源;借助价格机制,可以使相对丰裕的资源替代相对稀缺的资源;借助投资和技术进步,劣等土地可以成为优等土地,消耗的土地可以在一定程度上回复到原有状态,沙漠可以变成绿洲,低品位铁矿石可以化为生铁和铝锭。

　　一般说来,发达国家可依赖其充裕的资本和先进的技术克服大自然的吝啬。对这些国家来说自然资源相对地说不甚重要。但发展中国家自然资源稀缺性的缓解受资金和技术的限制,一个国家越是不发达,资金供应越是小,自然资源供给的数量和性质便愈是重要。就目前来说,发展中国家的经济增长不能不考虑由自然资源供给条件设置的自然界限,不能不考虑资源的有效而充分的利用,不能不考虑改善自然资源的供给条件。

　　在现代经济中,一个国家缺少的资源可以通过国际贸易的途径获得。但这又取决于这些国家的出口竞争和获取国际资源的能力。对不少发展中国家来说恰恰是缺乏这种能力。

二、发展对自然资源的刚性需求

　　现在发达国家对关于可持续发展似乎更为关注,但它们是在其实现工业化后关注此问题的,发达国家当年推进工业化和重工业化时,欠发达国家尚处于农业社会,发达国家可以通过掠夺欠发达国家的资源来实现工业化。进入生态文明时代后,发达国家一方面进行结构转换,将高污染高消耗的行业和项目转移到欠发达国家。它们对欠发达国家存在的不可持续发展问题是有责任的。另一方面又严格要求其碳排放达到发达国家的标准,从某种意义上说是限制发展中国家的发展权。

对发展中国家来说,自然资源的稀缺性及其对增长的硬性约束,不仅在于其缺乏资金和技术,还在于其所处的经济发展阶段,对自然资源有强烈的需求。发展中国家的经济发展正在经历工业化、城市化、重工业化过程。这些过程是一个国家和地区由传统社会进入现代社会,由贫困转向富裕所必须要经过的过程。但是无论是哪一个方面的结构转换都会形成对资源的强烈需求,都可能造成资源的耗竭及不可持续供给,由此形成发展的代价。首先,工业化过程会形成对土地资源、矿产资源、水资源的强烈需求。工业化过程中,因办厂的需要,可耕地转向工业用地是不可避免的。工业生产所造成的环境污染(水污染、空气污染和土壤污染等)和生态的破坏都是发展的代价。其次,城市化过程不只是农村人口进入城市的过程,还是地域城市化的过程。城市化设施的建设,城市规模的扩大,城乡联系的交通网的建设,不可避免地要越来越多地占用可耕地。与城市化相伴的各种城市病,如城市垃圾、废水废气的排放,交通拥挤等都会严重破坏城市环境。第三,重工业化是一个国家制造业现代化的重要阶段。重工业化所要耗费的巨额能源和原材料必然要大大增加对矿产资源的需求和高排放,从而大大增加不可再生的资源的消耗及环境的破坏,甚至影响可再生资源的再生。

发展中国家在经济发展的初期,为了实现赶超,往往忽视可持续发展,不计代价追求增长。尤其是不计自然资源消耗的代价,出现滥用自然资源的状况。我国现在正处于工业化、城市化和现代化阶段,这一过程正是经济结构显著转换的过程,资源消耗推动经济增长的特点较为明显。这种结构转换和经济发展对自然资源形成巨大的需求,从而使本来就捉襟见肘的自然资源更为紧张。再加上现在欠发达国家大都进入工业化阶段,世界范围的资源、环境更为紧张。首先是土地资源的供求矛盾。发展中国家的工业化城市化进程不可避免要占用一部分耕地。这时,为了保证农产品供给不减少并有所增长,往往采取掠夺地力的办法,从而使土地资源不仅减少,而且耕地土质进一步下降,土壤污染问题突出。其次是矿产资源的供求矛盾。发达国家成长的历程表明,工业化是以矿产品消费的迅速增长起步的。英国在19世纪的前80年中,煤消费量增长15倍,生铁消费量增长40倍。美国南北战争后的48年中,铁矿石消费量增长27倍,铜矿石消费量增长47倍,铝矿消费量增长32倍,煤消费量增长38倍,石油消费量增长98倍。现阶段大部分发展中国家正在经历的工业化过程,正是对矿产资源需求的增长阶段。矿产品消费的增长率快于经济增长率。由于世界矿产资源储藏量有限及开采条件的恶化,作为能源的石油、煤炭及矿产资源的供求矛盾将越来越突出。与对矿产资源需求猛增的状况相反,发展中国家受矿产资源储藏量、勘探和开采能力的限制以及进口矿产品能力的限制,矿产品供给的增长缓慢,矿产品供求矛盾也就日益尖锐。这个矛盾在现阶段的中国更为突出。同其他国家相比,中国每单位国内生产总值的能源消耗量特别高。这种状况首先同经济结构相关,我国国内生产总值中工业产值所占的比例高,其中能源密集的产业所占的比例更高。我国能源消耗高的另一个原因是能源利用率低,造成这种状况的因素有技术落后、专业化协作水平低,也有因体制及增长方式原因所造成的浪费严重。

三、发展对生态和环境的严重影响

环境作为稀缺性资源,本身也是经济增长的重要因素。面对经济发展带来的环境恶化问题,许多发展经济学家提出了经济发展是否可取的问题。发展中国家经济要增长,环境要保护,两者要结合进行。发展中国家必须高度重视治理环境的投入,只有这样才能拓展经济持续增长的空间。

环境是指人类进行劳动和生活的空间。使用环境资源不是没有代价的。环境吸收消化污染的容量十分有限,污染吸收不了便会危及人类健康,还会影响生产。现在环境的恶化已经成为人类文明进程的巨大障碍。导致全球变暖的温室效应,臭氧层遭破坏,酸雨污染,水资源危机,土地沙漠化,森林锐减,物种灭绝,有毒化学品污染,垃圾成灾,等等,是环境恶化的主要表现。据世界银行新近发表的报告,全世界每年有 1000 万公顷森林遭到毁灭,由于土壤流失,每年减少 2000 万公顷耕地,严重缺水和水污染每年夺去 2.5 万人的生命,在 20 年内可能1/5 的动植物会在地球上绝迹。

从表面上看,空气和水等环境具有非竞争性和非排他性,是一种"公共物品",生产和生活对它们的消费被认为是"免费"的,既不排他也不竞争,因此不可避免产生了滥用。但是享用空气和水最终不是免费的。现在环境污染造成了社会的巨大损失,不仅导致了因健康水平的下降而造成的费用,而且经济活动造成的环境污染超过了环境的自净能力,就得为此支付费用,更不用说治理环境本身需要支付费用了。这样,越来越高的环境费用必然成为增长的极限。经济增长无力偿付资源和环境投入的成本时,经济增长就会停止。

根据厉以宁教授的分析,环境污染是广泛存在的,无论是生产过程还是消费过程都不可避免地产生物质废弃物和能量废弃物。要求不排放废弃物无异于不允许人类生产和消费。因此人类可以做到的是控制和治理环境污染。他还认为,治理污染只是人类社会的目标之一,不是唯一目标。贫穷之所以是环境保护的大敌,就是因为维持生存的需要会迫使人们放弃环境保护,缺少资金和技术就无力改善环境和生态。

环境经济学常常使用环境库兹涅茨曲线来表示环境污染的程度与经济发展阶段之间的倒 U 型关系(见图 1):经济发展的初期,人类活动范围较小,所使用的环境资源较少,对环境的影响程度有限,此时环境状况比较好,如 A 点;随着经济的继续发展,人类使用环境资源增加,但是对资源的使用和处理方式变化却不大,这样,就开始对环境造成较大的影响,环境的承载能力下降,环境污染问题开始显现并且加重,如下图B点;当人们认识到这个问题以后,就开始注重环境保护,注重经济发展对消耗资源方式的转变,力图减轻人类活动对环境所造成的影响,经济发展也产生了较强的治理环境的能力,相应的环境污染程度则有明显下降,技术的发展胜过资源的损耗,环境污染状况开始减轻,环境逐渐好转,从而进入C点。

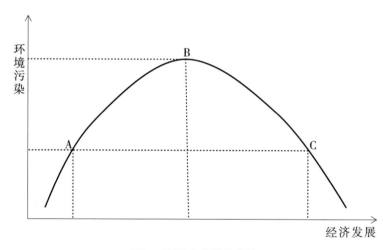

图1　环境库兹涅茨曲线

根据图1,现在发达的现代化国家已经进入C点,而我国正处于库兹涅茨曲线中A点至B点中间的位置,将要进入B点(即碳达峰),人们在承受环境污染所带来的恶果后萌发了环境保护意识,着力建设资源节约和环境友好型社会,加速推进低碳和无碳技术,逐步进入C点(即碳中和)。

人类只有一个地球,欠发达国家在争取其发展权的同时,对可持续发展还是责无旁贷的,工业化一开始就要寻求保障可持续发展的路径,以降低工业化的代价。面对环境压力所造成的增长的极限,我国所推进的现代化必须树立可持续发展的理念,把生态文明建设融入现代化建设的方方面面,确保现代化建设建立在生态文明基础上。从一定意义上说,在已有的发展基础上推进现代化需要集中解决生态和环境问题,不只是解决其症状,更要解决其根源。只有在环境和生态得到根本性好转以后,经济增长才有更大的空间,现代化才可能实现。

第二节　人与自然和谐共生的可持续发展目标

基于对工业文明造成的严重的资源和环境问题的反思,人们对人和自然关系的认识进入了新的阶段,这就是人和自然和谐相处的阶段。其内涵就是习近平在十九大报告指出的:"人与自然是生命共同体,人类必须尊重自然、顺应自然、保护自然。人类只有遵循自然规律才能有效防止在开发利用自然上走弯路,人类对大自然的伤害最终会伤及人类自身,这是无法抗拒的规律。"从经济上研究可持续发展,既涉及发展的效率目标,更突出发展的公平目标。

一、效率与公平包容

经济学研究的基本问题是资源配置,一般经济学所研究的资源配置指的是资源在当代人之间(部门和企业)配置,强调的是资源配置效率。与一般经济学不同,可持续发展经济学研究的是自然资源和环境资源的配置,不仅涉及自然资源在同代人之间的配置,还涉及代际配置,目标不仅追求同代人之间的公平配置,还涉及代际公平配置。因此可持续发展经济学对资源配置的目标体现效率与公平的包容。

现在,在全球环境恶化及资源供给条件恶化的背景下,许多发展中国家推进的工业化、城市化正是西方发达国家曾经经历过的。实现可持续发展,就必须摒弃发达国家所走过的掠夺资源型的工业化模式和先污染后治理的道路,当然,发展中国家为此所付出的成本要比发达国家大得多。

一般地说,没有发展,在原始状态,人和自然最为和谐。这种状态在我们的讨论中没有意义。我们需要解决的是在发展的基础上建立人与自然和谐共生,具体体现在经济发展与人口、资源、环境相协调,这就是可持续发展。

工业化实现了农业文明向工业文明的转变。在工业文明基础上科学技术、经济、政治、文化的现代化都达到了较高的水平。但是随着工业化和城市化快速发展,同时带来了一系列的负面生态效应,如环境退化、资源枯竭、大气污染等全球性问题。经济的高速增长,造成了资源过度开发、生态平衡遭到破坏、环境受到严重污染,其结果就是人类的生存条件遭到破坏。虽然由于经济增长,人们的收入水平提高了,但是人们的健康水平受到显著影响。这种发展显然是不值得的,也是不可持续的。

所谓可持续发展,世界环境和发展委员会的解释是:"人类有能力使发展持续下去,也能保证使之满足当前的需要,而不危及下一代满足其需要的能力。"[1] 可持续发展概念的提出实际上开辟了通向经济发展新时代的道路,也就是满足当代人的福利又不损害子孙后代福利的可持续发展道路。可持续发展是个系统,其内涵非常深刻。

首先,可持续发展要求代内公平,要满足所有人的基本需求,向所有人提供实现美好生活愿望的机会。现阶段的突出问题是存在发达国家同欠发达国家之间的发展差距。发达国家现在达到的发展水平是以当年不公平地掠夺不发达国家的资源和环境为代价的。而不发达国家的首要任务是消除贫困,并在此基础上实现现代化。从其最为紧迫的

---

[1]　世界环境和发展委员会:《我们共同的未来》,吉林人民出版社 1997 年版,第 10 页。

摆脱贫困的目标来说,发展中国家不能牺牲发展来承担全球性的保护资源和环境的责任。为了满足发展中国家的基本需要,不仅需要这些国家的经济增长水平达到一个新的阶段,而且要保证其能得到可持续发展所必需的自然资源的合理份额。可持续发展的这个要求也体现在国内发达地区与不发达地区的关系上。区域协调发展就是解决同代人公平享用稀缺资源。

其次,可持续发展要求代际公平。当代人过多、过快、过量开采自然资源,使其被耗竭而不能持续到未来,会使我们的子孙承受损失。实际上当代人已经承受前人过量消耗资源的后果。现在对资源的挥霍浪费的结果,将使后代人迅速地失去发展的资源。因此,这种经济增长就是牺牲了后代人发展条件的经济增长。从一般的经济学角度考虑,现有的资源应该得到充分利用,充分地对经济增长起作用,达到"充分就业"状态。可持续发展经济学即便是考虑效率,也不是不要这些要素"就业",而是要使这些"就业"的资源得到最有效的利用,要求这些要素在节约使用的条件下充分发挥推动经济增长的效能。而从代际公平的角度考虑,对不可再生的资源,就不能让它在当代"充分就业"。

再次,可持续发展并不是不要发展,而是在发展中采取积极的措施,调整发展战略,转变发展方式,减少向自然界的索取,增加对自然界的投入,改善自然资源的供给条件。转变经济发展方式,最为突出的是改变以化石能源为基础的高排放的工业模式。按照可持续发展要求形成的新的经济发展方式是:从对自然资源竭泽而渔的做法,转向以再生能源为基础,重复或循环利用资源;由先发展后治理环境转向边发展边治理环境,并进一步转向先治理环境后发展。自然资源的可持续发展包括:水资源的保护和开发利用,土地资源的管理与可持续利用,森林资源的培育、保护和管理,海洋资源的可持续开发与保护,矿产资源的合理开发利用与保护,草地资源的开发利用和保护,等等。就产业发

展来说,主要涉及农业和农村的可持续发展,能源原材料工业的可持续
发展。

今天强调经济发展的可持续性,正是人类在享受工业文明、现代文
明的辉煌成果的同时付出沉重代价以后,重新审视经济发展与生态环
境相互关系正反两方面的经验与教训基础之上进行总结、反思与创新
的结果。可持续发展理论的创新,一是在价值观上从过去的人与自然
的对立关系变为和谐关系,二是在发展观上从过去的追求单纯经济指
标转变为追求经济、社会及自然的协调发展。

二、生态文明和绿色发展

生态文明阶段是人与自然和谐相处的阶段。绿色发展作为一种发
展理念体现为尊重自然、顺应自然、保护自然。根据这种发展理念,人
们不仅拒绝对大自然进行野蛮与粗暴的掠夺,而且积极改善与优化人
与自然的关系,从而形成人与自然、人与社会和谐共生、良性循环、全
面发展、持续繁荣的生态环境。人类的生产生活方式以最适宜的文明
方式影响和介入自然,以换取自然对人类活动的最佳反馈。

在经济发展处于低水平时,人民期待解决温饱问题,因而也会容
忍破坏环境和生态的发展方式。科学技术的发展日新月异,推动了经
济的快速发展,这极大地改善了人们的生产、居住、医疗、娱乐的条件。
互联网、人工智能等最新的技术和产品丰富了人们的生活。人们在开
始享受经济增长成果的同时,也不得不承受环境破坏的后果,如全球变
暖、酸雨、物种减少、臭氧层空洞、沙尘暴、雾霾等,这是人们在为自己
的经济发展方式付出代价。

经济发展进入新时代,全面建成小康社会并开启现代化进程以后,
生态文明成为人民对美好生活的一种向往。人民对现代化的期待突
出在受教育水平和健康水平的提高。影响健康水平的不仅仅是医疗水

平，还有直接影响健康水平的环境质量。人民不会容忍危及健康和生存的大气污染、水污染和土壤污染。人们的环境保护的意识得到了空前提高。对老百姓来说，不仅需要通过现代化获取更多的物质财富和精神财富，还要获取更多的生态财富。

生态文明的提出不是不要经济发展，不是退回到原始的生态和谐，而是要在发展的基础上解决生态问题，化解生态危机，和谐人与自然的关系，实现理性发展。绿色发展实际上是可持续发展。

生态文明特别关注影响人类可持续发展的生物圈环境，即生态环境。人的生存和发展所处的生态环境包括生物圈和人与自然界以及与人们自己所创造的周围事物的关系。生物圈包括地球、地球表面的大气以及这个星球上的全部生物。在这个生物圈中，人口与社会经济，通过能量与物质在时间、空间上不同规模的流转，成为生态环境密不可分的一部分。因此，人类对自然资源的开发与废弃物的丢弃并不是孤立的行为，而是作用于同一环境中，且这两种活动都影响着自然环境所提供的支持功能。健康的生态系统是人类繁荣的前提条件。毕竟，并不是人类创造了地球，而是从地球生物圈中进化而来并与之发展。因此从整个系统的整体关联角度来看待经济与生态系统，对于获得与环境的持续关系和确保人类在地球上的继续生存具有非常重要的意义。

建立一个生态文明、绿色宜居的美丽中国是题中应有之义。这就需要把生态文明建设放在突出地位，融入经济建设、政治建设、文化建设、社会建设各方面和全过程。基于对我们所处的生态环境的认识，面对已有的经济发展方式对生态环境的破坏，推进生态文明建设，就不仅仅是简单地从污染治理入手，而是从改变人的行为模式出发，改变经济和社会发展模式。需要坚持节约资源和保护环境的基本国策，坚持节约优先、保护优先、自然恢复为主的方针，着力推进绿色发展、循环发展、低碳发展，形成节约资源和保护环境的空间格局、产业结构、生产方式、生活方式,从源头上扭转生态环境恶化趋势,为人民创造良好的生产生活环境。努力建设美丽中国,实现中华民族永续发展,为全球生态安全做出贡献。

三、生态财富观

财富是经济学的重要概念。绿色发展的理念包含财富观的创新。财富观是指人们对财富价值的理解。传统的财富观是物质财富观,对财富这一概念的理解局限在依附于特定的实体物质的使用价值上。进入新时代形成的共识是,"绿水青山就是金山银山"。干净的水、清新的空气、多样性的生物、绿色的环境是宝贵的生态财富。进一步说,绿水青山要成为金山银山,关键是形成生态财富。环保产品、生态旅游休闲、生态康养等都是生态财富的部分,包含生态价值。这种财富观体现人与自然的和谐共生。经济发展不仅要谋求物质财富,还要谋求生态财富,不能为谋求物质财富而牺牲生态财富。基于生态财富观,习近平同志明确提出"牢固树立保护生态环境就是保护生产力、改善生态环境就是发展生产力的理念"。[①]进入现代化阶段的绿色发展理念不仅仅是保护环境和生态问题,还要治理和改善过去的发展所遗留的环境生态问题,提供人民美好生活所需要的高质量的生态产品。

既然明确了生态财富的概念,就有必要建立绿色GDP的概念并以此为导向。在现行国民经济核算体系中,国内生产总值(GDP)指标既没有真实反映预防环境污染的费用,也没有考虑自然资源存量的消耗与折旧及环境退化的损失费用,从而给经济发展产生了错误导向,直接导致了以环境资源存量和质量迅速恶化为代价的虚假繁荣。最明显的

---

① 2013年5月习近平总书记在中央政治局第六次集体学习时的讲话。

例子是"砍树有产值,种树无产值"。

　　针对现行的 GDP 的缺陷,一些经济学家和国际组织相继提出了改进 GDP 衡量指标的方法。世界银行在 20 世纪 80 年代初提出的"绿色核算"(green accounting),以及随后提出的"绿色 GNP/ 可持续收入"概念迅速为人们所接受,并逐步成为衡量现代发展进程的宏观核算指标。相应地,资本包括人工资本(厂房、机器及运输工具等)、人力资本(知识和技术)以及环境资本(矿产、森林及草原等)。既然明确了生态财富的概念,绿色 GDP 计算就不仅有对 GDP 的扣除,也有 GDP 的增值。环境污染造成的损失以及为此而支付的成本是"绿色 GDP"概念中界定的扣除,生态投入及相应的生态产出就应该作为财富的增加计入 GDP,其中包括类似于土地资本的生态资本(矿产、森林及草原得到改良的资本)。[①]

第三节　改善资源和环境的投入

　　面对自然资源的逐渐枯竭,环境的恶化,可持续发展不能停留在节约资源和减少排放上,还要加大对资源和环境的投入。一般说来,依赖其充裕的资本投入和发达的技术可以克服大自然的吝啬,发现新的资源和材料,改变现有资源的性能,提高其生产率。可持续发展经济学所要研究的重要课题是,如何加大对资源的投入以改善资源和环境,增加其供给,从而突破经济增长的自然界限。激励对自然资源投入相关的经济学范畴,除了前述谋求生态财富外,还有:一是边际收益递减规律,二是产权约束,三是自然资本积累。

---

① 　2018 年诺贝尔经济学奖得主诺德豪斯指出:考虑到外部性问题,把城市中的污染、国防开支和交通堵塞等经济行为产生的社会成本从 GDP 中扣除;同时加入以往通常被忽略的经济活动,例如家政服务、社会义工等,因此奠定了"绿色 GDP"核算的理论基础。

一、边际收益递减规律

在微观经济学中,要素的边际收益递减规律是指如果在生产过程中保持其他要素投入的数量不发生变化,只改变一种要素的投入数量,那么最后追加的一单位可变数量要素所带来的产出的增加将会随着这种要素投入量的逐渐增多而越来越少。

边际收益递减规律最为典型的一个例子,便是传统农业中土地和劳动等要素。假设在一块固定面积的土地上,随着劳动这一可变要素数量的变化,总产量、平均产量和边际产量也会发生变化。总产量是指生产要素投入后所能够获得的全部产量。平均产量是指平均每单位可变要素投入后可以获得的产量,它等于总产量除以可变要素的投入数量。边际产量是指增加一单位可变要素的投入所获得的产量的增量,即边际报酬。上述产量都是随着投入可变要素的数量的变动而变动的。开始时,随着劳动这一可变要素投入的增加,边际产量也会增加。当边际产量随着劳动投入数量的增加而增加时,总产量也是增加的。当边际产量增加到一定量以后,就会开始递减。此时总产量虽然仍会继续增加,但是增加的速度却越来越慢。当边际产量下降为零时,总产量会达到最大,之后随着劳动要素的继续增加,边际产量成为负数,总产量也转而下降。

边际收益递减的规律告诉我们,劳动的边际报酬递减,并非因为使用了效率更低的劳动者,而是因为,在数量固定的土地上使用了过多的劳动力,使劳动力的作用不能充分发挥。在一些要素(如自然资源)的数量固定或有限的情况下,通过增加可变要素数量来获得更多产量的效果是有限的。克服和缓解边际收益递减趋势的唯一可能是对自然资源的投资和推进技术进步。马克思曾经以土地肥力为例说明改变边际收益递减趋势的途径,耕作的自然规律是:一开始不需要或者很少一些投资便可以直接利用土地的自然肥力，当耕作已经发展到一定水平时土地肥力已经相应消耗的时候，资本会成为土地耕作上的决定因素。[①]反过来也可以说，由于边际收益递减规律的作用，增加每一单位产出所需要的投资也会增加。其他自然资源的开发和利用也是一样的道理。经济越是发展，各类经济发展的要素供给条件方面的投资也就越重要。正是在这一意义上，发展经济学家普遍认为："自然资源匮乏的唯一判断是成本，而不是实物的稀缺。"[②]

面对由自然资源供给条件设置的自然界限，要实现经济的持续增长，需要以资本和先进的技术克服大自然的吝啬。就是说，要从自然界取出资源，就要给自然界投入。经济越是发展，对改善自然资源供给条件方面的投资便越为重要。尽管科技进步在克服经济增长的自然界限方面令人神往，但在现阶段的发展中国家普遍存在技术供给不足的问题。因此自然资源的稀缺性及可耗竭性对经济增长的制约作用依然很大。面对这种状况，需要加大对自然资源的投资力度，尤其是加大提高自然资源质量和改善资源供给条件的技术进步的投入。引导固定资产投资较多地投向旨在降低能源、原材料消耗的技术改造项目。针对由于技术原因，能源密集度超过了发达国家的水平，以及能源的有效利用率很低的现状，对能源使用较多的部门进行技术改造，将能大大地节约能源。特别重视钢铁、石油精炼、水泥和化学工业等部门的技术改造。

二、资源产权的激励和约束

经济学中有"公地的悲剧"理论，说明土地公有会导致公有地滥用，无人从自身利益上去关心。这实际上涉及的是产权制度问题，反映

① 参见马克思：《资本论》第 3 卷，人民出版社 2004 年版，第 733、762 页。

② 金德尔伯格：《经济发展》，上海译文出版社 1986 年版，第 90 页。

出共有产权或者产权不明晰所存在的资源配置上的弊端。我国目前农村土地集体所有,城市土地国有,森林、矿藏国有。问题是这些公有的资源一定会导致"公有地悲剧"吗?

研究产权制度可以发现,公有的资源产生滥用的"悲剧",根本原因是产权主体不明晰。根据"公有地悲剧"的含义,如果对公有的资源能够明确产权主体,"公有地悲剧"就不会发生。从我国改革的实践看,国有企业原先是人人所有,人人都不所有,因此国有资产无人关心,导致国有企业普遍亏损。经过改革,在企业中建立以现代产权制度为核心的现代企业制度,国家对国资的管理转向管资本为主。实际上明确了国有资本的产权主体,明确了国有资本的产权归属和责任,这时国有资本就有主体实实在在地关心。这说明在公有制框架内还是能够明确产权主体的。

产权被用来界定人们在经济活动中如何受益、如何受损,以及他们之间如何进行补偿的规则。产权激励制度涉及产权的界定、配置和流转,把人们经济活动的努力和财产权利紧密地联系在一起,明晰企业产权的归属、控制、产权收益和风险,把经济活动的风险和财产收益联系在一起。这是稳定持久的激励。有恒产者有恒心。经济行为收益同风险相匹配,最致命的风险是产权丧失,最重要的收益是财产增值。其具体体现是,谁对自然资源投资,谁收益。

排他性产权制度可以改变人们对公共财产的过度使用现象,提高公共资源的利用效率。产权制度规定了经济行为主体在稀缺资源使用方面的地位,规定了每个行为主体在其他行为主体的相互交往中必须遵守的规范和不遵守这些规范时所必须付出的成本。在资源相对变得稀缺、价值增加时,排他性产权制度的建立对于增加社会产出、满足人类生存和发展需要发挥了重要作用。按此要求,对土地和自然资源,凡是能够明确私有产权的尽量明确其私有产权,从而使自然资源得到私人产权利益的关心。而对一些仍然必须保持国有产权的自然资源也要克服"公地的悲剧",必须健全国家自然资源资产管理体制,统一行使好自然资源资产所有者职责,尤其是要把资产责任明确到人(政府官员)。

与绿色GDP指标相关,中共十八届三中全会明确提出完善发展成果考核评价体系,纠正单纯以经济增长速度评定政绩的偏向,加大资源消耗、环境损害、生态效益等指标的权重,对领导干部实行自然资源资产离任审计,建立生态环境损害责任终身追究制。特别是对重要的河流设河长制,明确领导干部的职责,就能有效地克服公共资源无人负责的问题。

三、自然资本及其积累

马克思的土地资本理论指出了对土地等自然资源投资的意义。马克思把投入土地的资本称为土地资本,其具体内容是:"资本能够固定在土地上,即投入土地,其中有的是比较短期的,如化学性质的改良、施肥等,有的是比较长期的,如修排水渠、建设灌溉工程、平整土地、建造经营建筑物等。"[1] 改良土地会"增加土地产量,并使土地由单纯的物质变为土地资本"[2]。马克思认为,"没有一块土地是不用投资就提供产品的"[3]。土地作为自然力对农业发挥作用,绝不意味着自身不需要得到投入。土地作为一种自然力,不是取之不尽、用之不竭的。随着社会经济的快速发展,土地自然力不仅需要补偿,还需要投入资本,建立人们合理利用自然力的有效机制。

---

① 马克思:《资本论》第3卷,人民出版社2004年版,第698页。
② 同上书,第698—699页。
③ 同上书,第798页。

　　首先，就土地资源来说，工业化、城市化不可避免地需要占用土地，实现可持续发展的要求是，通过对土地的投入，增加土地供给、提高土地资源质量，以弥补被占用的和枯竭的土地，也可以通过开发新的土地资源如将荒地、滩涂转化为可耕地，来弥补被占用的土地。通过土地资本积累改良土壤和其他自然资源的生长条件，使其产生人工肥力或提高丰度，增加优等资源的供给，从而提高土地及自然资源的生产率。

　　其次，土地资本的确认直接影响土地价格。就如马克思在回答土地价格是怎样决定的问题时指出："土地的价值现在就要增加。他不单是出卖土地，而且是出卖经过改良的土地。"原因是："一块已耕的土地，和一块具有同样自然性质的未耕土地相比，有较大的价值。"[①] 这意味着土地价格中必须包含土地资本价值。现实中的关键问题是土地资本的收益的归属和实现问题。解决好谁投资谁收益。现实中农地所有权、承包权和经营权"三权"分置的背景下，哪个环节都可能成为土地资本投资的主体，因此没有必要明确该由哪一种权利获取土地资本收益。不论在哪个环节，谁投资谁就拥有土地资本。

　　再次，土地资本价值在流通中实现。资本价值的实现离不开流通。就如马克思所说，价值不能在流通中产生，又不能不在流通中产生。长期以来，以价格衡量的农产品收益中实际上不包含土地资本的收益，因此农业经营收益整体较低。现实中，土地资本收益实际上是在土地流转中得到实现，土地承包者流转经营权时的土地流转价格包含土地资本价值，其土地资本投入就能得到回报。取得土地经营权的主体在对经营权再流转时，其土地资本投入在土地价格中得到回报，也就在其经营期间有土地资本投入的积极性。

---

　　① 　马克思：《资本论》第3卷，人民出版社2004年版，第699页。

以上土地资本原理可以用到其他自然资源中去。各种自然资源都应该有资本的概念，只要是向自然资源的投资都会形成相应资源资本，这就是自然资本。如改善环境的投入形成环境资本，提高矿物品位的投入形成矿物资本，改善水质的投入形成水资本，等等。这样，向自然资源的投入涉及两方面：一方面开发新资源，以替代不可再生的和稀缺的资源；另一方面通过资金积累和劳动积累，改良土壤和其他自然资源的生长条件，使其产生人工肥力或提高丰度，增加优等资源的供给，从而提高土地及自然资源的生产率。

对自然资源和环境的投入，政府有不可推卸的责任，政府财政资金的分配应增大投向自然资源的份额。但不能只是靠政府投资，需要全社会的投资，绿色金融就是其中的一个重要的投资机制。在投资主体多元化的条件下要调动各方面增加对自然资源投入的积极性。刺激手段大致有：（1）投资收益即级差收益 II 必须归投资者所有；（2）保证土地等自然资源的经营者（投资者）能够在经营他所投资的土地等自然资源期间得到投资收益，以提高其向自然资源投资和进行劳动积累的积极性；（3）调整价格体系，提高农产品、矿产品和能源的价格。在现行的价格体系中农产品、矿产品和能源的价格过低，价格不能抵补成本费用的支出。这些产品价格考虑到资源资本适当提高以后，这些部门便可提高自我积累的能力。

基于上述自然资源资本积累的分析，需要调整自然资源投资结构，提高自然资源投资的效益。自然资源投资结构的调整包括三个方面：一是借助投资寻找替代品，使廉价的资源替代日益枯竭并昂贵的资源；二是根据资源的丰裕程度、开采的难易程度、国民经济的需要程度，确定对各种资源投资的优先次序；三是在自然资源投资中突出保护和改善自然资源供给条件的投资。

第四节 可持续发展的经济行动

一、外部效应内部化

影响资源和环境不可持续供给的微观原因,可以用微观经济学中的外部性原理来说明。外部性是指某个经济单位的经济活动所产生的外部经济效应。外部效应有外部正效应和外部负效应,例如在某个地区办一个企业,可能产生增加就业岗位等外部正效应,也可能产生排放污染物等外部负效应,影响经济的可持续发展。所谓的市场失灵指的外部性,就是这种效应。

就环境而言,外部不经济实际上是私人成本社会化。由于逐利动机的驱使,生产者一般不会对其生产过程中产生的废弃物进行治理。因为对废弃物进行治理要花费一定人力、物力,增加其私人成本。生产者不愿对废弃物进行治理而将其排入环境中,就对社会造成经济损失,即社会成本。生产者"节约"了自身治理污染的私人成本,而使社会为此付出了代价,即私人成本社会化。显然,要解决生产的外部不经济,必须通过社会成本内部化(私人化),即由生产者本身承担治理污染的费用,从而减少污染,增加社会福利。从资源配置角度看,外部不经济的内部化,可使厂商在充分考虑其行为会对社会产生危害的情况下,更合理有效地配置资源。这样,将个人利益与社会利益统一到一起,减少了资源的浪费和环境污染。这无疑可以促进资源的永续利用,有利于经济可持续发展。

外部性理论说明,经济活动当事人因其活动的外部正效应和负效应可能产生相应的收益和成本。就是说,经济活动当事人可以因其产生的外部正效应而向得益者收取费用,也可以因其产生的外部负效应向受害者支付补偿费，即所谓的外部成本的内部化。因此解决外部性问题可以通过外部效应内部化，使生产中对外部社会所产生的效应纳入生产者的经济行为中，其机制包括两个方面，一是靠市场机制有效地控制外部不经济；二是靠政府行为（如税收）或法律的手段控制外部不经济的发生，鼓励对社会产生正的外部经济效应。一般说来，扭转环境恶化趋势主要靠行政和法律手段，主要手段是征收庇古税，即对导致环境恶化的活动征税。诺贝尔经济学奖得主诺德豪斯极力主张从排放许可制度转向征收碳排放税。目的是使排放污染者为排放污染而付出代价。对汽车排放尾气征税，会使采用洁净运输方式易于接受。国家也可以借助政策和法律的机制筹集环境保护资金，其中包括要求企业直接承担环保费用等。经济活动当事人为其产生外部负效应而支付费用固然可以对其行为有所遏制，但是不可能完全克服其外部负效应，仍然需要发挥市场机制的调节作用，主要路径是建立体现可持续发展要求的资源价格调节机制。资源价格体现资源的稀缺性，资源的配置只有通过价格调节机制，才能达到资源的优化配置和节约使用。资源价格是一个价格比例，不同资源的价格由各自市场的供求决定，最短缺的资源价格更高，反之亦然。使用者就会依据价格对各种资源需求替代，对最稀缺的资源最节省地使用，从而使资源组合搭配达到最优。与此同时，为克服价格机制的局限性，可以将庇古税、碳排放税以及许可证制度与之配合。

二、可持续发展的创新驱动

绿色发展的理念，体现人民对美好生活的追求，既要求发展又要求绿色，两者完美结合的主要驱动力是创新驱动。

习近平同志在 2015 年气候变化大会开幕式上发表重要讲话，强调应对气候变化不应该阻碍发展中国家消除贫困、提高人民生活水平的合理需求。同时明确通过科技创新和体制机制创新，实施优化产业结构、构建低碳能源体系、发展绿色建筑和低碳交通、建立全国碳排放交易市场等一系列政策措施，形成人与自然和谐发展现代化建设新格局。我国提出，二氧化碳排放力争 2030 年前达到峰值，2030 年单位国内生产总值二氧化碳排放比 2005 年下降 60%—65%，非化石能源占一次能源消费比重达到 20% 左右，森林蓄积量比 2005 年增加 45 亿立方米左右。到 2060 年实现碳中和，为全球生态安全做出新贡献。

　　无论是资源节约还是环境友好的基本路径是创新驱动，涉及在产业、科技和消费三个层面的创新。

　　第一，产业创新。近期流行的美国学者杰里米·里夫金的关于第三次工业革命的著作从所用能源的角度划分工业时代。他把第二次工业革命称为化石能源的时代。进入 21 世纪，曾经支撑起工业化生活方式的石油和其他化石能源正日渐枯竭，那些靠化石燃料驱动的技术已陈旧落后，以化石能源为基础的整个产业结构也运转乏力，更糟糕的是使用化石能源的工业活动造成的碳排放破坏地球和气候生态系统并危及人类健康。这就催生了第三次工业革命。正在到来的第三次工业革命，根据里夫金的定义，以可再生能源为基础，是互联网技术和可再生能源的结合。现在我国已经明确了碳达峰和碳中和的时间表。实现这个目标，关键是产业创新，尤其是产业更新。不仅是高耗能高排放的产业逐步被淘汰，更为重要的是能源产业本身将会产生革命性变化，目前的化石能源产业将逐步被光伏、氢能源之类的新能源产业所替代。与此相应，环保产业、生物技术产业都将成为支柱或主导性产业。

　　第二，科技创新。绿色发展不意味着不要制造业，而是要求制造业采用绿色技术。面对化石能源枯竭，温室气体大量排放，人类必须为生产生活发展廉价的新能源，提供代替石油的新一代燃料和高密度储能的材料、器件和技术。科技创新有四大方向：一是攻克大气污染控制、水体污染治理、土壤污染治理、废弃物资源化利用等关键技术，提高生态承载能力；二是创新高效低耗、高品低密、高标低排、无毒无害、清洁健康等绿色技术，改造整个制造业，使整个工业生产过程绿色化，包括以节能减排的新技术，替代或节省日渐枯竭的不可再生资源；三是创新环保和低碳技术，减少碳排放，以新能源和清洁能源逐步替代化石能源，尤其是改变目前以煤炭为主的能源结构，提高能源利用效率；四是推行循环经济技术。所有这些都是创造生态财富的路径，其投入所产生的收益都应计入体现财富增加的 GDP 中。

第三，绿色低碳消费。生态文明全社会共享，也需要全社会努力。现实中不只是生产方式破坏环境和生态，消费方式也会破坏环境和生态。这种消费方式既有低收入阶段不讲卫生、不注意环保的陋习，也有向中等收入阶段转型时期的享受型消费方式，还有沾染奢靡之风的浪费型消费。适应生态文明要求的消费是绿色、低碳、节约资源的文明消费，这也是现代化的生活方式。这种生活方式包括购买绿色低碳消费品，使用环保、可循环使用的产品，反对浪费，鼓励公共交通，使用新能源汽车，减少汽车尾气排放，拒绝使用难以降解的塑料袋之类的包装物，使用低排放的生活燃料，等等。所有这些需要淘汰的消费品和服务都需要相应创新的消费品和服务来替代。

三、新型工业化和循环经济

我国的经济发展目前从总体上处于工业化阶段，有的地区的工业化已进入工业化的后期阶段。无论工业化处于什么阶段，都需要走新型工业化道路，这就是经济效益好、科技含量高、资源消耗低、环境污染少、人力资源优势得到充分利用的工业化道路。这里讲的新型，第一相对于我国原有的工业化道路是新型的，第二相对于西方发达国家的工业化道路是新型的。其核心是产业基础高级化，改变依赖化石能源的产业基础。

新型工业化道路反映经济增长模式的转变。最为突出的是改变传统的片面追求产值、偏重工业偏废农业的发展模式。改变曾极大地提高生活水平的以矿物燃料为基础、一次性物品充斥的西方工业模式。在处理发展与治理环境污染方面，由先发展后治理转向先治理后发展。我国正在实施的长江经济带发展战略思路就是共抓大保护，不搞大开发。

一般的工业化都会经历高消耗高污染的阶段，如重化工业阶段。重化工业的一般特征是占用土地资源多、不集约，资源消耗大，环境污染严重。新型工业化要求依靠最新科技跨越这个高消耗高污染的阶段。特别是通过推进信息化，使工业化水平一下子进入国际前沿，同时以寻求对物质资源的替代和节省，实现低物质消耗，以清洁生产并降低污染。

马克思最早提出循环经济思想，他说，科技的每一个进步，不仅增加有用物质的数量和用途，从而扩大投资领域，"它还教人们把生产过程和消费过程中的废料投回到再生产过程的循环中去，从而无须预先支出资本，就能创造新的资本材料。"[①] 发展循环经济是突破经济增长的资源供给障碍的重要途径，也是实现可持续发展的重要方面。循环经济既是一种科学的思想理念，又是一种先进的经济模式，可以从根本上消除长期以来经济增长与生态环境之间的尖锐冲突。

循环经济体系是以产品清洁生产、资源循环利用和废物高效回收为特征的生态经济体系。在工业生产过程中，企业生产会产生大量生产剩余物，这些剩余物中部分仍可回收再利用。将其加以回收，一方面可节约能源，另一方面可减少环境剩余物质。这个过程不仅是企业自

---

① 马克思：《资本论》第 1 卷，人民出版社 2004 年版，第 699 页。

己消化自己产生的成本，还可能创造新的价值。由于循环经济将对环境的破坏降低到最低程度，并且最大限度地利用资源，其结果是节约资源、提高效益、减少环境污染，降低经济发展的社会成本。

循环经济涉及生产、消费、回收等各个环节，涉及工业、农业、服务业等各个领域，涉及城市和农村各个区域。因此推进循环经济涉及整个国民经济的调整：在工业经济结构调整中，要以提高资源利用效率为目标，降低污染物排放强度，优化产业结构，淘汰和关闭浪费资源、污染环境以及落后的工艺、设备和企业。在农业经济结构调整中，要大力发展生态农业和有机农业，建立有机食品和绿色食品基地，大幅度降低农药、化肥使用量。在技术结构调整中，发展高新技术尤其重视研发循环经济技术和生态技术，大力发展节能、降耗、减污等高新技术。居民生活消费领域中推广垃圾分类，回收可循环使用的生活垃圾。

四、有效市场和有为政府的结合

讨论可持续发展中的市场有效和政府有为，需要区分对自然资源的调节和对环境的保护两个层面。在每一个层面上都不排除政府和市场的结合作用。

在自然资源层面上的可持续发展有两方面要求：一方面需要加大对自然资源投入的力度，提高自然资源的品位，增强自然资源的可持续供给能力；另一方面需要有效利用稀缺资源，节约和集约利用自然资源，克服滥用和浪费自然资源。在这个层面上市场调节最为有效，市场决定配置的资源无疑包括自然资源。由于石油等矿产之类的自然资源及其衍生品能源等，基本上由国家（通过国有企业）垄断，土地国有或集体所有，不意味着这些自然资源都归政府行政性调节，实际情况是政府对资源的调节常常是低效率和僵化的，尤其是"公地悲剧"难以遏制对自然资源的滥用和浪费。在这方面市场机制的作用最为有效，主要路径是两个方面:一是自然资源商品化,建立和完善自然资源市场化配置的机制;二是建立体现可持续发展要求的资源价格调节机制。资源价格体现资源的稀缺性,资源的配置只有通过价格调节机制,才能达到资源的优化配置和节约使用。具体地说:第一,资源的市场价格调节资源流向要素生产率较高的部门;第二,资源的市场价格迫使使用者对资源进行成本和效益的分析,最节约地使用资源;第三,资源价格是一个价格比例,不同资源的价格由各自市场的供求决定,最短缺的资源价格更高,反之亦然。使用者就会依据价格对各种资源需求替代,对最稀缺的资源最节省地使用,从而使资源组合搭配达到最优。

在环境保护层面上,根据外部性原理,市场对此是失效的,政府必须有所作为。政府作为的途径是多方面的,其中包括:第一是规划,涉及生态和环境规划、主体功能区规划等;第二是法治调节,以严格的环境立法和执法规范各个行为主体的行为;第三是公共政策,涉及庇古税、碳排放税之类的税收调节,许可证制度,公共投资,绿色金融,等等。由于企业和居民生活在市场经济中,政府在环境保护方面的作为不能只是限于政府手段,还需要利用市场经济提供的机制和手段,其中,排污权交易就是利用市场机制控制环境污染的方式。

特别要指出可持续发展的文化建设。文化本质上是一种价值观、道德观,企业和居民是可持续发展的微观主体。在信息不完全的环境中,企业和居民不可避免地存在机会主义行为,包括偷排废气废水、搭便车等行为,也就是马克思所说的"哪怕我死后洪水滔天"的价值观和道德观。对此需要形成共同的敬畏自然的价值观和道德观,从而使保护环境成为自觉的行为。

总的说来,可持续发展离不开经济制度、经济运行和经济发展等层面的制度安排,由此产生可持续发展经济学。可持续发展经济学是对可持续发展进行经济分析的经济科学。

第一章　可持续发展思想的产生与演进

工业革命产生的巨大变革使人类社会实现了从农业文明向工业文明的转变。第二次世界大战后,一些工业化国家一味追求经济的快速发展,出现了一股从未有过的"增长热"。然而与此相伴的能源危机、环境污染及生态破坏等环境公害事件,严重威胁着部分地区人们的生存。进入 20 世纪 80 年代中期,从世界范围来看,区域性存在的环境问题并没有解决,反而呈现出不断恶化和扩散的趋势,并打破了区域和国家的疆界演变为全球性的问题。在此背景下,一些有识之士开始重视环境保护问题,并对经济发展与资源环境的关系进行了反思,逐渐探索出了人与自然和谐相处的新发展路径——可持续发展。

第一节　可持续发展思想的产生

第二次世界大战后,世界经济迎来了发展的黄金时代。与此同时,随着经济发展而来的是一系列严重的环境污染事件。触目惊心的污染事件唤醒了公众的环境保护意识,催生了发达国家日益强大的环境保护运动。可持续发展的诞生正源于人们对环境问题的关注,进而产生了对环境与发展关系的讨论,其认识也由一开始的认为环境与发展相对立,转变为环境和发展相统一,关注焦点也由发达国家到发展中国家,从强调可耗竭资源的消耗,转向可再生资源的探索,并且在发展进程中认识到严重的环境问题后,提出可持续发展问题。

　　20 世纪 40 至 60 年代,人们还沉浸在生产力快速发展的美梦中,并没有重视其对环境的影响,然而随着污染的累积和扩大,这种高耗能、高污染的发展模式造成了全球环境的迅速恶化,世界各地都出现了严重的公害事件:1948 年 10 月美国多诺拉镇烟雾事件造成了 5910 人患病,17 人死亡;1952 年 12 月的伦敦烟雾事件仅 5 天就导致 4000 多人死亡。环境问题迫在眉睫,人类已经不同程度地尝到了由于高耗能发展带来的环境破坏的苦果,于是开始反思现有的发展模式,并于 20 世纪 60 年代末 70 年代初开始了第一次环境革命,人们开始关注环境问题,也产生了对于环境质量与经济增长的关系的辩论:传统的经济政策是否会面临增长的极限。70 年代,环境主义者对政策的看法是:如果要保持环境质量就必须限制经济和人口的增长,认为环境问题与经济增长之间有不可避免的冲突。此时,西方发达国家高耗能、高消费、高污染的发展模式,使人们关注不可再生资源的高消耗率以及污染问题,工业化的发达国家的自然环境问题是讨论的焦点。传统经济学理论把经济看作不依赖外部环境的孤立系统,认为资源是取之不尽、用之不竭的,生态系统的承载力也是无限的,因而经济可以无限增长。这完全忽视了经济增长需要以生态环境的良性循环为支撑的条件。对环境、生态等领域的关注促使了相关经济学科的诞生。

　　1962 年美国生物学家蕾切尔·卡逊出版了环境保护著作《寂静的春天》,该书描绘了一个美丽村庄的突变,作者将滥用化学农药造成环境污染、生态破坏的大量触目惊心的事实揭示于世人面前,一出版即在世界范围内引发了公众对环境问题的关注,进而在世界范围内掀起了一场声势浩大并延续至今的环保运动,随后各种环境保护组织纷纷成立,将环境保护问题推到了各国政府面前。可持续发展思想的萌芽就在这样的背景下产生了。

　　1968 年"罗马俱乐部"成立,这个国际性民间学术团体主要从事对全球性问题的预测和研究。1972年,以丹尼斯·麦多斯等为代表的该俱乐部成员发表了轰动世界的著名研究报告——《增长的极限》。报告把人口增长、粮食供应、工业发展、环境污染和资源消耗作为影响经济增长的五个主要因素,这五个因素之间相互作用:世界人口的急剧膨胀需要相应的粮食供应作为基础,而大量劳动力会推动工业快速发展,这会使得资源消耗和环境污染加剧。这种指数式的高增长模式,最终会导致污染的日趋严重和生态环境的快速恶化,一旦污染超过环境承载力就会给地球生态系统和人类自身带来毁灭性的灾难。报告对西方国家流行的以资源的高消耗、污染的高排放和生态的严重破坏为代价的高增长模式进行了强烈的质疑和深刻的反思,并预计如果继续这样的发展模式,不对环境给予充分关注,可持续的增长只是一个幻想,经济将会在2100年到来之前停止增长。报告认为,除非环境得到了保护,否则,即使经济活动保持在静态的水平也不是可持续的,只有在经济增长是递减的,也许是零增长或负增长,直到抵达一个最佳的经济生产水平时,可持续的经济才是可能的[①]。虽然这一观点较为极端,从经济学角度来看,没有评估资源稀缺程度以及这种稀缺通过价格机制、技术革新和寻找替代品之后的变化。但自20世纪60年代以来,发达国家和发展中国家的经济社会发展现实,验证了经济学家们的担忧并非空穴来风,人类必须寻求新的超越困境的发展途径。《增长的极限》通过揭示"高增长"的不可持续性,以及对"持续增长"和"合理并持久的均衡发展"的探讨,对发展与环境关系的论述,直接推动了可持续发展思想的形成,在世界范围内引发了人类对未来命运的"严肃忧虑"。

专家、学者们的关注使得更多人开始关注环境问题,在全球环保浪潮的推动下,联合国及其相关组织也在全力以赴探讨发展与资源、环境

[①] 戴维·皮尔斯、杰瑞米·沃福德:《世界无末日:经济学、环境与可持续发展》,中国财政经济出版社1996年版。

的关系问题。

1972年6月，首届联合国人类环境会议在瑞典斯德哥尔摩召开，这是国际社会首次对全球环境问题召开的专题会议。会上，世界各国政府代表一起对全球环境形势以及人类对于环境的权利与义务进行了讨论。这次会议希望能够促进世界公民和各国政府关注人类活动对全球生态环境造成的破坏，以及给人类的生存和发展造成的严重威胁，鼓励和指导各国政府和国际机构采取保护和改善环境的行动，号召更多的公民参与到环境保护中来。会议通过了《人类环境宣言》并制定了《人类环境行动计划》。《人类环境宣言》就人类环境问题提出了7个共同观点和26项共同原则，呼吁各国政府和人民为维护和改善人类环境、造福全体人民、造福后代而共同努力。本次会议的成果不仅于此，还提出了"只有一个地球"的响亮口号，并直接促成了联合国环境规划署成立。作为本次大会的非官方报告，两位著名学者巴巴拉·沃德和雷内·杜博斯的享誉很高的著作《只有一个地球》的问世，把对人类生存与环境的认识推向了一个新的境界。这是一次具有划时代意义的盛会，联合国组织第一次把环境问题与社会因素联系起来发表宣言，开创了人类社会环境保护事业的新纪元，是人类环境保护史上的第一座里程碑。这次大会虽没有直接提出可持续发展的问题，但却已经孕育出了可持续发展思想的雏形。会议报告中写道："实际上联合国对这次会议的要求，显然是要确定我们应当干些什么，才能保持地球不仅成为现在适合人类生活的场所，而且将来也适合子孙后代居住。"

1980年，世界自然保护联盟（IUCN）、联合国环境规划署（UNEP）和世界自然基金会（WWF）共同发表了《世界自然保护大纲》。《世界自然保护大纲》一改以往将保护与发展对立起来的做法，提出要把保护和发展很好地结合起来，既然经济发展必然会对自然资源和生态系统造成损耗，那么我们可以通过保护生态资源，让这种损耗程度减轻从而达到自然资源永续开发的目的。《世界自然保护大纲》向全球呼吁，在发展经济、满足人类需要和改善人类生活质量的同时，要合理利用生物圈，使之既要满足当代人最大、最持久的利益，又要保持其潜力以满足后代人的需求。其Ⅳ页第一段第一句就写道："《世界自然保护大纲》的目的是通过保护生态资源来推动实现可持续发展。"接下来的文本中还谈道："必须研究自然的、社会的、生态的、经济的以及利用自然资源过程中的基本关系，以确保全球的可持续发展。"可以看到，《世界自然保护大纲》中已经蕴含了可持续发展的思想，并且首次提到了可持续发展的概念。此时可持续发展的概念主要是关于环境和发展的讨论，只限于自然保护主义者的范畴，而对于政府和援助机构的思想影响十分有限。虽然，自然保护不仅是少数国家或某些集团所关心的事，而且是关系到全球环境并涉及每个人切身利益的大事，需要世界各国人民共同行动起来。但在此后的十多年中各国陆续接受了《世界自然保护大纲》的思想，并且按照其指示制定了本国的环境保护大纲。

20世纪80年代末和90年代初的第二次环境革命重新界定和扩大了许多原有的概念并提出可持续发展。人们的关注点转移到如何达到有利于环境的经济增长的讨论上，环境主义者认为环境与经济具有潜在的一致性，两者是互惠互利的关系，即正确的环境政策有助于经济增长，而采取适当的方法，经济增长也会有助于环境保护。此时，开始更多地关注到包括发展中国家在内的更广泛的范围，关注焦点也从污染和生态扩展到自然资源管理等更广泛的问题上，关注进行技术创新来提升可耗竭资源的利用率，并全力探索可再生资源。

可持续发展的概念被正式提出和广泛接受是在环境问题成为政治辩论的主要话题之时。1987年，世界环境与发展委员会主席、挪威首相布伦特兰夫人领导下的一个写作班子向联合国提出了一份题为《我们共同的未来》的报告。报告对人类在经济发展和环境保护方面存在

的问题进行全面和系统的评价,指出,在过去那种高耗能发展的模式
下,人们关心的是经济发展对生态环境带来的影响,而现在,环境问题
逐渐严峻,人们正迫切地感到生态的压力对经济发展所带来的重大影
响,因此强调:"今天的发展使得环境问题变得越来越恶化,并对人类
的持续发展产生严重的消极影响,因此,我们需要有一条新的发展道
路,不是一条仅能在若干年内、在若干地方支持人类进步的道路,而是
一条一直到遥远的未来都能支持全人类进步的道路,是一条资源环境
保护与经济社会发展兼顾的道路,也就是可持续发展道路。"报告中正
式使用了"可持续发展"的概念,明确提出了可持续发展道路的思想,
并首次对可持续发展的内涵做了界定和详尽的理论阐述,正式提出了
可持续发展的模式:既满足当代人的需要,又不对后代人满足其需要的
能力构成危害的发展。这一发展模式后来在世界范围内得到了广泛的
接受和认可。这是人类社会有关环境与发展思想从一般地考虑环境保
护到强调把环境保护与人类发展结合起来认识的一个重要飞跃。

　　1992 年 6 月,联合国环境与发展大会在巴西的里约热内卢召开,
这次会议以可持续发展为指导思想,反思了自工业革命以来的那种
"高生产、高耗能、高污染"的传统发展模式,并对"先污染、后治理"的
道路加以否定,详细阐明了实施可持续发展的目标和行动计划,确立了
共同解决全球环境问题的原则。大会通过了《里约热内卢环境与发展
宣言》《全球 21 世纪议程》等五个旨在保护地球环境的重要文件。《里
约热内卢环境与发展宣言》重申了《人类环境宣言》的观点和原则,并
在认识到地球的整体性和相互依存的基础上,对加强国际合作、实施可
持续发展、解决全球性环境与发展问题,提出了 27 项共同原则。《21
世纪议程》则提供了一个从当时至 21 世纪的行动蓝图,涉及了与地球
可持续发展有关的所有领域。这些文件是在国家、区域层面上实现可
持续发展的一系列行动计划,标志着可持续发展由理论和概念转变为

行动。

总的看来,里约会议标志着人类对环境问题的认识上升到了一个新高度,推动了人类转变传统发展模式和生活方式,是环境保护史上的第二座里程碑。在这次会议后,联合国成立了"联合国可持续发展委员会",标志着可持续发展理论最终形成并成为世界各国人民的共识,国际社会正式将可持续发展作为人类走向新世纪的发展战略。

第二节　可持续发展思想的演进

当人类社会迈入新的千年,人类对环境、社会与经济发展的关系有了新的认识。在可持续发展思想的指导下,现代经济发展已经开始走向生态与经济相互协调的可持续发展经济时代,对于可持续发展也有了新的追求目标。

2000 年 9 月,世界各国领导人齐聚联合国千年峰会,协商支持经济增长、减少贫困和实现可持续发展应采取的方式。由于这些努力,189 个国家通过了《千年宣言》,以此宣言为基础设置了可量化、至2015 年要实现的 8 个千年发展目标。"千年发展目标"被视为一项全球发展议程,旨在使世界变得更加美好。它包括 8 个大目标和 21 项具体目标,其重点是饥饿、贫困、教育、性别平等、健康和环境。在消除极端贫困和饥饿,普及初等教育,性别平等,降低儿童死亡率,改善孕产妇健康,与艾滋病、疟疾做斗争等方面制定目标并将可持续发展原则纳入国家保护环境资源的目标,已深刻影响了全球很多国家的政策制定。自那时以来,千年发展目标成为重点指导纲领,全球范围内都在积极践行可持续发展。

2002 年在约翰内斯堡举办了可持续发展世界首脑会议。从里约热内卢到约翰内斯堡,在提出"可持续发展"这一全新概念的 10 年里,全世界做出了不少努力。80 多个国家把《21 世纪议程》的主要内容纳入国家发展规划,6000 多个城市在议程的指导下制定了远景目标。虽然有着很好的规划和畅想,但各国在具体实施方面还存在一些问题。一方面,发展中国家实现经济发展和环境保护的目标由于自身条件限制而困难重重;另一方面,发达国家并没有履行公约中向发展中国家提供技术资金支持的义务。因此,这次会议的主要目的是回顾《21 世纪议程》的执行情况、取得的进展和存在的问题,以便更好地践行可持续发展行动计划,提高世界各国的参与度。大会主席姆贝基强调"这次会议就是要将这些共识变成为可行性的计划,并努力使其付诸执行"。此次会议以"拯救地球、重在行动"为宗旨,以消除贫困和保护环境为目标,通过了《可持续发展世界首脑会议执行计划》《约翰内斯堡宣言》这两个重要文件,并达成了一系列关于可持续发展行动的《伙伴关系项目倡议》。这个执行计划建立在现有成功和经验教训的基础上,为可持续发展提供更有针对性的行动纲领,以及可量化的并且有时限的指标和目标。明确了未来 10—20 年世界可持续发展的行动蓝图,为可持续发展路径指明了方向。

2012 年,世界各国领导人再次聚集在里约热内卢召开联合国可持续发展会议即"里约+20"峰会。这次峰会上,各国围绕"可持续发展和消除贫困背景下的绿色经济"和"促进可持续发展的体制框架"两大主题展开讨论,全面评估 20 年来可持续发展领域的进展和差距,重申政治承诺,应对可持续发展的新问题与新挑战。大会最终通过了成果性文件《我们憧憬的未来》,它以人权、平等及可持续性为中心原则,并围绕包容性的社会发展、包容性的经济发展、环境可持续性、和平与安全四个方向设立目标[1],展示了未来可持续发展的前景,对于确立全球

---

① 董亮、张海滨:"2030 年可持续发展议程对全球及中国环境治理的影响",《中国人口·资源与环境》,2016 年第 26 期。

可持续发展方向具有重要指导意义。这次大会期间,世界各国对可持续发展面临的挑战进行了深入沟通和交流,并认识到了开展国际合作以克服可持续发展挑战的重要性,在一些重大的可持续发展问题上达成了共识。大会决定启动可持续发展目标讨论进程,为制订 2015 年后全球可持续发展议程提供了重要指导。

2015 年联合国可持续发展峰会在纽约联合国总部召开,193 个成员国共同通过了一份题为《改变我们的世界——2030 年可持续发展议程》的协议,这是一项推动世界和平与繁荣、促进人类可持续发展的新议程,系统规划了 15 年之后世界可持续发展的蓝图,该议程设立了 17 个可持续发展目标和 169 项子目标,称为可持续发展目标,该目标是千年发展目标的延续,涵盖经济、社会、环境等诸多领域,是一套旨在消除贫困、保护地球、确保所有人共享繁荣的全球性目标,是为了有效分配资源,实现集体繁荣,确保体面的工作环境并促进可持续增长的发展。新设立的 17 项可持续发展目标将在 2015 年到 2030 年以综合方式彻底解决社会、经济和环境三个维度的发展问题,转向可持续发展道路。它涉及消除贫困与饥饿、粮食安全、健康生活方式、教育、性别平等、能源、就业、基础设施和国家不平等等诸多领域,比千年发展目标广泛得多,涵盖了可持续发展的各个重点领域。"它是一份结束贫穷、为所有人创建有尊严的生活、不落下任何一个人的路线图。"潘基文秘书长表示,新的可持续发展议程呼吁世界各国在人类、地球、繁荣、和平、伙伴的 5 个关键领域采取行动。这项联合国成立 70 年来首次由全体联合国会员国共同参与谈判所达成的发展共识,指明了世界各国今后的发展方向。

同年,第 21 届联合国气候变化大会在巴黎如期召开,约 150 个国家元首或政府首脑出席了巴黎大会开幕活动,将多边气候外交推向新的高潮。大会一致通过了一份具有划时代意义的全球气候协议——

《巴黎协定》,在 2016 年 11 月的第 22 届联合国气候变化大会上宣布正
式生效。《巴黎协定》的主要目标是将 21 世纪全球平均气温上升幅度
控制在 2 摄氏度以内,并将全球气温上升控制在前工业化时期水平之
上 1.5 摄氏度以内。旨在推动各方以"自主贡献"的方式参与全球应对
气候变化行动,积极向绿色可持续的增长方式转型,避免过去几十年
严重依赖石化产品的增长模式继续对自然生态系统构成威胁。《巴黎
协定》的签署及生效,标志着国际气候合作达到一个新的阶段,国际
气候治理机制产生了重大转折,一个囊括全世界绝大部分国家的气候
治理全球秩序开始展现出雏形,全球绿色、低碳、可持续发展的浪潮势
不可挡。

第三节 相关经济学学科的可持续发展思想

一、可持续发展与经济学

虽说把可持续发展纳入经济学讨论已不是新鲜事,但在相当长的
时间中可持续发展经济学领域还没有标志性的著作和理论产生。1976
年,经济学家阿兰·克尼斯(Allen Kneese)和罗伯特·艾尔斯(Robert
Ayres)合作发表了题为"可持续经济(the sustainable economy)"的文
章,收录在《前沿社会思想》一书中。据 2003 年爱斯维尔出版社出版
的《环境经济学手册》第一卷序言部分的介绍,上述论文是在所有环
境经济学论文标题中,首次出现"可持续(sustainable)"。前世界银
行副行长伊恩·戈尔丁(Ian Goldin)与前世界银行发展研究局局长
阿兰·温特斯(Alan Winters)在 1995 年出版的《可持续发展经济学》
(*The Economics of Sustainable Development*)是可持续发展经济学领域较
早的一部标志性著作。书中讨论了环境与经济增长的关系,如何维持

可持续增长,还从国家政策协调方面讨论了碳排放与能源效率的关系以及环境监管与外商直接投资对可持续发展的影响。

直到 2018 年,诺贝尔经济学奖授予了可持续经济增长研究领域的两位经济学家,可持续发展经济学才算真正形成。2018 年 10 月,瑞典皇家科学院宣布,将该年度诺贝尔经济学奖授予美国经济学家威廉·诺德豪斯和保罗·罗默,以表彰他们在可持续经济增长研究领域做出的突出贡献。威廉·诺德豪斯的主要研究领域是气候变化经济学,他的 DICE 模型将经济学、碳循环、气候科学等一系列研究实现了对接,使得温室效应和气候变暖的成本和收益都可衡量,继而采取措施可以有效放缓温室效应。而保罗·罗默是著名的发展经济学家,他将技术创新融入长期宏观经济分析。两位诺奖得主都为目前关于创造经济长期可持续增长最基本以及最紧迫的问题提供了解决方法。评审委员会的声明说,经济学的核心是处理稀缺资源,自然决定了经济增长的主要制约因素,而人类的知识决定了如何应对这些制约。两位诺奖得主通过构建解释市场经济与自然和知识相互作用的模型,扩展了经济分析的范围,"使我们更接近于回答如何实现长期可持续的全球经济增长"。

可持续发展理论涵盖的范围很广,不同学派对经济增长与环境质量间关系的认识存在很大的差异。英国经济学家大卫·皮尔斯按照各个学派对经济增长的态度不同,将这些主张分为四种:激烈的反对者、温和的反对者、有条件的支持者和彻底的支持者。这四种观点从十分强调环境与生态完整性的一个极端,跨越到了强调增长第一性的另一个极端,热力学学派主张极强可持续或稳定态可持续,指零经济增长和零人口增长,强调零增长中进行质的发展;生态学定义主张强可持续性;以皮尔斯为首的伦敦学派认为,如果某物种不存在完全可替代物,就应得到保护以免灭绝,这是弱可持续定义;主流经济学家对可持续发展的理解是人均收入不下降,在一定条件下,等价于资本总存量不下降,这是极弱可持续定义。

事实上,从 20 世纪 80 年代可持续发展概念进入学术研究的视野以来,经济学对可持续发展的理论思考和政策思考就出现了两种不同的发展方向。一种是以皮尔斯(Pearce)为首的伦敦学派,由一批资源和环境经济学家为代表,他们基于主流的新古典经济学的修补性的思考,在纠正经济增长的负外部性的基础上,提出了庇谷税和科斯定律等处理资源环境问题的理论与方法,这是经济增长研究范式内效率意义上的改进方式,这种范式不认为经济增长存在着自然极限,被称为"弱可持续性"[1];另一种是认为 20 世纪 70 年代以来的发展证明了需要认真考虑经济增长的自然极限问题,需要对新古典经济学的理论和方法进行变革性的思考,以一批生态学家为代表,他们从生态系统对于经济系统的包含性关系入手,系统地解决人类社会从经济增长到福利提高的问题,国际上的可持续性经济学研究属于后一种研究途径,被称为"强可持续性"的研究方向。目前,强可持续性的研究方向正在融入政策发展的主流,2012 年联合国提出的绿色经济报告很大程度上是依赖于强可持续性的概念的。

二、发展经济学与可持续发展经济学

从研究对象来看,发展经济学以发展中国家为研究对象,其任务是研究发展中国家经济从落后状态发展到现代化状态的规律性,研究其发展的过程、发展的要素及应该采取的发展战略和发展政策等。发展经济学在相当长一个时期内重视对自然资源在经济发展中作用的研究,而缺乏对经济发展过程中如何合理适度利用自然资源和保护生态

---

① Solow, "Suatainability: Georgescu-rogen verus solow/stiglitz," *Ecological Economics*, 1997, 22 (3).

环境方面的探讨。可持续发展经济学将生态环境和资源有限性纳入现代经济运行与发展的全过程，反映了生态环境要素由外生变量转化为内生变量的经济发展新趋势。其研究内容是生态、经济、社会复合系统由不可持续发展状态向可持续发展状态转变，及维持其可持续发展动态平衡状态运行所需要的经济条件、经济关系、经济机制。

与传统经济学一样，发展经济学面对资源的稀缺性，研究资源在当代人之间的有效配置问题。它们把经济系统看作游离于生态系统之外的孤立系统，这样的经济增长是没有任何生态系统的机会成本的。其假设生态环境具有无限承载力，资源也可以无限获取，或者不管资源如何短缺，通过市场的资源配置总能够得到有效解决，因此在研究中只考虑如何最有效地利用已有资源来满足当代人的最大福利需要。

著名生态经济学家戴利（Daly）从热力学定律推导出的稳定态可持续（SSS）学派，认为地球系统的总资源是有限的，因此所能容纳的宏观经济总规模也是有限的。如今出现的一系列环境问题，如温室效应、臭氧层耗损和酸雨等都是人类已经越过宏观经济合理规模警戒线的有力证据。热力学第二定律表明能量的全部循环使用是不可能的，因而人类要在地球上尽量延长其存在时间，必要条件是经济中流动的物质与能量流速率应该达到极小化，这种条件下要求经济与人口皆应零增长。这一学派从热力学定律的角度提出了经济系统是生态系统的亚系统。一方面，经济增长的物质规模是有生态极限的，也就是有最大规模和生态门槛的问题，在极限之内的物质扩张是可持续的，而在超越物质极限之外的物质扩张是不可持续的；另一方面，经济增长的物质扩张是有生态方面的成本的，涉及最佳规模和福利门槛的问题，边际收益大于生态方面的边际成本的增长是经济的，反之是不经济的。这就要求人们从长期生存的角度，也就是从代际关系的角度来进行资源配置。因此,可持续发展经济学是面对资源的枯竭性及不可再生性,研究资源的代际有效配置问题。也就是说,在传统经济发展方式下的发展经济学的任务,主要是最大程度利用自然或征服自然,以生产出更多的物质产品。而可持续发展经济学的主要任务是考虑如何尽可能少地消耗自然生态环境的物质资源,转向对人力资源的消耗,依靠知识的创新,推动经济发展与可持续发展来满足人类的物质需要和实现最大福利。

可持续发展经济学在探索发达国家的生态、经济、社会复合系统,维持可持续发展状态运行的经济规律的同时,还以较大的注意力研究发展中国家的人口、资源、环境、经济和社会协调与可持续发展的规律性。由于可持续发展不只是发展中国家的目标,也是发达国家的目标,所以可持续发展经济学所探索的规律带有这两类国家的通用性,是这两类国家走可持续发展道路所遵循的普遍原则,因此,可持续发展经济学在很大程度上是从世界范围来考察经济发展的,而不像发展经济学只探索发展中国家发展的规律性,所概括的规律和原则只适用于发展中国家。

就可持续发展路径来说,发达国家的工业化开始较早,在工业化初期采用的粗放型发展模式造成了严重的环境问题。如今发达国家大都非常注重生态环境,有严格的环境政策和排污标准,要解决的是工业化早期阶段的遗留问题,走的是"先污染,后治理"的道路。而发展中国家如今要实行的工业化不能和发达国家早期工业化走同一条道路,它们应在工业化早期就制定严格的环境政策,采用先进的技术手段来减少污染,提高生产效率。它们应"穿新鞋,走绿道",从源头遏制污染,走可持续发展道路。研究的主要内容是,发展中国家如何通过可持续发展路径来摆脱贫困、实现良好发展,从这里就可以看到两门学科的交汇融合之处。

三、环境、资源经济学与可持续发展经济学

环境与资源经济学早于可持续发展经济学产生，在发达国家已有几十年的研究历史。环境与资源经济学是以环境、资源与经济之间的相互关系为特定研究对象，以经济的外部性作为研究的重点，以环境的污染和治理、生态平衡的破坏和恢复为主要研究内容的经济学科。它的很多理论可以被吸收到可持续发展经济学理论体系中来，这对于引导人们在配置资源时使其所产生的外部不经济行为减少到最低限度，实现经济、社会、生态的协调和可持续发展，有着重要的意义。

资源经济学主要研究经济增长的资源投入问题，环境经济学主要研究经济增长的污染输出问题，两者研究视角都是以效率为导向[①]。可持续发展经济学是宏观意义上的环境与资源经济学，它的研究超越了传统市场效率研究范围，更为关注经济增长的生态规模约束问题以及经济增长和社会福利提高问题。

环境与资源经济学认为，传统的经济理论不能解决污染和资源枯竭等问题，传统经济理论的缺陷主要表现在两个方面：一个是不考虑"外部不经济性"，也就是经济增长的生态规模约束问题，在发展经济过程中没有考虑环境因素，以牺牲环境为代价发展经济，在生产成本中没有把处置废弃物的费用计算在内，将这笔隐蔽而沉重的费用转嫁给社会，其后果不仅增加了公共费用的开支，而且破坏了舒适的环境；二是经济增长和社会福利提高问题，即衡量经济增长的经济学标准即国民生产总值（GNP）不能真实地反映经济福利，因为根据经济增长所反映的"经济发展速率"并不能正确地反映人民生活水平的提高。

可持续发展经济学更注重研究环境与经济如何协调发展，其研究

---

① 诸大建："超越增长：可持续发展经济学如何不同于新古典经济学"，《学术月刊》，2013年第10期。

范围不只是环境和经济,还包括社会,偏向于研究发展的经济条件、经济关系和经济机制。它强调人类的意识和行为是产生问题和解决问题的根源,因此它指导人类从生活理念到生产、生活方式直至行动的转变来促进发展。它更注重未来、更长时间的持续发展,是从宏观层面上探讨如何使资源配置的机制从传统的发展模式转移到有利于可持续发展模式全面推进的系统规律。

诺德豪斯(William Nordhaus)是环境经济学的开拓者,他致力于研究的问题是人类的经济活动如何影响自然环境,自然环境变化又将如何作用于人类社会,人类要怎样才能实现与自然的良性互动,这一系列问题的答案指引他的研究方向具体为碳排放、气候变化与经济增长之间的相互作用机制。从他的研究方向可以看到他对经济的长期可持续发展领域有重大贡献,而他对环境经济学和可持续发展经济学的贡献主要体现在以下两方面。

第一,气候——经济综合评估模型:经济活动与气候变化的交互影响。诺德豪斯对该领域的研究始于20世纪70年代,当时科学家越来越关注化石燃料燃烧产生的温室气体排放带来的全球变暖问题及其可能引发的后果。诺德豪斯集自然科学与经济学之所长,在索洛增长模型中纳入碳排放带来的全球变暖的负外部性,开创性地构建了一个关于全球经济与气候系统的简单、动态且量化的模型框架,即综合评估模型(IAMs),以研究经济活动与气候变化之间的双向反馈循环。该模型框架能够模拟经济和气候在不同的自然、市场与政策假设下如何共同演化,进而在不同的全球场景和政策干预中做出最优选择[1]。

第二,碳税和绿色GDP核算。环境污染具有较强的负外部性,一国的温室气体排放进大气层,引发全球变暖,任何国家都不能独善其

---

[1]　任泽平等:"2018诺贝尔经济学奖得主思想综述及对中国发展的启示",恒大研究院。

身。环境污染的总成本并不完全由污染者自身承担,从而导致污染高于均衡水平,社会福利减少。因此,诺德豪斯建议,解决温室气体排放问题的最高效方式是建立全球碳税机制。考虑到外部性问题,诺德豪斯和托宾提出了"净经济福利指标",主张把城市中的污染、国防开支和交通堵塞等经济行为产生的社会成本从GDP中扣除;同时加入以往通常被忽略的经济活动,例如家政服务、社会义工等,奠定了"绿色GDP"核算的理论基础。

诺贝尔奖获得者罗伯特·索洛(Robert Solow)和著名资源经济学家约翰·哈特威克(John Hartwick)提出"索洛-哈特威克可持续性"理论,即弱可持续性。假设不同资本之间是完全可以相互替代的,只要总资本存量在时间上是非下降的状态就依然维持了可持续发展。这意味着当代人不关心传递给后代的资本储存形式,可以减少自然资本的传递,而用增加的其他人造资本储备来弥补这个损失。弱可持续性关心的是由自然资本和人造资本构成的总资本存量,只要后代人所能利用的资本总存量不少于当代人就表明发展是可持续的,不需要担心自然资源的耗竭,也就是说人造资本和自然资本是可替代的,它们之间的替代弹性大于1,表示一个方面的损失可以通过其他方面的收益来减轻。经济增长可以与不可持续地使用资源所造成的环境退化脱钩,因此没有必要对经济体系进行彻底的变革。很明显,弱可持续性理论持有资源乐观主义态度,认为人类有能力解决任何因资源枯竭而产生的环境问题。他们认为,通过提高技术效率,有可能增加资源存量,缩小社会需求和资源供应之间的差距。他们还认为尽管进行生产活动、发展经济会对环境造成潜在的威胁,但经济增长可以为环境保护提供资金,因此经济增长是环境政策实施的前提,经济增长和环境质量之间是正相关关系。这一学派的政策建议是:在促进经济增长的同时,鼓励环境政策的实施,通过增加可再生资源的使用、创造不可再生资源的替代品、有效利用现有资源和发展减少资源耗竭的技术来保护资源。

　　环境与资源经济学非常关注自然资本的无效利用所产生的外部效应，并且非常强调自然资本的价值评估。只有当经济能够正确定价、反映自然资源的准确估值并衡量外部成本时，资源的可持续利用才有可能。这种方法的目的是将与任何经济活动有关的成本和收益方面的环境影响纳入决策，并为经济和环境达成双赢的解决方案。这种方法提出了一套用于内部化的广泛工具：命令和控制、税收或补贴、可交易许可证等。环境与资源经济学的观点是建立在弱可持续性的概念上的，即自然资本可以被人造资本所取代，而自然资本没有临界阈值的特征。经济增长和资源的可持续利用可以同时通过不断提高自然资本对人造资本的替代程度来实现。

四、生态经济学与可持续发展经济学

　　生态经济学是研究与解决生态问题，研究生态经济系统运行规律的学科，是旨在研究经济系统与生态系统之间物质、能量与价值的转化、规律及其应用的科学。其目标在于实现经济系统与生态系统的协调发展，使经济效益最大化。生态系统和经济系统存在一种相互依赖、相互制约的关系。传统生态学关注生物与环境之间的关系，并不包括人类的经济活动。20 世纪 60 年代以来，随着社会生产力的发展和人口的增加，环境污染、资源耗竭等环境问题出现了，经济发展与生态环境矛盾凸显。如何实现在发展经济的同时保护自然生态成为人们关注的问题。这样的背景下，生态经济学产生了。生态经济学主要关注：生态经济系统的结构、功能，物质循环和能量流动理论，生态系统和经济系统的关系，生态平衡与经济平衡，生态规律与经济规律，经济发展与生态系统协调发展的制度和政策，等等。

　　生态学家在"可持续发展"讨论中可谓占据着极为重要的位置，他们是"可持续发展"最为热心的鼓吹者。生态学家非常注重构成生态系统各部分的相互依赖性,根据生态食物链模型,食物链上任一环节的物种变化都会影响到上下游其他物种的生存,甚至影响到整个生态系统。生态系统构成了所有经济活动的基础,若是物种灭绝造成食物链崩溃,人类生存与发展赖以支撑的生态基础就会受到破坏,从而导致人类自身的生存发展受到威胁。如果要使经济发展可持续,必要条件是经济活动所最终依赖的生态系统必须可持续。因此,生态学家认为整个自然生态系统的任何组分都不能改造和破坏,特别要保护那些对人类生存至关重要的自然资本,这就是强可持续性理论。

强可持续性的一个基本假设是:不同种类的自然资源对生产的作用是互补的而不是替代的,即不允许关键性自然资源相互替代。它对自然资本给予特别的重视,认为即使可以替代,随着资源的消耗,资源之间的替代性也会下降。这种观点认为,需要减少对地球的索求,以弥补资源供应和需求之间的差距。有必要改变人们对自然的态度,改变关于什么是经济进步或发展的论述。经济发展不仅仅是为了获取物质财富,而是需要通过创造对自然破坏较小的社会经济体系来实现幸福。可持续发展就要求保护所有生态要素的完整性和可再生能力,一旦不可再生资源严重损失,人类将面临无法承受的后果。因此,强可持续性主张,交给下一代的每一种自然资源的存量都应当与从上一代接受下来的一样,"自然资本存量不随时间而减少,即就长期而言不应该有净环境损害"。[①] 因此他们提出的政策建议是:采用降低污染密集型产业增长速度的环境政策。

生态经济学认为地球的生物物理极限会限制经济增长。经济系统被认为是生态系统的一个子系统,社会经济增长需要在一定的范围内

---

① 大卫·皮尔斯:《绿色经济的蓝图(3)——衡量可持续发展》,北京师范大学出版社 1996 年版。

进行,也就是经济增长要在地球自然资源的临界阈值范围内运作。这种方法的基本假设之一是,自然资本和人造资本是可替代的,但不是无限的,这支持了强可持续性的概念。这一观点意味着自然资本存量有一些临界值,必须加以保护才能实现可持续性。

可持续发展经济学是研究生态、经济、社会三者复合系统,实现协调与可持续发展的经济条件、经济关系和经济机制的学科,而生态经济学是从经济学角度研究生态经济系统的结构和运动规律的学科。可以看到,这二者的区别在于研究对象中前者比后者多了"社会"二字,因此可持续发展经济学可以将生态经济学在研究生态经济系统的结构、功能及其运动规律中所形成的一些较为成熟的理论加以吸收,运用到对生态、经济、社会复合系统的研究之中。这是可持续发展经济学与生态经济学有着无法割舍的根本原因。

第四节　可持续发展的中国思想和中国主张

当前,中国经济进入新发展阶段,已由高速增长阶段转向高质量发展阶段。中国空前重视环境问题,并在对外合作中更加注重环保和生态文明。习近平主席提出的"绿水青山就是金山银山"的发展理念,将指引中国在人与自然和谐发展的道路上不断前进。近年来,中国通过切实履行联合国《2030年可持续发展议程》和应对气候变化《巴黎协定》,大力推进绿色"一带一路"建设,为各国实现可持续发展做出了表率,提供了经验。中国在可持续发展领域的重要思想和主张,展现了在推动全球可持续发展中的"中国力量"。

一、绿色发展的理念及其行动

习近平新时代中国特色社会主义经济思想是十八大以来推动我国

经济发展实践的理论结晶,基于绿色发展理念的可持续发展思想是其重要的组成部分。

党的十八大以来,习近平总书记站在谋求中华民族长远发展、实现人民福祉的战略高度,围绕建设美丽中国、推动社会主义生态文明建设,提出了一系列新理念、新思想、新战略、新举措,形成了习近平生态文明思想。

习近平总书记科学把握新时代中国特色社会主义的基本特征和紧迫任务,围绕解决好发展不平衡不充分问题和更好满足人民日益增长的美好生活需要,提出创新、协调、绿色、开放、共享的新发展理念,其中包含着增强发展动力、协调发展关系、实现人与自然和谐发展、提高发展内外联动性、促进可持续发展等重大思想。

建设中国特色社会主义,需要全面推进经济建设、政治建设、文化建设、社会建设、生态文明建设五位一体的总布局,实现以人为本、全面协调可持续的科学发展。把生态文明建设纳入中国特色社会主义事业总体布局,使生态文明建设的战略地位更加明确。这一布局展现我国要从源头扭转生态环境恶化趋势,为人民创造良好生产生活环境,努力建设美丽中国,实现中华民族永续发展,推动社会可持续发展的决心。

五位一体总布局是一个有机整体,其中经济建设是根本,政治建设是保证,文化建设是灵魂,社会建设是条件,生态文明建设是基础。在中国特色社会主义建设过程中,在国家大力推行可持续发展的背景下,生态文明建设尤为重要。建设生态文明,关系人民福祉,关乎民族未来。生态环境保护是功在当代、利在千秋的事业。

中国作为最大的温室气体排放国、最大的发展中国家和世界第二大经济体,其特殊地位和作用受到多方关注,中国也通过自己在国内减排和国际气候合作等方面的努力做出了自己的贡献。近年来,为了减少碳排放,2015 年 9 月中国宣布成立"南南气候变化合作基金",使中国成为应对气候变化的先行者,并于 2017 年启动了全国碳排放交易市场。接下来,中国秉持创新、协调、绿色、开放、共享的发展理念,积极履行《巴黎协定》并采取切实措施,加强国内应对气候变化的行动。《中国应对气候变化的政策与行动 2019 年度报告》显示,2018 年,中国单位 GDP 二氧化碳排放比 2005 年下降 45.8%,相当于减少二氧化碳排放 52.6 亿吨;非化石能源占能源消费比重达到 14.3%。中国是对可再生能源投资最多的国家,可再生能源装机占全球的 30%,在全球增量中占比 44%,新能源汽车保有量占全球一半以上,为应对全球气候变化做出重大贡献。事实证明,中国在气候行动方面付出了艰苦卓绝的努力。

2020 年 9 月,习近平主席在第七十五届联合国大会一般性辩论上发表重要讲话,提到"应对气候变化《巴黎协定》代表了全球绿色低碳转型的大方向,是保护地球家园需要采取的最低限度行动,各国必须迈出决定性步伐"。郑重宣布:中国将提高国家自主贡献力度,采取更加有力的政策和措施,二氧化碳排放力争于 2030 年前达到峰值,努力争取 2060 年前实现碳中和。同年,12 月习近平进一步宣布:到 2030 年,中国单位国内生产总值二氧化碳排放将比 2005 年下降 65% 以上,非化石能源占一次能源消费比重将达到 25% 左右,森林蓄积量将比 2005 年增加 60 亿立方米,风电、太阳能发电总装机容量将达到 12 亿千瓦以上。一系列的承诺表明中国成为全球生态文明建设的重要参与者、贡献者、引领者。碳达峰碳中和目标愿景的提出将中国的绿色发展之路提升到新的高度,成为中国未来数十年内社会经济发展的主基调之一,要求中国建立健全绿色低碳循环发展的经济体系,建立清洁、低碳、高效、安全的现代化能源生产和消费体系。中国提出碳达峰碳中和目标愿景向其他国家发出了明确的信号,为全球应对气候变化和绿色复苏注入了新的活力。

二、新时代生态文明思想

习近平根据其绿色发展的理念,明确提出生态文明建设是关系中华民族永续发展的根本大计。2005 年 8 月,时任浙江省委书记的习近平同志在浙江安吉考察时,提出了"绿水青山就是金山银山"的科学论断,强调不以环境为代价推动经济增长。以"两山"理论为核心的习近平生态文明思想是习近平新时代中国特色社会主义思想的有机组成部分。践行"两山"理论对于变革人们的生产生活方式和社会功能起到重要作用,对促进新时代生态文明建设、全面推进新时代中国特色社会主义建设进程具有重要意义。

人类文明的历史长河中,四大文明都源于森林茂密、水肥草美、生态良好之地,反之,许多古代文明之所以灰飞烟灭也是因为生态文明遭到破坏。习近平强调"生态兴则文明兴,生态衰则文明衰"[1]。这是对人类文明演进史的深刻总结,阐明了人类历史发展与自然生态发展的内在关系,人与自然、文明兴衰与民族命运都是紧密联系在一起的,是伴随着历史共生共灭的。

生态文明建设实质就是人民的事业,体现以人民为中心的发展观。习近平指出,良好生态环境是最普惠的民生福祉。环境就是民生,良好的生态环境是最公平的公共产品,最普惠的民生福祉。生态文明是老百姓的共同追求[2]。在 2018 年 4 月 2 日中央财经委员会第一次会议上,他指出,环境问题是全社会关注的焦点,也是全面建成小康社会能否得到人民认可的一个关键,要坚决打好打胜这场攻坚战。[3]随着我国社会主要矛盾的变化,生态产品短缺已经成为影响全面建成小康社会的

---

[1] 习近平:"推动我国生态文明建设迈上新台阶",《求是》,2019 年第 2 期。
[2] 《习近平治国理政》第三卷,外文出版社 2020 年版。
[3] "习近平:打好决胜全面建成小康社会三大攻坚战",http://www.xinhuanet.com/politics/leaders/2018-04/02/c_1122627816.htm [EB/OL],《人民日报》,2018.4.2。

"短板"。应当坚持生态惠民、生态利民、生态为民，重点解决损害群众健康的突出环境问题，不断满足人民日益增长的优美生态环境需要，使生态文明建设成果惠及全体人民。

保护环境就是保护生产力。习近平总书记提出了保护生态环境就是保护生产力，改善生态环境就是发展生产力[1]等论断，还论证了两山之间的辩证关系，我们既要绿水青山，也要金山银山。宁要绿水青山，不要金山银山，而且绿水青山就是金山银山。"两山论"的重要思想，彰显了人与自然不断相融、迈向和谐的趋势，揭示了人与自然、生态环境与经济发展在不同时期下的进化阶段：第一个阶段是用绿水青山去换金山银山；第二个阶段是既要金山银山，但是也要保住绿水青山；第三个阶段是认识到绿水青山可以源源不断地带来金山银山，生态优势能够变成经济优势。显而易见，第三个阶段站在一个更广阔的视角，表现出发展循环经济、建设资源节约型和环境友好型社会的理念，表现出绿色发展新理念，表现出高质量发展的内涵，统一于可持续发展的战略中。

山水林田湖是生命共同体。习近平总书记指出，"山水林田湖是一个生命共同体，生态是统一的自然系统，是相互依存、紧密联系的有机链条。人的命脉在田，田的命脉在水，水的命脉在山，山的命脉在土，土的命脉在树"[2]。如果种树的只管种树、治水的只管治水、护田的单纯管护田，很容易顾此失彼，最终造成生态的系统性破坏"。所以，要用系统论的思想方法统筹山水林田湖草各要素之间的相互关系。除了生态系统内部，生态系统观也要求认识到生态、环境、经济、社会是协同发展的统一体，生态、环境、经济、社会各系统不是孤立存在的，而是通

① 《习近平谈治国理政》第 3 卷，外文出版社 2020 年版，第 361 页。

② "习近平：用最严格制度最严密法治保护生态环境"，https://baijiahao.baidu.com/s?id=1601232733893685318&wfr=spider&for=pc。

过要素、功能、结构、能量、信息流动相互交织、相互影响、相互关联，能够正向促进、协同发展。

全球生态环境的共治共享。习近平总书记从全球视野、世界眼光的角度，提出要构建人类命运共同体的思想，并在多个国际场合宣称，中国将继续承担应尽的国际义务，同世界各国深入开展生态文明领域的交流合作，携手共建生态良好的地球美好家园。在共建"一带一路"中，环保技术和绿色产业合作项目不断落地，中国与相关国家一道，加强在生态环境、生物多样性保护和应对气候变化领域的合作，推动绿色基础设施建设、绿色投资、绿色金融发展，共同打造绿色"一带一路"。绿色"一带一路"合作范围不断扩大，合作领域更为广阔。它不仅给参与各方带来了实实在在的合作红利，也为世界贡献了应对挑战、创造机遇、强化信心的智慧与力量。

以最严格制度最严密法治保护生态环境。习近平总书记强调，要像保护眼睛一样保护生态环境，像对待生命一样对待生态环境。用最严格制度最严密法治保护生态环境，加快制度创新，强化制度执行，让制度成为刚性的约束和不可触碰的高压线。对造成生态损害负有责任的领导干部，必须严肃追责。① 生态环境安全是国家安全的重要组成部分，是经济社会持续健康发展的重要保障。要把生态环境风险纳入常态化管理，系统构建全过程、多层级生态环境风险防范体系。

---

① 《习近平谈治国理政》第 2 卷，外文出版社 2017 年版，第 395—396 页。

第二章　高质量发展和可持续发展经济学

　　党的十九大报告提出："我国经济已由高速增长阶段转向高质量发展阶段。"中国特色社会主义进入新时代最主要的标志是我国社会主要矛盾已经转化为人民日益增长的美好生活需要和不平衡不充分发展之间的矛盾。而这一矛盾的解决依赖于高质量发展，高质量发展是以满足人民日益增长的美好生活需要为目标的可持续的发展。高质量发展是经济建设、政治建设、文化建设、社会建设、生态文明建设五位一体的协调发展。缺失任何一方面的发展都不是高质量发展，都会导致发展的不可持续。缺失生态环境保护而导致环境污染、资源枯竭、生态恶化，是不符合人民日益增长的美好生活需要的。建立和谐的人与自然关系，形成绿色低碳的生产方式和生活方式，维持并提高生态自我修复更新能力，城乡人居环境优良，实现可持续发展是高质量发展的必然要求。在追求高质量发展的新阶段，可持续发展经济学的研究和应用，任重道远。

第一节　经济发展与可持续发展

一、增长不等于发展

　　在通常的分析中，经济增长与经济发展往往被混同使用，并不加以严格区分。事实上，经常发现一些发展中国家不计成本片面追求产值、速度而出现"有增长而无发展"的状况，由此明确提出经济增长不等于经济发展的命题。

经济增长指一个国家或地区生产产品和劳务的扩大，也即社会财富或社会总产量的增加。一般以实际的国民生产总值（GNP）或国内生产总值（GDP）的增长率来表示，即扣除了物价变动因素，反映一个国家或地区社会总产品量的真实变动。实际的总的GNP或GDP除以一个国家或地区的总人口，得到人均GNP或GDP，是反映经济增长水平高低的综合指标。

在漫长的前工业化时期和工业化早期，由于生产技术水平低下，物质产品匮乏，人类的发展观集中在经济增长的快慢。伴随着科技进步，人们不断增加自然资源开发利用的广度与深度，通过资源的大量消耗支撑GDP增长。20世纪50—60年代，世界经济增长进入黄金时代，许多国家消除了贫穷，大大提高了人们的收入和消费水平。但以经济增长为核心的发展观单纯关注经济目标，忽视了财富的分配和社会公平，忽视环境保护，导致贫富差距严重和低收入群体福利状况恶化以及环境生态遭到破坏等一系列社会问题，逐渐背离了社会发展的基本目标。这表明，经济增长与经济发展是两个不同的概念。在20世纪70年代，人们试图以"经济发展"来代替"经济增长"的发展观。一个国家摆脱贫困落后的状态，走向现代化的过程可以称为经济发展。经济发展意味着经济总量和规模增大的同时实现了经济结构的改善和生活质量的提高。

经济发展是经济增长到一定阶段的必然要求。经济增长是经济发展的基础，没有一定的经济总量，经济发展也无从谈起。发展中国家经济发展初期，工业化水平较低、技术落后，但相对而言资源和环境约束较为宽松。通过大量增加资源和能源投入的传统粗放型、数量型经济增长方式能够实现经济总量快速增长。随着经济总量增大，经济发展进入高级阶段，资源和能源的消耗大幅增加，片面追求经济增长速度的方式变得不可持续。由此产生了经济增长数量和效益的矛盾、经济增长总量与结构的矛盾、经济增长与资源环境的矛盾、经济增长与社会发展的矛盾和经济增长与创新能力不足的矛盾。经济增长到一定阶段后，必然提出经济质量的提高和实现经济发展的要求。

经济发展是一个复合概念，包含了经济增长的内容而不局限于经济增长。经济发展包括三层含义：第一，经济总量的增长，即一个国家或地区产品和劳务的增加，它构成了经济发展的物质基础；第二，经济结构的完善和优化，一个国家或地区的技术结构、产业结构、收入分配结构和人口结构等结构的变化；第三，经济质量的改善和提高，一个国家和地区经济效益的提高、经济稳定，人民卫生健康状况的改善、自然环境和生态平衡以及政治文化和人的全面发展。经济发展包括经济增长效率、经济结构、增长的稳定性、增长的可持续性和分配的公平性。单位投入获得的产出越多，经济要素的生产率越高，经济增长效率越好；经济增长过程的结构优化体现了经济增长的协调性，合理的产业结构在为劳动力提供充足就业机会的同时优化资源配置，合理的区域结构和城乡结构在保障社会公平的同时推动经济持续稳定快速增长；增长的稳定性体现了经济发展过程中抗风险能力的增强，通过产业结构的优化升级和增长的动能转换，实现经济的合理增长和增长质量的稳步提升，在复杂的内外部环境下和经济面临外部冲击时保持良好的稳定性；增长的持续性体现了增长的过程是经济要素、自然资源和生态环境有机整合的过程，经济增长以自然资源的有效利用和生态环境保护为前提；分配的公平性体现了经济发展的成果应该由广大人民共享，缩小收入分配差距，不断满足广大人民群众日益增长、不断升级和个性化的物质与精神文化生活的需要。

　　单纯强调数量增加的数量型经济增长可能出现"有增长无发展"的局面。联合国《1996年人类发展报告》指出了五种有增长而无发展的情况:无工作的增长,指经济增长未能制造足够多的工作岗位,甚至恶化了就业形势;无声的增长,指经济增长未能带来民众参与和管理公共事务,自由表达自己的意见和观点的可能性;无情的增长,指经济增长导致了收入分配格局的恶化,财富的扩大带来了新的贫困阶级;无根的增长,指经济增长对文化的多样性造成的破坏,经济增长使得很多发展中国家失去了自己的文化家园和历史;无未来的增长,指的是经济增长对生态、资源和环境造成的破坏,消灭了经济增长的可持续性。经济发展强调经济结构和社会结构的改善,在实现经济增长的同时居民收入差距和地区发展差距缩小、资源利用效率提高、科技水平和创新能力提升、生态环境得到保护、政府管理效率提高、各种生产要素得到充分利用并促进人的全面发展。

　　明确经济增长不等于经济发展并不意味着不要增长。对我国这样的发展中国家来说,不管是建立社会主义经济发展的物质基础,还是消除相对贫困提高人民群众的福利水平都需要经济增长。经济增长是促成经济发展的基本动力,是一切经济进步的首要的物质条件。强调经济发展重点是突出经济增长的质量和长期的可持续性。

　　人类社会诞生以来,经济发展方式经历了四个阶段。

　　第一阶段,单纯追求经济增长阶段。自人类在地球上诞生直到20世纪50年代产业高速发展时期。进一步细分,此阶段又可分为三个历史时期,(1)前发展时期:农业、畜牧业出现以前的漫长岁月里,人类主要是本能地利用环境,采集捕食人类所必需的生活物质,并以生理代谢过程与环境进行能量交换。(2)农业文明时期:从1万年前至18世纪初。农业和畜牧业的出现,使人类从简单利用环境进入自觉改造环境的时代。这种改造主要是进一步向大自然索取。(3)工业文明时期:

从 18 世纪初工业革命开始到 20 世纪 50 年代,随着科学技术和商品经济的发展,人类社会生产力极大提高。特别是第二次世界大战以后,出于战后重建家园的强烈愿望,各国一味追求高速增长,出现一股从未有过的"增长热"。

第二阶段,追求经济增长和污染控制阶段。自 20 世纪 50 年代末到 70 年代初,在经济增长、城市化和人口激增的巨大压力下,人们对"发展"的认识开始深化。1962 年《寂静的春天》一书引起人类对环境问题的广泛讨论和关注。原来人类一方面在创造高度文明,另一方面又在毁灭自己的文明。环境问题如不解决,人类将"生活在幸福的坟墓中"。此后,美国、欧洲和日本等一些国家相继成立了环保机构,以工业污染控制为中心的环境管理活动也被列入一些政府日程。中国的环境保护也是从污染控制起步的。20 世纪 60 年代末和 70 年代初,中国的不少城市和地方成立了"三废"办公室,开始进行工业污染源的调查和治理。当时人们认为,如果工业污染问题被控制住了,环境与发展问题就可以协调起来。

第三阶段,追求经济、社会和生态环境的协调发展阶段。1992 年联合国环境与发展大会后,"发展"的观念中越来越重视社会因素和政治因素的作用,开始把发展问题同人的基本需要结合起来,发展的概念逐步由经济领域转向社会环境领域,从人工污染控制转向全方位的环境保护。

第四阶段,追求高质量发展和可持续发展阶段。进入新世纪以来人类对资源环境与发展的认识进入一个新阶段:高质量发展与可持续发展阶段,即环境与发展密不可分阶段。越来越多的人认识到要想从根本上解决环境问题,必须要转变发展方式和消费方式。实践证明,把发展所造成的污染留给环境保护部门去解决,把环境保护放在传统发展方式的修补位置上,无法彻底解决环境问题。只有转变发展方式,由消耗资源型发展方式逐步转变为技术型发展方式,依靠科技进步,节约资源和能源,减少废物排放,实施清洁生产和文明消费,才能建立经济、社会资源与环境协调、可持续发展的方式。这是人类探索了几个世纪,终于领悟到的一种全新的发展观——可持续发展观。

二、经济发展的可持续性

第二次世界大战后,一些后发国家追求经济快速增长,进入中等收入国家行列后,经济徘徊不前,陷入"中等收入陷阱",无法进一步迈入高收入的发达国家行列。世界银行在 2006 年的《东亚经济发展报告》中将中等收入陷阱定义为"使各经济体赖以从低收入经济体成长为中等收入经济体的战略,对于它们向高收入经济体攀升是不能够重复使用的,进一步的经济增长被原有的增长机制锁定,人均国民收入难以突破 10,000 美元的上限,一国很容易进入经济增长阶段的停滞徘徊期"。通常来说,发展中国家人口或自然资源丰富,根据自身的资源禀赋优势生产劳动密集或资源密集型产品,能够迅速将人均收入从低水平进入中等收入水平。但随着经济增长,人口红利逐渐消失,自然资源消耗殆尽,环境破坏严重,原有的粗放型增长方式难以为继,如果不转变经济发展方式,提高生产效率,经济无法进一步发展。经济发展的可持续性问题受到广大发展中国家的重视。

经济发展可持续性的核心依然是发展。因为如果没有"发展",也就没有必要去讨论是否"可持续"了。可持续发展不否定经济增长(尤其是发展中国家的经济增长),但需要重新审视如何实现长期经济增长,即要使经济增长同社会发展和生态改善有机结合且不能损害后代人发展的利益,达到具有可持续意义的经济增长。为此,必须将经济增长方式由粗放型转向集约型,减少单位经济活动造成的资源耗费和环境压力,并把环境污染和生态破坏在经济发展过程之中得以克服。

经济发展的可持续性以合理利用自然资产为基础,同环境承载能力相协调,实现人和自然之间的和谐。《里约宣言》指出:"人类应享有以与自然和谐的方式过健康而富有生产成果的生活的权利,并公平地满足今世后代在发展与环境方面的需要。""为实现可持续发展,环境保护工作应当是发展进程的一个整体组成部分。"所以,要实现经济发展的可持续性可以通过适当的经济手段、技术措施和政府干预加以实现。要根据技术状况和社会组织对环境满足眼前和将来需要的能力施加的限制,力求降低经济社会发展中对自然资产的耗竭速率,使之低于可再生资源的再生速率或使用不可再生资源时的替代资源的开发速率;要鼓励清洁工艺和可持续消费方式,使每单位经济产品的资源消耗量和废物产出量尽量减少。

经济发展的可持续性还体现在生态、经济、社会总资源的合理分配上,其中既包括不同代人之间在时间上的分配,又包括当代不同国家,国家内各地区、群体间的资源分配。在资源分配和配置中要特别注意不要损害发展中国家、一国之中的经济后进地区和贫困人口的基本需求,要解决好扶贫问题,并将其放在优先的地位来考虑。

经济进入新发展阶段,需要遵循可持续发展的基本原则。

第一,坚持经济适度增长、注重增长质量的原则,以无损于生态环境为前提,以改善人民的生活水平和提高生活质量为目的。克服以贫富悬殊和资源掠夺性开发为特征的经济增长。因此,必须充分认识到单纯追求产值的传统经济增长方式的弊端,通过资源替代、技术进步、结构变革和制度创新等手段,使有限的资源得到公平、合理、有效、综合和循环利用,从而使传统的经济增长方式逐步向可持续增长方式转化。

第二,把自然资源和生态环境作为经济发展的基本约束条件,经济发展同环境承载能力相协调。为了维护人类生存基础的自然生态系统的"可持续性"，必须给出人类活动不可突破的边界，这是可持续发展的基本前提。具体来说，一是排除针对生态系统的负外部性，将生态环境问题内部化，以人类整体利益和长远利益为导向，排除一切可能对生态系统产生负外部性的政策和措施。二是可再生资源的利用强度应限制在其最大可持续收获量之内，保证自然循环与恢复的功能不受破坏，以确保可再生资源的持续利用。三是不可再生资源的消耗应降至最低限度，并通过循环利用提高使用效率，使不可再生资源的耗竭速度低于寻求替代资源的速度。四是通过清洁生产、资源重复利用、环境政策等控制环境污染，逐步减少经济活动对环境的破坏和对生态系统的干扰。

第三，公平与效率高度统一。公平主要是指人类在分配资源和获取收入或积累财富上机会的均等。效率是指资源的有效使用与有效配置，它也是可持续发展的内在要求。在效率和公平的关系问题上，可持续发展认为两者相辅相成，互相促进。一方面，提高效率，给公平地分配资源和实行收入再分配提供了基础；另一方面，发展机会的均等促进人们的生产积极性提高，从而促进效率的提高。两者的高度统一是可持续发展的重要特征。可持续发展强调全人类赖以生存的自然资源是有限的，当代人不能为了自己的发展和需求而损坏后代人利用自然资源和生态环境的权力，当代人应自觉地考虑到有限资源的代际公平分配，担负起代际合理分配资源和占有财富的伦理责任。

第四，整体考虑经济活动对社会、文化及自然环境等各个系统影响的综合效应。决定经济增长的生态、社会、文化等因素相互作用，不可分割。克服片面强调某一要素而出现的负面效果，并提高相关要素作用中的工作效能，以达到预期的发展目标。同时，可持续发展又是动态的，它要求不断地进行内部和外部的变革，在一定的经济波动幅度内，确定合理的发展速度，以达到持续稳定的经济发展目标。

第五，重视创新的作用。创新不仅是经济增长的动力，也是促进人与自然和谐，扩大环境容量的关键。技术创新可以使人们不断发现新的能源、资源及替代品，发现已有资源的新用途和新的使用方法，开发提高资源和环境承载力的技术，从而提高资源的利用率，拓宽可持续发展的投入要素的范围及内容。制度创新通过建立以实现可持续经济发展为目标的各种社会及经济制度，保障经济发展与环境保护的统一。

三、中国转向可持续发展的历程

中国的环境保护和可持续发展起步于20世纪70年代。1972年在斯德哥尔摩人类环境会议上我国代表提出了"全面规划、合理布局、综合利用、化害为利、依靠群众、大家动手、保护环境、造福人民"的方针，简称为"三十二字"方针。在1973年的第一次全国环境保护会议上"三十二字"方针被确定为我国环境保护的指导方针，并写进了《关于保护和改善环境的若干规定（试行草案）》和《中华人民共和国环境保护法（试行）》中。"三十二字"方针成为我国环境保护工作和早期环境立法的基本指导思想。

1983年12月我国召开第二次全国环保会议，将环境保护确立为基本国策，提出"三同步、三统一"方针，经济建设、城乡建设、环境建设同步规划、同步实施、同步发展，实现经济效益、社会效益和环境效益的统一，实行"预防为主，防治结合""谁污染，谁治理"和"强化环境管理"三大政策。"三同步"的关键是同步实施，实质就是要将经济建设、城乡建设和环境建设作为一个系统整体纳入实施过程，体现了可持续发展思想。

1992年中国政府向联合国环境与发展大会提交了《中华人民共和国环境与发展报告》，系统回顾和总结了中国环境与发展的状况，阐述了中国关于可持续发展的基本立场和观点。中国政府不仅承诺将实行可持续发展作为 21 世纪共同坚持的发展战略，而且认为走可持续发展道路是中国的必然选择。在报告中，中国政府强调了"可持续发展的核心是发展"的观点，指出："对于经济发展尚处于初级阶段、面临着满足人民基本生活需要的许多发展中国家来讲，贫困和不发达是环境退化的最根本的原因。它们长期处于贫困、人口过度增长、环境持续恶化的恶性循环中。打破这一循环的根本出路在于保持适度经济增长，消除贫困，增强其保护自身环境并积极参加国际环境保护合作的能力。"

1994 年，中国政府制定并批准通过了《中国 21 世纪议程：中国 21 世纪人口、环境与发展白皮书》，确立了中国 21 世纪可持续发展的总体框架和各领域的主要目标。在该议程中，将中国的可持续发展战略目标确立为："建立可持续发展的经济体系、社会体系和保持与之相适应的可持续利用的资源和环境基础。"这表明中国在总的发展目标中，不仅包括了经济、社会的协调发展，还包括了控制环境、改善生态这些基础性条件。

1996 年，第八届全国人民代表大会第四次会议批准的《国民经济和社会发展"九五"计划和 2010 年远景目标纲要》，把可持续发展作为一条重要的指导方针和战略目标，并做出了中国在经济和社会发展中实施可持续发展战略的重大决策。在纲要中明确提出必须实现经济增长方式从粗放型向集约型转变。

1997 年，中国政府发表了《中华人民共和国可持续发展国家报告》，开宗明义地指出：就全球而言，中国同意联合国环境规划署第十五届理事会通过的《关于可持续发展的声明》。在报告中，中国政府十分强调在环境和发展面前各国享有平等的权利，强调代内公平，特别是国际公平及其与此相应的国际秩序也应和代际公平一样成为可持续发展的规定。

2007 年，党的十七大报告进一步提出："坚持节约资源和保护环境的基本国策，关系人民群众切身利益和中华民族生存发展。必须把建设资源节约型、环境友好型社会放在工业化、现代化发展战略的突出位置，落实到每个单位每个家庭。要完善有利于节约能源资源和保护生态环境的法律和政策，加快形成可持续发展体制机制。"这表明，中国对于可持续发展有了更为全面、深刻的认识，强调在注重经济发展的同时，特别注重资源可持续利用、环境保护以及人的全面发展。

2012 年，党的十八大报告明确提出，将生态文明建设纳入中国特色社会主义事业五位一体总体布局，建设美丽中国，实现中华民族的永续发展。2013 年，党的十八届三中全会提出要紧紧围绕建设美丽中国深化生态文明体制改革，加快建立生态文明制度，健全国土空间开发、资源节约利用、生态环境保护的体制机制，推动形成人与自然和谐发展现代化建设新格局。党的十八大以后，国务院相继发布实施了"大气十条""水十条"和"土十条"。中国的环境政策更加注重改善环境质量，即从过去总量控制的减排目标转变为以改善环境质量为核心，实现生态环境质量总体改善。

2017 年党的十九大报告进一步将生态文明提升为"千年大计"，将"美丽中国"纳入国家现代化目标之中，即到 21 世纪中叶，"把我国建成富强民主文明和谐美丽的社会主义现代化强国"。要求树立和践行绿水青山就是金山银山的理念，坚持节约资源和保护环境的基本国策，像对待生命一样对待生态环境，统筹山水林田湖草系统治理，实行最严格的生态环境保护制度，形成绿色发展方式和生活方式，坚定走生产发展、生活富裕、生态良好的文明发展道路，建设美丽中国。

2021 年我国首次将"碳达峰"和"碳中和"写入政府工作报告，通过优化产业结构和能源结构，大力发展节能环保产业，建立碳排放交易市场，为应对全球气候变化和实现人类社会可持续发展贡献力量。

第二节　高质量发展的可持续发展要求

一、高质量发展的理论渊源

党的十九大报告首次提出，我国经济已由高速增长阶段转向高质量发展阶段。高质量发展的提法有着深厚的理论渊源，涉及经济增长、经济发展、发展阶段等概念，与马克思主义政治经济学、熊彼特创新理论、罗斯托经济发展阶段理论、钱纳里产业升级理论和波特的经济发展阶段理论密切关联。

1. 马克思主义政治经济学关于经济增长质量的论述

马克思主义政治经济学对质量问题进行了多方面的论述。马克思对增长质量问题的论述对新时代高质量发展具有重要指导意义。

马克思依据劳动价值理论对产品质量、价值和使用价值的关系进行了分析。例如，从劳动质量的角度区分了简单劳动和复杂劳动，"少量的复杂劳动等于多量的简单劳动"。[①] 而劳动的质量又与产品质量相关联，"产品的好坏程度以及它实际上所具有的和包括的使用价值（它在劳动过程中应当获得这种使用价值）的程度取决于劳动的质量，取决于劳动的完善程度以及劳动合乎自身目的的性质"。[②] 同时，产品的使用价值与产品质量正相关，"产品的使用价值不是通过产品量的提高而是通过产品质的提高而提高了"。[③] 产品质量与产品价值的关系则在于产品质量的提升意味着产品中凝结的平均水平下社会必要劳动时间

---

① 马克思:《资本论》第 1 卷，人民出版社 2004 年版，第 58 页。
② 马克思、恩格斯:《马克思恩格斯全集》第 47 卷，人民出版社 1979 年版，第 63—64 页。
③ 马克思、恩格斯:《马克思恩格斯全集》第 46 卷（上），人民出版社 1979 年版，第 416 页。

增加,产品价值增加。

马克思从数量和质量两个维度定义了生产力,他认为生产力应当是有用的具体的劳动的生产力,决定了生产活动在一定时间内的效率。生产力的变化不会影响表现为价值的劳动。因此,不管生产力发生了什么变化,同一劳动在同样的时间内提供的价值量总是相同的。但它在同样的时间内提供的使用价值量是不同的:生产力提高时就多些,生产力降低时就少些。[①] 因而生产效率代表了生产力的质量,生产效率高时单位时间内生产的产品数量和使用价值量大,同时生产单位产品耗费的劳动时间更少。

马克思在扩大再生产的理论中进一步对经济增长质量进行了分析,他认为扩大再生产分为内涵和外延扩大再生产。外延扩大再生产指通过增加要素投入的方式扩大生产规模进行扩大再生产,内涵扩大再生产指通过提高要素使用效率实现扩大再生产,提高要素使用效率的关键在于创新和技术进步。马克思在级差地租理论中,提出了土地粗放经营和集约经营两种方式,粗放经营仅通过投入更多的土地和劳动力获得更多的剩余产品,但这种方式是不可持续的,随着土地肥力的减弱和过度耕作,单位面积土地产量下降;集约经营则通过提升生产要素的质量和使用效率,依靠技术进步和生产要素的优化组合能够持续获取更多剩余产品。这些观点为粗放型发展方式和集约型发展方式的区分提供了标准,也是高质量发展的重要理论支撑。

2. 熊彼特经济发展理论

熊彼特(Joseph Alois Schumpeter)的经济发展理论论述了经济增长和经济发展的区别。熊彼特认为,经济增长"就是指连续发生的经济事实的变动,其意义就是每一单位时间的增多或减少,能够被经济

---

① 马克思:《资本论》第 1 卷,人民出版社 2004 年版,第 59—60 页。

体系所吸收而不会受到干扰"。它主要是一种数量上的变化,"因为它没有产生在质上是新的现象,而是同一种适应过程,像在自然数据中的变化一样"。而发展是一个"动态的过程","可以定义为执行新的组合",也就是创新。创新包括五种情况:(1)采用一种新产品也就是消费者还不熟悉的产品,或一种产品的一种新的特性;(2)采用一种新的生产方法;(3)开辟一个新市场;(4)控制或掠取了新的原材料供应来源;(5)实现任何一种工业的新的组织,比如造成一种垄断地位或打破一种垄断地位。[①]在这种意义上,"发展主要在于用不同的方式去使用现有的资源,利用这些资源去做新的事情,而不问这些资源的增加与否"。经济发展"就其本质而言,在于对现存劳动力及土地的服务以不同方式加以利用"。发展是不断创新的结果,是不断打破原有均衡的过程,在创新的作用下,经济发展成为一个"创造性毁灭"的过程。

3. 罗斯托经济增长阶段理论

罗斯托在 1960 年出版的《经济增长的阶段》一书中把人类社会的发展历史划分为五个阶段:传统社会、作为起飞前提的阶段、起飞、成熟和大众高消费阶段。1971 年的《政治和成长阶段》中增加到六个阶段,依次为传统社会阶段、准备起飞阶段、起飞阶段、走向成熟阶段、大众消费阶段和超越大众消费阶段。不同的发展阶段有不同的发展特征,需要采取不同的发展战略。高质量发展对应于大众消费阶段和超越大众消费阶段,这两个阶段经济部门以第三产业为主,居民教育、医疗保健和娱乐等追求生活质量的消费需求上升,奢侈品的消费也逐步上升,经济发展中科技的作用越来越大,发展的目标是提高生活质量。

[①]　约瑟夫·熊彼特:《经济发展理论》,商务印书馆 2000 年版,第 71、73—74 页。

4. 钱纳里产业升级理论

钱纳里依据人均国内生产总值,将传统社会到现代化社会分为三个阶段六个时期。第一阶段第一个时期是传统社会,以农业为主。第二个时期是工业化初期阶段,产业结构由农业逐步向工业转变,工业中则以食品、纺织、烟草、采掘、建材等初级产品的生产为主。第三个时期是工业化中期阶段,工业中重工业快速增长,第三产业开始迅速发展。第四个时期是工业化后期阶段,这一阶段第一、第二产业发展较为充分,第三产业成为经济增长的主要力量。第五个时期是后工业社会,制造业内部结构发生转变,由资本密集型产业为主导产业向技术密集型产业为主导产业转换,居民消费升级,开始追求高质量产品和高档消费品。第六个时期是现代化社会,第三产业中知识密集型产业在服务业中占据越来越重要的地位,人们消费的欲望呈现出多样性,追求个性。

5. 波特的经济发展阶段理论

波特在 1990 年出版的《国家竞争优势》一书中,提出了国家竞争优势包括四个阶段:第一阶段是要素驱动阶段,第二阶段是投资驱动阶段,第三阶段是创新驱动阶段,第四阶段是财富驱动阶段。在前三个发展阶段中国家竞争优势所依赖的驱动力量各有侧重,依次为国内资源禀赋与劳动力资源、资金的使用与配置效率,以及企业家的创新意愿与能力,分别形成具有竞争优势的资源密集型产业、资本密集型产业以及技术密集型产业。进入创新驱动阶段,企业具有消化吸收和创新改造外国先进技术的能力是一国产业达到创新驱动阶段的关键,也是创新驱动与投资驱动的根本区别。

二、新发展阶段高质量发展的提出

改革开放以来,我国对经济发展的质量和效益越来越重视。1986

年公布的第七个五年计划提出,"坚持把提高经济效益特别是提高产品质量放到十分突出的位置上来,正确处理好效益和速度、质量和数量的关系"。1991年《中华人民共和国国民经济和社会发展十年规划和第八个五年计划纲要》提出"始终把提高经济效益作为全部经济工作的中心"。"九五"时期将积极推进经济增长方式的转变作为我国中长期经济发展的重大方针。此后,党中央、国务院各类文件均强调要提高经济效益、转变经济增长方式,党的十七大报告提出要加快转变经济发展方式,将经济增长拓宽到经济发展,为发展质量赋予了新内涵。

党的十八大以来,我国经济发展进入新常态,经济社会发展环境和条件发生重大变化。从外部看,国际金融危机以来世界经济复苏一直艰难曲折,国际贸易保护主义抬头,全球政治经济格局正经历复杂变化,我国在经济发展的战略机遇期遇到较大挑战。与此同时,新一轮科技革命和产业变革蓄势待发,世界新旧动能正在深刻转换。从内部看,劳动力等要素成本持续上升,要素低成本的吸引力、驱动力明显减弱,面临外资高中端制造业向发达国家回流、中低端制造业向成本更低的发展中国家转移的两头挤压。基础设施、房地产和制造业投资也处在调整减速期,大量低端产能不适应居民消费结构升级的需求。同时,资源约束日益趋紧,环境承载能力接近上限,依靠要素低成本的高投入、高消耗、高污染、低效益的经济增长方式不可持续。在此背景下,习近平总书记提出了"创新、协调、绿色、开放、共享"的新发展理念,并强调"发展理念是战略性、纲领性、引领性的东西,是发展思路、发展方向、发展着力点的集中体现","这五大发展理念不是凭空得来的,是我们在深刻总结国内外发展经验教训的基础上形成的,也是在深刻分析国内外发展大势的基础上形成的,集中反映了我们党对经济社会发展规律认识的深化,也是针对我国发展中的突出矛盾和问题提出来的"。①

我国经济由高速增长阶段转向高质量发展阶段,是对中国经济发展阶段变化和现在所处关口做出的一个重大判断,是中国经济在30多年高速增长之后突破结构性矛盾和资源环境瓶颈,实现更高质量、更有效率、更加公平、更可持续发展的必然选择。

经济高质量发展阶段更加重视经济发展的可持续性。经济增长由高速增长转变为中高速增长,从单纯追求规模速度型的粗放增长转变为质量效益型的集约增长,从增量扩能为主转向优质增量、调整存量并存。过去高能耗、高污染换来的高速增长透支了自然资源和生态环境,损害了生态福利,增长不可持续。经济发展方式转变为可持续发展,中国经济增长除受资本、技术、劳动力的制约外,还必须受到资源利用限度和生态环境的制约。在可持续发展中采取积极措施,调整发展战略,减少向自然界的索取,增加对自然界的投入,改善自然资源的供给条件。建立绿色低碳循环发展方式,走向生态平衡、发展生态文明,实现可持续发展是高质量发展阶段中国经济的重要特征。

三、高质量发展的可持续发展特征

1. 追求全要素生产率的提高

生产率是指每单位投入的产出,或者说是产出与投入的比率。如果相同的投入获得了更多的产出,则表明生产率提升了。宏观经济和微观经济领域都会用到生产率的概念,前者通常是指一国产出与资源投入的比率;后者是指一个企业产出与资源投入的比率。生产率根据要素投入有不同的指标,其中包括劳动生产率、资本生产率、土地生产率等。

---

① 中共中央文献研究室:《习近平关于社会主义经济建设论述摘编》,中央文献出版社2017版,第21页。

全要素生产率又称为"总要素生产率",是指将资本和劳动这些生产要素投入对产出的贡献扣除之后,其他各种生产要素对产出的综合贡献。其他各种生产要素综合反映了技术进步(主要包括知识的增进、资源配置的改善、规模经济的作用等)在经济增长中的作用[1]。在计算方法上,可以用产出增长率超出要素投入增长率的余值计算。显然,高质量发展追求全要素生产率的中高速增长。经济发展质量越高,经济增长就越不依赖要素投入规模的增加,而是更依赖要素使用效率和各要素组合效率的提升。

全要素生产率的提高是高质量发展和可持续发展的重要特征。首先,全要素生产率的提高与资源的有效配置密切相关,资源有效配置表现为生产要素更多地流向高生产率产业,将促进产业结构优化升级进而推动经济合理高效发展,改变主要依靠物质资源投入的方式,推动经济集约化。其次,提高全要素生产率意味着技术水平的提高,将驱使产业向知识集约化方向发展,提高整个产业的知识密集程度,从而推动工业从低附加值传统产业转轨为高附加值的高技术、战略性新兴产业,进而提高经济增长质量,推动经济可持续发展。最后,全要素生产率的提高表现为高耗能、高污染、低效率的企业将会被淘汰,资源利用效率提高和生态环境改善,推动经济可持续发展。

2. 发展动力由主要依靠资源投入转向创新驱动

高质量发展阶段也是创新驱动阶段,创新成为经济发展的第一动力。经济增长由要素驱动和投资驱动向创新驱动转变,由规模速度型向质量效益型转变,由成本、价格优势为主向以质量、服务为主的综合优势转变,最终推动经济可持续发展。这里的创新是全方位的,除技术创新外还有理论、制度、文化等各方面创新。创新不仅是经济增长的动

---

① 洪银兴总主编,郭熙保、赵晓雷主编:《现代经济学大典》(发展经济学分册),经济科学出版社 2016 年版,第 211 页。

力,也是促进人与自然和谐、扩大环境容量的关键。技术创新可以使人们不断发现新的能源、资源及替代品,发现已有资源的新用途和新的使用方法,开发提高资源和环境承载力的技术,从而提高资源的利用率,拓宽高质量发展所需投入要素的范围及内容。制度创新是通过建立以实现可持续经济发展为目标的各种社会及经济制度,保障经济发展、资源利用和生态效益的统一。

3. 追求资源节约和环境友好的发展

传统发展方式更关注的是经济总量的增长,解决物质财富数量的不足,而高质量发展不仅仅关注物质财富,更关注资源、环境和生态,做到人与资源、人与环境、人与生态的协调发展。与可持续发展理念一致,高质量发展不再将环境和生态看作外在的免费获得的产品,而是看作能够满足人民需求并能够带来福利增加的有价值的产品。党的十九大报告指出,中国"要建设的现代化是人与自然和谐共生的现代化,既要创造更多物质财富和精神财富以满足人民日益增长的美好生活需要,也要提供更多优质生态产品以满足人民日益增长的优美生态环境需要"。

高质量发展要求节约资源和提高资源利用效率。资源为人的需求提供物质供给,即人可以对资源的开采与加工获取自身所需的效用,同时有的自然资源本身有其被消耗、再恢复的过程,有的自然资源不可再生,因此对资源的消耗具有时间和空间的限度。为了消除发展需求与资源限度之间的矛盾,可以借助科学技术加大、加深对资源的开采范围以及利用效率,同时更多地探索新资源,借助可再生资源、非物质资源,扩大能源的种类,降低对物质资源的依赖,从内涵的方面发展资源和能源,这会更有利于实现高质量发展和可持续发展。其次,高质量发展也表现为环境保护和对污染、废弃物的处理。伴随工业化所产生的大量污染与废弃物对环境的破坏已是不容忽视的重要问题。自然本身具有自净功能,即可以通过自身循环吸收、消化一部分污染,但如果污染超过了自然的承载容量,那么便会导致环境的恶化,从而威胁人的发展。污染首先是加大经济活动的成本,即由于污染的存在,人类对可用资源的开采难度加大;同时污染直接危及人的生存,环境恶化所直接造成的疾病伤亡远远超过了其经济产出。为了维持继续生产,人类必须耗费一定的成本来进行污染的治理,而由于污染的危害一部分是显性的,而相当部分具有滞后性,其潜在的隐性成本根本无法用单纯的经济指标来进行计量与补偿,因此污染的成本远超过排污费或者治理污染投入的费用,而这正是自然反作用于人自身的结果,人对自然的破坏最终会导致对人自身的损害。

高质量发展要求实现低能耗、低污染、低排放、高效率的发展方式。资源节约、环境友好地发展,是高质量发展和可持续发展的基本特征。节能减排技术升级和成本降低使得社会经济整体向绿色、低碳发展转型。绿色、低碳技术改变了劳动、资本、能源资源等生产要素的配比,推动了生产方式的转变,在经济增长贡献率中的比重逐步提高。生产要素供给体系不断优化,产业结构和"生产—交换—消费"的空间结构开始重塑。以创新驱动为核心的经济高质量发展不仅仅能够节省资源的投入,更为重要的是能够提高资源效率,提高生态环境保护水平。

4. 追求开放包容的发展

高质量发展阶段,我国对外开放出现一些新特点:"过去是招商引资为主,现在是引进来和走出去并重;过去主要是扩大出口换取外汇,现在是市场、资源能源、投资都离不开国际市场;过去只是被动适应国际经贸规则,现在则要主动参与和影响全球经济治理。"[1] 我国是负责任大国、开放型经济大国、包容型发展大国。积极参与全球治理体制机制

———————
[1]　中共中央文献研究室:《习近平关于社会主义经济建设论述摘编》,中央文献出版社 2017 年版,第 295 页。

合作,推动国际经济治理体制改革和完善,促进贸易投资公平和自由化;遵守国际规则,维护国际秩序,深度参与全球价格、规则的制定,承担大国应有的责任;倡导人类命运共同体意识,推行共同、综合、合作的安全管理,积极参与全球环境气候治理,在全球气候变化中不断贡献新理念,持续推动南南合作,在多边合作中积极发挥引领作用,推动全球包容与可持续发展。这与可持续发展共同性原则是一致的,可持续发展涉及全球生态、经济和社会系统,特别是生态环境问题的改善需要全球各国共同努力和积极参与,在合作中达成尊重各方利益又能保护全球环境与发展的国际协定。

第三节　可持续发展经济学及其学科特征

一、可持续发展经济学应运而生

工业革命至今的两个多世纪以来,随着科学技术和市场经济的发展,人类不断总结经验、超越自我,用自己的聪明才智和辛勤劳动创造了大量财富,积累了丰富的科学技术知识,社会生产力得到极大提高,形成了灿烂的文化。但随着工业化和城市化的推进,耕地、淡水、森林和矿产资源被大大消耗。近一个世纪,矿物燃料的使用量增加约30倍,人类赖以发展的环境被破坏得十分严重。这种危机使地球和人类面临着难以长期忍受的趋势,主要表现为人口的膨胀、南北差距的加大、贫困问题、能源危机、环境污染及生态破坏等新的更为广泛而严重的问题。

早在一个多世纪之前,恩格斯就指出:"我们不要过分陶醉于我们对自然界的胜利。对于每一次这样的胜利,自然界都报复了我们。每一次胜利,在第一步都确实取得了我们预期的结果,但是在第二步和第三步却有了完全不同的、出乎预料的影响,常常把第一个结果又取消了。""因此我们必须时时记住:我们统治自然界,绝不像征服者统治异民族一样,绝不像站在自然界以外的人一样,相反地,我们连同我们的肉、血和头脑都是属于自然界,存在于自然界的;我们对自然界的整个统治,是在于我们比其他一切动物强,能够认识和正确运用自然规律。"①

　　然而,这样的理性反思在当时及其后相当长一段时间内并没有得到重视,其重要原因是,当时经济增长在一定程度上使人类摆脱了贫困,充分享受着现代工业的成果,而经济增长对人类生存环境的消极影响尚未完全暴露。进入 20 世纪 50 年代前后,经济增长(尤其是大工业的发展)对资源、环境等的破坏问题日趋严重,在某些区域内已影响到人类的生存。与此同时,在很多国家和地区经济发展并没有使人民的生活福利得到改善,贫富差距扩大和贫困问题反而愈演愈烈。在此种背景下,一些有识之士开始对经济发展、社会发展与资源环境的关系进行反思。反思的结果是人们对传统发展方式产生了怀疑,而努力探寻一种新的发展方式,从而提出可持续发展问题。随着可持续发展问题的提出,可持续发展经济学也就应运而生。这是对新发展方式理论探索的成果。

　　可持续发展不是单纯的经济发展,而是"生态—经济—社会"三维复合系统整体的可持续发展,这三个系统相互联系相互作用形成了人类经济社会活动与生态资源环境约束之间的矛盾。可持续发展的生态系统和社会系统制约可持续发展的经济系统,三个系统之间相互作用形成的人类经济社会活动需求与生态环境供给之间的矛盾运动就是可持续发展经济学的研究范畴。因而,可持续发展经济学是一门从多种

---

① 马克思、恩格斯:《马克思恩格斯全集》第 20 卷,人民出版社 1974 年版,第 20 页。

学科的综合上，着重研究人类经济活动的需求与生态环境资源的供给之间的矛盾过程所发生的可持续发展经济系统的经济问题和所体现的可持续发展经济关系、发展规律及其机理的科学。[①]

二、可持续发展经济学的研究内容

可持续发展经济学作为一个新兴学科和交叉学科，除了从其他学科借鉴和引入一些成熟的概念和理论外，提出的基本原理、基本概念和基本范畴，是确定可持续发展经济学与其他经济学科之间区别的基础，在此基础上构建自身的理论体系。可持续发展经济学的研究对象和内容主要包括以下方面。

第一，可持续发展经济学研究生态、经济和社会复合系统向可持续发展状态转变所需的经济条件和经济关系。在实现经济发展方式向可持续发展转变的过程中，人力资源、自然资源、生态和环境与可持续发展之间的关系显得尤为重要。首先，人力资源作为一种特殊形态的资源，与可持续发展构成促进与制约并存的关系。人口增长过快会导致对自然资源过度索取，对生态和环境的严重破坏，由此造成经济的不可持续发展。但人力资源作为重要的生产要素，对经济增长产生积极影响。人力资源涉及人口的数量和质量。随着生育率下降、人口老龄化和"刘易斯拐点"的到来，劳动人口数量的减少对经济发展的拉动力减弱，甚至阻碍经济发展，此时人口的质量对经济发展的作用更为突出。所以，不同的发展时期，不同的人口结构和人力资源的构成会对经济可持续发展产生不同的影响。其次，自然资源尤其是优良的自然资源是现代经济增长的必要条件。不可再生资源在被消耗后不能通过人类的劳动而再生，可再生资源能够通过人类的劳动或依靠自身更新得到再

---

① 刘思华：《可持续发展经济学》，湖北人民出版社 1997 年版，第 22 页。

生,但人类不当的利用方式会破坏资源再生的条件,使得可再生资源变成不可再生资源。资源的可持续利用对经济可持续发展产生重要影响。再次是生态和环境,生态和环境直接影响人类的生存和发展,是人类生存和发展的主要物质来源并承担人类活动产生的废弃物和各种后果。人类对自然资源的开发与废弃物的丢弃不是孤立的行为,而是作用于同一环境中,且这两种活动都影响自然环境所提供的支持功能,健康的生态系统是人类繁衍的前提条件,可持续发展经济学特别关注影响人类可持续发展的生物圈的生存环境,即生态环境的保护和改善问题。

第二,可持续发展经济学注重经济发展方式研究,涉及由主要依靠增加物质资源消耗向主要依靠科技进步、劳动者素质提高、管理创新转变,由规模速度型粗放增长向质量效益型增长转变,由资源投入驱动型向创新驱动型转变。所涉及的领域包括:(1)创新驱动,创新成为可持续发展的第一动力,科技创新和技术进步能够扩大人类活动范围,提高人类利用资源和环境的能力。技术和创新的不合理利用会导致资源过度消耗和环境污染,但与此同时,科技创新也是解决科技自身所带来负面影响的重要手段,新材料的使用提高了人类利用自然资源的能力和效率,减少了资源消耗;清洁能源的开发和利用降低了环境污染;信息技术的发展提高了生产组织效率,降低了能源损耗。(2)产业支撑,经济发展过程中产业结构是动态的,优胜劣汰、升级换代是客观规律。正是依靠这种不断更新的机制,才能实现产业的可持续发展。产业间的比例协调涉及与人口、资源和环境和谐统一的协调,产业结构演进方向与生态、资源和环境之间的可持续性是可持续发展经济学研究的重要内容。(3)城镇化和乡村振兴。城镇化导致土地利用方式和居民生产生活方式的改变对生态环境产生重要影响,集约、合理、文明的城镇化提高居民生产和生活效率,有效降低人均污染排放和资源消耗,对实现可持续发展具有重要意义。合理高效的城市规划大大提升了公共交通系统和基础设施的利用率,并降低了碳排放水平。合理的城乡关系也是经济可持续发展的重要内容,城市与乡村劳动力、资金和原材料等要素的流动密切,两者需要共同发展相互支撑。城镇化过程中伴随的乡村人口大规模流失、劳动力短缺、市场萎缩、农业生产效率下降和公共服务缺失等问题日益严重,形成"人口流出—经济衰退—公共服务缺失—人口继续流出"的恶性循环,制约了农村地区可持续发展,并最终影响对城市的资源供给和城市可持续发展。因而城镇化、乡村振兴和新型城乡关系是可持续发展经济学研究的重要内容。(4)区域协调,中国区域面积大,地区经济社会发展不平衡。从可持续发展考虑协调地区差距不是拉平地区经济发展水平,而是要使发达地区与不发达地区都能进入可持续发展系统,在区际公平的基础上推动处于不同发展水平的各个地区之间的相互支持、相互推动,由此形成良性循环的共同发展。(5)开放发展,不同的对外开放方式对可持续发展的影响不同,外商投资和出口是经济增长的重要推动力。经济发展水平和工业化程度较低时,通过利用本国丰富而廉价的劳动力和资源吸引外国资本与技术,能够快速推动经济增长,但自然资源的稀缺性和环境污染使得采用这种对外开放策略推动经济增长是不可持续的。经济可持续发展需要采用新的对外开放方式,融入全球市场,利用国际资源,依靠本国强大市场引进绿色科技,向产业链和价值链高端迈进,实现可持续发展。

第三,可持续发展需要研究制度和文化创新。主要包括建立可持续发展的资源产权制度、市场制度和机制、绿色金融体系、政府在其中的责任和公共政策,企业和居民的可持续发展责任和行为,可持续发展的法治保障和可持续发展的文化建设,等等。

三、可持续发展经济学的任务和学科特征

可持续发展研究涉及人口、资源和环境等领域,目标是解决当代人

的发展不影响后代人的福利问题。发达国家是在完成工业化后提出可持续发展要求的，我国是在工业化过程中提出可持续发展要求的。根据绿色发展的理念，生态也是财富。我国的可持续发展研究不仅迫切，而且复杂。因而研究内容众多，主要涉及四个方面：一是研究资源节约型和环境友好型社会的建设。这种社会的建设不只是生产问题，涉及空间格局、产业结构、城乡协调、生产方式、生活方式多方面的发展方式。二是研究经济增长的自然极限。人口、自然资源、生态和环境同经济增长是一个相互制约的系统，土地资源、矿产资源和环境资源的稀缺程度给经济增长设置了自然界限。对这个界限需要敬畏它，需要解决好节能减排、减少碳排放的问题，同时也要通过各种投入和技术进步去增强资源环境对增长的承载力。三是人与自然和谐共生的生态文明研究。要将尊重自然、顺应自然、保护自然的生态文明理念，融入经济建设、政治建设、文化建设、社会建设各方面和全过程，努力建设美丽中国，实现中华民族永续发展。四是可持续发展的制度研究。把资源消耗、环境损害、生态效益纳入经济社会发展评价体系，建立体现生态文明要求的目标体系、考核办法、奖惩机制。

1972 年，人类首次提出"可持续发展"的概念，经过近 50 年的发展，可持续发展已经逐步从理念、战略和理论走向实践，成为全世界普遍接受的发展观念。可持续发展的内涵广泛，包括生态可持续发展、经济可持续发展和社会可持续发展。可持续发展经济学是从 20 世纪 90 年代初以来在世界范围内兴起的一门以经济可持续发展为研究对象的经济学，它需要研究整个社会生态经济系统由不可持续发展向可持续发展状态转变及维持可持续发展动态平衡所需的经济条件、经济机制及其综合效益。

可持续发展经济的思想和可持续发展经济学对传统经济学的很多理论提出了挑战。

　　首先是对"经济人"假设的挑战。"经济人"假定是西方经济学的基本假定之一,在经济活动中个人追求的唯一目标是自身经济利益的最大化和最优化,经济人不会考虑社会利益和他人利益。经济人假定中还包括人是理性的假定,即每个人都能够通过成本收益比较或依据趋利避害原则对社会和目标进行优化选择。厂商会追求利润最大化,而消费者追求自身效用最大化。经济人假定受到可持续发展理论的挑战,可持续发展理论主张,世界上任何地区、任何国家的发展都不能以损害别的地区、别的国家的发展能力为代价,当代人的发展不能以损害后代人的发展能力为代价。而经济人假定只强调自身利益,没有考虑他人、整个社会以及后代的利益。经济人在追求自身利益最大化的过程中,往往不可避免地损害社会利益,如个人对整个社会资源的过度占有会加大贫富差距,带来一系列社会经济问题并最终导致社会动荡;经济人仅追求自身利益最大化,忽视带来的自然资源过度损耗、环境污染和生态破坏,完全忽略代际利益。

　　其次是对传统"帕累托最优"的挑战。帕累托最优指一个经济体系的资源和产量配置已经达到这样一种状态:在不减少任何一个社会成员的福利的条件下,调整资源配置已经无法增加任何社会成员的福利。帕累托最优是新古典经济学家为了证明自由市场在资源配置中的有效性而逐步形成和发展而成的,由该学派的市场均衡理论和福利经济学基本定理进行阐释。帕累托最优的实现依赖于充分竞争、有效市场、信息完全与信息对称、交易成本为零和没有外部性等前提假设,但这些限制中不包括自然资源总量和不可逆性的制约。随着人类生态环保意识的提高和可持续发展观念的深入,要求市场机制配置资源时必须达到生态环境标准,在利用自然生态资源时必须控制资源的使用量,确保资源存量水平满足可持续利用的标准,并要求消除人类在利用资源时所产生的种种有害的外部性,不符合这些标准的帕累托最优都不是可持续发展的帕累托最优。

　　最后是对传统发展观和财富观的挑战。传统的发展观表现出对物质财富GDP和GNP的高速增长的强烈追求,保罗·萨缪尔森在《经济学》中就将人均年国民收入作为衡量发展水平的标准,[1] 这一标准也被广泛应用。对这一标准的单纯追求导致了严重的资源浪费、生态恶化和贫困等问题。可持续发展经济学在追求发展,特别是强调发展中国家经济增长的同时要求实现社会和生态的协调,不断改善经济增长的质量。可持续发展经济学包含财富观的创新:绿水青山就是金山银山;干净的水、清新的空气、多样性的生物、绿色的环境是宝贵的生态财富。这种新的财富观体现人与自然和谐共生的观点。经济发展不仅要谋求物质财富,还要谋求生态财富,不能为谋求物质财富而牺牲生态财富。基于生态财富观,可持续发展经济学需要对传统经济学进行改造,引入生态—经济—社会协调发展的思想,并对经济学进行理论创新。

　　可持续发展经济学具有以下学科特征。

　　第一,可持续发展经济学是一门不断发展的经济学,具有动态性。中国古代有很多朴素的可持续发展思想,如"竭泽而渔""杀鸡取卵""山林非时不升斤斧,以成草木之长;川泽非时不入网罟,以成鱼鳖之长"[2] "山林虽近,草木虽美,宫室必有度,禁发必有时"[3]。这些思想体现了一些可持续发展的原则。1972年斯德哥尔摩发布的《人类环境宣言》呼吁人们考虑经济活动的环境后果,可持续发展的理念开始形成。1987年世界环境与发展委员会发布的《我们共同的未来》报告讨论了人口、粮食、能源、工业、生物多样性和人类居住问题,并正式提出

---

[1]　保罗·A.萨缪尔森、威廉·D.诺德豪斯:《经济学》第12版,中国发展出版社1992年版,第1360页。

[2]　《周易书·文解传》。

[3]　《管子·八观》。

可持续发展方式。1992年联合国环境与发展大会通过的《里约环境宣言》和《21世纪议程》将可持续发展由理念变为行动,由单纯的环境领域变为环境与发展结合的主题。可持续发展的外延和内涵不断深化,随着人口膨胀、贫富差距扩大、暴力冲突和饥饿等社会问题涌现,人们开始越来越重视社会可持续发展,社会可持续发展强调以人为本,实现人的自由全面发展,缩小贫富差距、消除贫困与饥饿、提高人口素质,形成一个人人平等、自由、公正、友爱的和谐社会。21世纪以来,中国的可持续发展经历了环境末端治理到发展方式转变的过程。随着绿色发展理念的提出,可持续发展进入全面实现阶段,通过技术投入、创新驱动而不仅仅是单一的技术改进,实现全面、多元和智能的科技支撑,加快新兴产业发展,构建可持续发展的产业体系。同时实现区域可持续发展、城乡可持续发展、完善可持续发展的制度保障和国际关系方面的人类命运共同体构建,在人与人、人与自然之间建立了一种更加尊重、更加适宜、更加友善的现代关系。

第二,可持续发展经济学着眼于经济发展的长远未来,具有长远性。可持续发展经济学除考虑现阶段经济问题外,更重要的是着眼于长远的未来。强调近期利益让步于长远利益,要求采用前瞻性、预见性的全局思维方式。可持续发展作为一个涉及当代人、下一代人甚至整个人类未来的战略指导,需要一代人、几代人甚至整个人类持续不断的努力。

第三,可持续发展经济学立足于"生态-经济-社会"三维系统,具有整体性。可持续发展经济学从整体上指导资源配置。与传统经济学不同,可持续发展经济学在对经济中的各种资源的配置发挥指导作用时需要从全局入手,既要依照可持续发展的经济原则,又要兼顾生态原则和社会原则,同时还要考虑代际可持续的原则,使每一代人都有保存和选择自然和文化多样性的权利,当代人有义务为后代保存好自然和文化资源,有义务保障后代人享有较好生活质量的权利。这一点区别于传统经济学在论述资源配置时只重视各种资源在各种不同的使用方向之间的分配。

第四,可持续发展经济学需要借鉴其他学科的原理和知识,具有交叉性。可持续发展的内容广泛,包括生态可持续发展、经济可持续发展和社会可持续发展,这就决定了可持续发展经济学是一门交叉学科,与生态经济学、环境经济学、发展经济学、人口学和社会学联系紧密。

第三章　可持续发展的系统及其评价

可持续发展系统的本质在于发展与可持续性的关系。可持续发展系统是由人口、资源、环境与经济四个子系统组成的复合系统,是可持续发展的评价对象。可持续发展系统不单纯要求经济规模的增长,而是要在考虑发展过程中的人口、资源与环境等多种因素的限制下,追求发展质量、长期可持续的新发展模式。可持续发展评价是可持续发展从理论阶段进入可操作阶段的前提。一直以来,相关国际组织及国家将可持续发展评价作为推动可持续发展的重点任务,其核心目的是为可持续发展决策的设计与完善提供科学依据。

第一节　可持续发展的系统

可持续发展评价的实质是对可持续发展系统的结构与功能进行分析和鉴别,其前提是必须把握可持续发展系统的构成、运行及其特征。

一、由人口、资源、环境与经济构成的可持续发展系统

传统的经济发展系统只是把人参与的整个经济社会看作一个独立系统,没有考虑资源与环境的影响。可持续发展系统则是由人口、资源、环境与经济要素复合而成,包括人口、资源、环境与经济四个子系统。其中:人口子系统是可持续发展系统运行的主体和核心,不仅要求人口的再生产得以实现,还要求人的全面发展和社会的全面进步;经济

子系统是可持续发展系统运行的动力,是以人为主体的社会再生产过程中生产、交换、分配与消费等各环节相互联系的系统;[①] 资源子系统是可持续发展系统运行的基础,是为人类发生的一切活动包括经济活动提供物质基础的系统;环境子系统是可持续发展系统运行的条件,人类活动均是在一定的生态环境下进行的。

人口子系统与经济子系统的相互作用、相互联系早在可持续发展理念产生之前便已受到广泛关注。经济子系统中的任何经济活动均离不开人的直接参与,无论是厂商还是家庭,实际上都是人之间的经济活动。人直接参与经济活动,反过来又给自身带来经济利益。人口的规模与结构显著地影响着经济子系统的运行,与此同时,经济子系统的规模与效率又反过来影响着人的再生产和全面发展。

资源子系统与环境子系统相互依存。一方面,资源子系统具有实体性,其变化往往体现环境子系统的变化;另一方面,环境子系统是资源子系统的"容器",任何自然资源均处于环境之中。资源的不合理利用会引起环境的恶化,与此同时,环境的破坏也伴随着资源的流失。

从两类不同属性子系统的关系来看,人口与经济子系统的运行离不开资源与环境子系统提供的服务,而资源与环境子系统则要承受人口与经济子系统运行带来的有利或不利影响。具体地,如图3-1黑粗实线箭头所示,资源与环境子系统对人口与经济子系统的服务主要有两方面:一是资源与环境子系统通过人的参与为经济子系统提供自然资源与场所。资源子系统输出资源到经济子系统,经过生产过程,产出经济产品。同时,资源与环境子系统的可承受能力也制约着经济子系统运行的规模和速度,资源损耗与环境退化会增加经济子系统的运行

---

① 刘起运、夏明、张红霞主编:《宏观经济系统的投入产出分析》,中国人民大学出版社2006年版,第1—2页。

成本,降低经济子系统运行的效益,进而阻碍经济子系统的正常运行。二是资源与环境子系统直接为人口子系统提供舒适性服务[①]。此时,人口子系统直接从资源与环境子系统索取服务,并未经过经济子系统中的经济活动。如资源与环境子系统为人们提供休闲娱乐资源,这一过程也是资源环境的消耗过程。与此同时,人类也必须承受资源损耗带来的人类福利减少,以及环境恶化带来的对人类服务功能的减少和对人体健康的不利影响。图3-1黑粗虚线箭头表示,人口与经济子系统在获得资源与环境子系统提供的服务的同时,也对资源与环境子系统产生影响。一方面,人参与的经济子系统通过自然再生产可以在一定程度上补充自然资源存量;另一方面,人口与经济子系统又会向环境子系统释放副产品(废弃物)。

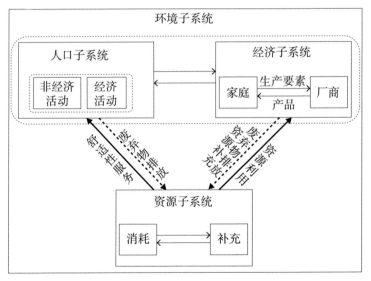

图3-1　人口、资源、环境与经济各子系统的相互作用

[①]　戴维·皮尔斯、杰瑞米·沃福德:《世界无末日:经济学、环境与可持续发展》,张世秋等译,中国财政经济出版社1996年版,第51—52页。

二、可持续发展系统的特征

可持续发展系统具有以下四个特征。一是复杂性，一方面，人口、资源、环境与经济四个子系统是相互作用、相互制约并紧密联系在一起的；另一方面，可持续发展系统具有多层次、多类型、多区域的复杂结构[①]，如可持续发展系统可划分为宏观、中观与微观三个层次以及人口、资源、环境与经济四个类型，可持续发展系统在不同区域会表现为不同的类型和特征。二是内部适应性，主要表现为某一区域的可持续发展系统能在一定程度上控制系统内部的运行；同时，可持续发展系统具有弹性，对超出或破坏控制的意外干扰具有一定的适应能力。这种内部适应性决定了人类未来可能选择的范围，为人类可能的活动设定了界限。[②]三是外部开放性，区域的可持续发展系统对其他区域是开放的，其子系统之间也都是开放的，每个子系统都以其他子系统以及整个系统的环境为开放环境。[③]四是公平性，主要表现为：一方面，人口、资源、环境和经济四个子系统都很重要，不能单纯追求某一子系统的发展而忽略其他子系统的发展；另一方面，从可持续发展系统资源与财富等的"时空"分配上，可持续发展系统不仅强调区域之间的公平，还强调当代人与后代人之间的公平。

第二节　不同视角下的可持续发展评价

可持续发展评价是为了实现可持续发展的目标，依据可持续发展

---

① 曾珍香、顾培亮、张闽："可持续发展系统及其定量描述"，《数量经济技术经济研究》1998 年第 7 期。

② Holling C. S., "Understanding the complexity of economic, ecological, and social systems," *Ecosystems*, 2001, 4 (5): 390–405.

③ 曾珍香、顾培亮、张闽："可持续发展系统及其定量描述"，《数量经济技术经济研究》1998 年第 7 期。

理论,运用科学的方法和手段来评价一定区域可持续发展系统的运行状况、实现程度、变化趋势与发展效果,为指导可持续发展提供决策依据。由于存在着不同的可持续发展理论视角,可持续发展评价也就有不同的视角和不同的侧重点。

一、支柱论视角评价

1994年,约翰·埃尔金顿(John Elkington)设定平衡可持续性框架,从支柱论视角评价可持续发展。[1]支柱论视角可持续发展评价理论认为,可持续发展不是实现人口、资源、环境或经济子系统的可持续性,而是要求人口、资源、环境与经济子系统协调发展。这主要是因为:一是人口、资源、环境与经济子系统都十分重要,缺一不可;二是人口、资源、环境与经济子系统的发展都十分紧迫,必须同时发展;三是人口、资源、环境与经济子系统是相互关联的,单纯追求某一子系统的发展,都会有加剧其他子系统恶化的风险。[2]

支柱论视角可持续发展评价的内涵包括四个方面。一是社会可持续性评价,基于人口子系统的运行,主要分析改善人类生活质量、提升社会福利的程度等。[3]二是生态可持续性评价,基于资源与环境子系统的运行,主要分析自然资源存量、环境质量、环境承载力的变化及其结果影响。[4]三是经济可持续性评价,基于经济子系统的运行,分析经济增长的数量,同时评价经济发展的质量、资源配置的优化状态和经济发展的效率。四是综合效益评价,是在对人口、资源、环境与经济子系统

① Tomislav K., "The concept of sustainable development from its beginning to the contemporary issues," *Zagreb International Review of Economics & Business*, 2018, 21 (1): 67-94.

② 联合国等编:《环境经济综合核算(2003)》,丁言强等译,中国经济出版社2004年版。

③ Tomislav K., "The concept of sustainable development from its beginning to the contemporary issues," *Zagreb International Review of Economics & Business*, 2018, 21 (1): 67-94.

④ 龚胜生、敖荣军:《可持续发展基础》,科学出版社2009年版。

的可持续性及各子系统之间的协调性进行评价的基础上,对整个区域、国家或全球的可持续发展程度进行综合评判,从而判断可持续发展的现状、潜力和发展趋势。

支柱论视角可持续发展评价理论为相关国际组织及国家推动可持续发展评价奠定了理论基础,一系列可持续发展评价指标体系相继提出。如联合国可持续发展委员会(Commission on Sustainable Development, CSD)提出的可持续发展评价指标体系、联合国提出的千年发展目标(Millennium Development Goals, MDGs)下的可持续发展评价指标体系以及可持续发展目标(Sustainable Development Goals, SDGs)下的可持续发展评价指标体系等。相关国家依据国际指标体系,并结合国内具体情况,建立了适用于各国自身的指标体系,如中国可持续发展指标体系(China's Sustainable Development Index System, CSDIS)。1995 年 CSD 提出的可持续发展指标体系依据《21 世纪议程》建立,经过 2001 年、2006 年两次修改,最终形成了包括贫困、管理、健康、教育以及人口 6 个主题的社会可持续性评价,包括自然灾害、气候、土地、海洋和海岸、淡水以及生物多样性 6 个主题的生态可持续性评价,以及包括经济发展、全球经济伙伴关系与消费和生产模式 3 个主题的经济可持续性评价,共包含 96 个指标(其中 50 个为核心指标)的指标体系(见表 3-1)。2017 年联合国通过的 SDGs 取代了 2003 年开始执行的 MDGs 下的指标体系,此指标体系依据 17 项可持续发展目标设定,包括 8 个社会可持续性目标、5 个生态可持续性目标以及 4 个经济可持续性目标(见表 3-1)。CSDIS 充分考虑了全球可持续发展的紧迫性和中国经济发展和生态文明建设的长久目标,形成了包括社会民生主题的社会可持续性评价,包括资源环境、消耗排放及治理保护 3 个主题的生态可持续性评价以及包括经济发展主题的经济可持续性评价(见表 3-1)。

表 3-1　支柱论视角下可持续发展评价指标体系

2006年CSD可持续发展指标体系		2017年SDGs下可持续发展指标体系[①]	CSDIS	
主题	子题	17项可持续发展目标	主题	子题
社会可持续性评价	贫困	收入贫困、收入不平衡、环境卫生、饮水、能源获得、居住条件	目标1：在全世界消除一切形式的贫困	社会民生	均等程度（贫困发生率、基尼系数）
	人口	人口、旅游	目标2：消除饥饿，实现粮食安全，改善营养状况和促进可持续农业		卫生健康（人口平均预期寿命等）
	健康	死亡率、医疗服务供给、营养状况、健康状态及风险	目标3：确保各年龄段人群的健康生活方式，促进他们的福祉		
	教育	教育水平、识字	目标4：确保包容和公平的优质教育，让全民终身享有学习机会		教育文化
	管理	腐败、犯罪	目标5：实现性别平等，增强所有妇女和女童的权能 目标10：减少国家内部和国家之间的不平等 目标11：建设包容、安全、有抵御灾害能力和可持续的城市和人类住区 目标16：创建和平、包容的社会以促进可持续发展，让所有人都能诉诸司法，在各级建立有效、负责和包容的机构		社会保障

① 2017年SDGs下可持续发展指标体系是基于可持续发展的支柱论视角建立，但17项可持续发展目标并未按照社会、生态与经济分类，此处分类是参考吕永龙等（2018）和马延吉等（2019），并结合目标具体内容进行的分类。

续表

2006 年 CSD 可持续发展指标体系		2017 年 SDGs 下可持续发展指标体系	CSDIS	
主题	子题	17 项可持续发展目标	主题	子题
生态可持续性评价	淡水	水量、水质	目标 6：为所有人提供水和环境卫生并对其进行可持续管理	资源环境	水环境
	海洋和海岸	海岸带、渔业、海洋环境	目标 14：保护和可持续利用海洋和海洋资源以促进可持续发展		
	气候	气候变化、臭氧层耗竭、空气质量	目标 13：采取紧急行动应对气候变化及其影响		大气环境
	土地	土地利用现状、荒漠化、农业、森林	目标 15：保护、恢复和促进可持续利用陆地生态系统，可持续管理森林，防治荒漠化，制止和扭转土地退化，遏制生物多样性的丧失		国土资源
	生物多样性	生态系统、物种			生物多样性
	自然灾害	易受自然灾害影响、备灾和救灾	目标 7：确保人人获得负担得起的、可靠和可持续的现代能源	消耗排放	土地消耗、水消耗、能源消耗、主要污染物排放、工业危险废物产生量、温室气体排放
				治理保护	治理投入、废水利用率、固体废物处理、危险废物处理、垃圾处理、废气处理、减少温室气体排放

续表

2006 年CSD 可持续发展指标体系		2017 年SDGs 下可持续发展指标体系	CSDIS	
主题	子题	17 项可持续发展目标	主题	子题
经济可持续性评价	经济发展	宏观经济表现、可持续公共财政、就业、信息和通信技术、研发、旅游	目标 8 : 促进持久、包容和可持续经济增长, 促进充分的生产性就业和人人获得体面工作	经济发展	稳定增长
	消费和生产模式	材料消耗、能源使用、废物产生和管理、交通运输	目标 12 : 确保采用可持续的消费和生产模式		结构优化
			目标 9 : 建造具备抵御灾害能力的基础设施, 促进具有包容性的可持续工业化, 推动创新		创新驱动
	全球经济伙伴关系	贸易、外部筹资	目标 17 : 加强执行手段, 重振可持续发展全球伙伴关系		

注: ① 2006 年CSD 可持续发展指标体系来源于联合国的 *Indicators of Sustainable Development: Guidelines and Methodologies (Third Edition)*, 2007 ; ② 2017 年SDGs 下可持续发展指标体系来源于联合国官网(https://www.un.org/sustainabledevelopment/zh/) ; ③ CSDIS 来源于中国国际经济交流中心, 美国哥伦比亚大学地球研究院, 《中国可持续发展评价报告》, 北京 : 社会科学文献出版社, 2018。

支柱论视角可持续发展评价的优势在于全面性与灵活性, 一是能够反映涵盖社会、生态与经济方面的内容 ; 二是随着不同发展阶段关注的问题不同, 不同国家或地区自身条件不同, 以及新数据来源的出现与新方法的发展, 能够灵活调整可持续发展评价主题框架。缺点在于科学性与实用性之间的矛盾, 一方面, 由于指标选择标准不统一, 导致不同层次、不同范畴的指标结合在一起,且不同主题之下指标出现重复,或者有些指标偏离或忽略了某些关键领域,其科学性面临挑战;另一方面,由于有些指标难以获取甚至有些指标并不清楚要测度什么,其实用性也面临挑战。

二、生态论视角评价

生态论视角的可持续发展评价理论认为,人口与经济子系统的可持续性从属于资源与环境子系统的可持续性。由此,生态论视角的可持续发展评价的是资源与环境子系统对外界变化和机会做出积极反应的能力,或者是资源与环境子系统做出适应性反应的动态能力的维护。[①]

生态论视角可持续发展评价包含两大范畴:一是人类活动(包括资源的利用、污染物的排放等)对资源与环境子系统所施加"压力"的评价;二是资源与环境子系统对这些压力的反应的评价,包括资源与环境子系统状态、资源与环境子系统状态变化的原因、资源与环境子系统面对已知压力时可能发生的内部变化以及资源与环境子系统应对压力的能力。[②]

生态论视角的可持续发展评价指标体系主要有生态足迹(Ecological Footprint)、碳足迹(也叫温室气体足迹,Carbon Footprint)、生态系统服务价值(也就是生态系统生产总值,Gross Ecosystem Product)等。20世纪90年代,加拿大生物学家威廉(William)和他的博士研究生瓦克纳格尔(Wackernagel)提出"生态足迹",即核算人类活动对资源与环境子系统所施加"压力"(人类活动消费的资源及其所产生的废弃物的数量),以及资源与环境子系统对这些压力的反应(消耗的资源和产

---

① 联合国等编:《环境经济综合核算(2003)》,丁言强等译,中国经济出版社2004年版,第3页。
② 同上。

生的废弃物对应的生物生产面积）。因此，生态足迹是生产人类所消费的所有资源和吸纳人类产生的所有废弃物所需要的生物生产面积，[1] 其实质是从自然资本的角度确定资源与环境子系统的规模。碳足迹缘起于生态足迹，是对全球大气的温室气体整体性影响的评估，衡量人类活动对资源与环境子系统所施加"压力"（温室气体排放量）以及资源与环境子系统对这些压力的反应（环境可承受限度），当温室气体排放量超过环境可承受的限度，表明资源与环境子系统不可持续。[2]

　　生态论视角可持续发展评价的优势在于直观性与可比性，一是以合理的、综合的方式考虑复杂问题，有助于通过一段时间内的评价来直观显示总体趋势，以及特定地点或群体在特定时间点离可持续发展有多远；[3] 二是仅评价资源与环境子系统的运行状况，其结果可以进行横向和纵向对比。缺点在于非全面性与不确定性，一方面，由于人口与经济子系统作为可持续发展系统的重要组成部分，并不能完全由资源与环境子系统的变化来反映，因此具有一定的片面性；另一方面，由于对资源与环境子系统的评价仍然是当前的难点所在，受限于数据的可获得性以及方法的差异性，其结果的精准性往往受到质疑。

三、资本（资产）论视角评价

　　资本（资产）论视角的可持续发展评价理论认为，可持续发展系统健康运行要求资本存量（包括生产资本、人力资本、自然资本和社会资本）长期保持不下降。由此，发展的可持续性取决于对资本的维护，一是从源头上节约对自然资本等的消耗；二是从过程中寻求一种以生产

---

　　[1]　曲福田、诸培新主编：《土地经济学（第四版）》，中国农业出版社 2018 年版，第27—28 页。

　　[2]　伊恩·斯佩勒博格等主编：《可持续性的度量、指标和研究方法》，周伟丽等译，上海交通大学出版社 2017 年版，第 54 页。

　　[3]　Rogers P. P., Jalal K. F., Boyd J. A., *An Introduction to Sustainable Development*, Earthscan, 2012, pp. 319-322.

资本替代自然资本的方法。

资本(资产)论视角的可持续发展评价取决于人们对各类资本能否互相替代以及替代多少的认识,两种极端的观点是强可持续性与弱可持续性。自然科学家大多支持强可持续性,即交给后代的每一种自然资源的存量都应当与从上一代中接受下来的一样。[①] 这种观点认为所有形式的资本都是必不可少的,即各资本之间主要是互补的,替代的可能性极为有限,甚至在某些情况下完全无法替代。新古典经济学家大多支持弱可持续性的观点,即交给后代的资本存量与从上一代中接受下来的至少不会减少。这种观点认为生产资本和人力资本经常是自然资本的替代品。[②] 弱可持续性认为不同类型资本之间是可以相互替代的,但其替代程度存在一定限度,替代限度依赖于比较资本收益率,如只有在自然资本投资相较于生产资本产生较高资本收益时,才允许自然资本减少,即不管资本之间如何组合,只要求总资本水平不下降。本质上,两种观点分歧的核心在于各种形式的资本之间是否存在替代性以及替代的程度。强可持续性适用于难以替代的自然资源;而弱可持续性更适用于可以替代的自然资源。[③]

强可持续性与弱可持续性的分歧,决定了资本(资产)论视角可持续发展评价指标体系的差异性。强可持续性要求分别保持资本存量,因此所有资本形式就不必用同样的单位计量,自然资本等资本存量可以用实物单位进行计量。弱可持续性要保持的是总资本存量,因此所有形式的资本必须用同样的标准进行计量,即需要用货币计量。[④]

---

① 曲福田、冯淑怡主编:《资源与环境经济学(第三版)》,中国农业出版社2018年版,第39—40页。

② 联合国等编:《环境经济综合核算(2003)》,丁言强等译,中国经济出版社2004年版,第4—5页。

③ 曲福田、冯淑怡主编:《资源与环境经济学(第三版)》,中国农业出版社2018年版,第39—40页。

④ 联合国等编:《环境经济综合核算(2003)》,丁言强等译,中国经济出版社2004年版,第6—7页。

资本（资产）论视角可持续发展评价的指标体系主要有"真实储蓄"（Genuine Saving，GS）、自然资产负债表与绿色GDP等。1995年世界银行将传统的以收入为中心改为以财富为出发点，考察各国或地区的实际财富以及可持续能力，并将可持续发展指标分为四个要素：一是自然资本（土地、水、森林、石油、矿产等自然资源价值）；二是生产资本（机器、工厂、基础设施等的价值）；三是人力资本（以人为主体如教育、营养、医疗等所反映的价值）；四是社会资本（一系列规范、网络和组织等所反映的价值）。[①] 1997年世界银行首次提出"真实储蓄"的概念。[②] 真实储蓄是国民总储蓄减去固定资本折旧，加上教育支出（反映人力资本投资），再减去估计的自然资源损耗，最后减去碳排放造成的污染损失。若核算期内真实储蓄为负值，表明经济发展不可持续。

　　资本（资产）论视角可持续发展评价的优势在于真实性与可比性，一是对国际普遍采用以"收入"为衡量指标的重大补充，更加准确地估计了一个国家的真实财富；二是能够通过货币化清楚地了解各类资本及总资本的情况，便于比较。缺点在于可操作性面临挑战，一方面，同支柱论视角与生态论视角可持续发展评价一样，受数据可得性与方法的限制，从货币尺度对一个地区的总财富进行度量是难以实现的；另一方面，经济活动对自然资源和环境的影响具有复杂的时空性[③]，资本（资产）论视角的可持续发展评价既存在空间范围不确定，如上游造成的水损害费用应该计入受损下游地区的账户，还是应该计入上游地区的账户，也存在时间范围不确定，如资源开采的成本以及对环境的损害

---

　　① J. 迪克逊等编：《扩展衡量财富的手段：环境可持续发展指标》，张坤民等译，中国环境科学出版社1998年版，第34—68页。

　　② Atkinson G., Hamilton K., "Savings, growth and the resource curse hypothesis," *World Development*, 2003, 31 (11): 1793–1807.

　　③ 彭涛、吴文良："绿色GDP核算——低碳发展背景下的再研究与再讨论"，《中国人口·资源与环境》2010年第12期。

可能发生在获取经济效益很久之后,其核算应该包括哪个时间段以及如何将未来环境成本反映到其中,等等。

第三节　可持续发展的主要评价方法

可持续发展系统的复杂性和可持续发展评价视角的差异性共同决定了可持续发展评价方法和指标的多样性。基于不同视角下可持续发展评价理论,本节重点讨论三个比较重要的可持续发展评价方法:生态系统服务价值、自然资源资产负债表与绿色GDP。

一、生态系统服务价值

1935年,坦斯利(Tansley)提出生态系统的概念,[1] 自此,以生态系统为基础的生态学研究已经从注重生态系统结构逐渐向关注生态系统功能的方向发展。[2]1974 年,霍尔德伦(Holdren)和埃尔利希(Ehrlich)研究了生态系统为人类提供的服务,以及人类对生态系统服务的影响,[3] 生态系统服务这一概念的提出表明生态系统是具有社会价值的。2001 年,联合国等提出千年生态系统评估(Millennium Ecosystem Assessment, MA),对生态系统服务进行了分类,评估了生态系统服务价值;[4]2007 年,联合国又提出"生态系统和生物多样性经济学"(the Economics of

---

[1]　Tansley A. G. , "The use and abuse of vegetational concepts and terms," *Ecology*, 1935, 16 (3): 284–307.

[2]　谢高地、鲁春霞、成升魁:"全球生态系统服务价值评估研究进展",《资源科学》 2001 年第 6 期。

[3]　Holdren J. P. , Ehrlich P. R. , "Human population and the global environment: Population growth, rising per capita material consumption, and disruptive technologies have made civilization a global ecological force," *American Scientist*, 1974, 62 (3): 282–292.

[4]　《千年生态系统评估报告集(一)》,赵士洞、张永民、赖鹏飞译,中国环境科学出版社 2007 年版,第 B39—B45 页,第 C12—C13 页。

Ecosystems and Biodiversity），进一步推动了生态系统服务价值的研究。[①]

中国对生态系统服务价值的相关研究起步于 20 世纪 80 年代。1988 年中国科学院在原有生态系统定位观测站的基础上，开始了筹建生态系统研究网络的工作；[②] 2008 年，"中美生态系统服务国际会议"的召开，以及"中美生态系统服务研究中心"的成立，为我国生态系统服务研究能力的提高以及国际合作与交流建立了平台；[③] 2021 年，深圳市提出生态系统服务价值核算"1+3"制度体系，成为中国第一个实行生态系统服务价值核算的城市。

（一）生态系统服务价值的内涵

关于生态系统服务的概念，目前主要有三种观点。一是从生态学视角来看，生态系统服务是"生态系统及其组成物种得以维持和满足人类生活的条件和过程"。[④] 二是从经济学视角来看，生态系统服务是"人类直接或间接从生态系统中获得的利益"。[⑤] 但是，生态学与经济学未能使生态系统服务的定义和衡量标准化，导致生态系统服务价值难以准确纳入国民账户体系。因此产生第三种观点，即基于生态与经济理论，生态系统服务是"自然的组成部分，可以直接享受、消费或用来创造人类福祉"，是自然的最终产品。[⑥]

生态系统服务可分为供给服务、调节服务、文化服务和支持服务四

---

① Costanza R., De Groot R., Sutton P., et al., "Changes in the global value of ecosystem services," *Global Environmental Change*, 2014, 26: 152−158.

② 李文华、张彪、谢高地："中国生态系统服务研究的回顾与展望"，《自然资源学报》2009 年第 1 期。

③ 同上。

④ Daily G. C., *Nature's Service: Societal Dependence on Natural Ecosystems*, Washington, DC, Island Press, 1997.

⑤ Costanza R., d'Arge R., De Groot R., et al., "The value of the world's ecosystem services and natural capital," *Nature*, 1997, 387 (15): 253−260.

⑥ Boyd J., Banzhaf S., "What are ecosystem services? The need for standardized environmental accounting units," *Ecological Economics*, 2007, 63 (2−3): 616−626.

种类型。其中,供给服务是直接供人类使用的,包括食物、淡水与木材等商品;调节服务包括废弃物处理、作物授粉与气候调节等服务;文化服务包括消遣功能、美学享受与满足精神需求等;支持服务是产生上述直接服务的基础生态系统过程,包括土壤形成与养分循环等。值得注意的是,无论生态系统服务如何分类,生态系统的各类服务需要达到平衡,提高生态系统的某一服务价值往往以降低其他服务价值为代价。[①]

　　生态系统服务价值是各类生态系统服务产生的总价值。基于效用价值范式,生态系统服务价值是建立在满足人类的偏好(福利)的基础之上的,即生态系统服务对人类社会具有价值,因为人类可以在生态系统服务中获得一定的效用,包括直接使用价值与间接使用价值等。此外,人们还赋予了生态系统服务非使用价值,即存在价值,是指人们对于某种资源的存在,即使可能永远不会被使用,存在即有价值。基于非效用价值范式,事物具有内在的自身价值,与人们是否使用无关。[②]内在价值是产生在各种伦理、宗教与文化的基础之上的,与生态系统对人类福利的贡献无关,超出了效用主义的偏好满足观念。

(二)生态系统服务价值的衡量

　　生态系统服务价值的效用范式和非效用范式有一定的重叠,且相互影响。但是它们却使用不同的度量体系,没有共同的度量标准,通常也不能对它们简单地进行合计。[③]基于效用价值范式对生态系统服务价值的衡量已经相对成熟,尤其是生态系统服务的供给价值。皮尔斯(Pearce)和沃福德(Warford, 1993)认为生态系统服务价值即效用价值范式下的总经济价值(Total Economic Value, TEV)。TEV 是直接使用

---

　　① 《生态系统与人类福祉:评估框架》,张永民译,中国环境科学出版社2007年版,第1—3页。

　　② 同上书,第20页。

　　③ 同上。

价值、间接使用价值、选择价值与存在价值之和。[①] 其中, 直接使用价值是指人们为了满足消耗性目的或非消耗性目的而直接使用的, 可用生态系统产品的市场价格估计; 间接使用价值是指人们使用最终产品与服务的中间投入; 选择价值是指目前可能还没有从它们当中获得任何效用, 但是在为人们及后代保存未来使用这些服务的选择机会方面仍然具有价值; 存在价值是指对于某种资源的存在确定的价值。间接使用价值、选择价值和存在价值可用替代市场法(如旅行费用法、防护费用法等)与假想市场法(如意愿调查法等)进行评价。[②]

二、自然资源资产负债表

1978 年, 挪威统计局开始自然资源核算的相关研究工作, 随后着手编制自然资源实物量核算账户, 并于 1987 年公布《挪威自然资源核算》报告, 初步建立了自然资源实物核算框架。[③]1993 年, 联合国提出《1993 年国民账户体系》(SNA-1993)和《环境和经济综合核算体系》(*System of Environment and Economic Accounting*, SEEA-1993)。SEEA-1993 作为 SNA-1993 的附属卫星账户, 首次把经济核算边界扩大到自然资源和环境费用, 这意味着国民账户体系的范围首次扩展到了包括资源、环境子系统在内的可持续发展系统, 正式开始了价值量核算。2003 年, 联合国等联合发布 SEEA-2003, 将 SNA-1993 总量指标扩展以核算资源耗减、环境退化以及防护性支出。[④]2012 年, 联合国等联合发布 SEEA-2012,

---

① 戴维·皮尔斯、杰瑞米·沃福德:《世界无末日: 经济学、环境与可持续发展》, 张世秋等译, 中国财政经济出版社 1996 年版, 第 119 页。

② 谢高地、鲁春霞、成升魁: "全球生态系统服务价值评估研究进展",《资源科学》2001 年第 6 期。

③ 陈玥、杨艳昭、闫慧敏等: "自然资源核算进展及其对自然资源资产负债表编制的启示",《资源科学》2015 第 9 期。

④ 联合国等编:《环境经济综合核算(2003)》, 丁言强等译, 中国经济出版社 2004 年版, 第 9—10 页。

进一步调整和优化了账户结构,为资源环境经济核算提供了综合性解决方案,这是国际上第一个环境经济核算体系的国际统计标准。

1988年,国务院发展研究中心与美国世界资源研究所合作首次尝试开展自然资源核算的工作。2003年国家统计局出版《中国国民经济核算体系2002》,将实物量自然资源核算表设为卫星账户,编制了2000年全国土地、森林、矿产和水资源实物量表。2013年党的十八届三中全会提出,"探索编制自然资源资产负债表",2015年中共中央《生态文明体制改革总体方案》提出"制定自然资源资产负债表编制指南",同年,国务院办公厅印发《自然资源资产负债表编制试点方案》,标志着中国自然资源资产负债表进入探索试编阶段。2017年国家统计局印发《中国国民经济核算体系(2016)》,将资源核算延伸为资源环境核算,包括自然资源、环境保护支出以及污染物产生和排放核算。[①]

(一)自然资源资产负债表指标体系的构建

自然资源资产是"纳入核算范围的具有稀缺性、有用性及产权明确的自然资源,包括土地资源、矿产资源、能源资源、林木资源和水资源等"[②],其中,有用性体现为具有经济效益、社会效益和生态效益。自然资源负债是指由于以往一定时期的活动导致的自然资源损耗、环境退化而应当承担的支出。自然资源资产与自然资源负债的差即为自然资源净资产。[③]自然资源资产负债表是指为了清算自然资源"家底",明确资源环境责任,依据资产负债表体系,运用实物量核算与价值量核算相结合的方法,将一定区域自然资源资产和自然资源负债通过报表的形式进行汇总,包括自然资源资产、自然资源负债和自然资源净资产。

————————

①　国家统计局编:《中国国民经济核算体系(2016)》,中国统计出版社2017年版,第52—55页。

②　同上书,第53—54页。

③　陈艳利、弓锐、赵红云:"自然资源资产负债表编制:理论基础、关键概念、框架设计",《会计研究》2015年第9期。

自然资源资产负债表的平衡公式主要有"自然资源来源＝自然资源去向"[①②]、"自然资源资产＝自然资源负债＋所有者权益/或者自然资源净资产"[③④]以及"自然资源资产＝自然资源权属"[⑤]三类。其中,第一类源于SEEA的逻辑,是自然资源资产核算,忽略了自然资源负债;第二类来源于经典的资产负债表平衡公式,即"资产＝负债＋所有者权益";第三类由杨世忠等(2020)提出,满足厘清家底与明确责任的要求。[⑥]因此,自然资源资产负债表至少包括自然资源资产指标体系和自然资源负债指标体系。关于自然资源资产指标体系,SEEA-2012将自然资源资产分为矿产和能源、土地资源、土壤资源、木材资源、水生资源、其他生物资源和水资源7类(表3-2);《中国国民经济核算体系(2016)》将自然资源资产分为土地、矿产、林木和水资源4类,但在具体核算指标中,自然资源产品供给表和使用表只给出了矿产、林木和水资源产品的具体指标(表3-2)。虽然目前自然资源资产指标体系并未达成统一,但是,土地资源、水资源、林木资源和矿产资源是必须要考虑的分类指标,且已经基本达成共识。关于自然资源负债指标体系,许多学者认为应该包括自然资源损耗和环境退化两类指标,也有学者认为还应包括生态破坏指标。[⑦]

① 耿建新、胡天雨、刘祝君:"我国国家资产负债表与自然资源资产负债表的编制与运用初探——以SNA 2008和SEEA 2012为线索的分析",《会计研究》2015年第1期。

② 杨世忠、谭振华、王世杰:"论我国自然资源资产负债核算的方法逻辑及系统框架构建",《管理世界》2020年第11期。

③ 陈艳利、弓锐、赵红云:"自然资源资产负债表编制:理论基础、关键概念、框架设计",《会计研究》2015年第9期。

④ 石吉金、王鹏飞、李娜等:"全民所有自然资源资产负债表编制的思路框架",《自然资源学报》2020年第9期。

⑤ 杨世忠、谭振华、王世杰:"论我国自然资源资产负债核算的方法逻辑及系统框架构建",《管理世界》2020年第11期。

⑥ 同上。

⑦ 闫慧敏、封志明、杨艳昭等编:《自然资源资产负债表编制案例研究》,气象出版社2018年版,第11页。

表 3-2　自然资源资产核算指标体系

SEEA-2012		中国国民经济核算体系（2016）	
类型	指标	类型	指标
矿产和能源资源[①]	煤炭、石油、天然气、金属矿产与非金属矿产	矿产资源	煤炭、石油、天然气、铁矿石、铜矿石……
土地资源[②]	农业、林业、水产养殖用地、建筑用地和相关区域、保持和恢复环境功能用地、别处未予分类的其他用途土地、未使用的土地、内陆水域	土地资源	未给出
土壤资源[③]	土壤资源类型	水资源	地表水、地下水、降水、取水、废水和回用水、水的回流量、取水的蒸发和蒸腾、产品中所包含的水……
木材资源[④]	人工培育木材资源、天然木材资源	林木资源	原木、薪材、竹材……
水生资源[⑤]	人工培育水生资源——固定资产、人工培育水生资源——存货、天然水生资源		
其他生物资源[⑥]	人工培育的动植物、天然生物资源		
水资源[⑦]	地表水（包括人工水库、湖泊、河流以及冰川、雪和冰）、地下水、土壤水		

注：①SEEA-2012中自然资源资产核算指标体系来源于United Nations，et al.，*System of Environmental-Economic Accounting 2012: Central Framework*，New York，United Nations，2014；②《中国国民经济核算体系（2016）》中自然资源资产核算指标体系来源于国家统计局编：《中国国民经济核算体系（2016）》，中国统计出版社2017年版，第77—79页。

---

① 有实物量核算账户和价值量核算账户，两类账户指标相同。

② 有实物量核算账户和价值量核算账户，两类账户指标不同。表中给出的是价值量核算账户指标，实物量核算账户指标如下：人工地表、作物、草地、树木覆被区、红树林、灌木覆被区、定期淹没区域、天然植被稀少的区域、陆地荒原、近岸水体和潮间带以及水久积雪、冰川和内陆水体11类。

③ 土壤资源核算的第一阶段，必须计量一国之内不同土壤类型的面积，这种核算是土地资源核算的延伸。

④ 有实物量核算账户和价值量核算账户，两类账户指标相同，但是在实物量核算账户中天然木材资源分为可供应木材和不可供应木材，而在价值量核算账户中天然木材资源只包括可供应木材。

⑤ 有实物量核算账户和价值量核算账户，两类账户指标相同。

⑥ 没有列出表格，是因为这些资源的账户编制工作完全取决于资源在各国的相关性。

⑦ 是实物量核算账户，水资源价值量核算难以实现。

（二）自然资源资产负债表的核算方法

自然资源资产负债表的核算方法包括实物量核算和价值量核算。其中，实物量核算是采用账户形式，计算一定核算期内自然资源存量、流量、数量和质量等耗用状况[①]；价值量核算是对自然资源资产和自然资源负债进行评估。其中，实物量核算是基础，只有在实物量得到科学、准确核算的基础上才能进行价值量核算；价值量核算是目标，但由于自然资源资产和自然资源负债的多样性和复杂性，导致其难以甚至无法准确核算。基于此，自然资源资产负债表核算应该先实物核算后价值核算。[②]

1. 实物量核算方法

实物量核算包括自然资源资产实物量核算和自然资源负债实物量核算，但自然资源负债核算如环境退化往往难以实现实物量核算。实物量核算的重点是建立既全面又可操作的实物量核算内容体系。《中国国民经济核算体系（2016）》中，自然资源资产实物量核算表包括土地资源核算、矿产资源核算、林木资源核算和水资源核算，同时基于这四类指标测算了自然资源耗减情况，环境退化核算则使用污染物产生和排放实物量核算表以及环境保护支出核算表。[③] 实物量核算的方法体系已经相对成熟，根据核算主体的不同存在差别，比较常用的方法有"3S"（RS、GIS、GPS）技术法、调查与普查法、情景模拟法和生态足迹法等。[④⑤]

---

① 封志明、杨艳昭、闫慧敏等："自然资源资产负债表编制的若干基本问题"，《资源科学》2017年第9期。

② 封志明、杨艳昭、李鹏："从自然资源核算到自然资源资产负债表编制"，《中国科学院院刊》2014年第4期。

③ 国家统计局编：《中国国民经济核算体系（2016）》，中国统计出版社2017年版，第77—79页。

④ 封志明、杨艳昭、李鹏："从自然资源核算到自然资源资产负债表编制"，《中国科学院院刊》2014年第4期。

⑤ 杜文鹏、闫慧敏、杨艳昭："自然资源资产负债表研究进展综述"，《资源科学》2018年第5期。

2. 价值量核算方法

自然资源资产负债表的价值量核算主要包括自然资源价值量核算和环境价值量核算。

（1）自然资源价值量核算

目前，尽管尚无统一的自然资源资产价值量核算方法体系，基本的价值量核算方法仍然起着重要作用。一是市场法，即根据自然资源以实物或产权交易的形式，在市场中形成的自然资源价格来推定评估自然资源的价格，包括市场对比法和市场价格长期趋势法。二是收益法，包括收益还原法和收益倍数法。收益还原法（又叫收益资本化法或折现法），是通过应用适当的资本化率，将自然资源未来预期的客观正常净收益折现到估价时点后累加，从而得到该自然资源在估价时点的价值。[1] 收益倍数法是由收益还原法派生而来，是指若干年资源收益平均值的若干倍，这个倍数一般由交易双方商定，或由政府根据实际成交情况确定。[2][3] 三是成本法，包括生产成本法、机会成本法等。生产成本法是通过分析自然资源价格构成因素及其表现形式来推算求得自然资源的价格，适用于自然资源产品的价格评估。自然资源产品的价格是该资源产品生产成本与生产利润之和，而生产利润须由社会平均生产成本与平均利润率来决定。[4][5] 机会成本法是在无市场价格时，通过所牺牲的替代用途的收入来对自然资源使用的成本进行估算。[6]

---

① 曲福田、冯淑怡主编：《资源与环境经济学（第三版）》，中国农业出版社 2018 年版，第 145—146 页。

② 贺锡苹、张小华："耕地资产核算方法与实例分析"，《中国土地科学》1994 年第 6 期。

③ 曲福田、冯淑怡主编：《资源与环境经济学（第三版）》，中国农业出版社 2018 年版，第 145—146 页。

④ 吴优、曹克瑜："对自然资源与环境核算问题的思考"，《统计研究》1998 年第 2 期。

⑤ 曲福田、冯淑怡主编：《资源与环境经济学（第三版）》，中国农业出版社 2018 年版，第 145—146 页。

⑥ 孔含笑、沈镭、钟帅等："关于自然资源核算的研究进展与争议问题"，《自然资源学报》2016 年第 3 期。

　　自然资源资产价值量核算可运用的方法还包括净现值法、净价格法、支付意愿法等。净现值法,即计算由于持有或使用自然资源资产而获得的未来收益的净现值;[1] 净价格法,即用自然资源产品市场价格减去自然资源开发成本[2][3];支付意愿法,即通过对自然资源市场模拟的方式,确定消费者为了使自然环境质量改善或得到某种自然资源所愿意支付的货币量,将其作为核算自然资源资产价值量的基本参量[4] 等。

(2)环境价值量核算

　　根据环境价值属性与获取信息途径的不同,环境价值量核算方法可划分为三种类型。一是传统市场评价法,除了上面提到的市场法、收益法和成本法外,还包括生产率变动法,即认为环境变化可以通过生产过程影响生产者的产量、成本和利润;恢复费用法,即以恢复原有状况需承担的治理费用进行估算;人力资本法,即通过市场价格或工资来确定个人对社会的潜在贡献,并以此来估算环境对人体健康的贡献。二是揭示性偏好方法,通过人们在与环境相联系的市场中获得的利益或支付的价格来推断人们对环境的偏好,如享乐价值法,即以环境变化对产品或生产要素价格的影响来进行估算;旅行成本法,即以游客旅行费用、时间成本及消费者剩余进行估算。三是陈述性偏好方法,通过人们的支付意愿或受偿意愿来推断人们对环境的偏好,如条件价值法,即以直接调查得到的消费者支付意愿(Willingness to Pay,WTP)或受偿意愿(Willingness to Accept,WTA)进行价值计量;选择实验法,即构建假想市场环境,问卷调研受访者对环境多重属性的选择偏好,以间接技

————————

　　① 联合国等编:《环境经济综合核算(2003)》,丁言强等译,中国经济出版社2004年版,第355页。

　　② 吴优、曹克瑜:"对自然资源与环境核算问题的思考",《统计研究》1998年第2期。

　　③ 曲福田、冯淑怡主编:《资源与环境经济学(第三版)》,中国农业出版社2018年版,第145—146页。

　　④ 杜文鹏、闫慧敏、杨艳昭:"自然资源资产负债表研究进展综述",《资源科学》2018年第5期。

术推断出环境的货币化价值。[①]

3. 自然资源资产负债表核算方法的进一步探讨

统一适用的价值量核算方法是自然资源资产负债表核算的关键。然而，SEEA-2012对于自然资源资产价值量的核算仅给出了自然资源作为经济的自然投入直接使用所产生的物质收益的核算方法，对于间接使用自然资源产生的非物质收益并没有给出系统的、操作性强的方法。[②]《中国国民经济核算体系（2016）》也仅提到以市场法为主，对于那些对经济子系统有直接作用，但是没有明确的市场交易行为、交易价格的自然资源，其核算方法并未达成一致。此外，由于环境退化问题极为复杂，更是难以设计一种适合所有环境退化主题的通用方法。[③]《中国国民经济核算体系（2016）》、SEEA-2012等提到主要运用成本法即环境保护支出进行核算。未来自然资源核算应该继续坚持以市场价格估值为主的原则，当不具有市场价格时，分类制定价值量核算标准；环境价值核算坚持以成本法为主，同时兼顾污染物产生和排放等实物量核算。

三、绿色GDP

传统衡量经济发展的指标国内生产总值（GDP）存在以下不足：一是未考虑资源损耗对可持续发展系统的威胁；二是忽视了环境质量下降对可持续发展系统的影响。[④]自20世纪70年代起，联合国等国际组织对绿色GDP进行了大量的研究。1993年，《环境与经济综合核算体

---

①　曲福田、冯淑怡主编：《资源与环境经济学（第三版）》，中国农业出版社2018年版，第167—168页。

②　孙玥璠、徐灿宇："生态系统服务：自然资源资产核算从实物量到价值量的桥梁"，《财务与会计》2016年第12期。

③　彭涛、吴文良："绿色GDP核算——低碳发展背景下的再研究与再讨论"，《中国人口·资源与环境》2010年第12期。

④　Costanza R., Kubiszewski I., Giovannini E., et al., "Time to leave GDP behind," *Nature*, 2014, 505 (3): 283-285.

系》(*System of Environment and Economic Accounting*, SEEA-1993)中正式提出绿色GDP。绿色GDP是一个区域或国家在考虑了自然资源损耗和环境损失影响之后经济活动的最终成果,在不减少现有资本水平的前提下所必须保证的收入水平。

中国关于绿色GDP的研究起步较晚。2001年,王舒曼和曲福田构建了自然资源核算体系并首次在省级层面进行了绿色GDP核算。[①]2004年,原国家环境保护总局和国家统计局成立绿色GDP联合课题组,开展绿色GDP核算的研究。2005年,原国家环境保护总局和国家统计局在北京、天津、河北等10地开展绿色GDP试点,2006年公布《2004中国绿色国民经济核算研究报告》。之后,学术界对绿色GDP的研究从未停止过。[②]2015年原环境保护部重启绿色GDP核算工作,并于2016年选择部分地区进行绿色GDP 2.0的试点。

(一)绿色GDP的内涵

对绿色GDP较早的定义是皮尔斯(Pearce)和沃福德(Warford)在全部资本存量的内涵基础上提出来的[③],核心思想是考虑人类活动造成的对资源子系统与环境子系统的影响,并用价值量进行计量,如下式所示:

$$K = K_m + K_h + K_n \tag{3-1}$$

K是全部资本存量,主要包括人造资本(K_m)、人力资本(K_h)和自然资本(K_n),其中,人造资本(K_m)包括机器、工厂、道路等;人力资本(K_h)包括知识、技能等;自然资本(K_n)涵盖自然资产与环境资产的范围,包括可替代的自然资本与不可替代的自然资本。由于经济活动过程中会产生折旧,而可持续发展系统健康持续运行就要有非衰减的资本存量,即当且仅当全部资本存量随时间保持不变或一定增长的时候,

①　王舒曼、曲福田:"江苏省自然资源核算及对GDP的修正——以水、大气资源为例",《中国人口·资源与环境》2001年第3期。

②　Wang J., "Revive China's green GDP programme," *Nature*, 2016, 534: 37-37.

③　戴维·皮尔斯、杰瑞米·沃福德:《世界无末日:经济学、环境与可持续发展》,张世秋等译,中国财政经济出版社1996年版,第98—105页。

这种发展途径才是可持续的。[①] 假设现行GDP的计算是正确的,绿色GDP如下式所示:

$$绿色GDP = GDP - D_m - D_h - D_n \qquad (3-2)$$

式中, D_m 是人造资本折旧, D_h 是人力资本折旧, D_n 是自然资本折旧。

(二)绿色GDP的进一步探讨

常用的绿色GDP核算方法主要基于两种思路,第一种是直接测算法,与传统GDP核算原理相同,包括生产法和支出法;[②③④⑤] 第二种思路是间接测算法,即在传统GDP核算的基础上,综合纳入资源和环境因素,对传统GDP进行调整。表3-3梳理了部分学者运用间接测算法计算绿色GDP的四个主要视角。基于"福利视角"计算绿色GDP的基本逻辑是GDP不能确切衡量社会成员所能享受的全部福利。其原因在于全部福利不仅要包括GDP表现的经济福利,而且要包括GDP无法表现的但通过外部影响而产生的经济和非经济福利。[⑦] 基于"资源环境视角"计算绿色GDP的基本逻辑是传统GDP应考虑经济活动导致的资源损耗以及防护性支出。此外,尽管有防护性支出,但对环境的损害仍然不可避免,由此导致的环境退化也应考虑在内。[⑧] 基于"能值理论视角"

[①]　戴维·皮尔斯、杰瑞米·沃福德:《世界无末日:经济学、环境与可持续发展》,张世秋等译,中国财政经济出版社1996年版,第63—64页。

[②]　雷明:"绿色国内生产总值(GDP)核算",《自然资源学报》1998年第4期。

[③]　Asheim C. B., "Green national accounting: Why and how?" *Environment and Development Economics*, 2000, 5 (1): 25-48.

[④]　廖明球:"国民经济核算中绿色GDP测算探讨",《统计研究》2000年第6期。

[⑤]　陈梦根:"绿色GDP理论基础与核算思路探讨",《中国人口·资源与环境》2005年第1期。

[⑥]　王铮、刘扬、周清波:"上海的GDP一般增长核算与绿色GDP核算",《地理研究》2006年第2期。

[⑦]　杨缅昆:"绿色GDP核算理论问题初探",《统计研究》2001年第2期。

[⑧]　联合国等编:《环境经济综合核算(2003)》,丁言强等译,中国经济出版社2004年版,第9—10页。

计算绿色GDP的基本逻辑是将可持续发展系统视作能量系统,可持续发展系统中的任何活动无不涉及能量的流动、转化与贮存;[1][2] 通过能值转换率,将人口、资源、环境与经济子系统中不同种类的能量转化为统一标准——能值,得到能值消耗总量与GDP的比值即能值/货币比率,再将资源耗减和环境损失部分通过能值/货币比率转换为货币价值,并在传统GDP中扣除。[3] 基于"生态系统服务价值理论视角"对绿色GDP的定义与以上三种视角存在差异,认为绿色GDP是考虑了生态系统服务价值后的结果,是传统GDP和生态系统服务价值的总和[4][5],这一定义来自科斯坦萨(Costanza)等[6]。其计算绿色GDP的基本逻辑是,国内生产总值(GDP)衡量一个经济体在特定时期内生产的商品和服务的货币价值,是国内生产的最终产品的市场价值,但没有包括生产最终依赖的资源和环境的价值。[7] 由于生态系统服务也是一种"最终产品"[8],绿色GDP不仅应包含传统的产品价值,还应包括生态系统服务价值。也有学者进一步考虑了生态代价,认为绿色GDP是传统GDP加上生态系统服务价值

---

① Ulgiati S., Odum H. T., Bastianoni S., "Energy use, environmental loading and sustainability: An energy analysis of Italy," *Ecological Modelling*, 1994, 73 (3-4): 215-268.

② 蓝盛芳、钦佩:"生态系统的能值分析",《应用生态学报》2001年第1期。

③ 张虹、黄民生、胡晓辉:"基于能值分析的福建省绿色GDP核算",《地理学报》2010年第11期。

④ Ochuodho T. O., Alavalapati J. R. R., "Integrating natural capital into system of national accounts for policy analysis: An application of a computable general equilibrium model," *Forest Policy and Economics*, 2016, 72: 99-105.

⑤ Wu S., Han H., "Sectoral changing patterns of China's green GDP considering climate change: An investigation based on the economic input-output life cycle assessment model," *Journal of Cleaner Production*, 2020, 251: 1-20.

⑥ Costanza R., d'Arge R., De Groot R., et al., "The value of the world's ecosystem services and natural capital," *Nature*, 1997, 387 (15): 253-260.

⑦ Turner P., Tschirhart J., "Green accounting and the welfare gap", *Ecological Economics*, 1999, 30 (1): 161-175.

⑧ Boyd J. "Nonmarket benefits of nature: What should be counted in green GDP?", *Ecological Economics*, 2007, 61 (4): 716-723.

减去生态代价后剩余的国内生产总值。[①]

表 3-3　绿色 GDP 间接测算法

视角	核算方法
福利	绿色 GDP=GDP+ 外部经济因素-外部不经济因素[②③]
资源环境	绿色 GDP=GDP-资源耗减-环境退化-防护性支出[④⑤⑥⑦]
	绿色 GDP=GDP-资源耗减-环境退化+ 资源、环境正效益[⑧⑨]
能值理论	绿色 GDP=GDP-资源消耗能值量的货币量-环境消耗能值量的货币量[⑩]
生态系统服务	绿色 GDP=GDP+ 直接生态系统服务价值[⑪⑫]
价值理论	绿色 GDP=GDP+ 生态系统服务价值-生态代价[⑬]

[①]　Vaghefi N., Siwar C., Aziz S. A. A. G., "Green GDP and sustainable development in malaysia," *Current World Environment*, 2015, 10 (1): 1-8.

[②]　杨缅昆:"绿色 GDP 核算理论问题初探",《统计研究》2001 年第 2 期。

[③]　杨缅昆:"国民福利核算的理论构造——绿色 GDP 核算理论的再探讨",《统计研究》2003 年第 1 期。

[④]　《环境经济综合核算（2003）》将防护性支出定义为"预防的或纠正的环境破坏赋予货币价值"。

[⑤]　安锦、王建伟:"资源诅咒:测度修正与政策改进",《中国人口·资源与环境》2015 年第 3 期。

[⑥]　Vaghefi N., Siwar C., Aziz S. A. A. G., "Green GDP and sustainable development in malaysia," *Current World Environment*, 2015, 10 (1): 1-8.

[⑦]　Kunanuntakij K., Varabuntoonvit V., Vorayos N., et al., "Thailand green GDP assessment based on environmentally extended input-output model," *Journal of Cleaner Production*, 2017, 167: 970-977.

[⑧]　沈晓艳、王广洪、黄贤金:"1997—2013 年中国绿色 GDP 核算及时空格局研究",《自然资源学报》2017 年第 10 期。

[⑨]　黄和平、胡晴、乔学忠:"基于绿色 GDP 和生态足迹的江西省生态效率动态变化研究",《生态学报》2018 年第 15 期。

[⑩]　张虹、黄民生、胡晓辉:"基于能值分析的福建省绿色 GDP 核算",《地理学报》2010 年第 11 期。

[⑪]　Xu L., Yu B., Yue W., "A method of green GDP accounting based on eco-service and a case study of Wuyishan, China," *Procedia Environmental Sciences*, 2010, 2: 1865-1872.

[⑫]　Xu 等（2010）为了避免重复计算问题，将绿色 GDP 定义为 GDP 与直接生态系统服务价值的和，其中，直接生态系统服务价值= 生态系统服务价值-对其他生物的生态系统服务价值-对后代的生态系统服务价值。

[⑬]　陈源泉、高旺盛:"基于农业生态服务价值的农业绿色 GDP 核算——以安塞县为例",《生态学报》2007 年第 1 期。

　　绿色GDP的核算取决于对传统GDP与资源、环境子系统价值的核算。未来绿色GDP的核算应主要考虑以下三点：一是传统GDP核算本身包含了对资源的开采与对环境的治理等，传统GDP如何与资源、环境价值更好地衔接，以避免重复计算或漏算，是未来绿色GDP核算的重点；二是资源、环境子系统价值的核算是绿色GDP核算的难点，未来应重点探索合理、统一、可操作的资源与环境价值核算方法；三是绿色GDP的核算是基于现有技术条件可获取的数据以及可行的核算方法的结果，随着经济社会的发展、技术水平的提高与核算方法的完善，绿色GDP的核算将会得到进一步发展。

　　基于上述人口、资源、环境与经济发展相关关系的评价，以下分别考察人口、资源、环境三大系统的可持续发展问题。

第四章　人力资源与可持续发展

从发展的角度,人力资源作为一种重要的资源,涉及人口、人手和人资(人力资本)。人是生产者,也是消费者,具有"人手"和"人口"的性质。从可持续发展角度,一是指人自身的可持续发展,二是人的再生产对经济、资源、环境可持续系统的影响。人口规模、人口质量、人口结构均是影响可持续发展的关键因素。人力资源开发和人力资本的投资将通过影响劳动者结构和劳动者素质,深刻影响着经济社会的可持续发展能力,产生可持续发展的效应。

第一节　人口的可持续发展分析

一、人口、人手与可持续发展

人口是人"口"、人"手"和人"资"的统一体。日常经济活动中最基本的概念"生产"和"消费"、"需求"和"供给"均与人作为这种统一体的特征紧密相关。人口是生产者也是消费者,是经济发展中需求的来源和供给的提供者。

从人"口"的角度来看,人口是一种消费因素的集合。每一个个体的人的存在,都必须有衣、食、住、行、娱等生存和发展的最基本物质和精神需求,满足这些需求构成了经济发展的最原始动力。这些需求的不断增加和升级,推动了社会不断演进,经济发展水平不断提升。

从人"手"的角度看,人是一种生产因素的集合,人的每一个个体有从事体力劳动或者脑力劳动的能力,能够创造满足人们生存和发展以及精神需求的各种物质和非物质产品与服务。是经济社会发展赖以生存的重要资源。

"人资"是"人手"的拓展。"人资"指"人力资本",指的是人的知识和技能的存量,需要通过人力资本的投资获得。人的发展很大程度上是指人力资本的积累,孕育着知识生产与创新潜能。

总的来说,对经济增长,"人口"作为消费者具有拉力作用,"人手"作为生产者具有推力作用,"人资"则起增长的潜力作用。

英国古典经济学派的创始人配第(William Petty, 1623—1687)将劳动力看成社会发展的支柱,认为"土地为财富之母,而劳动则为财富之父和能动的要素",适度的人口规模有助于国家的财富积累。[①] 现代适度人口理论的主要代表人物是法国人口学家索维(Alfred Sauvy, 1898—1990)。他认为适度人口是指一个以最令人满意的方式达到某项特定目标的人口(索维,1983)。

人口承载力理论是适度人口理论的延伸和发展,重点关注人口与环境、资源之间的关系,其主要代表人物及著作有美国生态学家福格特(William Vogt, 1902—1968)的《生存之路》和世界环境与发展委员会的《世界无末日:经济学、环境与可持续发展》。《生存之路》一书试图通过一些精心选择的例子告诉人们,人类作为环境中的一部分,与环境相互作用,人类的生活要与环境相适应(福格特,1981)。《世界无末日:经济学、环境与可持续发展》一书采用经济学的视角和方法,论述了发展中国家解决环境问题的特定方式,认为有效处理好环境与经济的关系,世界就无末日,经济社会可得到持续发展(皮尔斯,1996)。

---

① 〔英〕配第:《配第经济著作选集》,陈冬野等译,商务印书馆1981年版,第66页。

纵观人类历史进展，在农业社会，农业为国民经济的命脉，而人作为无可替代的"第一生产力"，是这一命脉的掌控者。但其重要性又被过高的人口死亡率所强化。由此，国家以鼓励生育为主，人愈多就愈能促进社会生产力的发展。

工业革命的兴起极大地推动了经济社会的快速发展，而后者又与人口的几何式增长相辅相成。在欣然繁荣的人口背后，难以掩盖人口与就业、人口与环境、人口与食物之间的矛盾。食物和资源有限性与人口之间的矛盾逐渐成为社会争论的焦点。故此，工业社会，避免人口增长超过土地和自然资源的负载力，提出"人口危机"甚至恶化为"资源危机"等毁灭性灾难。

现代社会，发达国家生育已降至极低水平，人口年龄结构的老化、劳动年龄人口的降低、人口增长速度减缓等问题涌现。同时，人口的聚集增加，人口区域分布的不均衡，势必对特定区域有限的环境资源提出挑战。

改革开放以来的相当长的时期中国经济的高速增长，其中的一个因素是我国实行独生子女政策产生的"人口红利"。近年来，"人口红利"正在消失，劳动人口正在出现净减少。经济由高速增长转向高质量发展，实现可持续发展则主要依靠"人资"。只有培育人力资源、智力资源、人力资本优势，才能够实现高质量发展和可持续发展。

二、人的再生产与物质资料再生产的平衡

人类社会要存在并发展，就必须进行生产，人类社会的生产是物质资料的生产和人类自身的生产的统一。"两种生产"的思想在恩格斯的《家庭、私有制和国家的起源》中得到了高度归纳。恩格斯说："根据唯物主义观点，历史中的决定性因素，归根结底是直接生活的生产和再生产。但是，生产本身又有两种。一方面是生活资料即食物、衣服、住房

以及为此所必需的工具的生产;另一方面是人类自身的生产,即种的繁衍。"① 这两种生产相互联系、相互渗透、相互制约。其中,物质资料生产决定着人口生产。"社会的条件只能适应一定数量的人口。……人口的绝对增长率,从而过剩人口率和人口率也会随着生产条件发生变化。"②

根据马克思主义的人口理论,人口现象受自然条件和人自身的生理因素的影响,但就其本质而言,它属于社会现象。马克思和恩格斯认为,人们除进行物质生产和满足需要之外,"一开始就进入历史发展过程的第三种关系是:每日都在重新生产自己生命的人们开始生产另外一些人,即繁殖。这就是夫妻之间的关系,父母和子女之间的关系,也就是家庭"。③"这样,生命的生产,无论是通过劳动而达到的自己生命的生产,或是通过生育而达到的他人生命的生产,就立即表现为双重关系:一方面是自然关系,另一方面是社会关系。"④ 这也就是说,人口的发展变化过程是以人的生理条件和其他自然条件为基础的社会过程,其增殖条件和生存条件都是由社会生产方式决定的,受社会的政治、军事、教育、婚姻等制度制约。

马克思主义人口理论从社会生产方式决定人口发展的观点出发,反对离开社会制度、离开生产方式抽象地解释和说明人口现象,反对把人口规律说成是永恒不变的自然规律。马克思说,"不同的社会生产方式,有不同的人口增长规律和过剩人口增长规律","这些不同的规律可以简单地归结为同生产条件发生关系的种种不同方式"。⑤ 就人的个体来说,可以归结为同他作为社会成员的再生产条件发生关系的种种

---

① 《马克思恩格斯选集》第 4 卷,人民出版社 1995 年版,第 2 页。
② 《马克思恩格斯全集》第 46 卷(下),人民出版社 1980 年版,第 105 页。
③ 《马克思恩格斯选集》第 1 卷,人民出版社 1995 年版,第 80 页。
④ 同上。
⑤ 《马克思恩格斯全集》第 46 卷(下),人民出版社 1980 年版,第 104 页。

不同方式。他在《资本论》中还进一步指出："每一种特殊的、历史的生产方式都有其特殊的、历史地发生作用的人口规律。抽象的人口规律只存在于历史上还没有受过人干涉的动植物界。"[1]

马克思指出,人口是"全部社会生产行为的基础和主体"[2]。但是,物质生产又是人口生存和发展的前提和经济基础,因此,必须研究由生产条件所决定的处于一定生产关系中的人口。在阶级社会里,如果抛开构成人口的阶级,那么,人口就是一个抽象。所以,马克思认为,只有用唯物辩证方法来研究人口,它才不会是混沌的表象或空洞的抽象,"而是一个具有许多规定和关系的丰富的总体"[3]。

在 1853 年所写的《强迫移民》中,马克思从人口与生产条件的相互关系出发,阐明了人口迁徙的规律性及其在不同社会的特点。他认为,不论是人口的国际迁移还是城乡间的流动,都受生产力和生产关系的制约。古代人口的大迁徙是由于生产力不足所造成的人口过剩的结果,而资本主义社会的情况与此相反,"正是生产力的增长要求减少人口,借助于饥饿或移民来消除过剩的人口。现在,不是人口压迫生产力,而是生产力压迫人口"。[4]

马克思认为,社会生产条件只能适应一定数量的人口,这种由一定形式的生产条件的扩展能力所设定的人口限制,随着生产条件的变化而变化,或收缩或扩大。因此,人口的绝对增长率也会随生产条件发生变化。至于过剩人口,马克思认为,它同并不存在的生存资料绝对量根本没有关系,而是同再生产的条件,同这些生存资料的生产条件有关,而这种生产条件同样也包括人的再生产条件,包括整个人口的再生产

---

[1]　马克思:《资本论》第 1 卷,人民出版社 2004 年版,第 728 页。
[2]　《马克思恩格斯选集》第 2 卷,人民出版社 1995 年版,第 18 页。
[3]　同上。
[4]　《马克思恩格斯全集》第 8 卷,人民出版社 1961 年版,第 619 页。

条件,包括相对过剩人口的再生产条件。通过以上分析,马克思科学地揭示了人口和生产条件的相互关系,并由此建立了科学的"过剩人口"理论。

马克思概括地总结人类与自然的循环关系:"人的自然的新陈代谢物所产生的排泄物,以及工业生产和消费的废弃物作为完整的新陈代谢循环的一部分,需要返还土地。"马克思还认为,土地肥力的衰竭会危及子孙后代,为了"人类世世代代",需要维持土地的效力。这都体现了人类再生产与物质资料再生产之间的平衡。

三、人的自由的全面发展

马克思和恩格斯在研究资本主义人口问题和人口规律的基础上,对未来共产主义社会的人口问题进行了科学预见。

第一,人口再生产的计划性。在未来的共产主义社会,人口的增长也并非无止境的。"如果说共产主义社会在将来某个时候不得不象已经对物的生产进行调整那样,同时也对人的生产进行调整,那么正是那个社会,而且只有那个社会才能毫无困难地作到这点。"[1] 因为,在共产主义社会,有计划地分配社会劳动时间成为社会首要经济规律。他指出:如果共同生产已成为前提,"时间的节约,以及劳动时间在不同的生产部门之间有计划的分配,在共同生产的基础上仍然是首要的经济规律"。[2] 在有计划规律成为社会首要规律的前提下,社会完全可以像对物质生产进行计划一样,进行人口再生产的计划。

第二,大工业对人的全面发展的要求。马克思基于现代工业的基础是革命的科学判断,提出了人的全面发展的要求。他指出:"现代工业通过机器、化学过程和其他方法,使工人的职能和劳动过程的社会结

---

[1] 《马克思恩格斯全集》第35卷,人民出版社1971年版,第145页。

[2] 《马克思恩格斯全集》第46卷(上),人民出版社1979年版,第120页。

合不断地随着生产的技术基础发生变革。这样,它也同样不断地使社会内部的分工发生革命。……大工业的本性决定了劳动的变换、职能的更动和工人的全面流动性。"① 由此对工人提出的生死攸关的问题是:"用那种把不同社会职能当做互相交替的活动方式的全面发展的工人,来代替只是承担一种社会局部职能局部个人。"因此,"工人阶级在不可避免地夺取政权之后,将使理论的和实践的工艺教育在工人学校中占据应有的位置"。②

第三,未来社会的一个重要特征是人的自由的全面发展。马克思对人的自由的全面发展做了如下描述:"像野蛮人为了满足自己的需要,为了维持和再生产自己的生命,必须与自然搏斗一样,文明人也必须这样做;而且在一切社会形式中,在一切可能的生产方式中,他都必须这样做。这个自然必然性的王国会随着人的发展而扩大,因为需要会扩大;但是,满足这种需要的生产力同时也会扩大。这个领域内的自由只能是:社会化的人,联合起来的生产者,将合理地调节他们和自然之间的物质变换,把它置于他们的共同控制之下,而不让它作为一种盲目的力量来统治自己;靠消耗最小的力量,在最无愧于和最适合于他们的人类本性的条件下来进行这种物质变换。"③ 劳动者真正实现自由是在消灭资本主义社会以后所建立的社会主义社会中。在这一形态中,自由个性不仅在形式上而且在实质上都已成为现实。其基本原因是社会财富已成为人们共同使用、共同发展的物质条件。人的全面发展是人们在认识自然、改造自然、征服自然的过程中解放自己、发展自己的历史产物。

第四,未来社会自由人。马克思认为,自由人是"自由联合、自觉

---

① 马克思:《资本论》第1卷,人民出版社2004年版,第560页。
② 同上书,第562页。
③ 马克思:《资本论》第3卷,人民出版社2004年版,第928—929页。

活动并且控制自己的社会运动的人们"。① 自由人不是一个个彼此独立分散的个人,每个人的自由都只存在于社会性结合时。在这社会性结合中,每个人的才能和智慧都得到全面发展,人与人之间的经济地位和社会地位是完全平等的,一切等级差别已消失。就是马克思说的:"只有在集体中,个人才能获得全面发展其才能的手段,也就是说,只有在集体中才可能有个人自由。"② 关于自由人形成的条件,有四个方面:第一,社会生产力高度发展,人们提供的劳动有足够的剩余,从而有条件缩短工作日,相应地每个人从而整个社会可自由支配的时间增加。"创造可以自由支配的时间,也就是创造产生科学、艺术等等的时间。"③ 这将为人的自由选择、发展提供时间保障。如果人们还要把主要的精力和时间用于解决生存问题,还严重依赖着自然产物,那么,自由就只能是一句空话。第二,生产资料已归社会占有,任何人都不能再通过劳动以外的手段谋得消费资料。第三,理论教育与实践的工艺教育有机地结为一体。因此,"未来教育对所有已满一定年龄的儿童来说,就是生产劳动同智育和体育相结合,它不仅是提高社会生产的一种方法,而且是造就全面发展的人的唯一方法"。④ 第四,劳动的普遍化。"在劳动强度和劳动生产力已定的情况下,劳动在一切有劳动能力的社会成员之间分配得越平均,一个社会阶层把劳动的自然必然性从自身上解脱下来并转嫁给另一个社会阶层的可能性越小,社会工作日中必须用于物质生产的必要部分就越小,从而用于个人的自由活动、脑力活动和社会活动的时间部分就越大。"⑤

　　在自由人联合体的经济活动中,时间规定仍具有极其重要的意义。

① 马克思:《资本论》第 1 卷,中国社会科学出版社 1983 年法文版中译本,第 60 页。
② 《马克思恩格斯选集》第 1 卷,人民出版社 1972 年版,第 82 页。
③ 《马克思恩格斯全集》第 46 卷(上),人民出版社 1979 年版,第 381 页。
④ 马克思:《资本论》第 1 卷,人民出版社 2004 年版,第 556—557 页。
⑤ 马克思:《资本论》第 1 卷,人民出版社 2004 年版,第 605 页。

自由人的经济活动也需要讲究效率,也要进行投入产出关系的分析和核算。因为,"社会发展、社会享用和社会活动的全面性,都取决于时间的节省"。① 社会为生产小麦、牲畜等所需要的时间越少,它所赢得的从事其他生产、物质的或精神的生产的时间就越多。时间的节约状况直接决定着自由人自身的全面发展程度。

第二节　人口结构与可持续发展

从可持续发展的角度来看,发展是以人为中心的,人类的永久福利是追求人的可持续发展。同时,为了实现人类福利的持续维持和增加,人类又必须与自然界的其他生物物种形成和谐的关系。要解决的问题可以归结为两类:一是解决人口再生产对自然资源和环境的压力,二是解决满足需求过程之中产生的有可能导致人类不可持续发展的问题。

一、人口结构对可持续发展的意义

人口结构可以分为人口的自然结构、经济结构、社会结构、质量结构和地域结构五个大类,每一个大类又再包含不同的小类,人口的自然结构包括人种、性别、年龄三种结构;人口的经济结构包括人口的产业、行业、职业、收入分配和消费类型等结构;人口的社会结构包括人口的阶层、民族、宗教、语言和婚姻家庭结构;人口的地域结构包括自然地域结构、行政地域结构、城乡结构;人口的质量结构包括人口的身体素质结构和文化结构。人口结构对可持续发展的意义可以从以下几个方面进行理解。

① 《马克思恩格斯全集》第46卷(上),人民出版社1979年版,第120页。

合理的人口结构之所以是实现可持续发展的必要前提，是因为人口结构与人口数量的增长和质量的提高有着十分密切的关系。年轻型的人口年龄结构，会导致人口生产惯性下数量的持续增长，对资源与环境造成持续增大的压力。同样，当人口年龄结构不合理时，如老年人比重或青少年比重过高时，社会负担过重，人们就无力在人力资源的开发上进行更多的投资，从而影响到人口质量的提高。

第一，人口结构影响人口再生产模式。人口结构，实际上是特定人口再生产模式下人口数量和质量的另外一种表现形式，从人口结构可以分析人口再生产模式本身是否具有可持续性。例如，年轻型的人口年龄结构，反映了较快的人口增长速度或者人口增长的潜力，而老年型的人口年龄结构，则反映了人口增长趋于放慢的特点。

第二，人口结构可以成为评价人类经济社会发达程度以及是否可持续发展的标志性指标。与人口相关的一些社会经济指标，通常被选择作为评价社会发达程度的标准。例如，比较有代表性的英格尔斯现代化评价指标体系，列出了判断一个国家和地区是否实现现代化的11个主要指标，其中大都是人口结构指标。包括：非农业劳动力占总劳动力的比例、成人识字率、在校大学生占20—24岁人口比例、每名医生服务的人口、婴儿死亡率、人口自然增长率、平均预期寿命、城市人口占总人口比例。显然，可持续发展的经济系统和社会系统与人口是紧密关联的，人口结构已成为衡量可持续发展的重要指标。

第三，能动地调节人口结构可以确保人类迈向可持续发展。人是社会经济活动的主体，能动地调节人口结构，实际上就是通过人口系统因素变化影响社会系统、经济系统，从而对资源生态系统产生影响。如城市化通过改善人口城乡结构，提高人口城市化水平可以促进可持续发展。对资源的集约利用和对环境的保护，有赖于人类知识的提高和素质的全面提升，通过全面普及教育，提升人口的文化结构和改善人口的经济结构可以极大地增进人类福利、节约资源并有利于环境保护。

二、人口年龄结构与可持续发展

研究人口年龄结构常用到年龄、年龄组、平均年龄、年龄中位数、少年儿童系数和老年系数、少年儿童抚养比和老年赡养比、社会总抚养比。其中少年儿童系数指 0—14 岁少年儿童占总人口的比例，老年系数指 65 岁及以上人口占总人口的比例。少年儿童抚养比指 0—14 岁需要抚养的少年儿童占 15—64 岁社会劳动年龄人口的比例，老年赡养比是指 65 岁及以上需要赡养的老年人口占 15—64 岁社会劳动年龄人口的比例。社会总抚养比是少年儿童抚养比和老年赡养比之和。

人口年龄结构从数量上反映的是不同年龄或年龄段人口的比例关系，折射出相关的经济社会因素对人口再生产的影响，也反映了人口因素可能对经济社会发展产生的潜在影响。首先，人口的年龄结构可以反映人口再生产的发展趋势。因为人口的年龄结构连续而动态地反映了特定人口在出生、死亡和机械变动方面的变化，因而可以用来作为人口未来发展趋势的参考。例如，瑞典人口学家桑德巴氏曾经根据人口年龄结构，把人口划分为增加型、稳定型和减少型三种类型（见表 4-1）。

表 4-1　桑德巴氏人口类型划分标准（单位：%）

人口类型	0—14 岁人口比例	15—49 岁人口比例	50 岁及以上人口比例
增加型	40	50	10
稳定型	26.5	50.5	23
减少型	20	50	30

其次，通过人口年龄结构可以了解一个国家和地区劳动年龄人口变化状况和发展趋势，掌握劳动力资源供给规律，为确定经济发展战略

提供参考。

　　再次,人口年龄结构可以让我们掌握人口发展带来的社会负担及其发展趋势,及时制定或调整有关社会政策,保证社会的稳定与和谐。少年儿童负担和老年人口负担既是家庭问题,也是社会问题,通过对人口年龄结构的观察可以判断总体人口所处类型,对少年儿童抚养负担和老年人口赡养负担的消长趋势有准确掌握,及时调整人口发展战略,制定相关社会政策加以应对。例如联合国曾经提出过划分人口类型的标准,可以把不同国家和地区的人口划分为年轻型、成年型和老年型(见表4-2)。年轻型人口结构意味少年儿童抚养负担较重,需要在教育事业发展、劳动力资源的合理利用等方面做出相应安排,而老年型社会则面临较重的养老负担,养老保障体系及相关的制度建设则应重点关注。

表4-2　通常的人口类型划分标准

指标	年轻型	成年型	老年型
0—14岁人口比重(%)	40以上	30—40	30以下
65岁及以上人口比重(%)	4以下	4—7	7以上
60岁及以上人口比重(%)	5以下	5—10	10以上
65岁及以上人口与0—14岁人口之比(%)	15以下	15—30	30以上
年龄中位数(岁)	20以下	20—30	30以上

　　20世纪90年代至2010年前后,由于实行独生子女政策,是我国劳动年龄人口比重最大、劳动力资源供给最充足、少儿抚养和老年赡养负担最轻的时期,因此产生的高储蓄率和劳动力供给充足成为推动经济高速增长的"人口红利"。但是随着实行独生子女政策时间的延续,老龄化问题就逐步显现。中国人口发展的历史资料和预测趋势表明,在1980—2010年间,中国65岁以上老年人口比重由4.7%上升至7.6%,年均提高0.1个百分点。2000年第五次人口普查时则接近

老龄社会门槛的 6.96%，2007 年起我国 65 岁的老龄化系数在 8% 以上，2011 年起该比重开始跃升到 9% 以上，2014 年起该比重又上升到 10% 以上，2018 年我国 65 岁的老龄化系数已经高达 11.9%，老年人口数量更是达到 1.67 亿，2020 年第七次全国人口普查结果显示，全国人口共 141178 万人，0—14 岁人口为 25338 万人，占 17.95%；15—59 岁人口为 89438 万人，占 63.35%；60 岁及以上人口为 26402 万人，占 18.70%（其中，65 岁及以上人口为 19064 万人，占 13.50%）（见表 4-3）。我国老年抚养比也是如此，从 2000 年的 9.9% 一路上涨到 2018 年的 16.8%，2018 年老年抚养比比 2000 年老年抚养比的 1.5 倍还多。我国 2000—2018 年人口年龄结构及抚养比如下表 4-4 所示。

表 4-3　全国人口年龄构成

年龄	人口数	比重
总计	1411778724	100
0—14 岁	253383938	17.95
15—59 岁	894376020	63.35
60 岁以上	264018766	18.70
65 岁及以上	190635280	13.50

表 4-4　我国 2000—2018 年人口年龄结构及抚养比

年份	人口年龄结构			抚养比（%）		
	0—14 岁占比	15—64 岁占比	65 岁以上占比	人口总抚养比	少儿抚养比	老年抚养比
2000	22.9	70.1	7.0	42.6	32.6	9.9
2001	22.5	70.4	7.1	42.0	32.0	10.1
2002	22.4	70.3	7.3	42.2	31.9	10.4
2003	22.1	70.4	7.5	42.0	31.4	10.7
2004	21.5	70.9	7.6	41.0	30.3	10.7
2005	20.3	72.0	7.7	38.8	28.1	10.7
2006	19.8	72.3	7.9	38.3	27.3	11.0

续表

年份	人口年龄结构			抚养比（%）		
	0—14岁占比	15—64岁占比	65岁以上占比	人口总抚养比	少儿抚养比	老年抚养比
2007	19.4	72.5	8.1	37.9	26.8	11.1
2008	19.0	72.7	8.3	37.4	26.0	11.3
2009	18.5	73.0	8.5	36.9	25.3	11.6
2010	16.6	74.5	8.9	34.2	22.3	11.9
2011	16.5	74.4	9.1	34.4	22.1	12.3
2012	16.5	74.1	9.4	34.9	22.2	12.7
2013	16.4	73.9	9.7	35.3	22.2	13.1
2014	16.5	73.4	10.1	36.2	22.5	13.7
2015	16.5	73.0	10.5	37.0	22.6	14.3
2016	16.7	72.5	10.8	37.9	22.9	15.0
2017	16.8	71.8	11.4	39.2	23.4	15.9
2018	16.9	71.2	11.9	40.4	23.7	16.8

数据来源:《中国统计年鉴》。

人口老龄化,是指老年人口在总人口中比例不断上升的过程。通常当一国60岁及以上人口比例达到10%,或者65岁及以上人口比例达到7%时,该人口结构就被称为老年型人口结构。一般而言,封闭系统条件下人口老龄化的原因主要有两个:一是生育率下降导致人口年龄金字塔底部收缩,使老年人口比重上升;二是死亡率下降和人口存活年龄延长导致高龄人口绝对数量与相对比例的增加。实际上,人口老龄化对经济的影响主要在两个方面。

首先,人口老龄化对劳动力供给以及就业的影响。人口老龄化,会使劳动力供给相应减少。随着人口老龄化速度的加快,劳动适龄人口占总人口的比例下降,劳动力资源减少,就会出现劳动力供给不足,致使大量生产资料设备闲置,社会经济发展受阻。截至2020年11月第七次全国人口普查数据显示,据统计,我国16—59岁劳动年龄人口的数量和比重从 2012 年开始连续 7 年双降,2012—2019 年 7 年间减少了 2600 余万人。截至 2020 年 11 月第七次全国人口普查显示,我国 15—59 岁人口数 89438 万人。2020 年后减幅将进一步加快,预计到 2035 年劳动年龄人口将保持在 8 亿人左右,比 2018 年年末的近 9 亿劳动年龄人口减少将近 1 亿人。时间段的对比上,2001—2010 年间,进入劳动年龄人口为 1800 万左右,退出劳动年龄人口为 1100 万左右,2010—2020 年间,进入劳动年龄人口为 1800 万左右,退出劳动年龄人口为 1600 万左右。如今,我国人口已经进入低增长时期,而人口老龄化增长过快,这必将引起生产人口相对数量和绝对数量的减少,造成劳动力相对不足的问题。

其次,老龄化对消费结构与产业结构的影响。中国在经济欠发达的条件下人口结构已经进入老龄化阶段。第三产业发展滞后,不能适应老龄人口的消费需求,主要体现在养老问题上。中国的养老问题主要有两个方面:一是老年医疗保障问题;二是老年人生活抚养问题。中国农村老年人主要依赖家庭成员资助生活养老,其生活水平不仅受农村经济发展水平的制约,而且受子女实际供养能力的制约。城市老年人绝大多数享有退休金,但其经济收入受所在企业的经营状况和物价等因素影响较大,生活水平难以提高。在社会经济转型时期的利益调整过程中,老年人贫困风险增大。在医疗保障方面,农村老年人的保障状况较为恶劣。从消费结构上讲,老龄人口的快速增长需要把更多的资源用在消费上,从而减少了用于再生产的投入,不利于经济的可持续发展。随着人口老龄化速度的加快,居民消费支出结构中医疗保健的比例会上升,这无论对于国家还是个人而言,都是一个沉重的负担。与此同时,由于小型家庭的出现,大量的老人将进入老年公寓、敬老院,这意味着需要老年服务这一产业(即"银色产业")尽快形成。

三、人口收入结构与可持续发展

人口按收入水平分类，可以分为低收入群体、中等收入群体和高收入群体三类。基本实现现代化的一个重要指标是中等收入群体显著扩大，这也是实现共同富裕的重要标志。这部分群体占人口大多数对可持续发展有重大意义。

（一）中等收入群体的界定

中等收入作为经济学范畴，指一定时期内在一定地区处于社会中间收入水平或消费水平的群体，中高端消费是这一群体的主要特征。在对中等收入群体进行定量划分时，不同的国家和地区的学者给出了不同的标准。

中等收入群体从收入上衡量有两种办法：一是绝对指标；二是相对指标。绝对指标是以这一群体的富有程度和生活方式来衡量的，相对指标是以中位数来衡量。国内外学者均从相对指标和绝对指标对中等收入阶层进行定量划分，其划分标准既有静态标准也有动态标准，考虑到收入水平等因素的变化，中等收入阶层的划分标准也在变动：既有以样本家庭年收入的划分也有样本家庭月收入的划分；既有人均年收入的划分也有人均月收入的划分。按照我国的统计，截至 2020 年，我国人均国内生产总值达到 1 万美元，城镇化率超过 60%，中等收入群体超过 4 亿人，绝对规模世界最大，拥有全球规模最大、最具成长性的中等收入群体，未来还在持续增加。这里中等收入群体测算标准是，按照典型的三口之家，年收入在 10 万元到 50 万元之间的家庭有 1.4 亿。

（二）中等收入群体的扩大与可持续发展

从可持续发展角度分析，按收入水平划分的人口结构，不应该是现在的低收入群体占大多数的金字塔形结构，而是中等收入群体占大多数的橄榄型结构。原因是中等收入群体经济形式，创新创业精神意愿和能力最强,其消费欲望和能力也强,是消费升级的推动者。从实现共同富裕的目标来说,这部分群体的扩大是缩小收入差距的结构性措施。再从可持续发展的角度来说,这部分群体在摆脱贫困后更为关注健康和营养,因此对自然更为尊重,对环境保护更为强烈;更为重要的是,中等收入群体扩大使得整个人口结构向远离贫困的状态发展,由人口贫困产生的、难以摆脱的资源环境压力就会呈现出减轻的趋势。

习近平总书记在 2020 年第 21 期《求是》杂志上发文,指出要把扩大中等收入群体规模作为重要政策目标,优化收入分配结构,健全知识、技术、管理、数据等生产要素由市场评价贡献、按贡献决定报酬的机制。要扩大人力资本投入,使更多普通劳动者通过自身努力进入中等收入群体。中等收入群体的扩大将从提高教育水平、改善住房、收入和消费方面促进经济发展,消除不平等,促进可持续发展。

在资本、劳动、技术、管理、数据等要素参与收入分配的基本分配制度中,可以从中等收入群体的收入来源、结构,得出中等收入群体增大的可持续发展的意义。

首先,虽然各收入组的工薪收入占比均处于下降趋势,但是中等收入各组的工薪收入占比要高于低收入各组和高收入各组。可见工薪收入仍然是中等收入群体的最主要收入来源,因此,勤劳致富仍然是更多低收入群体升级进入中等收入阶层的重要途径。

其次,技术收入、经营管理收入正在成为中等收入群体的主要收入来源。这部分收入的增加实际上是创新创业贡献的回报,促进全社会的大众创新万众创业。

再次,财产性收入占比的增大也是中等收入群体收入增长的重要来源。家庭财富的积累,知识产权等无形资产的积累都能反映社会财富的积累。这部分群体的财富积累还够不上高收入群体的财富积累,也不会导致社会的两极分化。因此中等收入群体财富积累和财产性收入的增大,对中等收入群体的促进作用与社会可持续发展的方向是一致的。

第三节　人力资源开发与可持续发展

一、人口质量与可持续发展

可持续发展是要由人去实现的,只有不断提高人口质量,才能更好地节约资源、保护环境、实现人的可持续发展。

人口质量一般是指人口的身体素质、科学文化素质和思想道德素质。在人与自然的关系方面,人口质量扮演着越来越重要的角色。传统的经济增长是建立在对资源和环境的不断开发利用基础之上的。新古典经济增长理论所面临的困境是,只考虑资本和劳动的经济增长,最终无法避免零增长的稳定均衡状态,难以摆脱经济停滞的厄运。现代经济增长的实践和理论特别强调人力资源在经济发展中的作用。进入知识经济时代,由人力资本投资而形成的知识和技能,成为经济增长的发动机,它替代了传统经济中自然资源成为经济增长主要来源的地位。人力资本在一定程度上对自然资本有替代作用。提高人口质量,可以缓解目前人类面临的与自然的紧张关系,同时,人口质量的提高,劳动者素质的提高意味着劳动者拥有更高的劳动技能,可以掌握更先进的生产工艺,通过操作水平的改进来增进物质资本和自然资本的使用效率,可以提高自然资源使用过程中的效率,达到节约自然资源和物质资本的目的。

在实际的人口质量研究中,人们从反映人口身体状况的若干健康指标和反映人口的科技文化水平的若干指标来测度人口质量。比较流行和有代表性的工具有 PQLI 指数、HDI 指数和 ASHA 指数。PQLI

指数由 15 岁及以上人口识字率、婴儿死亡率及 1 岁人口预期寿命 3 个指标通过计算平均值得出。HDI 指数全称为人类发展指数（Human Development Index），是联合国开发计划署 20 世纪 90 年代在其年度人类发展报告中提出的，计算方法随后进行了逐步调整和完善。HDI 指数由预期寿命指数、教育指数和调整后的人均 GDP 指数计算得出，旨在提供一个衡量世界各国或地区人类发展程度的参考性指标。由于 HDI 指数中包含人口身体健康和文化教育方面的指标，它也经常被人们用来作为人口质量的测度指数。ASHA 指数是由美国社会健康协会（American Social Health Association）提出的一个指数。

人口质量与经济发展紧密相关，对于人口质量与经济发展之间的关系，主要从人口质量与劳动力资源、消费以及经济增长等方面的相互作用来加以说明。

第一，人口质量直接影响人力资源的素质。从身体素质来看，人口的健康状况提高，强壮的体魄毫无疑问能够支撑经济发展。医疗卫生和环境生态直接影响人口质量的提高；从智力水平来看，人口普遍受教育程度提高，人力资源也会有较高的文化素质和技能，所以，加大教育投资对于人口质量提高至关重要。

第二，人口质量的提高，有利于经济增长。通过对人力资本进行投资，可以提高劳动者的受教育水平和技术水平，劳动者生产能力的提高将有利于开展技术改造和技术创新；有利于为社会培养一批既懂技术又懂经济的管理队伍，从而促进科学技术的进一步发展，使社会生产效率和人均国民收入逐步提高。库兹涅茨认为现代经济增长，迅速增加了世界上技术知识和社会知识的存量，当这种技术知识和社会知识的存量被充分、有效利用时，就能推动现代经济高速度地增长，促进现代经济结构向更为合理的方向转变。因此，增加对人力资本的投资，是提高人口质量、促进经济增长的重要途径。

第三,人口素质影响着资源利用和生态环境保护,进而影响着可持续发展。人口素质越高,文明程度越高,其消费模式越是重视生态和环境。更为重要的是,人口素质对可持续发展的作用主要表现为人力资源与自然资源在实现生产时因人的素质变化而产生的替代效应变化。这实际上是一种以人力资源替代物质资源的资源替代过程。这种替代效应主要表现在两个方面:一方面是人口素质的提高提升了对资源的认识和掌握程度,有助于发现更多的资源;另一方面是人口素质的提高有利于提高资源的利用率,实现资源的优化配置,减少经济增长对资源环境的过度依赖。且随着人口素质的进一步提高,这种替代效应会更加显著。

人力资源开发是建立在经济增长理论和人力资本形成理论基础之上的一种投资理论,其目的就是提高人力资源质量,而人力资源质量的高低又是通过人力资本的健康、知识、技能和经验等资本存量来衡量的,因此,人力资源开发的实质是对人力资源进行投资,以形成并增加劳动者所含的人力资本量,从而使其成为推动经济增长的能动资源。世界各国经济发展的历史和现实,也从实践上证明了通过人力资源开发获得人力资本的积累与增长,是推动经济增长的源泉和动力。

索洛根据美国1909—1949年的统计数据,计算出技术进步对经济增长的贡献率超过80%,他在后来的研究中又发现,技术进步之中有60%依靠人力资源受教育水平和培训的增长,这说明人力资源在经济增长中的重要作用。最早提出人力资本理论的是1979年诺贝尔经济学奖获得者舒尔茨(Schultz)教授。将技术进步中的"人力资本"(Human Capital)因素突出出来,人力资本即人的知识和技术的存量。它通过人力资本投资形成,即通过对人的教育、培训、保健等方面的投资形成,体现在人的身上。由此提出关于经济增长的人力资本模型。该模型指出人力资本作为经济增长的一个独立的源泉,起着越来越重要的作用。由于人力资本的收益递增性,就解释了经济增长的原因。[1]

　　经过教育形成的劳动者的知识和技术存量的增大越来越成为现代经济增长的重要源泉。舒尔茨认为现代经济增长有两个趋势:一是从资本-收入比率的长期变动来看,相对于资本的增长,国民收入增长得更快;二是相对于国民资源的增长,国民收入增长得更快。这两个趋势都可以用劳动者的知识和技术存量的增大,从而用教育的作用来说明。每一单位劳动生产率的提高也是这样,机器设备的先进固然对劳动生产率的提高起了重大作用,但不可否认,单位劳动中知识和技术存量的增大也是劳动生产率提高的重要因素。更何况再先进的设备和技术,也需要达到一定知识和技能的劳动者来掌握。美国发展经济学家丹尼森发现,美国的实际国民生产总值增长中的10%—15%可以直接归功于教育。杰文森(Jayvenson)和劳(Law)依据对世界三十多个国家农业的研究成果,做出了这样的估计:在农业投入资金不变的情况下,每个农户户主多接受一年的教育,农业产量的平均增长将近2%。世界银行的研究资料表明,在低收入国家,上过四年学的农民的生产产量比未上过学的高13%,即使没有诸如高产种子、化肥的投入,前者也比后者高8%。

二、人力资本投资及其路径

　　在广义上,人力资本涉及人的身体素质、文化素质和专业技能。因此,人力资本投资有多种形式,主要有:(1)用于教育和培训的费用;(2)用于医疗保健的费用;(3)变换就业的迁移费用;(4)移民费用。人力资源开发包括对潜在人力资源的合理采掘和对已开发资源的合理

---

[1]　张向前、黄种杰、朱小能:"人力资源与区域经济发展分析",《管理世界》2002年第11期。

利用两部分。

通过教育、培训等多种手段对人力资源进行投资，使其具备能够在经济活动中获得收益并不断增值的能力，积累丰富的人力资本存量，进而提高劳动者的知识、技术水平、工作能力，同时激发人力资本的科学技术发明与创造能力。利用人力资本以加快科技进步的速度、拓宽技术进步的范围等方式将科学技术转化为生产力，有效地应用于经济部门和生产领域，进而在生产过程中提高劳动生产率，降低物质资本消耗，达到经济增长方式由粗放型转变为集约型，减少经济发展对自然资源的依赖，实现对自然资源的高效、可持续利用，进而实现经济的可持续增长。

迁移和移民是人力资本投资的重要形式。如果说教育是长期投资的话，迁移和移民则是一种能在短期见效的短期投资。其现实表现为劳动力流动和人才引进。在现实中发展中国家普遍存在智力外流现象，受过高等教育的、高度熟练的劳动者流入发达国家。对发达国家来说，它们投入了一定数量的移民费用，但它们获得了巨大的人力资本。美国的硅谷就是依靠吸引全世界优秀的高素质人才兴起的，其中不仅包括高科技人才，也包括创业人才。而对发展中国家来说，它们支付了对这些外流人才从生育、扶养及从初等到高等的教育费用。由此形成的人力资本外流到发达国家产生效益。显然对发展中国家来说，智力外流是人力资本的损失。

当然，智力外流对发展中国家不完全是损失。外流人才在发达国家学习、工作本身也是人力资本投资过程。发展中国家如果能够采取有效的政策吸引这些人才回国（短期的或长期的）服务和创业，就可以增加本国人力资本的总量，这也是一国积累人力资本的重要途径，由此就提出智力引进问题。

对发展中国家来说，在一定时期中不可避免会出现智力外流问题，但也有引进国外智力的机会。舒尔茨在提出人力资本理论时指出了发展中国家在这方面的问题:传统的发展战略往往强调物质资本的投资,引进外资也是突出建筑物、机器设备,而不用于增加人力资本。实际情况是,人力资本不能与物质资本齐头并进,便会成为经济增长的限制因素。在引进外资的过程中,仅仅增加物质资本,资本吸收率必然十分低下。有效地引进利用先进生产技术所要求的知识和人才,也就是为发展吸引最有价值的资源。

人力资源开发不仅包括学校的正式教育,还包括其他使人获得一些技能的投入和训练。伴随着中国经济发展方式的转变,尤其是高质量发展引领的产业转型升级,现代企业的要素投入结构在发生变化,资本和技术的投入形成了对普通劳动力的替代,大数据、人工智能的发展对懂技术、可操作自动化生产的工人的需求量越来越大。从不同国家的对比来看,在欧美日等发达国家的劳动力市场上,高级技工一般占到整个技术工人的1/3以上;而在中国还不到3.5%,并且存在着明显的区域差异。而要满足产业发展需求的有效途径是对现有劳动人口进行有针对性的技能培训。与普通正规教育有着明显的不同,成年劳动力的职业技术培训,应打破以学校、课堂为中心的传统人才培养模式,应以市场需求为导向,面向生产一线,灵活调整教学安排,培育适用人才,传授实用技术。

三、人力资本投资的可持续发展效应

随着工业经济的发展,资源被大量耗费,环境被严重污染,人们逐渐意识到传统的资源依赖型经济发展模式是不可持续的,必须寻找新的可持续发展的经济模式,而其中心问题是寻找新的经济发展的源泉和动力。经过不断的探索和尝试,人们终于认识到人力资源是最宝贵的财富,是经济发展的不竭动力,可持续发展应该是以人为本的发展

模式。可持续发展要求对人力资本进行开发,对人力资源开发进行的
投资是经济发展最重要和回报最高的投资。人力资本能动性和创造性
的充分发挥也改变了传统的经济增长模式,传统的经济增长模式的资
本边际效益是递减的,随着一种要素的投入的增加,其边际生产率在
达到一个峰值后必然下降,直到为零,甚至为负。人力资本的投入则
是效率递增的,随着人力资本的增加,生产可能性曲线会以越来越快
的速度向外扩展,经济增长不再以资源为核心,而是以人为本,经济
发展有了强劲的动力,可以实现可持续的发展。从逻辑上讲,可持
续发展的道路必然导致知识经济、信息经济、数字经济的到来,知识
经济、信息经济、数字经济天生就是可持续发展的经济形态,具有高
效、无污染、可持续发展的特性,这是和以往的经济形态完全不同的
发展规律。

人力资本投资与可持续发展能力呈一种非线性的对应关系,而且
当人力资源能力系数达到一定的临界程度,可持续发展总能力提高的
幅度加大。人力资源能力对可持续发展总能力的提高起着基础性的作
用。人力资源能力的培育和提高对整个社会经济的可持续发展起着一
种基础性的支撑作用,它既是社会经济发展的基本动力,也是社会经济
发展的归宿。它不但能促进管理水平提高、优化资源配置,而且可以提
高要素生产率和发展质量,进而大大加快社会财富的积累和人类文明
的进程。

人力资本投资影响劳动者结构和劳动者素质。劳动者结构的改变
和劳动者素质的普遍提高,引起劳动力使用得更加合理及其使用效率
的提高,从而在不增加劳动投入和其他要素的情况下引起产出量的扩
张。人力资本之所以能够成为推动和促进经济发展的重要因素,一是
因为劳动者知识的增加和教育的积累,将极大地提高人们对客观事物
的洞察力,从而使自己的经济活动行为顺从客观规律的要求,按照客观

规律办事,缓和人与自然力之间的矛盾、摩擦和由此造成的损失;二是因为劳动者素质的提高引起科学的进步、新技术的发明和制度创新,从而导致要素投入状况的改变及其使用效率的提高,提高全要素生产率;三是因为教育的普及和文明程度的提高,使劳动者的责任心、社会责任感相应提高,价值观念向着有利于经济可持续发展的方向转化。第七次全国人口普查数据显示,我国具有大学文化程度的人口为21836万人。与2010年相比,每10万人中具有大学文化程度的由8930人上升为15467人,15岁及以上人口的平均受教育年限由9.08年提高至9.91年,文盲率由4.08%下降为2.67%。普查数据也反映了我国10年来人力资本投资的进展和人口素质的不断提高。

人力资本投资是推动产业结构变化和产业发展的决定因素。经济发展包含着产业结构从低级的状态向高级的、现代的状态的转变过程。这种转变的实现是以人力资本的增加为前提的。随着工业化进程的推进,一国第一、第二产业的产值和就业人数在整个国民经济中所占比重相对下降,而第三产业的产值和就业人数则急剧上升。产业基础进一步高级化和软化,高技术产业特别是信息产业、生物工程产业、新能源产业、大数据产业已经成为经济增长的主要动力,不仅扩大了就业机会,而且使得产业效率倍增。鉴于产业发展对劳动者素质的要求越来越高,发达国家和新兴产业发展较快的国家,都非常重视脑力劳动者在就业人口中的比重,并因此大力发展教育,加大人力资源开发的力度。高素质的人力资本是推动产业结构高级化和产业可持续发展的决定因素,也将成为可持续发展源源不断的动力。

第五章　自然资源与可持续发展

　　自然资源是人类可持续发展的空间载体和物质基础,对经济社会发展的规模、质量和可持续性起基础性制约作用。从可持续发展的视角看,任何自然资源,无论它是否可以再生,相对于需求,都具有稀缺性,供给都是有限的。与此相关的资源配置,不仅涉及在当代人之间的配置,还涉及代际配置。这就涉及资源与可持续发展的关系。

第一节　自然资源的稀缺性与可持续发展的关系

　　相对于人类的需求,自然资源最本质的属性是供给的有限性,在经济学上表现为稀缺。从长期来看,经济社会的发展不能超出自然资源的可持续供给的范围,否则必然会引起自然资源的枯竭和相应生态系统功能的退化,最终造成经济社会发展的不可持续。

一、自然资源的类型及其可持续供给

　　自然资源可以有不同的分类方法或分类标准,形成不同的分类体系。按存在的形态分类,自然资源可分为土地资源、气候资源、水资源、矿产资源、生物资源、环境资源等,这种分类便于人们从日常的生产生活中直接找到要研究或管理的对象资源;按照对资源的控制方式分类,自然资源可分为专有资源和共享资源,这种分类便于人们从产权的角度来研究和管理自然资源。从可持续发展经济学关注自然资源的

稀缺性和可再生性出发,可将自然资源按可更新与否分成可再生资源与不可再生资源两大类。

可再生资源,也称可更新资源或非耗竭性资源,其主要特征是资源的存量或种群规模在自然的环境条件下可以通过自我更新而产生增量。按资源可再生的条件,可再生资源又可以再分成两类,一类是资源的再生能力基本不受人类行为影响的资源,如太阳能、风能、潮汐能等资源,它们在大自然的环境条件下可以循环、流动,又叫恒量资源或长流资源。这类资源在自然界不仅存在量大而且循环不息,基本不因为人类对其开发利用而造成其总量规模上的减少,人类对其开发利用则可得其利,如不加以利用而听任其自由流失,反而导致资源的闲置和浪费。另一类是资源虽然在自然条件下可以实现自身的再生产,但其再生产或恢复的能力是有条件的,即再生性资源存量必须大于一定的临界点规模,如果存量低于一定临界点,则其再生能力就可能消失,退化为不可再生资源。这类资源主要是生物性资源如森林资源、鱼类资源等野生动植物资源、微生物及土壤肥力等。[①]这一类可再生资源的基本特征是,尽管资源本身具有可再生(可更新)和自我恢复的能力,但是这一能力是有限的,再生能力的维持也是有前提条件的。由于这一类可再生资源的可再生能力能否持续主要与人类对资源的开发利用活动密切相关,人类对这类资源过度的开发利用与不合理干扰是造成这一类资源存量规模减小、可再生能力下降和资源功能退化的关键因素。因此,对可再生资源与可持续发展的分析主要是针对有临界点限度要求的可再生资源来进行的。

可再生资源的可再生能力及其供给的持续性受到人类利用方式的影响。如果人类能够合理开发利用可再生资源,则这类资源就可以在

---

① 曲福田主编:《资源与环境经济学》,中国农业出版社2018年版。

自然界更新再生，其存量规模不会减少甚至还可以增长，从而能可持续地为人类提供资源的供给；若人类对其进行不合理的开发利用，资源的开发利用规模超过可再生资源的更新能力，则其可更新能力就会下降，在人类持续的过度开发利用下，资源存量则不断减少，当存量规模降低到临界点以下时，资源的再生能力就会消失，导致资源退化甚至耗竭。人类对渔业资源、林地资源的过度开发利用导致的资源衰退甚至部分资源种群的灭绝就是典型的例子，警示人类对资源的开发不能超出其可再生的能力范围。

不可再生资源，也称不可更新资源或耗竭性资源，主要是指矿产资源。由于这类资源在自然环境条件下的形成极其缓慢，需要几万年甚至上亿年的生成时间，对于人类的开发利用来说可以认为是不可更新的。因此，从经济学意义上来说，可以认为这类资源的初始储存量是固定的，随着人们对其开发利用，其储存量不断减少。如果人类持续对其开发利用，其储存量会随着时间的推移愈来愈少，而且因为已利用消耗的部分也不能通过人类再生产来补充，最终会形成经济意义上或者物理意义上的这类资源的耗竭。这类矿产资源也可以再分为两类：一类是煤、石油、天然气类的燃料能源类矿产资源，其一经燃烧利用本身即不复存在，无法再重复利用；另一类是铜、铁类的金属及非金属的材料类矿产资源，它们在利用过程中不会完全立即消失，可以在自然界较长时间内存在，因此可以重复循环利用或综合利用。但是这两类矿产资源本质上都是不可再生资源，其储存量则是随着人类的开发利用而不断减少的，就其资源本身来说是不可能无限期永久性地提供给人类开发利用。

正是因为不可再生资源在自然环境下自己不能迅速再生，有着非再生的基本特征，而且人类也无法像一般商品那样可以根据需要对其进行人工再生产来增加其储存量水平，具有消耗的不可逆转性。因此，不可再生资源的非再生性特征和消耗的不可逆性特征要求人类必须更加谨慎地从更长远的眼光来决策自然资源的开发利用,实现开发路径的动态优化,尽量减少对不可再生资源的开发利用强度而延长其供给的持久性。[1] 从可持续发展的角度来看,对不可再生资源中的能源类矿产资源应该尽可能地通过综合利用和技术进步来提高其一次性使用过程中的利用效率,减少对能源资源的消耗;对金属和非金属材料类矿产资源来说,在提高首次利用效率的同时,还要加强对材料矿产类资源的综合利用和循环利用,以减少对资源存量的消耗,从而提高不可再生资源供给的可持续性。

自然资源是可持续发展的起点和条件,自然资源的可持续利用是实现可持续发展的基本前提。自然资源可持续利用可以理解为资源的开发利用能够保持或延长自然资源的可获取性和自然资源基础的完整性,使自然资源能够永远为人类所利用,不至于因其耗竭而影响后代人的生产与生活。[2] 不同类型的自然资源可持续利用具有不同的经济学含义。

对于可再生资源来说,实现资源的可持续利用就是要维持资源有较高水平的可再生能力,使其再生水平能持续地满足人类开发利用的需要。这就要求对可再生资源的利用与管理做到:一是确保资源的存量不低于可再生的最小阈值存量,二是保持资源开发利用强度不大于资源的再生能力。可再生资源的自然特性决定了资源只有在一定存量规模下才能保持可再生能力,当可再生资源的存量规模小于一定的阈值时可再生能力就消失了,随着时间的推移和人类的利用就会不可逆地消亡,因此大于等于阈值水平的存量规模的维持是实现可再生资源可持续利用的前提之一。

---

① 马中编:《环境与资源经济学概论》,高等教育出版社1999年版。

② 过建春编:《自然资源与环境经济学》,中国林业出版社2007年版。

现代社会，人类对资源的开发强度过大是影响资源存量稳定的最重要因素。但可持续的开发强度本身也受资源开发时的初始存量规模和相应的再生能力两个方面因素的影响。资源的存量规模与相应的再生能力不是线性关系，在资源的存量规模过大的时候，资源的再生能力反而因为资源存量多、自身拥挤而降低，此时，资源开发利用强度超出资源再生能力（资源的增量）导致资源存量下降，反而减缓了资源的拥挤程度，是有利于资源的再生的，不会损害资源的可持续利用。但是如果开发强度连续大于资源的增量，使得资源的存量规模和增量能力都受到损害，则资源的开发不是可持续的。因此可持续的开发强度需要从资源的初始存量水平和增量水平两个方面来考察，只有当资源的开发强度稳定地与资源再生水平（资源的增量）相等，且此时的资源存量规模稳定大于安全阈值时，才能实现资源不被耗竭，能为人类提供可持续的资源供给。可再生资源的可再生特性及其可持续利用的客观可能性，使得人类社会的可持续发展有了资源支撑的基础保障。

对于不可再生资源来说，因为对其利用的不可逆转性，其可持续利用问题实际是一个最优耗竭的问题。涉及在不同时期合理配置有限的不可再生资源和使用可再生资源替代两方面的内容。[1] 不可再生资源配置的核心问题是实现不同时期高效率的资源配置，也就是从社会最优的目标出发，在不同时期合理分配资源的使用量，使资源利用净效益最大化。从可持续发展的角度来说，不可再生资源的可持续利用就是要在找到可再生替代资源能够完全替代不可再生资源之前，确保不可再生资源能连续有效供给，也就是不可再生资源的跨时期配置必须使得每一个时期的资源配置量都是大于零的，在此基础上实现资

---

① 马中：《环境与资源经济学概论》，高等教育出版社 1999 年版。

源配置净效益现值最大化。当然,要彻底消除人类发展对不可再生资源的依赖,只能寻找可完全替代不可再生资源的可再生资源。不可再生资源的持续利用除了考虑资源的跨时期配置和最优开发利用路径外,还必须考虑资源的有效替代问题。从这个意义上说,对可再生资源的开发利用和管理将决定人类社会发展能否真正拥有可持续的资源基础。在未来很长一段时间内,由于资源替代的有限性和经济发展的阶段性,不可再生资源在可持续发展中依然起着决定性的作用,因此对这类资源的可持续利用与管理仍是十分重要的,而且是更为紧迫的。

可持续发展思想是人类在经济发展过程中对自然资源过度开发利用与生态环境破坏行为反思基础上提出的发展理念,就自然资源利用而言,可持续发展思想强调节约资源、保护资源和最优化利用资源,以减少人类对赖以生存的地球资源的浪费,实现资源的可持续利用。其基本的原则是:对可再生资源,要做到用养结合和增殖资源规模,使其能为经济社会发展永续利用;对不可再生的资源,要在代际之间公平合理地配置资源,坚持节约集约利用和循环综合利用,大幅度提高能源和原材料的利用效率,减少发展过程中对不可再生资源的消耗,延长资源有效供应的期限。

二、自然资源的功能与经济发展的自然界限

自然资源具有经济与生态的双重功能。自然资源的经济功能体现在其作为一种生产要素为经济社会发展提供生产生活所需的能源、原材料和支撑生产生活的空间场所。离开了自然资源,离开了自然界这个最大的原材料库和支撑基础,人类就无法进行任何物质生产活动。科学技术再先进,人类劳动对象仍然大多来源于自然资源。同样,生产力系统中的劳动资料,不管其以什么方式出现,无论是作为劳动工具直

接作用于劳动对象,还是作为劳动条件以辅助生产运动的进行,它们都是由自然资源改造而成的。由此可见,自然资源通过为生产力系统提供劳动对象和劳动资料而成为生产力发展的物质基础。

自然资源的探明及其开发利用是生产力水平提高的重要标志和推动经济发展的重要力量。第二次世界大战后,基于自然资源基础上的新材料半导体硅的发现和开发利用,开创了 20 世纪 50、60 年代世界经济发展的"黄金时间"。核能、超导材料等新能源、新材料的发现及应用,给当时和今后经济发展展示了十分诱人的前景,[①] 但它们本身也是基于自然资源为基础的开发,本质上仍是对自然资源的利用。因此,人类经济社会的发展所需要的能源和原材料以及生产生活空间都直接或间接来自自然资源。然而,由于自然资源的稀缺性,使得资源为经济社会发展提供能源、原材料和空间场所的能力也是有一定限度的,在一定程度上构成了经济增长的自然界限。

自然资源的生态功能体现在生命支撑、废物沉淀净化、景观功能三个方面。首先,自然资源提供着基本的生命支撑功能。例如,生物圈为人类提供生命维持所需要的最基本的空气、水和光热等资源要素。离开了温光水热气等资源要素,人类及地球的整个生命系统都无法维持,更不要说可持续地发展。其次,自然资源还有废弃物沉淀、净化功能。人类在生产和生活过程中不可避免地会产生许多废物或残留物,并排放到自然环境中去,在自然环境中"沉淀"或被自然环境"同化"。例如,森林资源作为全球最重要的碳库,储存了陆地生态系统地上部分碳库的 80% 和地下部分碳库的 40%,对维持大气化学成分的稳定以及影响未来气候变化都发挥着重要作用。[②] 再次,自然资源为人类提供自然优美的景观功能。自然资源为人们提供了休闲场所和其他娱乐资源。

---

① 曲福田主编:《资源与环境经济学》,中国农业出版社 2018 年版。

② 谢高地:《自然资源总论》,高等教育出版社 2009 年版。

如急流险滩、峡谷曲流、瀑布风光等构成水域资源景观；森林和林木资源形成森林公园、自然保护区、风景名胜区、植物园等森林景观。自然资源的景观功能为人类提供了丰富的旅游资源，既满足了人类精神需求，促进人的身心健康发展，也可为当地带来可观的经济收益。

从经济发展的角度来说，自然资源的生态服务功能对经济社会的可持续发展来说是至关重要的，而且也是有一定的承载极限的。现代人类经济社会活动已经对自然资源的生态功能产生了深刻的负面影响，在某些方面正在接近这个极限，使得自然资源的生态系统功能在很大程度上都产生了退化，生态系统的自我调节和自我恢复能力下降，导致气候异常和自然灾害频繁、大气和水污染严重，在更大范围和更大程度上影响人类经济社会的可持续发展。

正是因为自然资源对经济社会发展的承载能力是有限度的，从资源供给的层面为经济发展设置了一定的边界，因此可持续发展的研究就必须研究自然资源开发利用与管理问题。所谓经济发展自然界限是指由于自然资源的稀缺性使每个阶段自然资源的供给水平给经济增长速度设置了自然界限，即通常所说的"增长的极限"。根据1972年罗马俱乐部发表的《增长的极限》，如果人口增长、粮食生产、投资增长、环境污染和资源消耗以目前的趋势继续下去，我们这个星球上的经济增长在今后100年内的某个时期将达到极限。支撑其中心论点的理由在于地球是唯一适宜人类生存的星球，人类生活的空间是有限的，地球上的资源是有限的，地球吸纳消化污染的能力也是有限的。据此得出的结论是：为了避免因超越地球资源的物质极限而导致灾难性的后果发生，经济应保持零增长（甚至负增长）。这是资源稀缺和承载能力有限而给经济发展设定的边界。这一结论对人类提出的警示是：在经济发展过程中不能过度消耗自然资源，应注意经济发展与自然资源的承载能力相协调，并考虑自然资源的最终极限对人类发展的影响和人类对此应有的正确行为响应。

　　乐观派的经济学家依据资源承载压力下人类的市场反应和技术进步行为响应指出,自然资源的稀缺性、不可再生性和不可替代性是可以改变的,自然资源供给给经济发展设置的界限是可以改变的。美国经济学家斯蒂格利茨认为,市场会刺激人们更为明智地使用大多数自然资源。依据市场响应模型,市场体系会对自然资源耗竭自动做出响应。在运行完善的市场经济体系中,稀缺程度不断加剧的资源产品的价格会不可避免地上涨。这种价格上涨,首先,会导致人们减少对稀缺资源的需求,采用更加节约利用资源的方式或者转而寻求用一些相对丰裕的、较为便宜的资源作为替代,从而减小对稀缺资源的压力。其次,价格的上涨会为技术革新提供经济刺激,所导致的技术变化也会增加资源的可得性,降低替代性资源的成本,并促进资源节约集约利用的技术方法的出现。例如,价格的上涨将使原来开采起来经济上不合理的资源变成经济上可行的资源,资源产品价格上涨也会鼓励对资源的勘探和开发,探明新的资源储存量,从而增加资源的可获得性,资源产品价格上涨也将促进相关技术的发展从而提高资源的有效产量。①这些价格上涨带来的资源利用行为变化和技术革新,都会带来资源稀缺性的减缓、替代性的提高以及对资源的保护,从而减缓资源对经济发展设定的自然界限。

　　尽管市场机制及其所带来的技术进步在一定程度上可以缓解经济发展所面临的资源约束,但却无法从根本上消除自然资源稀缺性的特征。一是因为市场体系本身存在以下问题:①现实中市场体系显然不是和理想中的一样完备,价格信号经常会存在失真和滞后等;②市场运作的结果也很可能与可持续发展的目标不相符,特别是与公平性目标

---

　　① 朱迪·丽丝:《自然资源分配、经济学与政策》,蔡运龙等译,商务印书馆 2002年版。

可能存在不一致;③市场不能克服甚至还加剧了很多形式的自然资源稀缺,如没有产权保护的资源往往在高价信号的引导下更容易被耗竭性地开发利用。二是因为自然资源整体替代的有限性。虽然价格的变化刺激人们去寻找某种资源的替代品,技术的进步也为某一替代品的供应提供了可能,但是资源的整体性功能如对自然资源的生命支撑功能的替代可能是非常有限的。尽管人类能够制造出支撑人类生命的人造空间系统,如太空空间站及相关装备已能使人们生活在生物圈之外,但是这种空间系统一则空间非常有限,能维持的人口数量必定很小;二则这种空间系统本质上还是依赖地球的资源来进行生命的维持,并不是替代了地球上的资源生命支撑功能。

由此看来,经济发展的自然界限在很长一段时间内是无法被完全突破的,人类必须在人口-资源-环境-经济的大系统内进行技术、制度、政策和文化等多维度的改革和创新,才能克服或缓解资源稀缺带来的经济发展的自然界限,才能真正走上可持续发展的道路。

第二节　自然资源的需求和可持续供给

在新古典经济学与发展经济学的相关理论中,与劳动力、资本和技术相比,自然资源在经济增长中的贡献不再占主要地位,但自然资源的基础性地位依然是无法改变的,其他要素投入的增加或改进,最终还是要通过提高自然资源的利用效率、克服资源稀缺约束来促进经济发展。人类在可以预计的未来还无法用资本、技术和管理等来完全替代自然资源以实现经济社会的可持续发展,自然资源的禀赋和供给能力依然决定了一个国家或地区经济发展的结构、规模及其可持续性,自然资源的作用既是基础性的也是战略性的。实现经济社会的可持续发展,必须考虑到资源的承载能力大小和供给的可持续性,协调资源供给与需求关系,加大自然资源开发利用和保护的制度与政策创新,加大对自然资源的资金和科技的投入,以提高资源可持续供给能力。

一、经济发展对自然资源的需求

经济发展过程中,人类不断从自然界攫取所需要的各种资源要素投入经济运行系统之中,通过生产、流通、交换和消费完成经济运行过程并不断扩大经济规模,同时将生产和消费中的各种废弃物排放到生态环境之中,形成对生态环境的净化功能的消耗。因此,自然资源及其构成的生态系统既为人类社会提供了各种生产生活的要素和空间,同时还承担了各种废弃物容纳和同化任务。随着经济规模的扩大、人类消费需求的增加和人类资源开发利用能力的提升,人类对自然资源需求规模在总体上是不断增加的,对资源环境系统造成的不利影响也越来越严重。

人类正处于工业化快速发展阶段。这一阶段进一步扩大了对自然资源大规模开发和利用的深度与广度,资源消耗的规模和种类更为显著,对自然资源稀缺性产生的压力也在持续增加之中。20世纪初,世界范围内人均矿产品消费为2吨,而20世纪末已接近10吨。[1]进入21世纪,全球石油价格大幅攀升,铁、钨、铜等矿产品价格一路走高,说明人类社会对资源的需求更为强劲。2009年全球资源需求量为681.4亿吨,比1900年增加了9.57倍。[2]因此,尽管目前世界上已有少量发达国家如瑞典等北欧国家正在进入以非化石矿物能源替代石油的时代,但整个人类社会要告别石油能源进入后工业社会还有相当长的路程要走,大多数国家还处于传统能源消耗,即石油和煤炭消费总量不断

---

[1]　都沁军、郝英奇:"我国矿产资源可持续开发利用战略对策",《中国人口资源与环境》2001年第2期。

[2]　沈镭:"保障综合资源安全",《中国科学院刊》2013年第2期。

增长的阶段。[1]

中国虽然是世界第二大经济体,但从发展阶段来看,仍处于工业化发展中后期阶段,随着工业化、城市化和现代化水平的不断发展,对各类资源需求仍处于刚性增长阶段。据测算,直至 2030 年,随着中国经济进入后工业化时期和人口增长进入平稳期,中国对自然资源的需求可能达到峰值并进入稳定期。在未来的 10 年左右时间内,中国自然资源保障经济社会发展的压力还将持续增大,其中水土、森林和矿产等资源的供需矛盾还将加剧。[2]

(一)经济发展对土地资源的需求

经济发展对土地资源的需求主要表现在三个方面:一是需要土地资源作为农业用地(特别是耕地)以生产粮食、油料等农副产品;二是需要土地作为建设用地支撑各类生产和生活活动的空间场所,以满足经济建设的需要;三是需要土地作为生态用地以提供人类所需要的各种生态服务功能。随着我国经济社会发展和人口规模的增加,随着用地需求的不断增长,用地矛盾也不断加剧,如何协调经济建设、粮食安全和生态保障之间用地需求的矛盾是可持续发展必须要解决的问题。

我国人口众多,适宜耕种的后备土地资源较少,随着未来人口规模的继续增长,农业用地供给和需求将仍存在较大缺口。据预测,到2050 年我国人口将达 15 亿,粮食产量至少要增加 1.2 亿吨才能满足人口需求。随着生活水平的提高,未来 10 年除稻麦以外的其他农产品需求还将出现较大幅度的增加,如奶制品需求将增加 3 倍,畜产品将增加 1.5 倍多,蔬菜和食糖需求将增加 75% 和 100%。[3] 粮食安全

---

① 金碚:"中国工业化的资源路线与资源供应",《中国工业经济》2008 年第 2 期。

② 曲福田等:《中国土地和矿产资源有效供给与高效配置机制研究》,中国社会科学出版社 2017 年版。

③ 沈镭:"保障综合资源安全",《中国科学院院刊》2013 年第 2 期。

对耕地的数量和质量都提出了更高的要求。然而，由于建设占用、农业结构调整和生态退耕等原因，我国耕地面积仍处于不断减少之中。2017 年耕地面积净减少 4 万公顷，同年建设用地面积净增长 47.9 万公顷，与 2010 年相比，耕地面积净减少 0.29%，建设用地面积净增长 10.92%。[①] 在中央自 2008 年起不再安排大规模生态退耕的背景下，2011 年度全国生态退耕仍达到 0.95 万公顷。随着我国生态文明建设的推进，生态保护的力度还将持续加大，生态退耕占用耕地难以避免。尽管我国经济处于高速增长阶段转向高质量发展的阶段，经济增长速度逐渐放缓，但是在未来十年左右的时间内，经济社会发展对耕地、建设用地和生态用地的需求仍是刚性的，土地资源保障经济发展的压力仍将持续增大。

（二）经济发展对矿产资源的需求

矿产资源包括用作能源的原煤、石油、天然气及用作原材料的金属和非金属矿产，是能源、制造、通讯和建筑工业的基础，是经济发展的重要基石。矿产资源为我国社会经济的发展提供了 90% 左右的能源来源，80% 以上的工业原料，70% 以上的农业生产资料。[②] 20 世纪 90 年代以来，随着我国工业化水平的快速提高和经济社会的迅速发展，我国也进入了矿产资源消费的高速增长期。1995 年到 2015 年间，我国矿产资源开采总量从 40.85 亿吨增至 104.14 亿吨。[③] 20 世纪 90 年代，我国年消耗各类大宗资源不到 24 亿吨，但 2017 年则达到 90 亿吨。[④] 目前

---

① 国家统计局、生态环境部：《中国环境统计年鉴（2019）》，中国统计出版社 2021 年版。

② 王安建、王高尚、张建华：《矿产资源与国家经济发展》，地质出版社 2002 年版。

③ 自然资源部："我国矿产开采与消费需求或至拐点"，http://www.mnr.gov.cn/dt/kc/201801/t20180109_2322376.htm。

④ 沈镭、张红丽、钟帅、胡纾寒："新时代下中国自然资源安全的战略思考"，《自然资源学报》2018 年第 5 期。

中国已经成为世界上煤炭、铁矿石等消耗量最大的国家,石油消耗量也是世界第二的国家。已有的研究表明,未来10—15年我国对于矿产资源依然存在着巨大的需求。[①] 由于我国矿产资源国内储量相对不足,矿产资源利用效率低下等问题的存在,导致矿产资源国内保障能力相对较弱,对经济社会可持续发展产生较大的潜在风险。

(三)经济发展对水资源的需求

水资源是影响农业和工业发展的重要因素。电力、钢铁、石油加工生产、化工、造纸和纺织印染的发展都离不开水。水利部数据表明[②],2019年中国总用水量约为6021亿立方米,与2000年相比,总用水量增加了523亿立方米。其中农业和工业分别占总用水量的61%和20%,农业和工业在未来相当长一段时间内仍将保持高强度的用水需求。随着城市化发展和人们生活方式的改变,生活用水的需求也在迅速增长。2019年生活用水占总用水量的14%,相比2000年增加了4%。据预测,2030年中国需水总量将达到7200亿立方米,2050年将增加到8000亿立方米,接近中国可利用水资源总量。[③] 此外,由于水资源利用效率较低,局部水资源还存在严重的污染,会进一步加剧水资源的短缺,成为区域经济社会发展的"瓶颈"。

(四)经济发展对森林资源的需求

森林资源不但能为经济社会发展提供木材、林果、油料等经济产品供给,还能提供调节气候、防风固沙和生物多样性保护等多种生态服务产品,具有十分重要的经济和生态功能价值。但是我国森林资源总量相对不足,木材需求量增长较快,供需缺口较大。2012年我国木材消

---

① 王安建、高芯蕊:"中国能源与重要矿产资源需求展望",《中国科学院院刊》2020年第3期。

② 中华人民共和国水利部:《中国水资源公报2019》,中国水利水电出版社2020年版。

③ 国家发展和改革委员会、中华人民共和国水利部:《全国水资源综合规划(2010—2030)》。

费量为 4.9 亿立方米,2016 年则增加到 6.09 亿立方米,4 年间消费量增加了 24.3%,对外依存度接近 50%。[①] 目前,我国人均木材消耗量仅为 0.12 立方米,远远不及世界平均水平 0.68 立方米。[②] 随着我国经济的持续发展,预计未来对木材的刚性需求将持续增加。如果我国人均木材消耗每增加 0.1 立方米,就需要增加 1.3 亿立方米的木材需求,相当于目前全国森林总面积的 67%,可见仅靠国内木材产量远不能满足经济社会发展对木材的需求。[③]

我国森林资源中人工林占比较大、林相简单、生物多样性少,森林中的中幼龄林比例过半、整体生产力较低,宜林地质量较好的仅占 10% 左右,使得我国森林资源质量不高、生态系统功能较为脆弱,难以满足我国生态文明建设和美丽中国建设的需要。

综合来看,在未来的 10 年左右时间内,中国资源需求总量仍将维持高位,自然资源保障经济社会发展的压力还将持续增大,水土资源结构性紧张、森林资源和关键矿产资源短缺等资源供需矛盾还将加剧。预计到 2030 年,随着中国经济进入后工业化时期和人口增长进入平稳期,中国对自然资源的需求才可能进入稳定期。[④]

二、自然资源的可持续供给

自然资源可持续供给是要确保自然资源以适宜的数量和质量在一定时空范围内为经济社会提供持续供给,既要能满足当代人对自然资源的需求,又不对子孙后代的资源需求产生严重损害。不同属性特征

---

① 沈镭、张红丽、钟帅、胡纾寒:"新时代下中国自然资源安全的战略思考",《自然资源学报》2018 年第 5 期。
② 沈镭:"保障综合资源安全",《中国科学院院刊》2013 年第 2 期。
③ 同上。
④ 曲福田等编:《中国土地和矿产资源有效供给与高效配置机制研究》,中国社会科学出版社 2017 年版。

的自然资源实现其可持续供给的路径各有不同。

(一)保护和提高可再生资源的再生能力

对于可再生资源而言,实现可持续供给的核心是保护好资源的再生能力,具体包括最低存量的保护和开发强度的控制两个层面。阈值存量规模的保护与维持是可再生资源持续性供给的前提条件,而开发强度既与资源的存量规模有关,同时也受资源开发利用的经济、技术和管理水平等因素的影响。因此针对可再生资源应加强资源的保护,防止耗竭性开发利用导致种群灭绝。针对基础性、稀缺严重和濒危的可再生资源应该划定开发利用红线,进行严格的用途管制,同时加大保护和修复力度,防止资源数量和质量的进一步下降,保障后代人利用资源的机会。根据我国的实际,要加快建立健全山水林田湖草整体保护和系统修复体系,完成自然保护地整合优化,建成以国家公园为主体的自然保护地体系,加大山水林田湖草系统综合治理,实施重要生态系统保护和修复重大工程,加强森林、草原、湿地、荒漠生态系统保护。[①]

(二)优化不可再生资源开采消耗路径

对不可再生资源而言,其可持续性供给的关键是优化开发利用路径、勘探发现新的资源储量和积极寻求新的替代性资源,以实现不可再生资源可持续供给。美国经济学家霍特林于 1931 年首先开始对不可再生资源的优化使用问题进行经济分析,其主要结论是:如果资源未来开发收益的增长率等于现在开发时收益在资本市场的利率,所有者就会对资源保存在地下和现在开采出来这两种选择没有偏好。这种情况下,资源就会以社会最优路线来消耗。据此提出了不可再生资源的优化消耗原则要求,即资源价格增长率等于社会贴现率,也称为简单霍特

---

① 高兵、钟骁勇:"自然资源领域高质量发展研究",《中国矿业》2019 年第 12 期。

林定律。实现这一有效配置，需要确保资源开发者对未来资源开发有安全和适宜的预期收益。从政策制定的角度来说，就是要求政府赋予资源开发者有安全保障的产权，并建立起公平公开竞争的资源交易市场，以确保资源的价格能充分反映资源的稀缺程度，以价格调节资源开发利用的强度，促进资源开发者形成最优开发决策。

实现不可再生资源的可持续供给还必须增加不可再生资源的可获取性。主要路径是充分挖掘资源勘查和开发潜力，探明新的未知储量。我国矿产资源分布特点是伴生矿、共生矿多，单一矿少，贫矿多，富矿和易选的矿少，这大大加深了矿产资源勘探的技术难度与工作强度。目前我国对矿产资源的勘查程度较低，主要矿产资源总体查明程度仅为 1/3 左右，资源勘探的潜力还很大，政府还需进一步制定和完善相关政策，调整优化勘查布局，加大不可再生资源的勘探力度，不断发现新的"矿源"，提高资源供给能力。[1]

（三）创新替代资源，提高自然资源供给持久性

不可再生资源总量上的绝对有限性使得其可持续供给最终依赖于发现新的可替代资源，特别是有可再生的替代性资源之后才能真正实现。创新资源涉及新能源、新材料，其替代意义不仅在于以新材料替代衰竭的资源，还在于以清洁能源替代高排放能源。科学技术进步显示了替代资源创新发现的巨大潜力。钢铁和水泥替代木材，核能、太阳能替代煤能、水能、电能等，每创新一种相对丰裕的资源替代，既可以缓解对严重稀缺资源的需求，延长资源可供持续利用的时间，又可以为经济发展提供更为可靠的资源保障。因此，国家应加快顶层设计，制定长远发展规划，研究和实施不可再生资源的替代战略。

---

[1]　王琼杰："推进矿产资源储备勘查高质量发展"，http://www.zgkyb.com/yw/20210310_66702.htm。

第三节　自然资源的可持续利用和开发

自然资源的可持续利用是指在人类可预知的时期内,在满足经济社会发展对自然资源需求的基础上,能够保持自然资源供给持续、价格合理和资源基础完整性的利用方式。

一、对自然资源可持续利用的要求

经济发展的目标是提高人的福利水平。如果以牺牲经济发展的代价来维持自然资源和生态环境基础,无疑是违背人类本身愿望的。因此,资源可持续利用应该不断变革和创新自然资源节约集约利用方式和管理方式,提高资源利用效率,协调经济发展与资源环境保护之间的矛盾,保障自然资源对经济发展的持续支撑。新时代的中国经济进入到高质量发展阶段,生态文明建设、美丽中国和绿色发展都要求自然资源的可持续利用,服务于高质量发展。

从经济可持续发展的角度来说,自然资源的可持续利用必须在可预期的经济、社会和技术水平上保证一定数量的自然资源以满足当代和后代人生产和生活的需要。由于自然资源的开发利用活动在带来巨大经济财富的同时也对自然资源与生态环境带来了严重破坏,在一定程度上将危及人类今后的生存和发展。自然资源的可持续利用意味着必须维护或提高自然资源基础,保护好生态环境。因此在经济社会发展过程中要加大对自然资源保护投入,做到资源保护修复与开发利用并重,以维持甚至增加自然资源的存量规模和质量水平。

二、自然资源的有效配置

自然资源有效配置是指稀缺的自然资源在时间、空间和使用者之间进行资源的分配,达到收益的最大化。自然资源有效配置的实现主要依赖市场的决定性作用和政府的有为。

第一,充分发挥市场在自然资源配置中的决定性作用。

完善要素的市场化配置是我国经济体制改革的两大重点之一。其中包括自然资源的市场化配置。市场所特有的优胜劣汰机制能够使最稀缺的资源得到最有效的利用。但一个前提,市场必须是有效的。由于我国自然资源市场建设相对滞后,要充分发挥市场配置资源的决定性作用,关键在于培育各类资源市场,促进其功能发挥。

一是要推进自然资源的确权登记颁证,为资源要素市场建设奠定产权基础。通过开展自然资源确权登记工作,科学界定自然资源的产权主体,明确自然资源资产使用权可以有出让、转让、出租、抵押、担保和入股等多种权能,有效地解决自然资源资产所有权的实现形式和使用权的权能边界,推动建立归属清晰、权责明确、保护严格、流转顺畅、监管有效的自然资源产权制度,为自然资源市场化配置提供产权基础。

二是要完善资源市场建设,资源市场化配置首先要求资源进入市场,并且要求各类资源市场是完善的。完善资源市场的重点是建设涵盖土地、林权、水资源及矿产资源在内的各类自然资源市场,建立起城乡统一、产权地位平等的交易市场,全面推行自然资源有偿使用制度和市场化定价制度;完善资源价格内涵,使资源价格充分体现资源的市场供求关系、资源稀缺程度及其利用对生态环境损害的治理成本,充分发挥资源市场价格对资源配置的引导作用。

三是加快自然资源市场化配置的法律法规建设。市场经济也是法治经济,市场的有效运行离不开法律的保障。加快自然资源市场化法治建设应从推动自然资源交易管理国家顶层设计开始,完善自然资源交易监督管理的法律法规,从资源市场化配置的适用范围、政策目标、交易程序、实施和监督管理等方面进行系统整合,统一自然资源交易领域法制,构建系统完备、科学规范、运行有效的市场配置资源的制度体系,从而使自然资源市场化有法可依、有制可依。

第二,政府对自然资源配置的有效作用。

由于自然资源配置中存在较为明显的外部性和公共产品特性,容易导致自然资源被滥用和浪费的现象,需要政府进行干预。其前提是政府放弃传统的GDP情结,代之以科学的发展观和绿色GDP为指导,防止自然资源市场配置中盲目追求短期或者私人经济效益,而忽视了资源配置的生态效应和社会效应。政府主要通过用途管制、法律规范、税收调节等方式对自然资源的优化配置发挥作用。

一是对自然资源开发利用进行规划管控。在国土空间规划的基础上,形成以总体规划、详细规划为依据,对陆海所有国土空间的保护、开发和利用活动进行规划控制,按照规划确定的区域、边界、用途和使用条件等进行行政审批,对各主体功能区自然资源的开发、保护进行引导和管控;严格遵守空间规划体系中划定的生态保护红线、永久基本农田、城镇开发边界三条控制线,推进国土空间用途管制"全域覆盖、刚弹结合、统筹协调"。

二是以税费手段促进资源配置中的外部效应内部化。企业自然资源利用的负的外部性导致企业对资源的开发利用量过度,超出社会最优利用水平。政府通过税费手段促使企业将资源开发利用中的外部成本纳入生产决策之中,改变其资源利用的成本与效益对比关系,使得企业的资源开发利用决策与社会最优的资源利用决策尽可能取得一致。

三是改革自然资源管理体制和机制。一方面建立自然资源代际补偿机制,保障后代公平利用资源的机会。从代际的角度看,当代人对不可再生资源的消费对后代人存在着负外部性。解决自然资源代际问题的方法主要包括设置自然资源开发税、建立代际公平补偿基金、建立自然资源和生态空间的占补平衡机制以及生态保护修复机制等。另一方面明确自然资源保护与修复的责任体系。山水林田湖草等各类自然要素,是具有复杂结构和多重功能的生态系统,是一个生命共同体,具有整体性和系统性特征。因此,要进一步理顺政府自然资源、生态环境管理部门和其他相关职能部门间的职责关系,明确分工与合作,形成"协同共治"格局。要加快推进部门内相关职能的整合,统筹自然资源管理、生态保护和污染防治,实现资源保护、生态修复和环境监管职能的有机统一。再一方面建立健全跨区域、跨流域的资源环境与生态系统监管机制,加强对大区域、大流域自然资源环境与生态系统的统一监管和开发利用与保护的全程监管。[①]

三、以资金和科技投入提高自然资源供给能力

资金的投入、技术的进步可以提高自然资源的利用效率,从而为经济的可持续发展提供更有效的资源保障。资金和技术投入也是提高资源供给能力的有效手段。通过加大资金投入,鼓励技术创新,可以不断扩大可供利用的资源范围,改进资源利用和保护方式,缓解资源稀缺的压力,实现自然资源可持续供给和经济的可持续增长。

政府部门应当加大对资源保护和修复的支持力度,完善资金投入机制,充分激发市场活力,激励和引导各类资金投入自然资源保护和修复之中。通过建立资源保护专项资金支持资源保护和修复产业化。通过创新支持方式、组织示范推广、建立公共服务平台等,发挥政府资金对社会资金的引导带动作用,鼓励和引导民间资本投向资源保护和修复领域。

政府部门应继续引导突破资源开发、利用的核心关键技术,从多领

---

① 袁一仁、成金华、陈从喜:"中国自然资源管理体制改革:历史脉络、时代要求与实践路径",《学习与实践》2019 年第 9 期。

域提高资源的开采效率和利用效率。在水土资源综合利用、特殊地区的资源勘查、油气资源开发、矿产绿色开发与循环利用等方面加大资金和科研投入，突破核心关键技术，研发关键装备，从多领域、多渠道丰富资源的有效供给。鼓励新能源、新材料研发，缓解自然资源供求矛盾。

激发企业的创新活力，强化企业技术创新主体地位，改造提升传统产业，提高资源消耗的经济产出率。积极搭建有利于提高资源利用效率的创新科技平台，整合和有效利用技术基础设施资源。激励企业在节约资源方面增加科技研发投入，构建以企业为主体、市场为导向、产学研深度融合的技术创新体系，促进科技成果转化。[1]

四、在对外开放中增强自然资源供给能力

自然资源的分布不均衡以及经济全球化的迅速发展，使得资源配置的全球化成为世界经济发展的趋势。任何一个国家都不可能拥有自身经济发展所必需的一切自然资源，通过国际贸易进口本国稀缺的资源原料，实现国际资源互补与转换是保障自然资源可持续利用的重要途径。[2]

我国的自然资源，特别是矿产资源存在着较多的短缺性资源种类，要满足国内经济社会持续发展的需要，必须实施资源配置市场的创新战略，争取全球化的资源供给。要在立足国内资源的基础上，充分利用国内国际"两个市场、两种资源"，扩大资源领域的国际合作，借助国际市场实现资源的优化配置，保障自然资源的国内持续有效供给。根据已有的经验和条件，未来我国利用境外自然资源的基本途径是以进口

---

[1]　沈镭、张红丽等："新时代下中国自然资源安全的战略思考"，《自然资源学报》2018年第5期。

[2]　秦鹏："论资源安全及我国相关制度的重构"，《中国软科学》2005年第7期。

贸易与境外投资合作开发为主。[①]

　　自然资源国际贸易是人类合理利用全球资源的桥梁,同时也是我国实现"开源"的重要模式之一。经济的全球化,必然伴随着资源配置的国际化,中国短缺自然资源可以通过相对自由的国际贸易途径获得。由于我国大宗矿产资源利用境外资源规模庞大,而且境外投资资源开发相对滞后,使份额矿产品对现货进口贸易的替代性有限,因而未来我国利用境外矿产资源的主要模式还是以现货进口贸易为主,但是从长远看要鼓励国内企业通过并购、投资等途径,建立相关海外矿产资源基地,为确保我国境外矿产的长期、稳定和安全供应奠定扎实的基础。

　　为促进大宗短缺资源产品进口贸易,政府应在进一步规范进口贸易秩序的基础上,加强与资源国之间的合作,为企业间的全面合作搭建平台,促进资源换资源、技术换资源等配套资源战略的实施。与此同时,鼓励发展资源期货,规避资源价格大幅波动造成的经济风险,逐步扩大资源储备规模,增强对国际市场的价格调控能力。

　　国际合作开发是一国利用投资开发外国自然资源的一种国际合作形式。通常由资源国政府或国家公司同外国投资者签订协议、合同,在资源国指定的开发区和规定的年限内,允许外国投资者同资源国合作,进行勘探、开采自然资源,并进行共同生产,按约定比例,承担风险、分享利润。一方面要鼓励外商投资国内资源的勘探、开发领域,提高我国自然资源开发利用的技术水平和效率;另一方面,更要鼓励有能力的企业投资海外进行资源勘探开发,拓宽我国资源渠道,增加资源供给。

　　① 曲福田等编:《中国土地和矿产资源有效供给与高效配置机制研究》,中国社会科学出版社 2017 年版。

第六章 生态、环境与可持续发展

工业革命以来，人类对不可再生能源的高度依赖打破了自然界平衡，一次能源的大量开采和日复一日的消耗形成了不可逆的能源耗竭；对废弃物的肆意排放破坏了生态系统的自给自足，能源危机、环境污染及生态破坏等环境公害事件严重威胁着部分地区人们的生存，导致了严重的生态灾难。随着人类经济文化交流的越发密切和人类活动领域的不断拓展，区域性环境问题不断恶化并扩散，打破区域边界和国家疆界，蔓延演变为全球性生态退化的现状，也推动了人们对经济发展和生态环境关系的反思，并最终促成了可持续发展理念的问世。

第一节 生态、环境的可持续发展目标

一、山水林田湖草与人形成生命共同体

习近平总书记从生态文明建设的整体视角提出了"山水林田湖草是生命共同体"的论述，强调"人的命脉在田，田的命脉在水，水的命脉在山，山的命脉在土，土的命脉在林和草"。[①] 这一论述用"命脉"把人与山水林田湖连在一起，生动形象地阐述了人与自然之间唇齿相依的一体性关系，揭示了山水林田湖草间的合理配置和统筹优化对人类健康生存与永续发展的意义，以及对山水林田湖草进行统一保护、统一修

----

① 《习近平谈治国理政》，外文出版社 2020 年版，第 363 页。

复的必要性。

统筹山水林湖田草生命共同体的系统治理,优化各类自然资源及其与人口之间的比例与空间关系,可以彰显生态系统带来的生态活力、区域特色和多元协调,推动可持续发展,架起"绿水青山"和"金山银山"之间的桥梁。按照"山水林田湖草"是一个复杂生命共同体的原则,以系统性、整体性的生态思维方式对其进行系统保护及修复,不仅是"两山论"的实现路径,也是支持我国实现联合国《2016—2030年的可持续发展目标》的重要支撑(如图6-1所示)。

自然子系统内,每个要素之间的相互关联进一步将可持续发展目标耦合在一起。山水林田湖草与人作为生命共同体,其间广泛的关联使可持续发展目标的实现存在多协同效益。人通过田产出的谷物充饥,田由水灌溉维持作物生长,水由山体集聚,山体由土堆积而成,林、草通过光合作用将光能转化为化学能,储存在有机物中,是生态系统的能量来源。与此同时,林、草在稳固山体的同时美化山体景观,山体受水的滋养,田涵养水源,林、草为田补充养分。人的生存直接依赖于田,但也会受到其他要素的影响和作用。多个过程循环往复,构成动态平衡的统一整体(如图6-2所示)。

可持续发展模式下,"山水林田湖草是生命共同体"意味着将自然子系统视作一个全方位的"生命有机体",重视其自身的物质循环和能量流动系统,并在此基础上寻找动态平衡的发展机制。这体现了自然子系统"整体性"和"动态性"的特征:系统内的各要素相互联系、相互依存的同时相互制约,同时在时空尺度上不断变化,需要因时因地因事统筹规划。另一方面,生命共同体内的每一种要素都有特定的生态功能和价值,破坏任意一个都可能引起"蝴蝶效应",从局部性的生态失衡演变为整体环境秩序的坍塌,这体现了自然子系统的"结构性"特征:山、水、林、田、湖、草、人在生命共同体中的位置和相互作用各不

可持续发展目标内容:

1-无贫穷

2-零饥饿

6-清洁饮水和卫生设施

7-经济实用的清洁能源

8-体面工作和经济增长

9-产业、创新和基础设施

11-可持续城市和社区

12-负责任消费和生产

13-气候行动

14-水下生物

15-陆地生物

⟶　依赖关系　　◁------　影响作用

图 6-1　以山水林田湖草耦合可持续发展目标

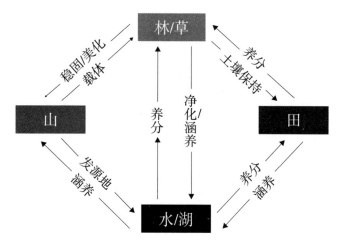

图 6-2 "山水林田湖草"生命共同体的相互关联

相同,各要素的数量、质量以及空间布局直接决定了生命共同体的繁荣、健康与可持续。我们应明确生命共同体中各要素所构成的景观特征和形成机制,从整体与部分的关系权衡"山水林田湖草"生命共同体与人类社会经济系统的合理配置,积极推进各要素的均衡优化布局和科学高效利用。

"生命共同体"思想要求人们将自身融入自然生态环境中,减少对自然的破坏或侵略性行为,这体现了自然子系统的"主动性"特征:自然子系统的主导因素是"人",生命共同体能否健康而有序地发展取决于人类的主观意识和行为模式,包括制定的相关政策、法规、经济发展模式和生产方式等,人类充分发挥政策制约、有效组织和带动作用对于生命共同体的健康发展起到决定性作用。因此,人的观念转变在这一过程中至关重要。

二、生态系统是经济社会发展的物质基础

美国生物学家爱德华·威尔逊(Edward Wilson)将财富划分为物

质财富、文化财富和生态财富三方面，并认为生态财富是其中最基础且最重要的，在生态系统健康并永续的前提下才能产生其他两种财富。生态系统及其提供的自然资源是人类经济活动的起点，是一切物质财富的源泉，相较于金钱和人造资产来说更具有基础性和本源性特征①。

生态系统提供的服务功能是人类生存和现代文明稳定发展的保障，是自然资源生态过程中形成和维持的、人类生存和发展必不可少的环境条件和效用。人类直接或间接从生态系统中获得的效益包括生态产品和生态服务两类。例如，树木既可以作为木材（生态产品）制作纸张、家具，也可以用于给人们遮阴、降低地表温度（生态服务）。环境承纳了人类社会发展和新陈代谢过程中产生的废弃物，如排入水体、大气和土壤中的"三废"，并依靠自净能力对废弃物进行清除。科学技术可以影响生态服务功能，但不能替代自然生态系统服务功能，保护生态环境系统、维持生态服务功能是可持续发展的必要条件。

良好的自然生态环境可以源源不断地创造社会财富，使生态优势有效地转化为经济优势。只有拥有了绿水青山的生存环境，才能保证创造金山银山的可持续性。拥有绿水青山的国家和地区拥有更多的生态资源，在创造财富方面积蓄自然禀赋的优势，在正确理念的引导下可以更有效地转化为经济优势。马克思和恩格斯最早提出人与自然之间的"物质交换"，包括人类通过劳动从自然中获取维持生存和发展的原料，以及将消费生活和生产生活中产生的废弃物排放给自然，两个过程循环进行。同时，人类可以调整自身活动尺度来影响和控制物质交换过程，调解人与自然之间的冲突和矛盾。

---

① 黎祖交："两山理论蕴涵的绿色新观念"，《绿色中国》2016年第5期。

在可持续发展模式下,生产和消费作为经济社会的两大活动,通过不断的减排行为减少废弃物的产生。生产和消费难以消除的废弃物一部分被还原为生产的原材料,通过清洁生产或循环经济重新投入生产中;另一部分会通过环境治理或生态修复消解,继续提供优质的生态服务功能;还有一部分难以消解,成为污染物。自然资源和生态环境提供的生态商品和生态服务都是生态系统的组成部分,统一归属于自然子系统。总体而言,可持续发展模式下资源-经济-生态环境处于一个循环流动的过程中,生态系统作为一个整体对可持续发展起支撑作用(如图6-3所示)。

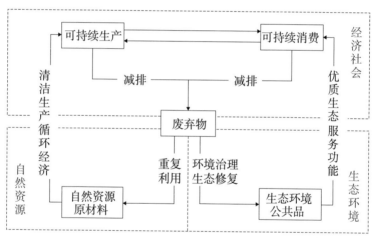

图6-3 可持续发展模式下资源-经济-生态环境系统的循环流程

与传统的森林或草地等自然生态系统相比,城市生态系统向可持续发展和绿色发展系统(Green Development System, GDS)发展,具有社会经济驱动强烈、结构复杂、空间异质性高、生物种类和群落种类多样等特点,作为一个复杂适应系统(complex adaptive system, CAS),与社会、经济和自然环境密切相关。城市生态系统常被认为是一个高度复杂的社会-经济-自然复合生态系统,由社会子系统、经济子系统和自然子系统复合而成，除了受到社会经济因素的影响和作用，也会受到自然因素的广泛影响和控制。当前，随着世界经济和高新技术的飞速发展，城市生态系统的发展潜力越来越多地受制于其生命支持系统的活力，包括区域自然资源（光、热、水、气候、土壤、生物）的承载能力、生态服务功能的强弱，以及景观生态的时、空、量、构、序的整合性。

当生态系统遭到破坏、生态安全难以维系时，山水林田湖草由于内在要素的相互影响和作用将会成为可持续发展的阻力，这也进一步凸显了生态系统与可持续发展的紧密联系。

总体而言，任何经济活动都源于人们认识自然和利用自然的过程，没有自然提供的生态系统服务，物质财富将成为无源之水、无本之木。因此，生态系统是可持续发展的物质基础。

三、生态安全是可持续发展的前提

党的十九届五中全会审议通过的《中共中央关于制定国民经济和社会发展第十四个五年规划和二〇三五年远景目标的建议》，规划了2035年基本实现社会主义现代化的远景目标，在生态文明领域要求"建设人与自然和谐共生的现代化"，为此必须"守住自然生态安全边界"，使"生态安全屏障更加牢固"。

生态安全的概念最早在20世纪70年代提出，美国环境专家莱斯特·布朗在《重新定义国家报告》中首次提议将环境问题纳入国家安全范畴，这一理念在《我们共同的未来》中得到响应并开始出现在官方文件中。21世纪初，相比较为局限的"环境安全"概念，涵盖物种减少、气候变暖、水土流失等广义生态系统问题的"生态安全"概念由于更加科学全面而被普遍接受，成为现代新型国家安全观的一部分。

一般认为，生态安全是指一国具有结构完整、功能健全的自然生态系统以及应对国内外重大生态环境问题的能力,使自然生态系统的产品与服务能够满足人们健康生活和经济社会发展的需要。从狭义来说,生态安全主要指生态系统保持完整性并保有健康的整体水平,面对的不良风险或威胁较小且保持对胁迫的恢复力。保障人类在生产、生活、健康等方面不受生态破坏、环境污染等影响,是人类生存和发展的重要前提。

从广义来说,生态安全的概念延伸至经济生态安全和社会生态安全。一方面,自然资源锐减、环境质量低下、生态环境退化将会削弱经济可持续发展的环境支撑能力,对经济发展的环境基础构成威胁。近年来,全球变暖显著增加了极端自然灾害发生的频率和强度,对经济社会造成极大损伤,是经济生态安全重要性的有力佐证。另一方面,生态安全的健全与保障会在政治制度、公共安全、社会文化等多个层面对社会产生广泛而深刻的影响。由于生态环境问题的外部性、整体性和系统性,生态安全破坏带来的局地危机可能会恶化为世界性危机。以气候变暖为例,应对气候变暖的温室气体减排问题已经成为发达国家和发展中国家的矛盾焦点,世界各国安危与共,应当携手共渡难关。此外,生态失衡还会破坏生物链之间的正常物质循环和能量流动,增加人类感染野生动物携带病毒的概率,严重威胁社会公共安全。2020年起始的新冠肺炎疫情就是一个案例。

生态安全是一个涉及自然、社会的多个方面和空间尺度效应的系统性难题,其影响因子多而复杂,目前尚未形成客观且被公认的生态安全评价体系,也使体系构建成为争论的焦点。目前的研究大部分以行政区域或流域为研究单元,前者在维持生态安全状态、制定和落实有关政策中具有责任主体明确、管理便利等优势,但人为割裂了自然联系,后者则尊重生态系统机理和规律,将生态安全影响因子的迁移、转化、运动等过程纳入考虑。

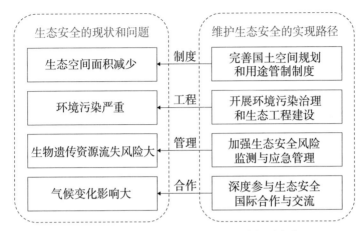

图 6-4　生态安全的现状问题与实现路径对应关系

　　生态安全是国家安全的重要组成部分,也是现代性风险的时代困境中的新命题。可持续发展的本质是促使人的生产生活更加贴近生态的本性,生态安全则是可持续发展的根基和前提,我们在追求经济发展和财富创造的全过程都必须将"生态安全"放在首位考虑。生态安全不仅为实现可持续发展保障稳定的自然基础,也提供良好的社会条件。维护生态安全是新时代建设生态文明和维护国家安全的历史使命和责任担当。如图 6-4 所示,面对中国生态安全存在的生态空间面积减少、环境污染严重、生物遗传资源流失风险大、气候变化影响大等问题,维护和巩固生态安全需要有针对性地实施人工环境治理和重大生态工程建设,优化生态安全屏障体系,提升生态系统的质量和稳定性;加强生态安全风险监测与应急管理,建设布局合理、功能完善、运作稳定的生态监测系统,依靠大数据、人工智能等信息化手段定期对生态风险开展全面调查评估,建立突发环境事件应急预案编制和管理体系,最大限度地控制和降低生态安全问题引发的公共危机;深度参与生态安全国际合作与交流,减少来自外源性风险的挑战,紧跟全球技术发展前沿以提升维护生态安全的现代化水平,同时参与国际环境规则谈判和环境标准制定,表达中国立场、利益取向,掌握国际话语权,守护生态安全主动性。[①]

第二节　生态、环境与经济发展

一、生态价值的认知过程

追求财富是个人、家庭、企业乃至国家的主要目标,财富观作为人们关于财富的整体看法和根本观点,其构建将从根源上决定和影响人们的行为模式。历史经验表明,不同的时代有着不同的财富观,并给自然资源、生态环境、经济社会发展带来不同的影响。其中,人们对生态环境地位和价值的认知经历了从生态无价观到有价观的转变,生态财富观的创造和实现深刻地改变了传统财富观,成为可持续发展的价值基础。

原始文明时期,人类为了维系生存,通过采摘和狩猎获取资源并学习使用兽皮、木材、石头等易获得的生态商品来提高生存能力。古人类消耗的资源和对生态造成的影响,靠生态系统自身的循环再生能力就可以得到完全的补充和修复,因此维持了物种和生态的平衡。农业文明时代的人们共同抵御外敌、耕种作物、驯养牲畜,以种植和饲养作为获取资源的主要方式,同样也维持了食物链的收支平衡。

进入工业文明时代后,人类社会,尤其是西欧国家的技术、经济、社会、政治和文化的变革速度大幅加快,利用各类资源、改造自然的能力增强,生产力水平有了极大的提高。人类社会进入了一段以掠夺式资源开采为特征的繁荣期,表现为经济活动持续增加,但对资源的索取速度超过了自然补给、再生的速度。前工业化时期主要开发利用普遍

---

① 李娟:"社会主义现代化视域下中国生态安全的建构逻辑与实现路径",《中国井冈山干部学院学报》,2021 年第 2 期。

存在的天然资源，中期以附加人类投入的资源如矿产品、农副产品等为主要资源，这两类生态商品的地位在后工业化时期逐渐下降，而生态服务的地位则显著上升成为主导。但毫无疑问，建立在殖民主义和野蛮开发上的繁荣不可能无限期地延续下去：高强度的农业和工业废弃物排放对生态系统造成了不可逆的损伤，其平衡性和多样性受到威胁，吸纳废弃物和对抗极端气候的能力都有所下降，并最终形成恶性循环。

进入以计算机、人工智能为标志的信息时代后，生产力水平大幅提高，经济社会发展对自然资源的需求也不断扩大，而全球经济的发展大部分仍然依靠不可再生的化石燃料，如原油、煤炭、天然气等。近 50 年来，全球的资源状况已经发生了根本性的变化，矿产资源濒临枯竭，开采成本、环境代价不断扩大。据统计，世界上一些主要矿藏可供开采的时间已经非常有限，但消费却仍在不断增长，2018 年一次能源消费增长 2.9%，是过去十年平均增速（1.5%）的 2 倍①。一些重要能源或矿产资源在可以预见的未来即将开采殆尽，而与之密不可分的部分产业将走入末路。

进入新时代，"满足当代人需要的同时不损害后代满足自身需求的能力"的可持续发展理念得到了国际社会的广泛认同。与资源再生、循环经济高度交叉的工业 4.0 成为发展新趋势，以人与自然、资源、环境相和谐为主要特征的生态文明时代即将来临。而随着这场资源革命由经济领域逐步扩大到社会和环境领域，将使人和自然再一次由对立走向和谐，生态环境重新恢复为收支平衡的循环状态。

二、生态价值的内涵

20 世纪 80 年代以来，人类开始尝试定量评估生态系统服务功能的价值，这也让人们更深刻地认识到生态环境就是财富本身，由此衍生出生态服务价值（payments for ecosystem services，PES）、生态系统生产总

---

① BP Statistioal Review of World Energy, 2019.

值（gross ecosystem product，GEP）等概念。科斯坦萨（Costanza）等发表在《自然》（*Nature*）上的研究表明地球生态系统每年至少提供 33 万亿美元的服务，是全球生产总值的 1.8 倍。

生态有价、生态财富理念的确定使人们逐渐转变了传统的资源利用模式，为自然资源的资本化运营以及生态财富的创造和实现提供了理论支撑。对生态财富的价值构成有多种区分，这里突出四个方面的价值判断。

第一是生态的存在价值。存在价值反映自然资源价值客观具有的原始属性，与人类劳动是否附加无关。存在价值不仅包括生态能够提供的直接经济价值，更包括生态的潜在价值，主要分为四个方面：①供给服务，为人类提供生存必需的基本生活资料，如空气、淡水、粮食、燃料等；②调节服务，健康的生态环境能有效地减少极端天气、自然灾害和流行疾病的发生等；③文化服务，如提供锻炼、教育、娱乐等的场所，使人得到精神上的放松或愉悦；④支持服务，为生物提供栖息地、输送养分、促进水循环等，包括土壤形成、光合作用等。它不仅为人类提供了维持生存的生命保障系统，也提供了提高生活质量的生态系统服务。例如，湿地具有如下生态服务功能（如表 6-1 所示）。

表 6-1 湿地生态服务功能分析

功能	功能特征	主要表现
供给服务	湿地具有强大的物质生产能力，蕴藏丰富的动植物资源，可提供大量农林牧渔等产业的原料或产品	食物、燃料、能源、淡水、药材
调节服务	作为地球之肾，湿地可吞吐调控水资源、净化水体、防风固沙、预防风暴灾害，调节气候	水源涵养、污染降解、气候调节
文化服务	湿地是人类农耕和渔牧文化的摇篮，为科研工作提供资源，具有极高的文化、美学、旅游价值	生态旅游、艺术灵感、文化认同、科研教育
支持服务	湿地为野生动物提供栖息地，作为物种基因库维持了物种种群的延续和进化	生态环境和氧气维持、土壤形成与保持、遗传资源

　　第二是自然资源的资本价值。人们在对自然资源进行资本化利用的过程中将人类劳动附加于资源，使资源发生形态改变的价值部分，分为直接附加和间接附加两种。前者指人们对自然资源进行勘测、开发、改造、更新、保护等活动使其形状和功能发生改变并产出自然资源产品；后者则是投入相应的人类活动来优化资源的经济地理位置、提高资源管理水平、改善资源开发条件的基础设施等条件，延伸资源价值链或降低生态财富转化利用的成本。由此形成马克思所讲的在土地上投资形成的土地资本，被称为自然资源资本。这是生态财富的重要组成部分。

　　第三是稀缺价值。资源的稀缺性通过市场供求反映，当生态资源的供给低于资源需求时，生态财富的价格因资源稀缺性增强而抬升，单位资源的价值增加。稀缺价值与劳动价值互为因果，不被附加劳动价值的资源不会面临因过量开发而稀缺的问题，无稀缺属性的生态财富例如空气、阳光尽管也具有存在价值，但不具有市场价值，人们不会付出劳动对其进行开发。但在空气质量较为恶劣的地区，清洁空气由于具备了稀缺价值，也有可能会被附加价值。随着人均收入水平的提高，消费者往往更重视生活质量和生命质量，生态需求也因此呈现明显的递增趋势，高质量的生态环境成为消费者追逐的稀缺物品，出现价值增值。[①] "绿水青山就是金山银山"的理念正体现了生态的增值，绿色生态是最大财富、最大优势、最大品牌。

　　第四是生态补偿价值。这是指人们在资源开发活动中，对造成的环境污染、生态破坏，进行修复、弥补和替换付费的价值。环境污染、生态破坏造成的损失和为此支付的成本应当从生态财富中予以扣除，同时生态投入以及相应的生态产出也应当作为财富的增值记入其中。

---

① 罗瑜："生态财富观建构：生态视域下的新财富观"，《经济师》，2017年第8期。

例如森林、草原等生态系统改良会带来生态财富的直接增值，而对于生态服务功能较弱的城市生态系统，生态恢复在重建生态活力的同时，可以推动科学、人文和环境教育，并作为催化剂激发城市的社会经济活力，实现生态财富的间接增值。通过将游离于价格之外的生态环境因素纳入成本核算和价格循环，可以将生态价值反映到资本化运营的市场价格体系中，实现资源开发与生态保护的良性互动。这体现人们维持生态系统平衡、修复生态环境的责任，反映人们尊重自然、顺应自然、协调自然的可持续发展理念。

目前，生态财富观正在全球兴起，深刻影响并改变了人们的传统财富观和生产生活方式。"生态财富观"成为主流财富观，与当下社会的时代特质和发展目标相匹配，为生态财富的创造和实现提供行动指南和力量源泉。无论是国际大趋势，还是我国基本国情，都要求我国从工业文明的"灰色"财富观，转向生态文明的绿色财富观。这需要我们采取多种方式与途径，广泛开展生态文明宣传教育，提高全民族生态文明素质；加强生态有价、生态财富的新财富观教育，培养生态就是财富、生态财富是财富基础等一系列新观念，这是创造生态财富、实现可持续发展的价值基础和重要前提。

中国对生态环境价值认识的深化与转变有三个阶段：第一阶段是用绿水青山去换金山银山，不考虑或者很少考虑环境的承载能力，一味索取资源；第二阶段是既要金山银山，也要绿水青山，这时候经济发展和资源匮乏、环境恶化之间的矛盾开始凸显，人们意识到环境是生存发展的根本，要留得青山在，才能有柴烧；第三阶段是认识到绿水青山本身就是金山银山，生态优势可以转变为经济优势，二者形成了浑然一体、和谐统一的关系。生态资源是最宝贵的资源，坚决不能以牺牲环境为代价推动经济增长，要走人与自然和谐发展道路。习近平总书记在2018年的第八次全国生态环境保护大会上指示："绿水青山既是自然财富、生态财富，又是社会财富、经济财富"，"保护生态环境就是保护自然价值和增值自然资本，就是保护经济社会发展潜力和后劲，使绿水青山持续发挥生态效益和经济社会效益"[①]。这些理念，与联合国提出的《2016—2030 年的可持续发展目标》有内在一致性。

三、经济发展的生态承载力

经济发展受生态承载力限制，这就是生态、环境设置的经济发展的自然界限。

正常的生态系统是生物群落与自然环境取得平衡的自我维持系统，各组成部分按照一定规律发展变化并在某一平衡位置做一定范围的波动，从而达到动态平衡状态。在一定的时空背景和强干扰下，生态系统的结构和功能可能发生逆向演替，导致生态系统主体或要素发生不利于生物生存的量变，超过临界点时会产生质变打破原有平衡，造成破坏性波动乃至恶性循环。为了维护人类生产发展的自然生态系统的可持续性，必须了解并给出人类经济社会活动不可突破的自然界限，也就是生态系统这一经济活动的外部条件所规定的限制规模，即生态承载力。

生态承载力概念认为在食物、栖息地、竞争等多因素的共同作用下，生态系统两种不同状态在时间和空间上存在一个自然界限，这个界限通过负反馈机制体现。在一定限度内，生态系统能通过自身调节、自我修复来维持平衡状态，但如果干扰超过了其本身的调节能力，就会导致生态失衡，这个临界限度就叫生态阈值，与生态系统的平衡度紧密相关。在阈值内，生态系统有能力承受外界干扰带来的冲击，从而在一定程度上实现自我修复，若是超过阈值，生态自我调节就会失灵，导致整个生态系统的慢性崩溃。一旦生态环境遭到破坏、生态平衡失调，其恢

---

① 《习近平谈治国理政》第 3 卷，外文出版社 2020 年版，第 361 页。

复将需要较长的时间周期和较大的资金投入。

自然生态系统的生态承载力内涵有多层。①量的概念：资源与环境的供给能力及其可维系的社会经济活动强度和人口数量，主要在自然生态系统中体现。②质的界限：生态系统能够自然维持、自我调节，保持与外界物质、能量和信息的交换，且在结构和功能不发生质的改变的情况下，对经济发展和人类可持续生存的长期限制，主要在经济社会子系统中体现。③相互联系：各个物种的生存是相互影响和作用的生态过程，一种物种在量上的减少或消失会影响生态系统中其他物种的生长或生存，甚至造成整个生态系统的失调。④潜在价值：部分生物物种对于当前人类来说价值有限甚至有不利影响，但对生态系统的不同子系统或未来时空可能具有极大的潜在价值，人类有义务维持其生存以保障生态系统的完善和未来人类的利益。

生态承载力是生态系统自然属性、社会属性、经济属性的综合体现，其结构与功能关系如图所示，由经济子系统、自然子系统和社会子系统的耦合构成，具有服务、制约、调节、维护等多种功能。生态承载力的结构决定其功能，功能又可以体现其结构。

作为生态、环境和经济发展的自然界限，生态承载力是在保障人类持续生存和人类社会经济发展同时追求效用最大化的客观约束。生态承载力是在某一时期某种环境状态下，生态环境对人类社会经济活动的支持能力，是生态环境系统物质组成和结构的综合反映。考虑到生态承载力既包含资源与环境的支持力部分，也包含社会经济的发展力部分，生态承载力具有阈值上下限，即在一个范围内能够正常发挥功能。生态承载力并不是一个绝对、固定的值，而是与生态系统的发展变化息息相关，不同时间、不同区域、不同生态环境、不同社会经济状况下，"阈值"的取值不同，在不同健康状态范围内呈现出动态特征。总体来说，生态阈值的大小涉及两个方面的因素：一是生态环境的供给水平,即生态系统提供自然资源和生态服务的能力;二是人类经济社会的发展需求,即人类生存和发展需要的资源数量和服务质量。近年来被普遍认可的生态承载力概念则定义为在生态系统结构和功能不受破坏的前提下,生态系统对外界干扰特别是人类活动的承受能力,强调生态承载力会受到社会系统建设能力、经济系统发展能力、人工智能管理能力以及人类文化等多种因素的影响。可持续发展就是通过不断改善和调整不利因素,提高每个发展时期的生态阈值,扩大生态系统的生态承载力,突破经济社会发展的限制。

人类的可持续发展要求人类保护生态财富并实现生态财富再生能力的最大化。生态系统的循环再生必须在其阈值限度内才能提供一定的"生态财富",供给人类社会和自然生态系统的可持续发展,否则将会出现生态财富的再生陷阱,使生态系统受到不可逆的损伤,恢复成本高昂且无法再提供足够的生态财富供人类生存和发展。目前,全球生态平衡面临严峻挑战,生态危机濒临爆发,为实现人类的可持续发展,我们必须保持生态阈值在合理的区间范围,保证生态、环境和经济的发展在自然界限之内,力求保护生态系统的稳定发展。

四、生态、环境的退化及其影响

生态退化是生态系统在物质和能量分配过程中出现的不协调或偏离程度超过生态退变阈值,使生态系统出现的不稳定或失衡状态。生态环境退化具体表现在生态系统种类组成、群落或系统结构改变,生物多样性减少,生物生产力降低,土壤和微生物环境恶化,生物间相互关系改变,等等,即生态系统提供的生态产品数量和生态系统服务质量降低。当前全球范围的生态破坏问题主要包括森林破坏、土壤沙化、水土流失、湿地萎缩等,以及由此引发的水资源、森林资源等自然资源的短缺和气候变异、农业生产条件恶化以及各种自然灾害的频繁发生。

据《千年生态系统评估》结果,全球有超过 60% 的生态系统服务功能退化。生态退化对生物的影响不仅体现在生物的生长状态和生物种群整体繁殖的点、线方面,还体现在生物多样性、生态系统结构和功能的面上。在不同物种的不同发育阶段,生物的忍耐限度即生态阈值都存在差异,当生态因子的限制高于阈值,物种将濒临灭绝。理想状态下,无限供应的资源下种群将会出现指数增长趋势,直至接近正无穷状态。如果生态系统承载的外界干扰在阈值之内,则系统的自我调节和修复能力将会增强,使生态系统受到的损害为零,其承载的生物种群的数量和规模会趋于正无穷状态,而现实状态下种群的增长状态属于"S"形,种群增长受多种因素限制。更进一步,生态阈值贯穿于生物多样性的变化过程,超越阈值的变化可能导致生态系统服务功能和组织能力减弱、结构破坏。

人赖以生存的生态环境系统由自然子系统、经济子系统和社会子系统构成,三者内部和相互之间通过物质、能量以及信息的交换而相互作用、彼此制衡,其中任何一个要素或环节的失衡可能会产生连锁反应使系统失控。如图 6-5 所示,生态系统的生产和消费极大地依赖于被化学和食物循环所支撑的生态系统商品和服务。当前,城市化和工业化进程的不断加速不仅直接导致了不同环境介质中污染物排放量的不断增加,也间接催生了国土空间景观格局的巨大变化,最终将引起生态环境的退化。

生态退化的长期影响与其稀缺性、复杂性和系统性的三大特征相互耦合、密不可分。随着世界人口总量的上升和人类活动规模的高速膨胀,快速发展的工业化和全球化刺激了人们对财富的渴望,使自然资源的需求量大大增加,但由于传统体制的束缚和经济增长方式未能及时转变,快增长、高消耗使大工业生产体系成为吸纳自然资源的黑洞。在循环利用较少的情况下,大量消耗矿产资源造成储量迅速下降,自然资源的稀缺性日益凸显。一些地区利用资源优势低价输出资源或初级产品,在短期内实现GDP的快速增长。这一方面严重扭曲了资源或初级产品的市场价格,出现所谓的"贫困化增长";另一方面市场价格的低廉会促使资源粗放低效使用而增加浪费,加剧自然资源消耗和生态环境破坏。我国早期煤炭、木材等行业的发展正是如此。

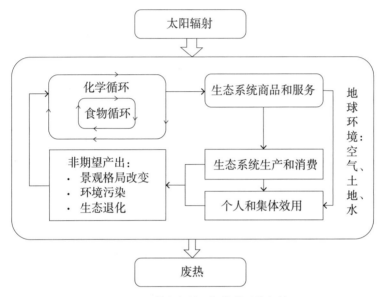

图 6-5　环境和经济:各种联系的归纳

随着当代经济发展,生态环境退化呈现出复杂性特征。单种及多项资源匮竭的加剧、生态系统的恶化、服务功能的降低,使得原来宽松的资源之间、生态环境之间的依赖关系不断增强。当代经济学家往往以"物质平衡方法"看待资源稀缺问题,即物质并没有被消耗而是在为人类提供需求的过程中转化成了其他形式。然而,过多的废气残渣会降低生态环境自我清理和更新的能力,与资源的稀缺性叠加关联,共同限制了生态环境服务功能的供给能力。例如,随着人们文化需求的提高,户外娱乐场地作为文化服务提供方,其利用频率不断增加,导致拥堵和污染,减少娱乐的收益。

上述的关联关系可以细分为四种类型，以自然资源为例阐述如下：
（1）依赖关系，即某一种资源的开发和利用必须以另一种资源为投入，
如能源开采和生产离不开水资源，而水的处理和输送也需要能源投入；
（2）替代关系，即某一种资源能够替代另一种资源提供相同或相似的
产品或服务，如生物质材料和非生物质材料之间相互替代；（3）竞争关
系，体现为一种资源对于另外多种资源的开发利用是必需品而产生竞
争，如生物质能源生产和粮食生产竞争有限的土地资源；（4）互补关
系，体现为多种资源必须以互补的形式共同支撑另一种资源的开发利
用，如作物种植同时需要适宜数量的土地资源和水资源。上述四种关
系中，依赖关系是基础，其他三种关系是依赖关系延伸或叠加之后形成
的衍生关系，四种关系都从不同角度体现了"相生相克"并以共同作用
加剧了生态环境退化的复杂性（如图6-6）。

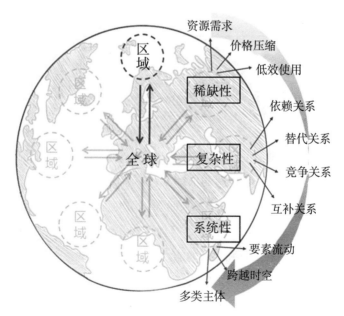

图6-6　生态退化影响与特征示意图

　　此外，随着工业化、全球化的全面推进，生物多样性消失、热带雨林破坏、水土流失、气候变化等生态环境问题加速蔓延且程度加重，生态环境退化呈现出从区域到全局的系统性特征。从要素流动上来说，环境问题的源头在水、气、土等环境介质中流动、汇集、扩散，并通过物理、化学、生物等过程转化为一系列的社会经济问题。这些问题的影响不仅存在于产生区域，往往还会形成跨区域的流动，损害临近区域和下游的生态系统。1998 年长江洪水的表面原因是厄尔尼诺现象带来的异常暴雨，深层原因则包括其上游地区的滥砍滥伐使森林覆盖率由 30%—50% 降到 12% 以下，以及围垦和泥沙淤积等原因造成长江中下游河湖调蓄能力大幅下降，如洞庭湖的湖面面积、容积减少量约达 35%。

　　生态退化的长期影响还会通过不同生态系统主体的同步受损体现出来。以气候变暖为例，联合国气候变化政府间磋商组织（Intergovernmental Panel on Climate Change，IPCC）的第五次全球气候变化评估报告中预估了气候变暖对水资源、生态系统、人体健康、经济部门等的影响，且有更多研究表明其对多种生态系统均有显著影响。第一，气候变化在温度、降水、二氧化碳浓度等方面对森林生态系统（林）产生影响，改变了生态系统的物理、化学基础，进而改变树木生长速度和森林树种的构成，增加病虫害和林火发生的潜在风险并减弱森林的水源涵养能力。第二，气候变化通过影响降水量和蒸发量影响了河流、湖泊和湿地生态系统（水、湖），导致径流量和表面积减少。第三，气候变暖影响了土壤和植物自身的呼吸作用以及不同植被的空间分布（草）。总体而言，气候变暖对于生态环境各主体的影响是多样而复杂的，体现在"山-水-林-田-湖-草"生命共同体和人类社会生活的各个维度。生态退化在主体和时空上的系统性，伴随着频发的自然灾害等风险扰动，使局部地区的生态系统稳定性大幅下降并扩散至全球。

第三节   绿色发展的理念与生态环境的可持续发展

一、绿色发展理念的意义

面对过分追求物质财富增长给世界带来的一系列资源耗竭和生态破坏问题,为了保证经济与社会的持续和谐发展,各国政府和学者对人类社会生存发展模式存在的问题进行不断反思,对新发展模式进行了长期探索,形成了可持续发展的理论体系及政策方案。20 世纪 60 年代联合国的《联合国发展十年》中就提出要关注经济发展所带来的生态环境问题,提倡经济发展从"质"而非"量"的角度出发。此后 20 余年,国际上逐步形成了实现人类可持续发展的共识。21 世纪以来,"绿色经济"的新发展观念得到了联合国环境规划署(United Nations Environment Programme, UNEP)的倡导,逐渐完善并得到了越来越多国家和地区的重视。

中国古代推崇"天人合一",要求"敬天爱人",认为人作为自然界的一部分,要认识并遵守自然规律,这些传统文化观念与绿色发展理念非常切合。中国作为世界上最大的发展中国家,绿色发展理念提出了建设美丽中国的目标,是我国立足于自身当代的生态困境,总结国内外经验,继承和发展中国优秀传统文化和马克思主义中国化的理论成果。

2002 年,我国提出科学发展观,依据科学发展观提出构建资源节约型、环境友好型社会。2007 年,党的十七大正式提出了生态文明建设,并将其作为党的执政纲领和国家发展战略。2012 年党的十八大将生态文明建设纳入"五位一体"总体布局。2015 年 5 月,中共中央、国务院下发了《关于加快推进生态文明建设的意见》,该意见在"四化"(新型工业化、城镇化、信息化、农业现代化)的基础上首次提出"绿色化"概念,使绿色化成为现代化建设的一个重要组成部分和整体社会建设布局的一部分。同年10月在中共十八届五中全会上,习近平总书记明确提出了"创新、协调、绿色、开放、共享"的五大发展理念,其中绿色发展是永续发展的必要条件和人民对美好生活的重要体现。

根据习近平总书记的讲话,绿色发展理念主要包含如下内容:绿色发展,就其要义来讲,是要解决好人与自然和谐共生问题。人类发展活动必须尊重自然、顺应自然、保护自然,否则就会遭到大自然的报复,这个规律谁也无法抗拒。人因自然而生,人与自然是一种共生关系,对自然的伤害最终会伤及人类自身。只有尊重自然规律,才能有效防止在开发利用自然上走弯路。生态环境没有替代品,用之不觉,失之难存。环境就是民生,青山就是美丽,蓝天也是幸福,绿水青山就是金山银山;保护环境就是保护生产力,改善环境就是发展生产力。在生态环境保护上,要树立大局观、长远观、整体观,不能因小失大、顾此失彼、寅吃卯粮、急功近利。我们要坚持节约资源和保护环境的基本国策,像保护眼睛一样保护生态环境,像对待生命一样对待生态环境,推动形成绿色发展方式和生活方式,协同推进人民富裕、国家强盛、中国美丽。坚决摒弃损害甚至破坏生态环境的发展模式和做法,绝不能再以牺牲生态环境为代价换取一时一地的经济增长。要坚定推进绿色发展,推动自然资本大量增值,让良好生态环境成为人民生活的增长点、成为展现我国良好形象的发力点,让老百姓呼吸上新鲜的空气、喝上干净的水、吃上放心的食物、生活在宜居的环境中、切实感受到经济发展带来的实实在在的环境效益,让中华大地天更蓝、山更绿、水更清、环境更优美,走向生态文明新时代。

绿色发展提倡新型经济发展方式,要求把节约资源、保护环境的思想渗透到经济发展全过程,通过低碳发展、循环发展增加国家绿色财富,实现经济发展生态化和环境保护经济化的同步。具体而言,经济发展生态化指要用生态理念来指导和规范经济发展,甚至有目的、有计划地将保护生态环境直接作为经济行为的目的和任务;环境保护经济化,一方面指在环境保护工作中追求经济、便捷,通过宏观统筹达到环境保护的高效率,另一方面指将环境保护产业化,在工作过程中产生经济利润。经济发展和环境保护的辩证统一要求将二者合二为一,既指时间维度上的同步进行,又指在重要程度和艰难程度上的不分伯仲,还期待两者在实践效果上的齐头并进,最终实现双赢,为人与自然的永续发展提供保障。

绿色发展理念认为良好的生态环境是民生福祉,解决环境问题是保护人民健康、保障生态权益的基础,要为人民谋取绿色福利。同时,绿色发展理念要求全球每个国家承担保护生态的责任和义务,以绿色发展和生态建设为主题开展全球合作和交流,携手共建绿色发展的生态体系,而中国将积极贡献中国智慧、中国经验和中国方案,展示中国担当。此外,绿色发展理念认为要以法治理念改善和保护生态环境,建立健全生态环境责任体系,对政府、企业、个人等多主体进行规范和约束,以法治的权威性、强制性和严谨性推动绿色发展政策制度科学、合理、高效、规范地运行。

绿色发展理念提倡大力弘扬绿色文化,要求人民具有适应绿色发展需要的知识水平、创新创业能力和价值取向相统一的主体特质,需要普及、深化绿色教育,倡导全民树立绿色环保理念并转化为全民绿色行动,发挥各主体的社会服务功能,形成绿色环保的系统力量,共建绿色生活家园。绿色发展理念还揭示了生态环境与人类文明发展间的必然关联,即生态兴则文明兴,生态衰则文明衰,要求加快推动发展理念与模式的绿色变革,建设生态文明,保证人类文明的长远发展。

绿色发展理念修正了传统工业文明的发展思维,也是可持续发展观的新发展,推动中国走出一条创新跨越式发展道路。

二、碳达峰和碳中和的郑重承诺

为了应对全球气候变化,尽早实现世界性"碳中和"、限制温度上升成为全球的共识。2015年联合国可持续发展峰会在纽约联合国总部召开,193个成员国共同通过了《改变我们的世界——2030年可持续发展议程》协议,系统规划了未来15年世界可持续发展的蓝图,并设立了17个可持续发展目标、169项子目标,涵盖经济、社会、环境等诸多领域,致力于推动世界和平与繁荣、促进人类可持续发展,在人类、地球、繁荣、和平、伙伴的5个关键领域采取行动,以综合方式彻底解决社会、经济和环境三个维度的发展问题,转向可持续发展道路。这项联合国成立70年来首次由全体联合国会员国共同参与谈判所达成的发展共识,指明了世界各国今后的发展方向。目前全球已经有54个国家碳达峰,占全球碳排放总量的40%,其中大部分为发达国家。根据ECIU数据,全球有125个国家或地区提出碳中和愿景,其中6个实现立法,5个处于立法议案阶段,13个有相关政策文件,99个处于政策文件制定讨论阶段。截至2020年10月,碳中和承诺国达到127个,全球二氧化碳排放量前六位的国家和地区有4个碳排放已经达峰、3个做出碳中和承诺。十大煤电国家中中国、日本、韩国、南非、德国均已做出碳中和承诺,在各国应对气候变化的政策催化下,碳减排进程将会不断提速。

表6-2　世界二氧化碳排放量前六位的国家和地区碳达峰、碳中和承诺情况

国家	碳达峰年	碳中和承诺	碳中和目标年
中国	2030	是	2060
美国	2007	—	—
欧盟	1990—2008	是	2050
印度	—	—	—
日本	2013	是	2050
俄罗斯	1990	—	—

世界二氧化碳排放量前六位的国家和地区的排放统计如图 6-7 所示。2019 年我国二氧化碳的年排放总量已经超过美国和欧盟的总和且仍未达峰，但按照人均计算，中国约为美国的一半，与欧盟和日本的水平相当。

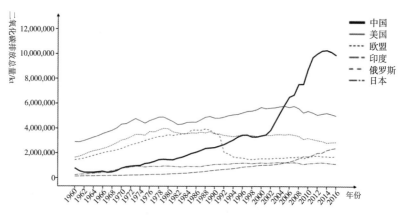

图 6-7　世界二氧化碳排放量前六位的国家和地区
排放统计（数据来源：世界银行）

2015 年在气候变化巴黎大会上，习近平主席宣布了中国的"国家自主贡献"：中国将于 2030 年前后使二氧化碳排放达到峰值，随后将出现拐点，二氧化碳排放量逐年下降。2020 年 9 月习近平主席在第七十五届联合国大会进一步做出郑重承诺，努力争取在 2030 年前实现碳达峰，2060 年前实现碳中和。

就碳达峰来说，目前，我国已实现社会经济发展和碳排放的初步脱钩，相比于 2005 年即国家自主贡献元年的 GDP 增长超 4 倍，能源结构优化，单位 GDP 二氧化碳排放降低 48.1%，基本走上一条符合我国国情的绿色低碳循环的高质量发展道路。2021—2030 年的达峰期内，我国需统筹疫情防控、生态保护和经济发展，实现碳排放较 2005 年降低65% 以上，为碳达峰到碳中和的下降过程留出更多缓冲时间。2030—2035 年的平台期内，将保持碳排放总量稳中有降，此后通过加强关键技术研发,优化能源资源供给侧结构性改革,构建多维协同发展路径,推进跨部门大规模减排等策略。

碳中和是指企业、团体或个人测算在一定时间内,直接或间接产生的温室气体排放总量,并进一步通过森林、海洋等碳汇进行吸收或通过一定规模的技术应用,实现能源、工业、建筑和交通领域最大限度地减排,从大气中清除、捕集、封存二氧化碳,或者从碳市场购买符合标准的项目减排量,与我国向大气排放的二氧化碳等温室气体等量,形成二氧化碳净零排放。这一目标的达成将有效缓解全球温度上升趋势,使得全球温度比预期降低 0.2—0.3℃。在 2035—2050 年这 15 年的快速减排期、2050—2060 年的中和期要以深度脱碳为首要任务,通过负排放技术和碳汇应用为能源系统提供灵活性,从而兼顾经济发展与生态保护,最终在实现碳中和目标的同时不断拓展我国的可持续发展的新机遇。

在中国能源结构以化石能源为主的背景下,温室气体减排和生态保护同根、同源、同步,走向绿色可持续发展和走向低碳的实际行动将高度一致。推进碳达峰、碳中和既是我国温室气体减排的目标,也是修复生态破坏和消除环境污染的目标;既是我国社会主义现代化建设的一大挑战,也是实现可持续发展的良好机遇。理论上,以绿色发展新理念和碳达峰、碳中和中远期愿景为指导;时间上,借鉴欧盟大部分国家碳排放已达峰、2050 年实现碳中和的碳交易和碳税驱动等价税减排工具,探索和总结我国减排的机制和经验,加强碳中和关键技术研发,实现碳中和目标和长期深度脱碳,逐步向低碳化、清洁化、分散化和智能化方向发展,攻克碳中和路线途径中的能源结构和地区差异难关。碳达峰、碳中和目标的本质是推动能源低碳转型和经济高质量发展,实现经济、能源、环境和气候的多赢。从"碳达峰"计划迈向"碳中和"愿景,高质量发展下可再生能源缺口将形成庞大的产业链条,在推动全球气候治理的同时将为我国生态文明建设和经济社会低碳发展提供新动能。

　　我国以碳达峰和碳中和的郑重承诺交出了自己的答卷,致力于在践诺中促进生态环保与政府政策、企业战略、科技创新、文化建设等方面的深度融合,打造覆盖全产业链的可持续竞争力,提振全球气候行动信心,更推动中国故事海外传播和中国话语国际认同。可持续发展是人类社会的发展方向,但美好的意愿还不足以支撑起我们憧憬的未来。行动胜过一切言语,将可持续发展付诸行动,我们憧憬的未来才会最终到来。

第七章　经济发展方式和可持续发展

经济增长能够给各个国家带来福利,但各个国家为此而付出的代价也越来越明显,其中由于自然资源耗竭和环境退化所导致的经济社会发展的不可持续性可以说是最大的代价。如何通过转变经济发展方式,协调经济发展和资源节约环境友好就成为当今世界所面临的一个重大现实问题。经济发展方式的转变成为提高经济发展质量、实现可持续发展的关键。

第一节　资源环境约束下的经济发展

资源环境的约束及其变化是经济发展方式转变的重要影响因素,客观认识这种约束的表现和特征是实现经济发展方式转变的内在要求。经济增长不可能脱离资源环境的约束。有必要对经济发展理论进行系统回顾和评价,以期把握可持续发展对资源环境利用的要求和基于可持续发展的经济增长内涵。同时,鉴于不同国家所面临的资源环境约束特征的差异性,还需要进一步区分其在可持续发展中的责任义务。

一、经济增长的资源环境约束

经济增长通常是指一定时期内人均国内生产总值实际水平的提

高,有时也指人均收入或实际消费水平的增加。[1]自然资源和环境系统是人类经济社会发展最基本的物质基础,实现经济增长必然需要消耗资源和利用环境。资源环境对经济增长的约束表现为经济增长的规模和速度不能越出自然资源的利用限制和环境的承载能力,因而,理解和把握资源环境对经济增长的约束范围及强度尤为关键。

(一)经济增长的资源约束

自然资源是经济增长模型中的重要因素,而资源约束则是影响可持续发展的主要因素,环境问题本质上也是资源利用问题。[2]尽管技术和知识要素对当代经济增长的贡献逐渐增强,自然资源要素的贡献会减弱,但并不意味着经济增长可以脱离对自然资源的需求,这不仅表现在质的规定性上,也表现在量的规定性上。因而有必要从一般意义出发,探讨自然资源对经济增长约束的主要方面。

首先,经济增长受到自然资源供给数量、质量和结构特征的约束。经济增长的规模直接受到自然资源可供给数量的制约,对直接以自然资源为劳动对象的资源密集型产业来说尤其如此。许多工矿业城市在矿产资源储量较大的情况下往往能有较快速的经济增长,一旦矿产资源储量下降且找不到有效的替代资源,经济增速就会下降乃至转为负增长,出现经济衰退。同时,在现代经济体系中,一些关键的战略性资源比如石油、关键矿产资源等,一旦供给数量受限,不仅会制约整个经济增长,也会对经济安全乃至国家安全产生重大影响。[3]在自然资源供给数量一定的情况下,资源的质量越高,则利用成本越低,劳动生产率越高,就越有利于经济增长。自然资源供给的结构约束,

① 曲福田、冯淑怡主编:《资源与环境经济学》第三版,中国农业出版社 2018 年版。
② 周海林:"经济增长理论与自然资源的可持续利用",《经济评论》2001 年第 2 期。
③ 谷树忠、姚予龙、沈镭等:"资源安全及其基本属性与研究框架",《自然资源学报》2002 年第 3 期。

主要反映在特定国家或地区资源供给的种类结构与其产业结构的匹配度上，匹配程度越高，越有利于一个国家或地区产业的全面发展；反之，如果资源供给存在结构性缺陷，就会影响到产业发展的结构性和协调性。

其次，与其他要素相比，自然资源利用中的一些基本特征对经济增长也会形成显著的影响和约束。各种自然资源相互联系、相互制约，任一资源的变化必然引起其他资源相应的变化，自然资源利用这一整体性特征客观上要求经济增长对单一资源的利用必须考虑到由此带来的对其他资源利用的影响等外部性问题。资源的类型、数量、质量及其组合特征具有明显的地域差异性，区域资源禀赋的这种差异性很大程度上决定了经济增长在速度、结构、规模等方面的区域性特征。同一自然资源往往具有多种用途，可以用于不同的目的，称作多种适宜性，这导致了同一资源在不同利用方式之间配置的替代性和竞争性。这就要求资源价格能够完整反映利用中的机会成本，并根据不同资源间的相对稀缺性决定其合理的替代方向，发挥资源利用的最大效率。

再次，不同类型的自然资源对经济增长的约束机制也存在差异。这主要和资源的可再生性有关。对于那些再生不受人类行为影响的恒量资源或长流资源（flow resources），如太阳能、风能、潮汐能等资源来说，其供给的潜力巨大，对经济增长限制的关键在于人类对这类资源的"捕获"能力。从长远来看，如果能够显著提高对这类资源的利用能力，人类就有望突破当前能源对经济增长的关键制约，碳达峰和碳中和目标就会提早实现。另外一些资源虽然可以再生，但其再生或恢复存在着临界点，比如生物资源以及土壤肥力等；这类资源的约束性则主要表现在经济增长对其利用不能超过其储量的临界点，即资源再生的存量阈值，否则就会使其失去恢复或再生的能力。

不可再生资源,如煤、石油、天然气等化石能源或铜、铁等矿石资源,随着人们的开发利用,其存量不断减少并最终会趋于耗尽。在工业化时代,不可再生资源是制约经济长期发展的主要因素,也制约着可再生资源在长期内可以利用的程度。这类资源对经济增长的限制除数量、质量等基本特征以外,还和开发投资、利用技术及替代资源的开发等因素紧密相关。如果不能通过开发投资有效增加资源储量、改善资源品质,通过技术进步提高资源利用效率,通过价格传导机制实现资源替代,则其对经济增长的约束会随着经济发展不断增强,甚至在特定区域或时期内给经济带来巨大损失。

最后,使用自然资源还存在边际收益递减规律。最典型的是土地等自然资源的使用。[①] 在某种资源要素数量固定的情况下,通过增加可变要素的投入来获得更多产量的潜力是有限的,可变要素的投入量有一个适度的问题。边际收益递减规律对经济分析和经济决策都有重要的意义。首先,它可以用来解释一些发展中国家农业难以发展的原因,即日益增加的人口耕种着数量既定的土地,边际产品和边际收益不断递减。其次,它为企业家掌握生产要素的均衡投入量提供决策依据,企业家在要素投入时就要考虑投入的资本和劳动要素的边际收益,确保投入要素获得最大的净收益。

当然,边际报酬递减是指在一定技术状态下可变要素投入数量与产量之间的关系。当技术水平变动后,这一关系也将相应变动,即资源和技术之间存在一定程度的替代关系。通过投资、技术进步等手段有效改善资源的质量,就可以在实际上增加资源的有效供给。因此克服和缓解边际收益递减趋势的根本途径是对自然资源的投资及技术进步。经济越是发展,对自然资源供给条件方面的投资便越重要。

---

① 曲福田主编:《土地经济学》第三版,中国农业出版社 2011 年版。

(二)经济增长的环境约束

环境是由多种因素构成的一个有机的生态系统,这一系统整体所具有的特定功能影响经济的增长。环境具有的功能,如环境调节能力、对废弃物的降解、优美的景观等具有重要的使用价值,能产生经济价值,因而这类功能性服务也应被视为特殊的资源。[①]

环境系统与经济增长相互联系、相互作用。环境系统的功能具有客观性,并不一定符合特定条件下人类经济增长的需要,且不以人类的意愿为转移;不同环境要素之间相互作用、相互制约,形成单一要素所不具备的某些整体性特征,环境构成要素的变化既影响系统的整体性,又受到系统整体性的制约,这就要求经济增长适应环境系统客观存在的某些特征。环境系统具有自组织性,对外界的干扰在一定程度上具有自动适应和调控的能力,相比较利用人力与技术对环境功能的重建和恢复,发挥环境系统的自组织性是更为可靠、经济和有效的途径。但这种调节能力具有一定的阈值或限度,如果外界干扰超过了这一限度,则环境系统会出现不可逆转的变化,功能退化、质量下降,削弱经济增长的物质基础。与此同时,环境的结构和功能过程呈现出高度的复杂性,相对人类对环境系统规律认知能力而言,环境的变化具有很大的不确定性,这决定了知识创新、技术进步对环境功能替代、补充等能力的局限性。[②]

在可持续发展的过程中,有效应对环境对经济增长的限制要求将环境系统作为一个整体来看待,坚持环境保护优先的发展战略,审慎评估人类各种经济利用行为对环境可能造成的影响和后果,将人类的行为限制在环境可调节、能适应的限度之内,保护环境系统结构和功能的完整性。

---

① 曲福田、冯淑怡主编:《资源与环境经济学》第三版,中国农业出版社 2018 年版。
② 刘向南:《区域生态用地规划管理研究》,中国大地出版社 2014 年版。

二、经济增长理论的发展与评价

在经济学领域,对经济为何增长以及经济增长差异的解释始终是一个基本的理论命题。随着人类发展观的演变,经济增长理论也在不断发展。要深刻理解资源环境约束下可持续发展的经济增长内涵,需要对已有的经济增长理论做梳理。

古典经济学建立了以土地、资本、劳动力三要素为核心的经济增长理论分析框架,这三大要素的数量变化是经济增长及其差异的主要驱动源泉。但在相对低下的生产水平条件下,人类对要素特别是土地所代表的资源要素的利用能力也显得至关重要。

20世纪40年代,在哈罗德-多马模型中资本成为经济增长的核心要素,资本积累是经济增长的根本推动力。1979年诺贝尔经济学奖获得者刘易斯认为,经济发展的最核心问题是加快资本积累,就是一个国家的国民收入中用于储蓄和投资的部分要大幅度增加。[1] 与此理论相适应,许多国家在一个相当长的时期中试图以加大资本投入来推动经济增长。但这一模型的主要缺陷在于忽略了技术进步对经济增长的作用以及资本和劳动之间的可替代性,它无法解释在不同的国家,相同的资本积累水平,但存在相当大的经济增长差异的根本原因。

针对哈罗德-多马模型的缺陷,索洛、斯旺和丹尼森等人对增长模型进行了重要修正,提出了新古典增长模型,强调技术进步对经济持续稳定增长的决定性作用。[2][3][4] 根据索洛等人对经济增长原因测度的结

---

[1] 张军:"中国经济能否持续增长?",《金融市场研究》2013年第9期。

[2] R. Solow, "A contribution to the theory of economic growth," *The Quarterly Journal of Economics*, 1956, 70 (1): 65–94.

[3] T. Swan, "Economic growth and capital accumulation," *The Economic Record*, 1956, 32 (2): 334–361.

[4] E. Denison, *Why Growth Rates Differ: Postwar Experience in Nine Western Countries*, Washington D. C.: Brookings Institution, 1967.

果,投入要素的效率提高(而不是投入要素规模扩大)在增长率中所起作用的份额越来越大。这意味着经济学家所关注的经济增长的核心要素开始转向各种投入要素的质量和技术进步。

由此,对经济增长方式的判断则进一步根据经济增长的源泉差异来加以区分:若经济增长主要靠要素投入的数量增长来推动,则可称之为粗放型经济增长方式;若经济增长主要依靠要素使用效率的提高则可称之为集约型增长方式。经济增长理论一般用"全要素生产率"(Total Factor Productivity, TFP)的提高来概括集约型增长方式。根据新古典经济增长模型,经济增长率取决于资本、劳动等投入要素增长率之和,全要素生产率的变动是通过经济增长率扣除投入要素数量变动影响以后的剩余来反映;全要素生产率提高的关键在于技术进步所带来的要素投入效率的改善。

在现代工业发展的早期,经济增长主要依赖资本积累,而且早期的经济增长往往和收入分配不平等加剧联系在一起,表现为资本收入份额的增加和劳动收入的份额下降。在工业化的高级阶段,广义上的技术进步(包括改进投入品质量的作用)对经济增长的贡献即全要素生产率要远大于有形资本积累的贡献。[①] 索洛和丹尼森都明确认为技术变革在经济增长过程中起着支配作用,[②] 斯蒂格利茨也明确指出,技术进步是最重要的生产率增长的源泉。[③]

20 世纪 80 年代后迅速发展起来的新增长理论则把技术进步作为内生变量纳入增长模型,从而展示了一幅新的经济增长图景。正是由于内生增长理论对知识积累在技术进步实现机制中的关键作用的分

① 速水佑次郎:《发展经济学——从贫困到富裕》,李周译,社会科学文献出版社2003 年版。

② Solow, "Technical change and the aggregate production function," *The Review of Economics and Statistics*, 1957, 39 (3): 312–320.

③ 斯蒂格利茨、沃尔什:《经济学》,黄险峰、张帆译,中国人民大学出版社2010 年版。

析,这一理论成为"知识经济"这一提法的理论基础。[1]罗默将知识作为一个独立的要素引入增长模型,并认为知识的积累是现代经济增长的重要因素。它将知识分解为一般知识和专业化知识,指出一般知识的作用只是增加规模经济效益,专业化知识的作用是可以增加生产要素的递增收益。[2]对于特定厂商来说,形成一种以投资促进知识积累和知识创新,以知识创新促进规模收益提高和知识投资规模进一步扩大的良性循环,从而使经济在长时期内得以持续增长。

企业之间、国家之间在知识创新投入上的差异,最终表现为经济增长速度上和经济增长质量上的差异。现代经济增长中的物质、劳动因素已经弱化,经济增长向集约型增长方式的转变意味着重视知识的创新、技术的进步和人力资本的投资。

从以上对经济增长理论的讨论可以看出,在传统的经济增长理论当中,自然资源和环境要素是实现经济增长的基本生产要素之一,并通过在经济增长中投入的自然资源的数量、质量和利用效率共同影响着经济的增长。尽管我们说,即便是资本驱动、技术进步和知识创新等不同阶段的经济增长,其关键驱动因素也必须经由对资源环境要素的利用才能实现经济的长期增长,但相对于资本、技术和知识等其他要素,资源环境要素在主流经济增长理论和长期经济增长实践中的重要性则显得无足轻重,它们不是经济增长的决定因素,而且总是认为可以被替代;[3]资源环境要素本身在数量、质量上自然的限制性很少得到经济增长理论的重视。

---

[1]　吴易风:"经济增长理论:从马克思的增长模型到现代西方经济学家的增长模型",《当代经济研究》2000 年第 8 期。

[2]　P. Romer, "Increasing returns and long-run growth," *Journal of Political Economy*, 1986, 94 (5): 1002－1037.

[3]　周海林:"经济增长理论与自然资源的可持续利用",《经济评论》2001 年第 2 期。

三、可持续发展要求下的资源利用

已有经济增长理论和实践对自然资源及环境约束的长期忽视,有多种原因。在相当长的历史时期,相比较其他要素,资源环境要素的相对稀缺性并不突出,尽管存在局部的资源环境问题,但这一问题并未成为普遍限制因素,尤其是在先发国家的早期经济增长过程中。同时,人们对资源环境的认识也是在不断发展的。以往经济学家们总是从单一的投入要素的角度看待资源环境要素,即使其出现数量上的供给限制,人们也希望通过相对价格的变化,从而促进其他要素的替代或技术进步以增加供给、提高利用效率解决供给限制问题,并未认识到要素替代和技术进步的作用既是有限的,也不能解决在这一过程中导致的环境舒适性减少、废物分解能力变弱、生命支持功能下降等资源环境系统功能退化的问题。[①] 然而,在现代经济增长中,随着全球性资源环境问题日益突出,正确认识资源环境要素供给的有限性、利用中的外部性等经济特性,就成为实现经济持续增长所必须正视的问题。

可持续发展经济学要求在现有经济增长理论的基础上,将资源环境要素的限制性纳入经济增长分析框架,以此引导价值理念的调整、指导相关制度的优化,从而引导人类经济行为的转变。鉴于传统的经济增长理论主要通过要素替代和科技进步两个途径来应对资源环境问题,在此,我们也重点从这两个方面讨论可持续发展要求下经济增长应有的理论内涵。

首先,在要素之间的替代和补充关系中看待资源环境要素在经济增长中的作用。

在经济增长中,自然资源和环境要素同其他要素具有一定的可替代性。替代的依据主要有两个:一是各种要素的产出弹性(对增长的

[①] 曲福田、冯淑怡主编:《资源与环境经济学(第三版)》,中国农业出版社 2018 年版。

贡献），一般说来，哪种要素的产出弹性大，就要较多地使用哪种要素。二是特定资源的稀缺程度，哪种资源供给相对丰裕，就要较多地使用哪种资源。同时，在经济增长的诸要素中，技术、组织是其他要素的补充要素。技术进步的作用在于克服资金供给不足、提高劳动力的素质以及改善自然资源供给条件，技术在这里明显起到补充作用。在其他要素投入数量不变、技术条件一定的情况下，组织则具有降低交易成本、提高资源利用效率的重要补充作用;[1] 特别是在一些具有共享性质的自然资源的利用过程中，有效的组织治理显现出难以替代的重要作用。[2] 在经济增长过程中，配置技术和组织要素的关键是积极推进技术创新和组织创新，强化技术扩散和组织制度的完善，使各种要素的结合功能即全要素生产率得到充分释放。

其他要素对资源环境要素的替代和补充有利于缓解其对长期经济增长的限制，但要实现可持续发展，还必须考虑到资源的数量约束和合理定价等最基本的问题。[3] 首先，资源环境要素作为基本的投入要素，无法被完全替代，这意味着要保持经济增长一定要以相应的资源供给为前提，如果特定资源枯竭或环境系统失去功能，其他要素的替代与补充就失去了基础和意义。[4] 其次，调节要素间相互替代的关键机制是各种要素的相对价格，但市场条件下资源环境的定价机制存在许多缺陷:(1)自然资源和环境要素在许多情况下都是作为共享资源被加以利用，导致其无价格或价格被低估;(2)即使在私有产权条件下，由于人类对资源环境功能认知的有限性，以及普遍存在的外部性问题，也往往导致资源价格无法弥补其利用造成的社会成本。在这

---

① 奥利弗·E.威廉森:《治理机制》，王健等译，中国社会科学出版社 2001 年版。

② 埃莉诺·奥斯特罗姆:《公共事物的治理之道:集体行动制度的演进》，余逊达、陈旭东译，上海三联书店 2000 年版。

③ 周海林:"经济增长理论与自然资源的可持续利用"，《经济评论》2001 年第 2 期。

④ 姚志勇等:《环境经济学》，中国发展出版社 2002 年版。

种情况下,要素的替代机制就可能导致资源环境的过度利用,从而增加其退化的风险。

因此,可持续发展的经济增长理论必须考虑自然资源和环境功能的持续供给及合理定价问题。要保障资源和环境的持续供给能力,就需要根据不同资源环境要素的特性为经济增长施加前提约束,使作为经济直接投入要素的自然资本存量保持不变或有所增长,环境的舒适性、废物分解和生命支持等基本功能保持完整。[1][2] 在这一前提下,合理发挥价格机制的调节作用,使资源的定价能够完整反映资源利用的社会成本,即不仅包括对资源的直接消耗成本,还包括由于这种消耗所产生的机会成本;当使用该种资源的直接消耗和机会成本都能在投资收益与产品价格中得到补偿时,这种要素投入和替代才是有效的。

其次,在充分发挥科技进步作用的过程中看待资源环境要素在经济增长中的地位。

在经济增长过程中,科技进步对可持续发展的意义主要体现在以下一些方面:一是提高资源使用效率,帮助生产部门减少单位产出的能源和原材料消耗;二是增加资源的有效供应水平,比如提高土地产出、促进资源的循环利用以及提高矿产品的质量等;三是促进对煤炭、石油、金属等不可再生资源的替代;四是减少和治理环境污染等。这就要求在经济增长过程中将有限的资金更多地投向提高要素的质量,由此提高资源的生产率。相应的技术进步主要涉及重视人力资本投资、提高劳动者素质,重视技术创新和技术开发的投资,重视在生产中采用新技术的投资,重视提高土地肥力和各种自然资源品位的投资,等等。

---

① D. Pearce, E. Barbier and A.Markandya, *Sustainable Development: Economics and Environment in the Third World*, Aldershot: Edward Elger, 1990.

② H. E. Daly, "Toward some operational principles of sustainable development," *Ecological Economics*, 1990, 2 (1): 1–6.

由于科技发展本身的阶段性和局限性,在通过科技进步保障可持续的经济增长过程中,科技作用的充分发挥必须注重自然规律,主要反映在如下几个方面。第一,资源利用和资源保护之间的协调。尽管技术的进步提高了资源利用效率,改善了资源质量,但如果单纯偏重资源的利用,快速增长的经济总量也可能加速资源的耗竭,结果反而是加剧了增长的不可持续性。第二,正视资源利用存在的最小临界存量和不可逆性。资源环境系统具有一定的可恢复性和再生性,但这一能力存在于一定的存量阈值水平之上,一旦资源利用超过了这一限度,资源环境系统就可能呈现不可逆的退化,科技作用的发挥就必须保持在这一限度之内。这需要通过相关的制度约束使资源环境的利用保持或远离"最低安全标准"。[①] 第三,关注科技难以发挥作用的领域,比如资源环境的存在价值、舒适性价值等。这些方面对于人类生活福利具有重要的影响,但当代科技的发展往往对其造成威胁;可持续发展下的经济增长应该将资源环境的此类功能作为增长的前提约束条件。

四、不同国家对可持续发展的责任担当

处在不同发展阶段的国家,特别是发达国家和发展中国家之间,其可持续发展的目标存在明显的差异。当前,发达国家更偏重资源和环境的可持续性,而发展中国家更关心当前经济的快速增长;发达国家可依赖其充裕的资本和先进的技术克服大自然的吝啬,但发展中国家自然资源稀缺性的缓解受资金和技术的限制往往会比较突出,面临着保护资源环境和经济增长之间的两难选择。但在斯蒂格利茨和大多数经济学家看来,"我们不是面临着二者必取其一的选择,我们不必为了保

[①] Bishop, R. C., "Endangered species and uncertainty: The economics of a safe minimum standard," *American Journal of Agricultural Economics*, 1978, 60 (1): 10–18.

护环境而放弃增长。不过,对环境质量保持敏感会对我们如何追求增长产生影响"。①

必须指出,发达国家对造成全球资源耗竭和环境严重污染负有主要责任。发达国家在过去推进工业化过程中并没有顾及发展的可持续性,滥用和掠夺自然资源和生态环境,全球自然资源稀缺程度的提高和对经济增长的限制与发达国家早期对资源的过度利用是分不开的。同时,发达国家为维持其整体上更高的生活水平,一方面人均和总量的碳排放水平居高不下,是造成温室效应和全球气候变化的重要原因;另一方面,在与发展中国家贸易以满足其国内需求的过程中,不但加剧了发展中国家的资源消耗,也将环境污染的代价转嫁给了发展中国家。在这一背景下,要求发展中国家与发达国家承担同样的资源环境保护责任和义务既不公平,也不合理。

就发展中国家来说,环境恶化的根源在于贫困。由于资金和技术的限制,发展中国家在通过经济增长消除贫困、实现发展的过程中很难全面兼顾到资源环境的保护。贫困和低水平的产业结构必然导致对自然资源利用强度和广度的提升,再加上人口增长等因素,情况更是如此。比如发展中国家的人口增长率为 2.5% 左右,部分低收入国家高达 3%;当人口年增长率超过 2% 时,以资源为基础的农业则难以满足食品需求的增长,② 资源耗竭和环境退化等问题就很难完全避免。这意味着,在低收入阶段,可持续发展与经济增长之间的矛盾会尤为突出。

显然,尽管发展中国家在保护资源环境等方面责任重大,但也很难牺牲自身的发展来承担全球性的资源和环境保护责任。发展中国家环境问题特别严峻的原因,是技术和制度的变化滞后于资源禀赋的变化;

---

① 斯蒂格利茨:《经济学》,黄险峰、张帆译,中国人民大学出版社 1997 年版。
② 速水佑次郎:《发展经济学——从贫困到富裕》,李周译,社会科学文献出版社 2003 年版。

制度调整的滞后性,又会因为人们的贫困和对未来消费及收入的贴现率高而变得更为突出。[①] 基于发达国家过去的发展所造成的不可持续的后果,全球的可持续发展会要求发达国家的金融资本和后天资本流向发展中国家,并对更有效地利用资源和减少工业排放物的新技术的推广提供资助。[②]

第二节　不可持续的经济增长方式

在不同的发展阶段,基于要素之间的相对稀缺性和不同要素对经济增长的贡献差异,形成了具有阶段性特征的经济增长方式。当今世界经济的总量规模已经给全球资源环境系统带来了沉重的压力。各个国家,尤其是后发国家要保持经济的可持续增长,就必须反思传统的、以要素驱动为特征的经济增长方式,深刻认识这些增长方式与可持续发展之间的内在矛盾,从而揭示出经济增长方式转变的客观必然性。

一、粗放型增长方式的不可持续性

在经济学上,粗放型的经济增长方式主要靠要素投入的数量增长来推动。自然资源的利用方式随着经济发展水平的变化呈现出明显的差异性,这从根本上是由自然资源的稀缺性及其程度变化规律所决定的。这一规律被称为“李嘉图效应”(Ricardian Effect),即单位自然资源产品的生产成本(表现为资本、劳动等人为要素的投入)随着生产规

---

① 速水佑次郎:《发展经济学——从贫困到富裕》,李周译,社会科学文献出版社2003年版。

② 吉利斯、波金斯、罗默等:《发展经济学》,彭刚、杨瑞龙等译,中国人民大学出版社1998年版。

模的扩大而增加。[①] 出现这一变化是因为自然资源的稀缺性不断加剧，导致其获取成本升高，具体表现为：一方面受利用率和累积用量的影响，自然资源本身的开发难度加大，成本升高；另一方面由于自然资源的多用性特征，在不同用途之间的冲突加剧，导致某一特定用途的机会成本升高，如随着土地资源的非农开发规模不断扩大，其粮食生产、生态质量等方面的机会成本会不断增加。[②] 所以，不同经济发展阶段自然资源利用方式的变化根本上是自然资源相对社会投入要素稀缺度变化的结果，具体表现为资本、劳动等社会要素对自然资源要素边际替代率的下降。伴随这一变化，经济增长方式也内生地从自然资源利用相对粗放、外延扩张型向技术进步和制度创新等途径支撑下的集约型转变。如果因为制度调整滞后或人为的不当干预，抑制了这一转变的进程而延续粗放型的增长方式，就必然由于资源环境条件的限制导致增长难以持续。

　　在经济发展水平相对较低的阶段，经济增长和人们的生活高度依赖于自然资源，尽管保护自然环境意味着保护对资源直接的依赖关系，但如果为了保护而过度限制人们对自然资源的开发，则可能加剧当地的贫困并限制增长。因此，在这一阶段，资源开发和保护之间面临着艰难的平衡问题，而通过加大外部的技术和资本投入，尽力提高资源利用效率，引导经济增长向集约型转变是平衡保护和开发的内在要求。到了经济发展水平相对较高的阶段，人们对环境资产的偏好上升，比如要求更好的空气质量、优美的自然景观等；[③] 这时，环境政策更加偏重满足人们对环境质量的要求，这会直接促使经济结构本身强化对技术和制度创新的需求，从而使资源环境利用效率保持在较高水平。

---

① 王锡桐：《自然资源开发利用中的经济问题》，科学技术文献出版社 1992 年版。

② 曲福田等：《中国土地和矿产资源有效供给与高效配置机制研究》，中国社会科学出版社 2017 年版。

③ 戴维·皮尔斯、杰瑞米·沃福德：《世界无末日：经济学、环境与可持续发展》，张世秋等译，中国财政经济出版社 1996 年版。

二、要素驱动型经济增长方式的不可持续性

要素驱动型的经济增长是指主要依靠各种物质生产要素的投入规模扩大来实现经济增长的方式。在经济增长的初级阶段,要素驱动是经济增长的主要动力。在我国,过去一个时期经济增长更多地倾向于要素驱动,其中自然资源投入起着重要作用。但由于要素供给的约束性,要素驱动型的经济增长势必不是一个可持续的增长方式。就我国而言,随着劳动年龄人口逐年减少,土地等自然资源供给趋紧,生态环境硬约束强化,要素供给的"数量红利"正在消失,依靠生产要素大规模高强度投入的"要素驱动"模式已难以为继。[①]

资源环境要素供给的限制决定了要素驱动型经济增长方式的不可持续性,这种矛盾突出表现在三个方面。

第一,随着人口的增长和人均资源消耗量的增加,全球资源需求量急剧增长,自然资源的供给与人类需求之间的矛盾日益激化。自人类进入 20 世纪至今,全球人口增加了 50 多亿,与此同时,工业化和城市化的进步极大提升了人们的生活质量,人均的自然资源消耗水平也快速提高;两相作用之下,全球自然资源的消耗量成倍增长。

第二,全球正面临着能源短缺、资源枯竭的严峻危机。世界能源消耗量大约每 15 年增长 1 倍,能源短缺成了人类面临的一大难题。世界上 80% 以上的工业原材料和 70% 以上的农业生产资料来自矿产资源,40% 以上的纺织品材料是由矿产加工而成的化纤尼龙材料,矿产资源的枯竭导致许多国家和地区走向经济衰退。中国目前钢、铜等 10 种有色金属以及煤炭、水泥等矿产品产量和消费量均位列世界第一,[②] 中国重要资源的进口既面临激烈的竞争和挑战,主要资源的出口也背负着

[①] 王一鸣:"百年大变局、高质量发展与构建新发展格局",《管理世界》2020 年第 12 期。

[②] 国土资源部《2011 中国矿产资源报告》。

沉重的国际负担。①

第三，自然资源的过度开采和不当利用，导致了日益严重的环境破坏和生态退化。比如，随着人均耕地不断减少，人粮矛盾日趋紧张，迫使人们不断开垦草原、森林、水面，造成水土流失、土地沙化、土壤肥力下降、生态植被减少等生态危机。对各类具有经济用途的动植物的过度捕获，不但导致大量物种灭绝，也直接破坏了大量生态系统结构和功能的稳定性。同时，不合理的资源利用方式又进一步导致环境污染和生态破坏。世界自然基金会 2020 年发布的地球生命力指数表明，由于环境污染和生态退化，野生动物种群数量在 1970 年到 2016 年间平均减少了 68%。②

三、投资驱动型经济增长方式的不可持续性

自从哈罗德-多马模型将资本积累作为经济增长中的决定性因素以来，许多国家采取了增加资本积累、加大资本投入来促进经济增长的发展方式。投资驱动型的经济增长，简而言之就是通过扩大投资规模以实现经济增长的发展方式，也可称之为投资规模驱动的发展。相比要素驱动型的发展，投资驱动通常是经济发展到一定阶段，有了相对充足的资本和人才积累以后，为扩大生产规模、增强产业竞争力，国家或企业通过投资扩大生产规模以实现规模经济效益、引进技术的过程。我国经济增长在相当长的时间内具有强烈的投资驱动特征。

投资驱动型的经济增长通常具有高投资率（高储蓄率）和低消费率并存的特征。由于经济增长在较大程度上依赖于投资规模的扩大，宏观经济体系中总投资额占 GDP 的比重居高不下；其中特别是基础设

---

① 曲福田等：《中国土地和矿产资源有效供给与高效配置机制研究》，中国社会科学出版社 2017 年版。

② https://wwfeu.awsassets.panda.org/downloads/1__lpr20_full_report_embargo_10_09_20.pdf。

施的投资对经济增长的拉动作用明显,这在我国尤其突出。[①] 高投资率需要充足的资本积累,高储蓄率就成为资本供给的基本保证。国际货币基金组织的数据显示,我国的国民储蓄率自 2009 年以来在全球排名第一,远高于世界平均水平。[②] 在一定时期,高储蓄促进投资和经济增长,经济增长又使得家庭收入持续增加,可能形成一定程度的良性循环。但由于居民将收入的大部分加以储蓄,必然导致国民消费率偏低,会由于需求乏力对长期经济增长产生影响。

投资驱动型经济增长方式导致的不可持续性有以下表现。

第一,导致内需不足和产能过剩。由于消费率偏低,内需对经济增长的拉动不足,经济通常只能依赖于不断扩大出口规模以支持增长,从长期看,这可能有悖于经济增长改善民众福利的初衷,也削弱了国内需求促进经济增长的内生动力,对中国来讲尤其如此。同时,一旦国际政治、经济形势出现变化抑制了出口,经济增长很容易陷入困境,并导致产品积压和产能过剩。

第二,导致资本投资效率下降。投资规模扩大会出现报酬递减、投资效率下降的问题,这时只有通过技术进步才能实现投资效率的改善。在我国,基础研究资本和应用研究资本的边际生产率远高于物质资本的边际生产率[③]。但由于资本大量进入生产、建设环节,导致对技术进步的投资不足,投资效率的下降就很难避免。

第三,导致资源环境问题的恶化。投资驱动下的经济增长对资源环境要素的利用规模和强度远超要素驱动的发展阶段,极易导致资源的过度消耗,并产生严重的环境退化问题,使经济增长背负巨大的资源

① 胡海峰、陈世金、王爱萍:"改革开放 40 年后基础设施投资还是稳增长的法宝吗?",《人文杂志》2018 年第 6 期。

② http://www.cinic.org.cn/xw/cjxw/261142.html。

③ 龚六堂、严成樑:"我国经济增长从投资驱动向创新驱动转型的政策选择",《中国高校社会科学》2014 年第 2 期。

环境成本，并直接影响到人们的生活品质。

第四，导致产业结构的扭曲。资本的逐利性使其往往流向高利润行业，导致一些盈利较低的重要产业得不到有效的投资。比如，我国近些年资本大量流入房地产行业，抑制了制造业的优化升级和自主创新的进程，一些"卡脖子"技术已经成为影响经济高质量发展的重要因素。投资的过度扩张都是以金融信贷为支撑，在投机和炒作等短期逐利动机之下，很容易脱离有效需求，造成经济增长过程中金融风险的累积。

更为突出的问题是长期的投资驱动与以人为中心的发展观不相符。人民不可能长期忍受低消费来支持高投资（高储蓄）。长此以往，经济可持续增长就会缺乏内生动力。

第三节　实现可持续发展的经济发展方式

可持续发展的基本路径就在于转变经济发展的方式。现代经济增长不仅包括数量和规模的增长，还包括实现持续经济增长所依赖的技术进步和制度优化，这也是影响可持续的经济发展方式的关键因素。面对全球日益突出的资源环境约束，要保障经济社会的可持续发展，就必须实现经济发展方式从粗放型到集约型的转变，以提升全要素生产率为核心，从偏重要素数量投入、投资规模扩张转向依赖知识创新和技术进步，提高要素的质量和利用效率。

一、转向集约型增长方式

集约型的增长方式主要依靠要素使用效率的提高来推动增长。集约型的经济增长通常用"全要素生产率"来衡量。集约型增长是可持续发展的必然要求。

　　丹尼森把影响经济增长的因素归为五类:(1)劳动投入在数量上的增加和质量上的提高;(2)资本、土地投入在数量上的增加和质量上的提高;(3)资源配置的改善;(4)规模经济;(5)知识进展和它在生产上的应用。其中,资本、劳动和土地等投入要素质量的提高,以及后面三类因素都属于全要素生产率的范畴。要在生产要素投入不变的情况下获得更高的收入,就必须依赖于全要素生产率的提高,即通过集约型的经济增长方式来实现。[①]

　　集约型增长高度重视科技进步。科技不仅物化在劳动力、物质资本等有形生产要素上,还作为经济增长的独立要素起作用。在丹尼森的分析框架中,经济增长的因素分为过渡性因素和持续性因素两类;资源配置的改善和规模经济属于过渡性因素,唯有知识的进展、技术的进步能持续地对经济增长做出贡献。这意味着随着经济的增长,技术进步将越来越成为集约型增长方式的主要贡献因素。

　　斯蒂格利茨认为,生产率提高的主要原因有四个:资本品积累的增加、劳动力质量的提高、资源配置效率的改善和技术变革。尽管这四个因素全都重要并且相互联系在一起,但技术变革是其中最重要的生产率增长的源泉。经济增长建立在技术进步基础上,是集约型增长方式的主要特征,也是最可靠的,能保持长期的稳定增长。[②]

　　经济增长理论的发展表明,全要素生产率在经济增长中的贡献率是判断经济增长质量和持续增长能力的关键,第二次世界大战以后美国、西欧、日本等发达国家的发展实践充分证实了这一点。对我国地区经济增长差异的实证研究也表明,尽管资本积累在我国不同增长模式中依旧占据着主导地位,但全要素生产率是导致不同模式存在差异化

---

　　① Dension, E., *Why Growth Differ: Postwar Experience in Nine Countries*, Washington DC: Brookings Institution, 1967.

　　② 斯蒂格利茨、沃尔什:《经济学》,黄险峰、张帆译,中国人民大学出版社 2010 年版。

增长率的根本原因。[①] 因此，推动经济发展方式向集约型增长转变，实现高质量发展也必然意味着要坚持将提高全要素生产率作为发展的根本源泉和核心动力。当前，人力资本、技术和数据正在成为重塑各国竞争力消长和全球竞争格局的重要因素，[②] 从历史经验和我国的实际情况看，提高全要素生产率的路径主要包括五个方面。

第一，加快技术进步和提高技术效率。技术创新是决定全要素生产率高低的关键。1950—2014 年德国全要素生产率年均增长 1.77%，对于 GDP 增长的贡献高达 53%，一举奠定了"德国制造"强大的国际竞争力，其中鼓励创新和竞争意识、拓展技术增长空间和不断提高生产效率的制度及社会环境发挥了关键作用。[③]

第二，加快经济发展结构的优化。2008 年国际金融危机爆发后，欧美发达国家纷纷开始实施"再工业化"战略，旨在通过结构调整和技术革新，重振工业尤其是制造业的生命力，争夺未来全球产业竞争的制高点，[④] 这也成为近几年国际贸易摩擦加剧的深层原因。对我国而言，必须坚持通过深化供给侧结构性改革，大力发展电子信息、生物技术等战略新兴产业，依托技术创新提升传统产业附加值和发展效率，加快产业结构升级优化，带动全要素生产率的提高。

第三，优化资源配置。资源配置优化的目的是引导更多的资源要素流向高效率部门或领域，关键是处理好政府与市场的关系，形成合理的经济治理机制。一方面，推动要素市场化配置改革，完善自然资源和环境服务的市场定价机制，消除政府失灵导致的价格扭曲；另一方面，

---

① 刘贯春、刘媛媛、张军："中国省级经济体的异质性增长路径及模式转换——兼论经济增长源泉的传统分解偏差"，《管理世界》2019 年第 6 期。

② 王一鸣："百年大变局、高质量发展与构建新发展格局"，《管理世界》2020 年第 12 期。

③ 应习文："德国全要素生产率的长期表现"，《中国金融》2016 年第 20 期。

④ 黄剑辉、李岩玉、郭晓蓓等："欧美'再工业化'成效及对我国的启示与借鉴"，《民银智库研究》2017 年第 69 期。

还要通过政府规制,消除外部性等市场失灵,使社会成本定价的价格机制在资源配置和要素组合中充分发挥作用。[①]

第四,着力增加高素质人才资源。技术进步和创新应用归根到底依赖于高水平的人力资本积累。通过提升人力资本的总体水平,优化人才结构,不仅为维持经济持续发展、保证代际公平提供了可能,对代内收入的公平分配也有重要影响。同时,人力资本的积累能显著提高自然资源的利用效率,也是缓解和克服贫困的有力手段。[②]

第五,增加对自然资源的投资。转向集约型增长方式,并不意味着不要投资,而是需要提高投入要素的质量和使用效率来促进经济增长,尤其需要对自然资源投资。对土地的投资是向自然资源投资的最典型的例子。在同一块土地上连续投资就是马克思所讲的实行耕作集约化。面对经济增长遭遇的自然界限,要实现经济的持续增长,需要以资本和先进的技术克服大自然的吝啬。经济越是发展,对自然资源供给条件方面的投资便越重要。向自然资源的投资主要包括两方面的内容:一方面是开发新资源;另一方面是通过资金和劳动积累改良自然资源的生长条件,提高资源丰度,增加优等资源的供给,从而提高自然资源的生产率。同时,向自然资源的投资还需要通过优化投资结构,以降低资源供给成本、提高资源投资效益。发展中国家要降低自然资源供给成本,不仅需要保证自然资源的用量不超过必要的限度,还要保证以可能的最低成本取得自然资源。自然资源投资结构的调整包括三个方面:一是借助投资寻找替代品,使廉价的资源替代日益枯竭并昂贵的资源;二是根据资源的丰裕程度、开采的难易程度、国民经济的需要程度确定对各种资源投资的优先顺序;三是在自然资源投资中突出保护和

---

① 谭荣、曲福田:"中国农地非农化与农地资源保护:从两难到双赢",《管理世界》2006 年第 12 期。

② 庄起善:《世界经济新论》,复旦大学出版社 2001 版。

改善自然资源供给条件的投资。同时,环境作为稀缺性资源,本身也是经济增长的重要因素。面对日益恶化的环境,发展中国家尤其需要高度重视环境治理的投入,只有这样才能拓展经济持续增长的空间。

从经济上讲,可持续发展的投入不仅仅是直接向自然资源本身的投入,还要注重引导投资较多地投向旨在降低能源、原材料消耗的技术改造项目,由此,将产生节约资源的极大潜力,从而缓解经济快速发展过程中的资源供需矛盾。

二、创新经济发展方式

随着经济社会的发展,经济体系中的创新效应逐渐提升,经济增长的动力就会逐渐由要素、投资驱动向创新驱动转换。随着我国发展进入中等收入阶段,传统的劳动力、自然资源等发展红利逐渐减弱,外需对经济增长的拉动也开始相对乏力。与此同时,结构性矛盾突出,产品总量供给过剩、有效供给不足,国民经济整体发展效率仍然偏低,竞争力不强,经济发展的均衡性、公平性、可持续性也不高。解决这些周期性、结构性问题,内在的发展逻辑要求创新经济发展方式,推动科技创新和制度创新,提高经济发展的质量和效率,同时减少对资源环境的压力和影响,实现经济社会的可持续发展。

(一)坚持创新引领发展,强化人力资本保障

推动可持续发展,要把科技创新放在核心地位。首先,要全面推进科技创新,尤其是加强原始创新和产业创新。瞄准世界科技前沿,实现前瞻性基础研究和相关关键技术创新重大突破,引领战略性新兴产业发展;充分发挥企业在产业创新中的主体地位,鼓励和引导创新载体和创新资源向企业集聚,使更多企业参与国家和区域创新体系建设。其次,深化科技体制改革,大力发展以市场为导向的新型研发机构,完善人才评价机制,加快科技专利、成果转化和利益分配领域的制度建设与

立法步伐,营造有利于创新的生态环境。再次,以碳达峰和碳中和为目标加快技术创新步伐,推动全方位的绿色转型,使绿色低碳成为高质量产品和服务的重要特征、可持续发展的重要内容。

针对人力资源对现代产业发展保障不力、人才错配现象较为突出、制造业领域高素质人才严重缺乏等问题,强化政策创新,加强人力资源对经济发展尤其制造业发展的支撑能力,加快实现从劳动力数量红利到质量红利的转换。必须把发展教育事业放在优先位置,强化服务实体经济的高水平职业教育体系;通过制度创新,调整利益关系,促进高素质人才向企业和实体经济的流动,更大程度上调动科学家、企业家等各类人才和一线劳动者参与创新的主动性与积极性。

(二)建立结构优化、协同发展的现代产业体系

创新经济发展方式,意味着要适应资源环境约束及社会经济条件变化,调整和优化经济增长结构,加快构建以实体经济为主体,科技创新、现代金融和人力资本协同发展的产业体系。

建设现代化的产业体系,其着力点在于实体经济,核心要求是通过供给侧结构性改革,提高产品供给体系质量,推动我国产业链、价值链向高端化、智能化和服务化转变。一是升级优化传统产业,通过信息化、智能化、绿色化改造,实现传统产业生命循环阶段的更新,提升传统产业的竞争力。二是培育若干世界级先进制造业集群,重视在数据采集存储加工和数据基础设施等领域的发展,[1] 推动互联网、大数据、人工智能和实体经济深度融合,充分发挥科技创新和超大市场两大优势,培育新增长点、形成新动能。三是加快发展现代服务业,注重发展技术研发、工业设计、信息服务等生产性服务业,提升制造业的质量和效率,推动制造业服务化进程。同时,针对现代金融服务不足及金融资

---

[1]　王一鸣:"百年大变局、高质量发展与构建新发展格局",《管理世界》2020年第12期。

本的"脱实向虚"问题，深化金融体制改革，建立和完善差异化的监管模式，发展和完善现代金融体系，支持制造业尤其中小企业发展，使金融回归服务实体经济的基本职能，增强金融对现代产业体系建设的支撑能力。

（三）形成资源节约、环境友好的绿色发展体系

可持续发展的重要标志不仅在于经济的持续增长、民生的普惠改善，还在于资源节约、环境友好的绿色发展体系。

要实现可持续发展，就必须以绿色发展的价值取向和目标设置为引领。首先，加快建立绿色生产与消费的政策导向和法律制度，通过法律和制度创新，完善环境准入、环境标准和环境质量制度，倒逼发展方式向绿色发展的转变，逐步建立起绿色低碳循环发展的经济体系。其次，坚持绿色发展，还意味着继续着力解决突出环境问题，构建以政府为主导、以企业为主体、社会组织和公众共同参与的环境治理体系；积极参与全球环境治理，落实减排承诺；持续实施重要生态系统保护和修复重大工程，优化生态安全屏障体系，构建生态廊道和生物多样性保护网络，提升生态系统质量和稳定性。最后，大力推进绿色生产和生活方式，坚持对自然资源的高效利用；继续完善最严格的生态环境制度体系和法律体系，改革生态环境监管体制，促使企业和个人的行为更趋理性，促进生态环境保护政策的落实。

（四）创新有利于经济发展方式转变的制度体系

制度的重要功能，就在于为人们的行为提供激励、约束和预期，为经济增长和创新发展提供动力，提高资源配置效率，降低包括资源环境退化在内的增长风险，从而为创新经济发展方式提供路径和保障。

经过四十余年的不懈探索，中国特色社会主义基本经济制度表现出了显著的优越性，是中国经济取得巨大成就的关键保障，坚持和完善社会主义基本经济制度自然成为经济社会可持续发展的必由之路。按

照充分发挥市场作用、更好发挥政府作用的基本方向,在创新经济发展方式的过程中,经济体制的改革和完善具有重要的作用,这主要包括:第一,坚持公有制经济为主体、多种所有制经济共同发展,不断深化产权制度改革,有效激发各类市场主体活力,增强人们经济行为与利益获得之间的预期和确定性,提高企业创新发展的活力和保护资源环境的动力。第二,在坚持多种分配方式并存的基础上,通过完善税收体系等方式改善收入分配差距,扩大中等收入群体,促进效率和公平的相对平衡,也从根本上解决或缓解贫困对资源环境的压力。第三,建设和完善以公平公正竞争、产权有效保护和要素自由流动制度为核心的高标准市场体系,全面提高资源配置效率。第四,建立和完善国土空间管制体系,坚持最严格的耕地保护制度,完善粮食安全制度政策;深化区域协调发展新机制,建立和完善区域生态补偿机制;促进区域合理分工和生态环境保护,不断提升空间效率。第五,加强知识产权的保护和转化,完善科技创新体制机制,让科技创新成为经济发展方式转变的不竭动力。

第八章　实现可持续发展的科技创新

经济社会发展的刚性约束是资源和环境,对其突破路径则来自以技术创新减少污染排放、提高资源利用效率的努力。罗马俱乐部关于"增长极限"及"世界末日"的判断失误,恰是因为"遗漏"了技术进步这一关键变量。兼顾当代人与后代人的发展需求,并突破"增长的极限",最终实现可持续发展的重要路径是依靠科技的创新驱动:一方面通过技术进步减少污染实现低排放,另一方面通过技术进步提高自然资源利用效率实现低消耗,再一方面通过科学发现创造新能源新材料替代稀缺资源。

第一节　科技对自然资源的替代和优化

资源有限性与人类需求的无限性之间的矛盾,使资源短缺随着人口数量增长而成为发展的约束条件,突破这一约束需要从科学发现上打开技术创新的"天花板",以科技创新实现对资源的替代和优化。突破经济发展的自然界限,需要以科技创新提高土地产出率、提高能源利用效率、减少资源消耗量、开发新的替代能源。

一、科技创新提高土地等自然资源产出率和利用效率

马克思恩格斯认为随着生产力的发展,特别是随着科学技术的应

用——如化学力、机械力使土地肥力提高——产出增加,资源供给的"自然界限"会被突破。马克思恩格斯特别强调技术革命在突破"自然界限"、推动人类社会发展中的积极作用。在物质财富(使用价值)的生产上,既需要自然力,又需要人的活劳动,而且科技劳动所起的作用越来越大。事实表明,科技创新使人类在有限的土地上能够获得越来越多的产出。

在人类发展的历史上,土地的产出率长时间保持着一个稳定的低水平状态。我国农业科学家袁隆平的重大贡献就在于从育种开始培育杂交水稻,显著提高农业产量。以色列是一个极度缺水的国家,其科技对农业的贡献率达到 90% 以上,通过领先世界的滴灌技术,在沙漠上发展起了绿色农业。另外,科技不仅使单位土地上的产出量提高,而且使以前不具备生产条件的土地上能够进行生产。

煤、石油、天然气是当下人类经济社会赖以发展的主要能源。人类的可持续发展很大程度依赖于能源的可持续供给,但煤、石油、天然气等化石能源属于不可再生能源,提高其利用效率就成为突破发展的自然界限的重要途径之一。同样的能源消耗量能够产生多大的动力输出,与工艺水平和技术路径有直接关系,甚至会引发产业革命。纽科门(Newcomen)发明的蒸汽机通过蒸汽冷凝产生真空,利用大气压力推动活塞产生运动,但其设计构造存在蒸汽浪费、效率低下的问题。瓦特设计出了分离式冷凝器,将气缸和冷凝器分离,使气缸保持高温的同时,蒸汽在冷凝器中实现降温。瓦特分离式冷凝器的创新性设计提高了能源的利用效率,使蒸汽机在生产活动中得以应用成为可能,这项巨大的技术进步直接推动了工业革命的兴起。当前,面对化石能源耗竭的困境,人类需要通过科技创新不断提高能源利用效率,因而节煤技术、节油技术在能源短缺的压力下蓬勃发展。日本汽车在市场占有率上对美国汽车实现赶超的重要"秘诀"就在于节能技术。现在欧美汽车也开始十分注重从技术上提高能源利用效率,并作为其产品竞争力的主要来源。

提高资源利用效率和减少资源能源消耗量是科技创新的两个方面。库兹涅茨经过统计分析发现,生产一定数量商品需要的实物资本量有明显下降趋势,技术进步和人力资源在经济增长中的作用日益提高,这构成了研究现代经济增长的理论支架。

技术变革是经济增长的主要源泉。经济的增长固然需要投入劳动、土地、资本等生产要素。根据索罗的估算,劳动力和资本增量的直接贡献很难超过人均产值增长率的 1/10,剩下的大部分必须归功于生产性资源的效率提高,即全要素生产率。单位投入产出的上升主要来源于资源质量的改进,或者改变其配置的影响,或者技术变动的影响,或者三者兼而有之[①]。这就是说,在经济增长的要素中,资本、劳动的投入在数量方面对经济增长的贡献,实际上起着次要作用,起主要作用的是技术。受资源的限制,劳动、资本的供给是有限的,而技术的供给是无限的,这就恰好解释了人类突破"增长极限"的路径是科技创新。

可持续发展的重要方向是减量化,即减少资源消耗量。要在减量化和保持适度增长之间找到平衡,关键就在于生产性资源的效率提高来减少资源消耗量,而这种效率的提高依赖于科技创新。一般来说,传统产业对资源的消耗量较大,但并非所有传统产业都应该被取代。在资源有限的条件下,人类面临着新兴产业与传统产业的资源配比问题,解决这一难题的根本路径是创新驱动。不仅发展战略性新兴产业,传统产业升级也需要创新驱动,突出表现在三个方面:一是采用新科技与信息化融合,二是向节能环保的绿色产业转型,三是进入新兴产业的产业链。无论是哪种选择,都要以减少资源消耗为目标。要想用有限的资源满足无限的需求,除了提高资源配置效率外,还要通过科技创新提

---

① 何正斌:《经济学 300 年(下)》,湖南科学技术出版社 2010 年版,第 72 页。

高资源利用效率和生产要素的产出效率。例如"互联网+"极大地改变了资源配置的方式,减少了信息不对称,提高了资源利用效率。以"互联网+"为基础的分享经济的兴起,有望把人类社会带入精简主义生活模式。人们自己需要保有的物品将大大减少,对物品的使用比占有更加重要。生活方式的改变将直接诱使生产方式的改变,世界的资源消耗量将因此而出现下降。人类用有限资源满足需求的能力将大大提高。科技把资源有效利用的能力发挥到极致,一块微小的芯片将为人们提供更多更优的服务。对外太空的探索和对微观世界认识水平的提高,正在不断提高我们的可持续发展能力。

二、以科技创新开发新能源和新材料

资源的稀缺性是经济学研究的出发点,解决资源稀缺问题的思路并不是一味控制需求,更要通过科技创新实现对稀缺资源的替代。商品之间具有替代性,其相对价格之比与相对稀缺度呈正相关。

一部人类发展史,就是一部人类能源开发利用史。从钻木取火、刀耕火种到使用煤炭产生蒸汽,再到使用石油推动内燃机运转,人类改造自然的能力不断增强,对能源的消耗也越来越大,逐渐遇到了能源约束收紧的问题。发展的能源瓶颈需要以科技创新加以破解。正是科技的不断创新带来了能源利用的不断更替。人们普遍认为,下一次科技革命大概率会发生在能源领域:通过科技创新开发出新的能源来替代煤、石油、天然气等化石能源。据美国石油业协会估计:在2050年到来之前,石油将快速消耗,世界经济的发展对煤炭的依赖越来越重。在2250年到2500年预计煤炭也面临消耗殆尽的困局,矿物燃料的供应将会枯竭。[①] 破解能源困局的出路无非两条:或者节能

---

①　苏树军:"基于节能减排的新疆低碳型替代能源发展问题研究",《生态经济》2011年第3期。

降耗、提高能源利用效率，或者寻找煤、石油、天然气这类高碳能源的
替代能源。就目前人类对能源的利用状况来看，无论是发达国家还是
发展中国家，对高碳能源的依赖仍然没有减弱，替代化石能源的核能
的安全性、太阳能的转化率、风能发电上网的稳定性等，都还需要以
科技创新来提升。当前，对煤炭的使用方式已不仅仅是燃烧产生热
量，更可从煤炭中提取工业原料。在化石能源中，煤炭资源量相对丰
富，开采和供给都较稳定，价格也比石油和天然气便宜。但煤炭的发
热量比石油和天然气小，燃烧时排放出的二氧化碳量高于石油和天然
气，尤其是烟煤直接作为燃料会冒出黑烟，既是资源浪费也造成大气
污染。事实上，煤可以直接汽化，生成水煤气（一氧化碳和氢的混合
物），直接用作清洁燃料，这样就可以减少其作为燃料的消耗。就能
源发展的历史来看，一种能源供应量占世界能源总量的比重由 1% 提
高到占比 50% 以上，平均需要经历 100 年的时间。一种大规模能源
系统要建立起来，一般需要 20—30 年时间；一种新的能源从开始研
究到真正能够使用，一般需要 30—50 年时间，其中还不包括一些失
败的能源选择。我国新能源产业属于朝阳产业，短期内遇到的波动属
于发展周期或技术演进中的正常调整。截至 2021 年 5 月底，我国新能
源汽车保有量约占世界新能源汽车总量的 50%，今后 5 年到 8 年，我国
将有大量国 Ⅳ 标准以下的在用车逐步被淘汰或被替换，随着我国新能
源汽车配套环境日益完善，新能源汽车市场面临巨大发展空间。因此，
一方面，我们仍要坚定在新能源开发和应用上的科技创新投入；另一
方面，要坚持以市场拉动的方式激发市场对新能源技术应用及相关产品
开发的积极性。要素之间也具有替代性，且与其相对价格相关。新能
源价格在开发早期往往相对较高，但随着传统能源日益耗尽和新能源
开发利用技术的进步，其相对价格也会逐渐下降，这为新能源的大面
积推广创造了条件。

三、创新驱动产业基础高级化

改革开放以来,我们通过投资驱动的外延式增长实现了经济的起飞,构建了比较完整的产业链。在高质量发展的新阶段,我们需要以科技创新驱动的内涵式增长实现现代化,保持一个体量巨大经济体的可持续发展。目前,我国总体处在信息化与智能化并行发展阶段,继续推进新型工业化是当前的主要任务之一。

顺应世界科技发展趋势,以信息化引领工业化,以智能化赋能工业化,通过科技创新实现产业升级,遏制污染总量增长的势头。一是要解决低端产能过剩问题。低端的、资源消耗大、环境污染重的过剩产能,造成资源闲置或低效配置,更因占用资源而挤压高新产业发展空间。二是要从技术跟随转向技术超越和引领。我国在较长时间采用了对发达国家技术跟随的模仿发展路径,这种技术进步模式,一方面使我国以较低成本加入全球价值链;另一方面也使我国被"俘获"在价值链低端,创新动力不足。高质量发展阶段必须改变技术跟随策略,靠牺牲资源和环境在全球价值链上赚取低端环节一点微薄利润的发展思路必须转变,要努力实现技术突破并保持创新优势。三是发展战略性先导性技术,加速产业转型升级。四是提升核心技术研发能力。目前中国经济总量世界排名第二,但核心关键技术对外依存度高达 50%[①]。我国每年为进口高科技花费巨大。据海关总署统计:2020 年,中国集成电路进口金额高达 24207 亿人民币,而同期中国的原油进口仅为 12218 亿元,在芯片进口上的花费接近原油的两倍。但核心技术是买不来的,我们在发动机、半导体加工设备、超高精度机床、芯片等一系列高精尖技术领域感受着核心技术受制于人的无奈,以创新驱动产业基础高端化的任务非常迫切。

---

① 数据来源:国家知识产权局网站, http://www.sipo.gov.cn/wqyz/dsj/201602/t20160217_1240265.html。

第二节　科技创新支撑绿色发展

一、创新驱动绿色现代化

我国要建设的现代化是人与自然和谐共生的现代化,科学技术深度介入其中是显著标志。资源短缺、环境污染问题因技术而出现,又必须靠技术来解决,只有科技才会让现代化更绿色。在发达国家有意限制我国高端技术引进的背景下,过高的核心技术对外依存度,阻碍了我国以科技创新驱动绿色现代化建设的能力,因此需要着眼于人与自然和谐共生的现代化,推进创新驱动战略。一是科技驱动绿色现代化建设。西方发达国家以高能耗高排放的发展模式完成工业化,我国的现代化要摆脱这种模式,必须走自主创新之路,以科技创新推动绿色发展,包括绿色工业技术、绿色建筑技术、海绵城市技术等应深度嵌入现代化建设全过程。二是我国的开放发展需要改变以有形实物资源交换发达国家无形知识和技术资源的贸易模式。以稀土产业为例,我国稀土资源丰富,但在加工技术上不具有优势,而日本目前是世界上利用稀土附加值较高的国家,用于高新技术领域的稀土占到其消费总量的90%以上。我国稀土曾以低廉的价格出口到日本市场,经技术加工变为电子元器件卖回中国后价格翻了 200 倍,堪比黄金和钻石。而国内提炼稀土造成的环境污染一度达到触目惊心的程度,全国用于稀土开采污染的治理费用高昂。中国的稀土产业陷入破坏环境、资源流失的窘迫境地。无形产品的利润率大大高于有形产品,若长期处在有形产品生产阶段,我国国民财富虽有增加,但国家竞争力难有实质性提高。这说明以有形产品交换无形产品的模式必须改变,要转向以内生增长、资源集约、绿色发展为主要特征的创新驱动模式。

随着我国全面建成小康社会第一个百年目标的实现，人民对物质层面的基本需要已逐步得到满足，转而追求更高质量的产品和服务，绿色生态产品成为人民美好生活需要的重要内容，这就对生态产品创新提出了新的要求，也会形成相关领域的产业创新。所谓生态产品创新是指能够显著减少对环境的负面影响并能给顾客和企业增值的新产品和工艺。生态产品创新是从绿色科技创新到绿色产业创新的具体转化形式，是投入科技创新领域的资本价值实现的重要载体。这需要以生态技术方面的科技研发为引领。生态产品创新是实现绿水青山向金山银山转化的重要通道，它是以生态为底色，以科技创新为手段，以形成并发展绿色产业为目标，通过生态农业、生态工业、生态旅游等产出生态工业品、生态农产品、生态康养旅游产品，把创造新价值与满足人民对生态产品的需求有机结合起来。在生态产品创新过程中可以形成一系列生态产业，比如，长三角地区一些乡村利用良好的生态资源，开发出吸引上海、杭州、苏州等城市居民下乡休闲的乡村游产业。这些生态产业的发展减少了碳排放、增加了碳汇，为碳达峰碳中和做出了直接贡献。

二、以科技创新释放绿色发展空间

依靠大量消耗资源驱动经济增长的模式不仅造成了严重的生态破坏，由其引发的环境污染还加大了对经济发展成果的侵蚀，压缩了经济发展的空间。在高速增长阶段，因为对科技创新支撑的绿色发展重视不够，我国承受了较大的环境污染损失。有研究发现，2004 年我国环境污染损失占全年 GDP 的比重为 3.05%[①]。根据生态环境部《中国经济

[①] 2004 年的数据来源于《中国绿色国民经济核算研究报告 2004》。2004 年，原环境保护部环境规划院推出了绿色 GDP，把经济活动过程中的资源环境因素反映在国民经济核算体系中，将资源耗减成本、环境退化成本、生态破坏成本以及污染治理成本从 GDP 总值中予以扣除。

生态生产总值核算发展报告 2018》,2015 年我国生态破坏成本为 0.63 万亿元,污染损失成本为 2 万亿元。2017 年,我国经济总量占全球 14.8%,却消费了全球 22.9% 的能源、44.8% 的钢、63.7% 的原煤、50% 的水泥。一些地区排放的污染物已远远超过当地的环境容量,其主要原因是节能环保的技术跟不上。

现在发展中国家大多处在全球价值链的制造环节,其产品的消费主要在发达国家,而污染留在了发展中国家。如果我们一直通过污染型生产来保持增长,则这种增长必将在某个时点终止,发展的空间也会自我锁定。相反,依靠科技进步发展低碳经济在短期内会有增长速度上的损失,但换来的将是强大的可持续发展动力。

对煤、石油、天然气等不可再生化石能源的大规模使用,致使地层中沉积的碳以较快的速度大量流向大气碳库。这些地球深层的碳物质经过人类的工业活动,以二氧化碳为主要形态进入大气层,被称为温室气体。温室气体属于存量污染,导致全球气温上升是碳排放的总存量所致,大气层中过多的二氧化碳积聚会加剧"温室效应",导致地球表面温度上升,并引发一系列生态问题,形成"碳污染"。我们把这种以高消耗碳资源、高排放碳物质为特征的经济发展模式称为"高碳经济"。高碳经济的后果是地球资源被快速消耗,人类生存环境被严重破坏,经济发展不可持续。工业革命前,人类的生产活动并未对环境和气候产生足够大的影响。工业革命后的 200 年间,发达国家的工业活动使地球表面及大气的自然状态受到破坏。近百年来,人类记录的气候变暖趋势与碳排放量的增长趋势基本一致。从观测结果来看,全球大部分陆地区域日最低温度明显升高,中高纬度冰雪融化、冰川收缩,近百年全球海平面平均上升了 20—30 厘米。永久冻土地带因气候变暖而释放的甲烷气体,使大气中的碳浓度急剧上升,进一步加剧了温室效应,对生物多样性构成严重威胁。我国青藏高原三江源地区永久冻土层的融化还会带来另一个恐怖的长期后果：地表水减少——长江、黄河水量减少——地表沙漠化——加速冻土层消融和甲烷排放，形成恶性循环。因此，将全球碳排放限定在某一个峰值上，就是要减缓大气层的温室效应，控制全球变暖的趋势。这涉及发展理念和发展方式的转变，支点就是科技创新。地球变暖与人类的工业活动密切相关，而工业活动又是人类技术进步的结果。从逻辑上看，是技术力量导致了"碳污染"，而解决"碳污染"问题则需要通过科技创新来"毁灭"掉原来的具有高碳特征的技术、工艺、产品和生产方式。

当前，绿色发展已在绝大多数国家达成共识，并作为人类共同减少温室气体排放、保护地球环境的长期战略选择。发展绿色经济，倡导绿色生产和绿色消费，还可不断催生新的技术和新的产业。科技创新在促进新能源、新产品、新产业开发方面具有突出作用。一是以科技创新形成新能源产业，并以此作为新的经济增长点，带动相关产业的发展；二是以科技创新推进节能减排工作，发展减排新技术，优化生产流程，以减排技术的提高提升环境质量；三是提升技术水平，改进工业"三废"的综合治理能力，改变生活垃圾的处理方式，化害为利。这三个方面可在绿色发展方面开拓更大的可持续发展空间。

三、走向低碳经济的时代

在原始文明阶段，人类逐水草而居，以狩猎为主要生活方式，获取能源的方式则是直接取自自然，如刀耕火种。在农耕文明阶段，人类在劳动中学会了通过风力、水力、畜力等来获取动力；虽然此间也出现了冶炼技术，但人类生产、生活方式还是低碳的。1750年前后起源于英格兰的第一次工业革命，把蒸汽机带入人类生产体系，煤炭开始被大量使用。煤燃烧后释放的主要是二氧化碳，因此煤的使用，标志着人类在能源利用上进入了高碳经济时代。此后产生的新工业革命，使汽车工业、化学工业、钢铁工业迅速发展并成为重要产业形式，石油、天然气等高碳能源成为继煤炭之后的主要一次能源。伴随着世界范围内工业化、城市化进程的加快，气候变暖、环境污染、生态安全等问题正日益成为制约人类继续发展的瓶颈。现代社会对化石能源的过度依赖已经引起了人们越来越广泛的担忧，特别是发生于"二战"后的两次石油危机，迫使科学家开始寻找石油之外的替代能源。

工业革命发生在少数地区，其产生的负外部性则是由全球共同承担。在全球气候变暖的大背景下，"生存还是毁灭"这是摆在全球各国面前的共同问题——无论大国还是小国、强国还是富国，都在经受着地球变暖的阵痛。技术将人类社会带入现代文明和高碳时代，碳资源的紧缺以及碳污染的蔓延又迫使我们从科技创新上寻找新的出路。当下，必须全球携手，减少碳排放，把21世纪内的地球地表升温控制在1.5摄氏度以内。当然，人类发展的步伐不能停歇，减少碳排放的路径不是停止发展，而是要依靠科技创新，在不影响正常发展的基础上，发展低碳经济。

从20世纪70年代开始，经济发展理论研究者开始重视技术、资源、环境变量。实践上，以市场为导向，通过产业经济政策引导，将环保技术、清洁生产工艺等众多有益于环境的科技成果转化为生产力，依靠有益于环境或与环境无对抗的经济行为，实现经济的绿色、低碳、可持续发展。

低碳经济是着力减少以碳为主要成分的温室气体排放量，最大限度节约和有效使用不可再生能源，以低能耗、低污染为特征的绿色发展模式。以科技创新解决地球变暖这一人类生存、发展困局，需要聚焦低碳技术开发，加快对新能源新材料的理论和应用研究，通过全球共同努力来打破发展瓶颈。能源替代是发展低碳经济的核心问题，新能源开发技术、提高能效类技术改造、煤的清洁高效利用、碳捕集技术等是目前低碳产业中发展的热点,涉及的领域主要包括低碳生产、低碳住房和建筑、低碳交通、低碳消费及低碳生活方式等。许多西方发达国家的碳排放已经达到了峰值,并明确了碳中和的时间表。如,芬兰确认在2035年,瑞典、奥地利、冰岛等国家在2045年实现净零排放;欧盟、英国、挪威、加拿大、日本等将碳中和的时间节点定在2050年。一些发展中国家如智利,也计划在2050年实现碳中和。这既是低碳技术发展的结果,也是各国面临资源和环境空间约束的主动性选择。

中国政府已经向世界庄严承诺:力争在2030年前二氧化碳排放达到峰值,努力争取2060年前实现碳中和。这既是我国生态文明建设的内在要求,也是共建全球生态文明的责任担当。实现碳达峰碳中和的目标,必须以科技创新为支撑。

"碳达峰"就是经过当量测算的二氧化碳的排放量,经过由快到慢不断攀升的轨迹变化,最终到达年增长率为零的拐点,然后进入持续下降阶段的过程。这条轨迹呈倒U形的曲线,也被称为"库兹涅茨曲线"。之所以会出现经济增长与碳排放之间的倒U形曲线,是因为在经济发展的早期产业技术含量往往比较低,以低端产业和粗放投入为主。当经济发展达到一定水平后,技术水平提升,产业高端化且服务业比重提升,碳排放量相对于前一阶段出现下降趋势。在这一变化过程中,科技创新起了主要作用。"碳中和"是指碳排放量与碳清除量相抵,实现净零排放。在碳达峰之后,排放量开始下降,同时,利用碳汇、碳捕集技术等,将排放的碳回收回来,实现碳中和。从碳达峰到碳中和的过程,就是经济增长与二氧化碳排放从相对脱钩走向绝对脱钩的过程。碳捕集技术是实现碳中和的重要支撑。

实现碳达峰需要逐步把碳基能源的消耗量降下来,主要包括生产和消费两个方面;实现碳中和主要涉及增加碳汇和发展碳捕集技术两个方面。完成碳达峰碳中和的目标需要推进整个社会系统的转型,建设低碳社会。"低碳经济"的核心就是科技创新和碳交易制度。

　　当前我国正在努力减少碳排放，并通过增加碳汇、开发应用碳捕集技术等方式向碳达峰碳中和的目标迈进。通过相应制度安排，以科技的力量促使整个社会向高能效、低能耗和低碳排放的发展模式转型。一是低碳引领能源革命，包括加强碳排放指标控制、推进能源节约、发展非化石能源、优化利用化石能源，以及新能源开发：风电、核电、太阳能光伏发电、垃圾（焚烧／填埋气）发电、生物质发电等都是未来的方向。二是打造低碳产业体系，包括加快产业结构调整、控制工业领域碳排放、发展低碳农业、增加生态系统碳汇等。三是推动城镇化低碳发展，包括加强城乡低碳化建设和管理、建设低碳交通运输体系、加强废弃物资源化利用和低碳化处置、倡导低碳生活方式等。低碳消费主要涉及居民生活、办公、交通等领域的电力替代、氢能替代，以及吃、穿、住等领域的低碳材料替代。低碳消费需要以消费理念转变为引领，以生活资料领域的低碳材料研发为支撑。四是加快区域低碳发展，包括实施分类指导的碳排放强度控制、推动部分区域率先达峰、创新区域低碳发展试点示范、支持贫困地区低碳发展等。五是加强低碳科技创新，包括加强气候变化基础研究、加大低碳技术推广应用力度等。

　　理论上，不能被充分利用而排放到环境里的能源构成了效率损失，并产生了环境污染。绿色科技创新的任务之一就是提高能源利用率，减少排放，但这种利用率无法达到100%，总有部分废弃物要被排放到环境中。如果能够把排放的废弃物重新变成原料，则是对能源的再利用、环境的再保护，这是循环经济的基本理念。"循环经济"源于"宇宙飞船理论"：把整个地球看作一个宇宙飞船，人口和经济的增长使船内有限的资源逐渐耗竭；同时，船内的生产和消费排出的废弃物污染了飞船的内部环境，损害乘客的健康。最后的结果是，飞船坠落，社会随之崩溃。宇宙飞船坠落的关键原因是资源一维的消耗和排放,没有循环。要避免宇宙飞船坠落的悲剧,就需要改变资源单向使用的消耗型经济增长方式,通过技术的手段对废弃物的再利用,实现资源循环的经济增长。循环产业园是循环经济的重要形式,上游产业的废弃物作为下游产业的原材料,构成一个循环经济系统,实现区域或企业群的资源最有效利用,使废物产生量最小。但循环产业园是一个封闭的小系统,循环经济更应该是一个开放的大系统,是整个人类社会与大自然的循环,是在人、自然资源和科学技术的大系统内,把传统的依赖资源消耗的线性增长经济,转变为依靠生态型资源的循环来发展的经济形态。这一开放的循环经济系统需要循环经济技术的支撑。比如,随着电池的使用越来越广泛,就需要循环经济技术来解决电池回收问题;随着化纤产品的使用越来越多,对化学废料再利用技术的需求将持续增长。

第三节　可持续发展下自立自强的科技战略

核心技术是国之重器,国家赖之以强,企业赖之以赢,人民生活赖之以好。当前,新一轮科技和产业革命蓄势待发,其主要特点是重大颠覆性技术不断涌现、科技成果转化速度加快、产业组织形式和产业链条更具优势。世界主要国家纷纷出台创新战略,加强对人才、专利、标准等战略性创新资源的争夺。这对我国科技自立自强提出了更为迫切的要求。

一、科技战略的可持续发展指向

科技创新要坚持面向世界科技前沿、面向经济主战场、面向国家重大需求、面向人民生命健康。科技战略要为建设富强、民主、文明、和谐、美丽的社会主义现代化强国服务。以创新发展增进物质财富，以绿色发展增进生态财富，是发展任务；让发展惠及更多民众，而不是破坏他们的生存环境，是发展目标。以科技创新引领、支撑绿色发展，是科技战略的可持续发展指向，绿色发展的要义不限于对资源消耗的自我克制，还有实施科技战略的积极作为。

强调科技创新的指向问题，原因是技术创新也有个科学伦理问题。例如，作为重大科学发明的三聚氰胺加入奶粉所产生的奶制品污染事件严重损害人民健康。而且技术创新并不必然是绿色的，技术创新在增进物质财富的同时也带来日益严峻的资源消耗和生态破坏问题，人与自然的矛盾不断加剧。科技战略的指向就是要促进人与自然的和谐共生。传统的技术进步理论只注重对生产力提高的研究，生态目标在很长一段时间游离于创新体系之外。科技创新对产出率的一味追求和对环境资源的掠夺性使用，很可能造成生态环境被严重破坏的"公地悲剧"。现代化学、冶炼、汽车等工业的蓬勃兴起和发展伴随着工业"三废"排放量的不断增加，20世纪30年代至60年代就发生了震惊世界的"八大公害事件"[1]。

以大量的资源投入和环境的巨大牺牲为代价的发展模式，导致资源消耗大、污染严重。当前，在要素成本上升不可逆转的背景下，我国全要素生产率提升缓慢，日益紧缺的资源无法支撑超过100万亿元GDP的经济体量继续保持高速增长，经济进入新常态，传统的社会结构和发展模式面临变革的压力，亟须以科技战略的可持续发展指向，来形成以创新驱动、集约发展为特征的新动能。加快实施科技创

---

[1]　八大公害事件是指：比利时马斯河谷烟雾事件（1930年12月）、美国多诺拉镇烟雾事件（1948年10月）、伦敦烟雾事件（1952年12月）、美国洛杉矶光化学烟雾事件（20世纪40年代）、日本水俣病事件（1952—1972年间断发生）、日本富山骨痛病事件（1931—1972年间断发生）、日本四日市气喘病事件（1961—1970年间断发生）、日本米糠油事件（1968年3—8月）。

新战略也是构建新发展格局的需要,是提升产业基础能力、形成自主可控产业体系的需要。

当前,低碳技术领域的竞争极为激烈,我国仅仅依靠技术的引进或者在应用环节的转化已经远远不够,必须转向基础研究领域,提升科技创新的能力。

一是从内部来看,依靠动员大规模要素粗放投入生产体系,推动高速增长的阶段已经过去,人们对优质生态产品的需求越来越大,物质资本和技术资本的积累也使得我们有能力有条件进行科技研发甚至科学发现,而不是简单地承接他国的科学发现成果,来指引我们的技术开发。转向低碳科技创新要求我们在低碳技术领域形成引领力和带动力,在低碳产业上能够自主可控。

二是从外部来看,逆全球化暗流涌动,一些国家对我国的遏制意图十分明显,我国一些领域的技术"卡脖子"问题比较突出,这迫使我们不得不转向低碳科技创新的上游环节。即从低碳技术创新转向低碳科技创新,特别是进行相关应用基础研究,以低碳领域的科学发现成果提升我国在国际碳交易市场中的话语权,以科学发现成果引领自主可控的低碳技术成果应用,从而助推我国碳达峰碳中和目标的实现。

三是从科技战略的推进方向看,要在生产、分配、流通、消费的各个环节,开发和应用有利于减少能源消耗、提高产出效率的新技术新工艺新产品。以清洁生产、节能降耗、新能源开发以及提高化石能源利用效率为代表的绿色技术成果的涌现,为破解经济增长的能源困境,实现可持续发展找到出路。当前,科技战略的重要内容之一是对化石能源的替代和提升其利用效率,无论是核能、风能、潮汐能,还是页岩气都是科技创新的结果,新能源汽车的技术研发和市场推广即是能源替代的重要场景。

二、绿色科技创新的投入机制

投资驱动与创新驱动是两个不同的阶段,但创新驱动并非与"投资"对立,就是说,进入创新驱动阶段并非不需要投入或投资。

创新科技创新的投入方式要从把握科技创新的规律入手。科技创新与产业创新的动力机制并不完全相同,前者是科学发现的过程,要害是创新"最初一公里";后者是技术成果转化的过程,要害是创新"最后一公里"。科技创新主要是把钱变成"纸"(主要是指技术、专利、论文等创新成果。),产业创新主要是把科技创新产生的"纸"再变回钱。基于创新的以上特征和规律,为了激发出更多的科技创新成果支撑可持续发展,需要尊重规律,创新投入方式。

市场牵引绿色科技创新投入。稀缺是经济学思维的出发点和本源。通过市场机制用有限资源满足人类无限的需求,是经济学研究的重要内容。随着我国工业化的不断推进,特别是成为世界制造业第一大国后,物质产品与生态产品的相对稀缺度发生变化,生态环境正在成为日益稀缺的资源;消费者对生态环境和生态产品的偏好趋强,清新的空气、清洁的水、安全的食品得到更高的价值认同,物质产品对优良环境的替代率越来越低。由此形成推动企业技术创新转向绿色化的市场动力。对稀缺资源敏感的市场机制引导着社会资源向绿色产业配置,绿色化生产成为趋势。从本质上说,空气污染、资源耗竭、物种变异、生态破坏都是人类技术发展和应用的结果,这些技术都是创新的成果并使个体从中获得收益。于是我们看到,创新发展与绿色发展既存在相互融合的内在动力,又存在相互偏离的力量,单一的动力不足以实现两者的融合,需要有吸引资金投入的内在动力机制。技术在导致当前资源环境与经济发展之间矛盾的过程中扮演了重要角色。解决这一矛盾的方法不是抛弃技术,而是对传统工业化阶段的技术方法和技术路径的扬弃。这种技术升级过程的内在要求是对科技创新进行投入。

几乎所有发达国家都经历过必须在经济增长与环境保护间做出艰难选择的发展阶段,新技术的出现,使人类在"鱼与熊掌不可兼得"的纠结中看到了曙光。科技的发展及其在资源利用方式上的革命性变化,如页岩气、可燃冰的可廉价开采,以及光伏太阳能转化率的不断提高,使我们有理由相信,人类依靠科技创新终将突破能源和环境容量的约束,并创造出巨大的产业和市场空间。技术进步的过程吸引着资本不断集聚和投入:第一次工业革命以蒸汽机的改良为标志,人类以煤为能源、以蒸汽为动力推动经济社会进入了机械化时代,大量资本对包括瓦特在内的技术改良活动进行了资助。第二次工业革命以内燃机的发明为标志,人类以石油为能源、以电力为动力推动经济社会进入自动化时代,在这一时期资本的集聚产生了至今还在运行的国际大公司,比如通用电气公司。第三次工业革命以固态电子元件的发明为标志,计算机的广泛应用把人类社会带入信息化时代,金融资本又大量向信息技术产业领域集聚,推动着该领域的科技创新。当前,"互联网+"和人工智能把人类社会带入智能化时代,一些科技巨头和金融资本纷纷向人工智能等新经济领域转型和集聚。可以说,这是一个技术集聚资本的时代,是技术进步推动了资本在绿色科技创新上勇敢而积极的投入。

三、绿色科技创新的政产学研合作

绿色科技创新需要政产学研都进行投资,只是投资的领域、方向、目标不同。对绿色科技投入而言,还面临外部性问题。此时,须由政府"看得见的手"来调节,主要的手段包括财政政策、税收政策、产业政策等。政府在经济活动中的主要作用是制度供给,并监督这些制度的执行,有效的制度供给是推动绿色科技创新投入的重要动力。

根据庇古的理论,利用税收和补贴能够实现对环境污染效果相同的最优控制。通过把征收的环境税用于低碳环保等新技术的研发,这是发挥政府作用的结果。世界上许多国家都是通过制度供给来推进科技创新资本投入。如美国通过能源法案对可再生能源项目实行减免税收;日本通过低碳社会计划积极研发清洁汽车技术,推进能耗产业转移;英国实行气候变化税,把税收所得投入与低碳产业有关的领域;等等。

外部性和寻租的存在,使得市场和政府的科技创新投入都会存在"失灵"。仅靠市场的力量无法解决外部性、垄断和信息不对称等问题;政府在力图弥补市场失灵的过程中,也会出现各种事与愿违的问题和结果,并导致经济效率和社会福利的损失,比如科技补贴效率低下、寻租等。因此,使市场在资源配置中起决定性作用和更好地发挥政府的作用,化解两者的矛盾,是实现科技创新有序有效投入的制度逻辑。现代经济学已充分论证:只有尊重产权,保护知识产权,才能激发市场活力、激励技术创新。只有强化规制,特别是强化法治,才能克服市场失灵和政府失灵,遏制资本为逐利、权力持有人为寻租而破坏生态环境的行为,从而不断化解人与自然之间的矛盾,实现可持续发展。因此,在坚持绿色化方向的科技创新的投入上应坚持政产学研结合的方式,共同促进全社会的科技创新投入。并且,政府投入主要偏向创新的前端,即科学发现环节,市场投入主要偏向创新的后端,即技术转化环节。大学则承担着创新"最初一公里"的职责,在人才培养和项目支撑上进行投入。

高质量发展主要依靠知识、人才、科技、管理、数据等驱动经济发展。于是,政产学研的绿色科技创新投入合作应该是,政府主要在教育发展上投入;大学主要在人才培养、科学研究上投入;企业主要在技术开发上投入。图8-1显示了政产学研投入机制:政府强化制度供给,通过税收和产业政策激励企业在科技创新上投入;通过拨款和基金资助推动大学在科技创新上投入。市场通过价格机制提高污染成本,提升创新的预期收益,激励各市场主体竞相采用低碳、循环的发展方式,实现经济发展与环境保护的协同。大学适应市场和社会的需求,在人才培养、科学研究上进行投入。三者共同作用,动员社会资本投入具有正外部性的科技创新领域,推动经济社会的可持续发展。

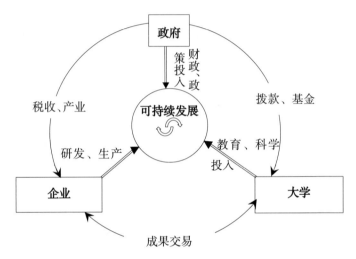

图 8-1 政产学研绿色科技创新合作投入方式

四、绿色科技成果的转化

绿色科技成果的转化包括形成新产业和提升传统产业发展质量的过程,是实现产业绿色化的重要推动力。这种转化既需要通过制度创新激发企业的积极性,又需要用市场杠杆引导社会资金的走向。

以市场的力量推进绿色科技成果转化。首先要营造有利于绿色科技成果转化的市场环境。让绿色化生产、绿色化消费的市场大趋势引导企业创新和生产的方向,政府只要做好事中事后监管,并规范企业信用制度。其次要培育和发展绿色科技成果的知识产权市场。在新的产业形态不断涌现、科技创业内容日益多样化的背景下,要利用知识产权战略激励绿色技术研发和绿色产业创新,研究绿色技术的知识产权保护办法和推进知识产权交易。再次是扩大排污权交易面。通过排污权交易及碳交易市场建设,可实现生态的市场化补偿。在资源环境和生态压力不断加大的背景下,扩大排污权和碳交易市场不会降低竞争力,反而有利于低碳技术发展和持续竞争能力的培育。因此,要积极发展环保市场,推行排放权和水权交易制度,推动绿色科技成果的转化。

以科技创业推进绿色科技成果产业化。在推进绿色科技成果转化的同时,促进绿色经济产业化,其关键是给科技创业创造条件。从实践来看,知识和技术转化为生产力往往是通过知识和技术的创业来实现的[①]。那些节能、低碳、绿色、环保的高科技成果转化为现实生产力的关键是"转化",这是一个"纸"变"钱"的过程。许多高科技不能产业化的主要原因在于知识创新与技术创新之间出现了脱节。推进绿色科技创业需要把绿色科技与创业发展衔接起来。通过创办科技企业把绿色技术转化为市场需要的产品,或者转化为能够帮助其他产业绿色化的服务。科技创业不同于一般的创业,企业绿色技术转化要有强烈的市场意识,科技创业者要敏锐地捕捉绿色技术创新成果,然后迅速把技术转化为产品,形成绿色产业,进而打造绿色产业链并形成竞争力。

发挥好政府的作用推进绿色科技成果产业化。要坚持新发展理念,在绿色发展基础上推进创新驱动战略。一是坚持以节约能源保护环境为目标的科技创新政策方向,以新技术、新发明的应用保护绿水青山。二是明确低成本比较优势难以形成具有创新能力的竞争优势的理

---

① 洪银兴:"高科技与风险投资机制",《经济理论与经济管理》2001 年第 12 期。

念,并在实践上逐步淘汰那些依靠劳动力和资源环境低成本比较优势才能生存的企业,转向清洁、高附加值的创新型经济。三是明晰"人才是最重要的发展资源"的观念,以优美的生态环境吸引汇聚高端人才。一个地区的高人力资本水平才会带来高端产业发展机遇,并在发展绿色经济中培育新的就业机会和增长空间。

另外,政府要通过创新驱动战略把发展模式调整到循环低碳绿色发展上来,为绿色科技成果产业化创造空间。一是推进工业的信息化、智能化。以信息化、智能化带动传统工业转型,特别是传统产业的改造升级。对节能设备更新和能源替代、对生产流程的优化,都要充分体现现代技术的渗透。当数据成为一种生产要素之后,它就像土地、资本、劳动等传统的生产要素一样对产出具有决定性作用,对数据的处理和运用将大大节省生产成本,减少资源消耗和环境污染。这本质上是科技创新对稀缺资源的替代。当数据越来越多时,所需要的存储空间越来越大,这又带来了资源消耗问题。云端化可以把分散的数据资源集中起来,而不需要每个终端都保有一个存储设备,这将节省下海量的资源。云端化是科技创新的结果,也必将反过来改变科技创新的方式和效率。无数分散的个体可以在云端完成交流,而不需要现实中的集聚,这将大大节省交通、物流和办公成本。二是推进农业的现代化。随着农业传统生产模式的改变,特别是种、养的分离,农业生产的循环链条被打破,农业生产中的污染以及农业生产的低效率问题突显。这就需要提升农业劳动者素质、发展科技农业,通过土地制度、科技制度、金融制度、户籍制度、知识产权制度的创新,提高对农业生产力的支撑。三是推进服务业的高端化。新兴服务业态伴随创新型经济的发展而不断涌现,要以科技创新为突破口,提高服务业劳动生产率。随着经济社会的发展,人们对服务需求的比重越来越大,物品仅仅是满足服务需求的介质。科技创新会改变人的生产方式、生活方式甚至思想观念。技术的发展使人们的生活越来越去物质化,从原来的"拥有+消耗"模式转为"使用+体验"模式。

　　作为发展中大国,我们面临继续推进经济发展和履行保护全球环境国际义务的双重压力,这就要求我们提升创新发展和绿色发展的水平,提高国际生态合作的自主能力。一是要加大绿色研发投入力度,树立良好的国际形象。推进绿色消费、绿色生产,提高"国家自主贡献"力度,形成我国绿色技术、绿色产业在世界经济中的引领作用。通过创新发展实现能源替代、结构调整、生态改善,减轻我们面临的国际压力。二是要立足长远目标,提高环境标准,倒逼国内企业参与国际绿色技术竞争。以我方技术能力提升来突破发达国家设置的绿色贸易壁垒和对我国绿色技术与绿色产业发展的限制。一方面,我们要有忍受短期阵痛的勇气,坚决摆脱污染型、资源消耗型产业;另一方面,要形成核心技术,突破我国产品出口到国际市场时频频遇到的各种贸易和知识产权壁垒,下大力气解决核心技术不足、企业对欧美日核心元件的依赖问题。三是要积极参与相关国际标准的制定,维护发展中国家的利益。要以技术能力为支撑,参与相关标准的制定,更好地促进全球绿色技术合作。

第九章　实现可持续发展的产业支撑

马克思有个重要判断:各种经济时代的区别,不在于生产什么,而在于怎样生产,用什么劳动资料生产。近期流行的美国学者杰里米·里夫金(Jeremy Rifkin)的关于第三次工业革命的著作从所用能源的角度划分工业时代。他把第二次工业革命称为化石能源的时代。进入 21 世纪,曾经支撑起工业化生活方式的石油和其他化石能源正日渐枯竭,那些靠化石燃料驱动的技术已陈旧落后,以化石能源为基础的整个产业结构也运转乏力,更糟糕的是使用化石能源的工业活动造成的碳排放破坏地球和气候生态系统并危及人类健康。这就催生了第三次工业革命。其产业特征是:以可再生能源为基础,互联网技术和可再生能源的结合。

第一节　转向生态文明时代的产业和产业结构

人类不同的文明时代有不同的产业结构,不同的产业结构对可持续发展产生不同的压力。人类从农业文明,经历工业文明,迈向生态文明。转向生态文明时代要求对产业进行生态化重组,以新产业支撑可持续发展。第三次产业革命和第四次产业革命的到来以及我国应对碳达峰和碳中和都需要产业基础高级化,构建资源节约型、环境友好型产业体系。

一、转向生态文明时代的产业结构转型升级

产业与可持续发展的关系,不仅涉及产业水准和结构对可持续发

展的影响,还涉及产业本身的可持续发展问题。

人类不同的文明时代可持续发展问题的压力主要来自产业结构。农业文明时代产业结构以农牧业为主,资源环境具有自我消纳能力,资源环境承载能力超限的可能性较小。人与自然较为和谐。工业文明时代产业结构以制造业为主,能源以化石能源为主。生产力的迅猛发展,不仅超过了资源环境自身的消纳能力,而且使资源环境的承载能力处于超负荷状态。人们在享受工业文明的同时,也在承受大自然的惩罚。进入生态文明时代,产业结构将以资源节约型、环境友好型产业为主,可持续发展的状况将会得到根本改善。这是人与自然和谐共生的时代。生态文明时代和工业文明时代在发展目标、发展模式,以及产业结构、生态环境承载力等方面的区别见表9-1。

表9-1 工业文明和生态文明的比较

	工业文明	生态文明
发展目标和评价指标	GDP 数量,消费效用最大化,生产率和效率最大化	经济发展、社会进步、环境保护等可持续发展的综合指标体系
经济发展方式	资源依赖型,以化石能源为支撑的高碳发展模式	以可再生能源为支柱的绿色、循环、低碳发展方式
经济与环境关系	环境容量作为约束条件,外部性内部化	人与自然、经济与环境相协调,地球环境空间作为公共资源或生产要素
能源	化石能源	可再生能源,清洁能源
消费方式	奢侈型高能耗和高碳消费方式	节俭型节能和低碳消费方式

由工业文明转向生态文明是人类文明史上的跨越。伴随着经济的发展与科技的繁荣,人们对生态环境的要求日益增强,人们开始高度重视生态环境与可持续发展问题。人类尊重自然、善待自然、保护自然。由工业文明向生态文明过渡,产业结构需要相应地进行升级。首先,为适应生态文明的发展,产业结构由传统的产业结构升级到新的产业结

构。人类的生产活动要对自然资源物尽其用,同时人类要尽量减少对生态环境的污染及破坏。其次,应重视产业的创新,发展技术含量高、低消耗、低排放的新产业,以新材料、新能源产业替代资源短缺型产业。

在生态文明下,可持续的绿色发展模式是产业发展的核心目标。以建立生态文明为目标的生态化产业重组,支撑经济系统的可持续性发展。转向生态文明需要三次产业的全面转型升级。

就农业来说,要尽量减少化学产品的使用,建立生态化农业,利用自然界本身的自我净化和恢复功能,形成良好的生态农业环境循环链,提高农产品的产量和质量。

就制造业来说,在工业文明时代,制造业是产业结构的核心,其大多是高能耗、高污染的产业。这种产业消耗掉大量的资源,并产生大量的污染。进入生态文明时代,在制造业比重明显下降的同时,制造业运用高科技方式进行生产、消费及回收,由此产生资源节约环境友好的效应。

就服务业来说,不同于第一产业、第二产业,第三产业基本上没有严重污染问题以及大量消耗自然资源的问题。但是,第一产业、第二产业的产业结构生态化,要依靠第三产业的科学技术创新发展才有可能实现。研发创新、提高生态科学技术水平,从而提高各行业的生产服务效率是第三产业的主要发展方向。生态思维的养成要靠第三产业的教育业、新闻业等行业的宣传和教育。

二、产业基础高级化

习近平总书记在 2019 年 8 月 26 日召开的中央财经委员会第五次会议上提出“打好产业基础高级化、产业链现代化的攻坚战”。党的十九届五中全会通过的《中共中央关于制定国民经济和社会发展第十四个五年规划和二〇三五年远景目标的建议》提出,今后五年,我国

"产业基础高级化,产业链现代化水平明显提高"。产业基础指的是产业发展所必需的基础关键技术、先进基础工艺、基础核心零部件和关键基础材料。这些基础性内容直接影响和决定产业发展质量、产业链控制力和竞争力。从产业现代化的角度分析,提出产业基础高级化主要有两方面必要性。

首先,每个时代的产业基础都是由科技和产业革命提供的。第一次产业革命提供的产业基础是机械化,第二次产业革命提供的产业基础是电气化。我国产业发展水平的落伍就在于同这两次产业革命擦肩而过。当今世界提供信息化基础的第三次产业革命没有结束,提供智能化基础的第四次产业革命正在兴起。我国要拥抱这两次产业革命就需要主动创新和利用这两次产业革命的积极成果,用于产业基础高级化。这意味着我国现阶段产业基础高级化既有信息化的内容,也有智能化的内容。

其次,应对碳达峰和碳中和对产业结构的挑战。根据可持续发展的要求,产业基础高级化即提供产业绿色化和高科技化的基础。2015年,国际社会达成了气候变化《巴黎协定》,确立了全球温控长期目标,即在 21 世纪末将全球平均温升控制在工业革命前的 2℃ 以内,并努力控制在 1.5℃ 以内。国际社会要实现这一目标,就必须在 21 世纪下半叶甚至 21 世纪中叶实现碳中和。2020 年 9 月 22 日,习近平主席在第七十五届联合国大会一般性辩论上郑重宣告,中国"二氧化碳排放力争于 2030 年前达到峰值,努力争取 2060 年前实现碳中和"[1]。中国宣布努力于 2060 年前实现碳中和,不仅与《巴黎协定》提出温升控制目标相一致,并且与我国在 21 世纪中叶建成社会主义现代化强国和美丽中国的目标相契合。要实现碳中和目标,就必须对产业结构进行"脱胎换骨"的转变,这就要求我国产业必须进行彻底的绿色低碳转型发展。

---

[1] 习近平:"在第七十五届联合国大会一般性辩论上的讲话",《人民日报》2020 年 9 月 23 日。

低碳经济是当今社会发展的趋势。制造业低碳化须依托先进制造技术为前提。为此，政府须加快完善低碳技术创新激励的产业技术政策。加大对节能环保、新能源、新材料等领域技术研发与引进的支持力度。

三、构建资源节约型、环境友好型产业体系

构建资源节约型、环境友好型产业体系是指以提高经济、社会、生态环境效益为目的，促进产业体系向资源消耗低、环境污染少的方向发展，从而优化产业结构，增强产业可持续发展能力。具体要求是，第一，对资源和能源消耗少、依赖小，能做到高效利用，有较多的技术、管理、资金等高级生产要素投入。第二，环境污染轻。以劳动、技术、知识、智力、信息和管理等高级要素投入，实现对资源和能源高效利用，其生产经营活动的环境污染小，产业发展和环境保护相协调。第三，技术含量和附加值高。产业投入技术和知识较多，产品更加符合消费者的需求，产生更大的效用，取得较高的效益。第四，具有可持续性和良好的发展前景。符合产业结构演变规律，顺应消费结构变化趋势，能和资源环境的承受能力相适应，符合人与自然和谐发展的要求。

资源节约型、环境友好型产业体系的构建包括以下几个层次，一是对原有的产业进行改造升级，原有产业可以通过生产工艺改造、技术研发投入、产业布局调整等相关措施来促进产业的资源节约和减少对环境的影响，如建设"三废"处理设施、对生产装备进行"节能减排"技术改造等。二是大力发展清洁能源，替代原有的传统能源。三是实现产业间的循环经济发展，实现产业间合作下的资源节约，从而减少对环境的影响，如电厂的燃烧废物可以作为建材的原材料，冷却用水可以作为取暖用水。四是在消费方式和居民日常生活中认同资源节约型、环境友好型产业。

　　构建资源节约环境友好型产业体系需要通过供给侧结构性改革淘汰资源消耗大、环境污染重、生产工艺落后的产业。一是淘汰高能耗、高污染的落后生产能力，对高能耗、高污染的企业坚决关停，加大力度淘汰小钢铁、小水泥、小火电、小电解铝、小造纸、小纺织、小印染、小酒精、小味精等能耗高、污染大、技术水平低的生产能力。二是淘汰低生产工艺、低技术水平的落后产业。在淘汰落后产能上，从提高行业的准入门槛入手，综合运用土地管理、差别电价等手段来淘汰落后的生产能力。在行业准入门槛上，建立健全产品单位能耗定额和限额标准，加大能效标准的执行力度，加强清洁生产的审核。按照国家资源节约和环境保护的相关法律，关闭一批浪费资源、污染环境和不具备生产条件的落后生产能力，对于新上项目不符合节能减排要求的，一律不许开工建设，从审批上把住关口。在土地管理上，对不符合国家产业政策的建设项目不提供建设用地，在工业园区严格执行单位土地投资强度标准，从而抑制落后产能的项目。

　　从世界范围看，第三次科技革命带来的以数字化和网络化为特征的信息技术的发展，使经济发展中知识的作用越来越突出，并体现出知识的不断扩散和应用，知识经济成为生产力发展的重要因素，形成了以智能为核心的一种全新的社会生产力体系，知识对于生产力和经济增长的决定性作用日益突出。相应的知识和技术密集型产业有利于缓解资源和能源的制约，提高资源的利用效率，促进可持续发展。其中包括电子与信息制造业、航空航天业、原子能工业、新材料工业、海洋科学技术、生命科学技术、空间科学技术等方面的产业。

　　绿色制造是一种综合考虑环境影响和资源效率的现代制造方式。其目标是使产品从设计、制造、包装、运输、使用到报废处理的整个产品生命周期中，对环境的影响最小，资源效率最高，并使企业经济效益和社会效益协调优化。近年来，世界各国投入大量财力发展"绿色制

造技术",其中的绿色设计技术,突出了在产品设计阶段预先考虑产品
生命周期全过程的无污染、资源低耗、回收和对环境的适应性。在绿
色制造理念的影响下,节能技术、不可再生材料替代技术、清洁生产工
艺、产品可拆卸与回收技术、循环利用与制造技术等成为制造业可持续
发展的重要生产方式,是实现社会可持续发展目标的有效途径。

　　构建资源节约、环境友好型产业体系需要关注静脉产业。静脉产
业一词是由日本学者提出的,指的是相对于从原料开采到生产、流通、
消费、废弃这个类似于人体血液的动脉过程的产业来说,从被废弃的产
品的收集、运输、分解、资源化到最终安全处置这个过程则可被称为静
脉产业。据此,静脉产业是构建循环经济闭合回路的重要组成部分,承
担着废物的收集、分类、运输、分解、再资源化及最终安全处置。静脉
产业的理论基础是循环经济理论,物质基础是经济社会中产生的大量
废弃物,价值基础是废弃物的可利用属性,技术基础是废弃物再资源化
技术,市场基础是原生资源的紧缺性和经济社会发展对再生资源的迫
切需求。我国的静脉产业,也被称为资源再生利用产业,《静脉产业类
生态工业园区标准(试行)》(HJ/T275-2006)将静脉产业定义为:"以
保障环境安全为前提,以节约资源、保护环境为目的,运用先进的技
术,将生产和消费过程中产生的废弃物转化为可重新利用的资源和产
品,实现各类废物的再利用和资源化的产业。包括废物转化为再生资
源及将再生资源加工为产品两个过程。"

第二节　以产业基础高级化促进可持续发展

　　可持续发展要求产业基础高级化。信息化和数字经济发展是产业
基础高级化的重要支撑,碳达峰和碳中和及其带来的新能源革命带动
产业革命,也会带来产业基础的重大变革。

一、信息化和数字经济

信息化是现代化的产业基础。信息化为核心的新技术革命涉及两个方面。

一方面是信息技术和信息产业的提升。信息化是科技更新最快的领域。现代工业以新一代信息技术和智能化为支撑。以信息化推动产业创新，发展新一代信息技术和信息产业（5G）。随着新一代移动通信、下一代互联网产业化进程的不断加快，宽带基础设施不断普及，信息技术不断改变和融入传统产业，一批产业新模式、新业态不断涌现，正在加速形成一股新的增长动力，推动信息产业结构发生深刻变革。特别是物联网、云计算、移动互联网、大数据等一系列新兴技术产业迅速兴起，与之相关的通信终端设备制造业、软件产品、信息系统集成服务、信息技术咨询服务、数据处理和存储类服务、嵌入式系统软件、集成电路设计业等行业年均增速都在20%以上，将成为我国信息产业的新增长点。当前，信息产业发展环境发生了巨大的变化。物联网、云计算、移动互联网、大数据等新增长点的竞争，不仅是产品和服务的竞争，而且是由硬件、软件、平台等综合实力构成的生态体系的竞争，是产品研发、自主创新等核心竞争力的竞争，迫切需要以自主创新驱动信息产业及我国经济的可持续发展。

另一方面，以建设网络强国、数字中国为目标。所谓网络强国，是指以现代信息网络为重要载体、以有效利用信息通信技术为提升效率和优化经济结构重要动力的广泛经济活动。信息网络技术和服务正在成为经济发展的主要推动力，也正在使各个产业的技术基础发生革命性变化。

信息化即知识化。知识化改善着人类管理环境和利用环境的能力。人们有理由相信，凭借人类的知识，可以妥善地协调经济发展与环境保护之间的关系,为高效地、节省地、洁净地利用自然资源与控制环境污染提供无限广阔的空间。

信息化包括建立在最新信息技术基础上的产业创新,即产业信息化。依靠信息技术,不仅要在现有产业中采用高科技,提高产业的高科技含量,更为重要的是直接发展一部分高科技产业,如微电子产业、信息产业、生物工程产业、新材料产业等。现阶段的现代生物技术等战略性新兴产业,以及里夫金所说的可再生能源实际上都离不开信息和互联网技术。

信息化没有完全摒弃传统产业,其重要功能是对传统经济的整合和改造,很多传统产业部门通过信息技术对传统产业的渗透,一跃进入信息化社会。信息技术具有覆盖面广、渗透力强、带动作用明显等优势。利用信息技术围绕工业产品研发设计、流程控制、企业管理、市场营销等环节,提升自动化、智能化和管理现代化水平,促进传统产业结构调整和改造升级。我国现阶段许多传统产业产品有市场,但高消耗高排放,只有靠信息化才能实现绿色化的改造进入现代社会。

随着数字信息技术、网络技术、互联网+、5G技术的发展和应用,网络化已成为现代社会又一显著特征。网络化是建立在信息高速公路基础之上,充分利用网络环境,实现资源的优化配置和企业集成的一种制造方式。利用以互联网为标志的信息高速公路,面对市场机遇,针对某一特定产品,灵活而迅速地组织社会制造资源,把分散在不同地区的现有生产设备资源、智力资源和各种核心能力,按优势互补的原则,组合成一种没有围墙的、超越空间约束的、统一指挥的经营实体-网络联盟,以便快速响应市场,快速推出高质量、低成本的新产品。

智能化制造起源于对人工智能的研究。一般认为,智能是知识和智力的总和,前者是智力的基础,后者是获取和运用知识的能力。智能化制造作为一种生产方式，是集自动化、柔性化、集成化和智能化于一身，并不断向纵深发展的高技术含量和高技术水平的先进制造系统，也是一种由智能机器和人类专家共同组成的人机一体化系统。它最大限度地替代自然资源，减少制造过程的物耗和能耗，以节约资源和保护生态环境，提高制造业生产水平。

现在的信息化突出发展数字经济。数字经济是以信息和知识的数字化为关键生产要素的经济，涉及两个方面，即数字产业化和产业数字化。

大数据是比石油资源还重要的资源。大数据产业将成为基础性产业。全球范围内，各国纷纷把大数据作为国家重要的基础性战略资源，并将大数据技术运用于推动经济社会可持续发展、改善民生和提升国家治理能力等方面。

大数据产业即数字产业化。首先，大数据产业的出发点和落脚点均为大数据，围绕大数据从产生到应用服务的整个生命周期而全面展开，因此大数据产业以开发、提取并应用大数据价值为其基本属性。其次，大数据产业作为一种经济活动，涵盖了大数据从产生、采集、传输、存储、处理、分析到应用服务等整个价值实现流程，在这个实现流程内所涉及的所有经济活动个体，均可归属于大数据产业。大数据产业就是把大数据作为生产要素并采用大数据的构成要素如海量数据资源、大数据思维模式、大数据科学技术等向市场或消费者提供有关大数据的商品或服务的社会经济组织。因此，基于实现大数据价值这个共同属性的各个大数据企业的经济活动总和共同构成大数据产业这一联合体。

基于互联网、物联网、云计算等信息技术的移动互联网行业以及电信业与金融业等行业，随时随地都在源源不断地产生数据，因此诸如互联网、电信业等行业往往会成为大数据资源的主要提供者。大数据技术服务业指对大数据产生、采集、传输、存储以及应用过程中产生的技

术问题或技术需求所提供的服务以及相应的软件开发，其主要产品为
大数据技术服务，包括前端采集、数据清洗、数据可视化、商务智能挖
掘等技术及软件研发，以及信息处理和存储支持、大数据管理分析平台
建设、互联网搜索等围绕数据提供的相关服务。大数据设备制造业和
大数据技术服务业贯穿整条大数据产业链并提供相应的设备和技术支
持，是保证大数据产业活动顺利进行的关键手段。

　　产业数字化是指产业对大数据融合应用。数据应用是大数据产业
发展的最终目的，通过前期对数据进行采集、分析和处理等操作，将挖
掘到的潜在价值信息应用到各行各业中，发挥数据价值。大数据融合
应用是大数据与各行业的融合发展，包括与互联网、金融、交通、政务
等行业的融合，根据不同领域的需求提供相应的服务和解决方案，推动
产业转型升级。具体地说，产业数字化涉及三个方向，一是针对制造业
的数字化，工业革命为推动中长期经济增长提供了新机遇。物联网、大
数据、云计算、人工智能、机器人、增材制造、新材料、增强现实、纳米
技术和生物技术等很多新兴技术取得重大进展。二是针对服务业的数
字化，较为普遍的是互联网+。互联网+的重要功能：对传统经济的整
合和改造，通过信息技术对传统产业的渗透。移动互联网进入哪个产
业领域，那个产业领域就能得到根本改造并得到提升，一跃进入现代
产业体系。三是针对农业的数字化。随着我国大数据、云计算、5G通
信等新一代信息技术与遥感技术、地理信息系统等先进技术的发展和
耦合，智慧农业或者说农业数字化，属于农业科学化、精细化管理的范
畴。发展智慧农业，强化农业精细化管理，不仅能够提高农业生产效
益，而且能够减少农业温室气体的排放。

二、碳中和和新能源革命

　　碳达峰和碳中和必然带来能源革命并带动产业革命。纵观人类社

会发展史,农业文明到工业文明,再到生态文明,通常伴随着能源利用技术和方式的根本性变革,新能源利用是社会生产力发展的重要驱动力。

从人类文明和社会发展的角度分析,能源转型是人类文明发展和进步的驱动力。历次能源转型均推动和促进了人类生产力的进步和社会发展的进程。第一次能源转型开启了煤炭的利用,催生了人类文明进入"蒸汽时代";第二次能源转型开启了石油和天然气的大规模利用,人类文明相继进入"电气时代"和"信息时代";第三次能源转型以新能源替代化石能源,将推动人类文明"智能时代"的来临。人类进入信息时代、数字智能时代和新能源时代,太阳能和风能等可再生能源成为主要能源,技术创新得以深化,分散化、个性化、就地化、数字化和合作式生产方式成为主流,网络状模块化生产网络成为产业组织的主导模式。

里夫金认为,历史上的产业革命均是能源技术与通信技术结合进而引发重大的经济转型。新产业革命的特征是互联网技术与新型可再生能源的融合。新能源技术的发展将形成以可再生能源为支撑的新型分布式能源系统,而与分布式网络通信技术的结合将形成智能型"能源互联网",实现绿色能源的在线分享。这意味着从前两次工业革命中形成的以化石能源为支柱的能源体系向以可再生能源为基础的可持续能源体系的转型。

新产业革命是以分散采集和转换的可再生能源替代集中开采和转换的煤炭、石油等化石能源。可再生能源就地转化为电力,在智能化区域电网中使用和共享。新的一次能源生产和转换方式的变革,也相应地改变能源输配和利用的方式,扁平化的智能能源网络应运而生。由于太阳能、风能、水能等可再生能源发电的间歇性,氢将成为新的重要的二次能源载体。利用可再生能源所发电力制氢,氢作为重要的储能方式和洁净无污染的优质二次能源载体,既可用来再次发电,又可用于燃料电池驱动汽车。作为一次能源的可再生能源和作为二次能源的氢能的结合，有可能成为第三次工业革命中新型能源体系的重要特征。未来形成以可再生能源为主体的智能化能源体系，氢能技术将是其重要的支柱。这也即将和前两次产业革命一样，新产业革命也将是由新型一次能源和新型二次能源相结合的能源生产和利用方式的革命所驱动。目前由于氢的制备、存储、运输和利用等方面的技术还有待新的突破，因其成本昂贵还不能大规模推广。至于未来是否能以"氢能时代"替代"石油时代"，也取决于未来是否有相应的突破和新的颠覆性技术的出现。但无论如何，如同第二次工业革命中电气化的广泛影响一样，未来氢能作为无污染优质二次能源渗透到经济社会各个领域中时，其颠覆性技术的创新以及新型能源体系基础设施运行方式和管理制度的演变，都将会导致经济生产运营方式和社会生活方式的革命性变革，以新型能源体系革命为标志的新产业革命寻求人与自然的和谐，经济社会与资源环境的协调和可持续发展。

以清洁、无碳、智能、高效为核心的"新能源"+"智能源"能源体系是第三次能源转型的发展方向与目标。能源转型与新产业革命是相伴发生的，杰里米·里夫金（Jeremy Rifkin）在《第三次工业革命》一书中勾画出了第三次工业革命的五大支柱：（1）向可再生能源转型；（2）将全世界的每一栋建筑变成即时收集可再生能源资源的微型发电厂；（3）在每一栋建筑采用氢能和其他存储技术，使建筑的每一部分都能存储间歇式能量；（4）用互联网技术把各大陆地的电网转变成一个能够实现能源共享的互联电网，其运行起来就像现在的互联网；（5）逐步将交通车辆转为插入式电动和燃料电池汽车，这些车辆可以在一个智能的、大陆间的、互助运行的电网上买卖电力。这五大支柱实际上可以进一步归纳为两大方面：一是可再生能源的大规模利用，尤其是分散式利用；二是能源系统运行模式变革，尤其是电力系统重塑，分散式可再生能源、储能、新能源汽车、能源互联网等是新型电力系统的核心元素。

2060 年我国实现碳中和目标,意味着转向以清洁能源(非化石能源)为主的低碳能源结构和构建以新能源为主体的新型电力系统[①]。其表现在以下几个方面。

1. 非化石能源将从配角转变为主角,化石能源最大限度被淘汰。未来,我国重化工业仍将存在,但是煤炭、化工、石化、钢铁、有色、建材等高碳重化工业落后产能将彻底退出历史舞台。电能成为能源供应和消费主体,是能源结构向低碳化、绿色化转型的必然趋势。2020 年 5 月,中国电力企业联合会发布《中国电气化发展报告 2019》,从电力供应、电力消费、可持续发展三个方面的指标评价电气化进程。目前与美国、德国、日本等国家相比较,发电能源占一次能源消费比重、清洁能源发电装机占比、电能占终端能源消费比重等指标表现不如人意,也成为制约我国电气化程度提高的主要原因。我国要加快电气化进程,提升终端能源电气化水平是关键,应大力推进以电代煤、以电代油。未来,我国工业、交通、建筑等终端用能部门,不仅要用电力取代煤炭、石油等化石能源的直接燃烧和利用,而且要主要依靠发展可再生能源电力,并以此大幅度减少终端能源消费的碳排放。要加速推动电气化与信息化深度融合,全面提升终端能源消费智能化、高效化水平,同时,保障各类新型产业合理用电,要支持新产业、新业态、新模式发展,提高新消费用电水平。

2. 可再生能源价格优势更加明显。随着技术加快突破,我国可再生能源成本显著下降,步入平价上网时代。2010—2019 年,全球范围内光伏发电、光热发电、陆上风电和海上风电项目的加权平均成本已分别下降 82%、47%、39% 和 29%。2018 年,我国风电、光伏发电平均每

---

① 郭朝牛:"2060 年碳中和引致中国经济系统根本性变革",《北京工业大学学报》2021 年第 5 期。

度电成本分别降至 0.35—0.46 元、0.42—0.62 元,已接近煤电脱硫标杆上网电价。未来,在技术进步和规模经济、范围经济等因素作用下,一方面,我国可再生能源生产价格将进一步下降;另一方面,随着全球和国内环保法律法规不断完善、碳排放权交易市场建设完善,通过立法、政策将"排碳有成本、减碳有收益"理念付诸实施;同时,通过市场化机制形成碳的价格,使得化石能源外部环境成本内部化,利用化石能源将额外增加碳排放成本,可再生能源价格优势将进一步显现。

3. 构建低碳新工业体系。随着我国工业结构绿色化发展和工业用能清洁低碳化发展,逐步实现以电能为主导,工业生产过程碳减排重要性凸显。我国要构建低碳新工业体系,需要将工业生产过程作为未来减排的重点领域,主要涉及在钢铁、建材、化工、石化等工业生产过程中发展先进突破性技术,比如,用氢取代焦炭实现零碳炼钢,用氢做原料生产化工产品;平板玻璃行业可以通过利用氧化镁和氧化钙替代白云石和石灰石,减少配料生产过程中的碳排放;煤化工等行业通过发展加压水煤浆气化技术、加压粉煤气化技术等新型煤气化工艺,减少生产过程的碳排放。由于氢是很好的还原剂,并且可以作为大部分化工和石化产品的组分,因而未来氢能够在推动工业领域生产过程深度减排中扮演重要角色。我们应尽快从当前具有成本优势的"灰氢"(采用化石能源制氢)转到"绿氢"或"蓝氢"(采用无碳或碳中性技术电解水制氢),因为只有"绿氢"或"蓝氢",才能真正达到全产业链的减排。未来,随着碳达峰、碳中和工作的深入进行,制氢领域面临的挑战将是如何实现"绿氢"或"蓝氢"技术大规模推广应用,进而降低生产成本,产生经济效益。

三、产业链现代化

产业链是指各个产业部门之间基于一定的技术经济联系和时空布

局关系而客观形成的链条式关联形态。中华人民共和国成立后，我们高度重视工业建设，建立了相对完备的工业技术支撑体系。改革开放后，通过加强多国多区域经贸合作，更大范围地学习引进国外先进技术，形成了"引进－消化吸收－再创新"的良性循环。特别是加入WTO后，通过与发达国家和企业进行深度合作，进一步充分发挥比较优势嵌入全球产业链，融入全球生产网络，介入全球产业链分工体系。近年来，经济全球化遭遇逆流，国际经济循环格局发生深度调整。新冠肺炎疫情也加剧了逆全球化趋势。构建以国内大循环为主体、国内国际双循环相互促进的新发展格局，是我国把握未来发展主动权的战略性布局和先手棋，是新发展阶段要着力推动完成的重大历史任务，也是贯彻新发展理念的重大举措。

　　构建新发展格局，无论是国内循环还是国际循环，关键都要构筑产业发展的新优势，提升我国产业在全球价值链中的地位，其本质是产业链的现代化。在全球价值链视角下，产业链现代化的实质是产业链水平的现代化，包括产业基础能力提升、运行模式优化、产业链控制力增强和治理能力提升等方面的内容。

　　产业链现代化体现在创新链、价值链和供应链上，关键路径有：一是要拥有自主知识产权、掌握核心技术的优势产业，围绕创新链布局自主可控的产业链。所谓自主，就是在设计研发、系统集成能力和营销等方面体现自主性。所谓可控，即防备产业发展受制于人。建立达到世界先进水平的产业链，追求的是竞争优势而不是资源禀赋的比较优势，需要更为关注供应环节的科技水平，零部件的供应商应力求达到世界级水平，拥有关键核心技术。某些发达国家封杀、断供的产业链环节，应当成为部署创新链的重点。二是从全球价值链的中低端环节向中高端环节攀升。全球价值链攀升的过程也需要围绕产业链部署创新链，就是要面向中高端环节进行科技攻关，掌握中高端环节的核心和关键技术。如汽车或飞机的发动机、高端半导体芯片、手机智能系统等。企业努力进入技术和质量要求更高的元器件制造环节,并被全球价值链上的企业所采用,就会出现价值链环节的国内替代。替代技术绝不是模仿技术,实现替代需具备的必要条件是:有自主知识产权,替代后的生产环节(如更精密的元器件)在技术上必须符合价值链标准,甚至比以往的产品质量更高、成本更低。三是构建创新导向下的开放型经济,新发展格局中提出的以内循环为主,绝不是放弃对外开放,而是转向创新导向的开放型经济,其主要特征是着力引进创新资源。过去,各种要素如技术和管理是跟着资本走的,因此,可以通过引进外资来达到利用国际资源的目的。现在,各种创新要素常常是跟着人才走的,而高端创新要素特别是高端人才,相当多地聚集在发达国家。转向创新导向的开放型经济,就是要根据创新链上各环节的需要,着力引进掌握高端核心技术的科技和管理人才。四是产业链的现代化还要求供应链绿色化、智能化。利用人工智能、大数据等现代信息技术打造智能化、信息化、网络化的供应链。

总之,我国产业链现代化需要围绕创新链布局自主可控的产业链,促进产业链和创新链深度融合,通过关键核心技术的创新推动全球价值链中低端向中高端攀升,通过创新资源、创新人才的引进建立创新导向的开放型经济,做到供应链各环节绿色化、智能化,实现产业的可持续发展。产业链现代化的过程是产业附加值提升,同时实现可持续发展的过程。

第三节 产业政策的可持续发展指向

有效的产业政策能够对产业可持续发展起到规划和调节的作用,有效引导产业升级、生态保护和资源能源节约。产业的可持续发展导向重在前瞻性地培育战略性新兴产业、提高产业的科技和绿色化含量、节能减排和对外资产业的选择,还应围绕产业结构和产业发展建立可持续发展的产业组织。

一、对产业可持续发展的规划和调节

在市场经济条件下,市场决定资源配置,发展什么产业,淘汰什么产业,某种产业达到什么规模,首先是市场优胜劣汰选择的结果。但是产业发展不能只是依赖市场作用。市场对产业的长期发展存在市场失灵,尤其是对发展中国家来说,一方面产业结构长期处于低水准,积重难返;另一方面市场不完善,因此产业的长期发展和产业结构调整不能只丢给市场,政府还是要发挥作用。还要为产业结构的调整和转型升级提供明确的引导。其主要方式是制定和发布每个时期的产业政策,并提供必要的引导性投资。

产业政策是政府为了实现一定的经济和社会目标而对产业的形成和发展进行干预的各种政策的总和。产业政策的实质是针对产业活动中出现的资源配置的"市场失灵"情况而进行的政策性干预,弥补市场缺陷。产业政策虽然由政府制定和贯彻,但还是要尊重市场选择,为市场决定资源配置提供必要的制度性环境,同时也需要利用市场工具,包括强化市场竞争政策、完善资源价格比例等,这体现在调节产业结构上政府与市场的协同。

产业政策的功能突出在产业的长期发展规划及各个阶段的产业发展与其长期规划的衔接,特别包含可持续发展导向。可持续发展产业政策的取向在于引导产业和企业实现可持续发展目标,即达到持续性、高效集约性和平衡协调性的发展。因此,产业政策应对制定长远发展规划和确定重大行动计划提出指导性纲领。产业政策包括产业结构政策、产业组织政策和产业布局政策,这三个方面都需要体现可持续发展指向。

产业政策具有可持续性指向,就可以引导企业合理配置资源,加快技术进步,减少资源消耗,鼓励和限制企业行为以促进清洁生产和环保产业的发展,减少经济向环境的排污。产业政策具有绿化产业结构,促进经济与生态环境协调发展,追求社会、经济、生态协同发展的功能。这种功能会随着国民经济水平的提高而不断增强。

在可持续发展战略思想指导下,产业政策目标应包括以下四方面。1.产业升级目标指向。推动产业结构合理化、高级化,增强产业实力与可持续发展后劲。2.生态目标指向。包括污染治理状况、废弃物(三废)处理与循环再利用、清洁能源,清洁燃料、清洁生产与污染预防、生态环境破坏的治理与恢复、生态环境建设、防灾减灾能力的提高等多方面的改善。3.资源能源目标指向。包括降低能耗及材料消耗水平节约资源、提高资源综合利用率、开发利用新能源和可再生能源优化能源结构、资源保护(指水、土地、矿产、森林、海洋等天然资源的保护)、建立后备资源体系、人力资源的爱护与保障。

二、对产业的可持续发展导向

第一是前瞻性地培育战略性新兴产业。战略性新兴产业是科技创新的成果,代表产业发展的方向。国家竞争力很大程度上表现在其科技和产业占领世界的制高点。处于制高点地位的产业就是战略性新兴产业。面对正在到来的第三次工业革命和第四次科技革命的挑战,各个国家正在采取积极的应对措施。据有关资料,美国着力发展新能源、生物医药、航天航空和宽带网络技术;日本着力发展新能源、新型汽车、低碳技术、医疗技术和信息技术;欧盟国家着力发展绿色技术、低碳技术和新能源汽车技术;巴西、墨西哥等发展中国家也在着力发展新能源和绿色环保技术。可见,新科技和产业革命以创新知识密集产业和绿色技术产业为标志。由此催生的战略性新兴产业，是新兴科技和新兴产业的深度融合，既代表着科技创新的方向，也代表着可持续发展的产业发展方向。我国过去几次科技和产业革命都没有能够赶上，失去了机会。这次再也不能与新科技革命失之交臂。在全球化、信息化、网络化的时代，我国的工业化同发达国家已经站在同一个创新起跑线上，美国、日本、欧洲这些国家所发展的产业，同样也是我们所要发展的产业。

第二是提高产业的科技和绿色化含量。依靠最新科学技术不仅可以使工业化水平一下子进入国际前沿，同时可以以其对物质资源的替代和节省，实现低物质消耗，以其带来的清洁生产而降低污染，而且依靠高的科技含量可以获取高的附加价值。尤其是依靠最新科技成果发展该时代处于领先地位的新兴产业，形成具有自主创新能力的现代产业体系。十九大要求推动互联网、大数据、人工智能和实体经济的深度融合，支持传统产业优化升级，促进我国产业迈向全球价值链中高端，培育若干世界级先进制造业集群。

第三是节能减排。我国现在所处的现代化阶段正是经济结构显著转换的过程，资源消耗推动经济增长的特点较为明显。这种结构转换和经济发展对自然资源形成巨大的需求，从而使本来就捉襟见肘的自然资源更为紧张。现在，在全球环境恶化及资源供给条件恶化的背景下，为了实现可持续发展，就必须摒弃发达国家所实行过的工业化模式和现代化道路。按可持续发展要求形成新的经济发展模式：从对自然资源竭泽而渔的做法转向以再生能源为基础、重复或循环利用资源的经济模式。

第四是对外资产业的选择。在开放型经济背景下，产业结构的调整和升级不能脱离国际背景。现阶段国际资本流动的重要方面是产业的国际移动。在中国成为制造业大国的同时，中国已成为世界第二吸收对外直接投资的大国。我国在接受国际制造业转移时应该有明确的目标,发达国家向发展中国家转移的产业一般是成熟产业,而不是在未来市场上具有竞争力的产业。这意味着单纯靠引进外资和国外产业并不一定能培植战略产业。我国引进战略需要调整,由直接引进产业转向引进发展国际先进产业的要素,尤其是吸引发展先进产业的科技成果和科技人才及管理人才。引进的国外先进产业必须处于全球价值链的高端,重点引入核心高技术,引入拥有核心技术的企业。特别强调其高科技含量和产业的先进性,其资源节约和环境保护达到先进标准。

三. 可持续发展的产业组织

产业组织即围绕产业结构和产业发展的政策目标所进行的政府和市场层面的组织活动。在市场经济条件下产业组织涉及政府与市场的协同作用,竞争和垄断关系的处理,以及产业的地区布局。

首先,产业组织政策以竞争为基础。竞争是市场经济的运行机制。竞争政策则是政府为保护、促进和规范市场竞争而实施的经济政策。竞争本身属于微观经济,竞争政策则是国家宏观调控经济的重要方面。转向社会主义市场经济体制要求市场机制的充分作用,这需要国家实施支持和保护竞争的政策。强化竞争政策基础地位是实现要素市场化配置的重要制度安排。竞争政策不是孤立的,在国家调节经济的政策体系中竞争政策起着基础性作用,竞争政策属于产业组织方面的政策。竞争政策在产业组织中起基础性作用有两方面含义。

一是政府和市场对产业组织作用的选择上,虽然产业政策反映政府意志,但是产业政策的实施主要依靠竞争机制:竞争性选择产业发展方向,竞争性选择鼓励发展的产业,竞争性淘汰落后产业,竞争性建立上下游产业联系。运用价格杠杆,加大生产要素差别价格实施力度,如实行差别电价政策等,增加落后生产能力企业的生产成本,用经济手段促使落后产能自觉退出市场。在充分发挥市场作用的同时更好发挥政府作用在于通过产业政策确定负面清单,明确企业不能进入的影响可持续发展的领域,并且综合采用政策引导、财政扶持、科技支撑等手段,支持企业不断通过采用新技术、新工艺来加快企业的改造升级,如建立循环经济产业园区、不断开发和采用新能源、提高企业自身清洁生产能力等,从而实现产业结构的不断升级。

二是在垄断和竞争的关系上,市场上存在的垄断结构和垄断行为是与市场决定的资源配置方式相对立的。垄断会在一定程度上阻碍国家产业政策的实施。面对不同垄断(竞争)程度的市场,产业政策会有不同的引导作用。以竞争为基础的产业组织政策要求在更大范围减少垄断。无论对哪种市场,都要反对垄断行为,相应地需要完善反垄断法。我们国家的市场经济是从计划经济转变而来,还存在自然经济的残余,竞争不足和竞争无序并存现象更为严重。因此市场建设重点在建立统一开放竞争有序的市场,尤其是规范竞争行为。这需要建设高标准市场体系,在此基础上形成法治化的营商环境。所要强化的竞争政策包含规范竞争秩序的要求,尤其是互联网+市场迅猛发展出现一系列新的经济业态后,特别需要建立和完善针对新经济业态的竞争秩序。

其次,自觉地组织产业协调。产业结构的调整和发展有两种战略:一种是各产业同步发展的平衡发展战略;另一种是各产业不同步发展的不平衡发展战略。产业的转型升级,主导产业的快速发展,战略性新兴产业的涌现,都会产生产业结构的不平衡发展。当某些产业部门超前发展时,别的产业部门的投资者要能主动地灵敏地做出反应,需要产业联系链上各个投资者具有企业家精神,市场机制传递准确的信息及充分的市场竞争的压力。否则,即使正确地选择了主导产业,也难以产生其带动其他产业部门发展的联系效应。这本身是市场发挥积极作用,但产业结构长期不平衡就会产生资源的浪费,人民需要得不到充分满足。这时候就需要政府发挥作用,自觉地协调产业结构。政府在协调结构时需要解决好三方面问题:第一,正确地选取和规划优先和重点发展部门,并真正使这些部门成为资源配置的重点;第二,努力放大优先发展部门的扩散效应,以带动各个部门的发展;第三,根据产业结构的发展趋势调节需求结构和进出口结构,从而使非均衡的结构趋向均衡。在实行非平衡发展战略时,平衡产业结构的主要机制是市场机制,由市场来组织平衡,因此需要通过经济体制改革,增强企业活力,并促使产生企业家精神,从而借助主导产业的联系效应,各产业自求平衡,求得在高层次的产业结构上的平衡目标。

最后,战略性新兴产业需要政府进行前瞻性的培育。其培育方式,一是对战略性新兴产业进行科学规划;二是对孵化新技术新产业环节提供引导性投资;三是对孵化出的战略性新兴产业进行加速性扶持,扶持性措施不只是在税收等方面的财务性支持,更重要的是市场扶持和消费拉动。同时要防止一哄而上,在制度安排和计划安排上克服重复、分散投资,实现优势集中,并且从研发到制造到采用形成产业链,达到范围经济。显然,培育和扶持战略性新兴产业是同支持产业创新结合在一起的。当然在战略性新兴产业达到一定规模后,政府的扶持政策就要退出,让它平等地参与市场竞争。政府再转向对新一轮的战略性新兴产业的培育。

总的来说,可持续发展的政策体系包括产业与技术政策、区域协调发展政策、可持续发展的投资与金融政策、可持续发展的税收和价格政策、对外贸易以及进出口政策等。可持续发展的制度体系涉及国家的法治建设,包括调整经济关系的制度法规、引导经济发展的制度法规以及保护社会经济环境资源的制度法规等经济法规体系,以及调整人们在自然资源以及环境的管理、开发、利用、保护过程中发生的各种社会关系。

第十章　实现可持续发展的城镇化
与乡村振兴

城市、城镇和乡村是相互联系的整体系统。在现代中国,城市现代化、城镇化和乡村振兴是相互联系的发展战略,其战略目标是城乡的融合发展。相应地,国家或区域的可持续发展,很大程度上取决于城市化、城镇化和乡村振兴的融合发展。

第一节　城市的可持续发展

城市本是工业化的产物,城市化是所有存在二元结构的国家实现发展的必要过程。在现代化的进程中城市成为现代化的中心和策源地,因此,现代化不能回避城市现代化。只有城市走上可持续发展道路,才会有国家和区域的可持续发展。

一、城市化和城市的现代价值

在发展经济学中城市化是传统社会转向现代社会的必要进程。城市化与工业化相伴,原因是现代工业一般聚集在城市。城市化被解释为农业剩余劳动力进入城市,因此一般讲的城市化指的是城市人口比例的提高。我国的农民在最初的城市化中创造了离土不离乡的就地发展小城镇、自己转移自己的城镇化道路。在后来的发展中,随着城市的发展对劳动力需求的增长,开始了农民工离土又离乡的城市化。进一步的城市化,不仅指人口的城市化,还涉及在原有农村区域举办各类开发区形式的地域城市化。这样,城市化包括城市人口规模的扩大,还包括城市地域规模的扩大。

从区域经济发展角度讲,城市的基本功能是市场中心,是人流、物流、信息流和资金流的集聚地,也是服务业的载体。哪里有城市,生产要素就到哪里集聚;哪个城市的城市功能强,哪里集聚要素的能力就强。增长极理论的奠基者佩鲁把城市看作区域发展的增长极,认为城市的带动作用增加了地区差别效应:"地理上集中的综合产业极(城市)改变了它直接的地理环境,而且如果它足够强大,还会改变它所在的国民经济的全部结构。作为人力、资本资源的积累和集中中心,它促进了其他资源集中和积累中心的产生。当这样两组中心通过物质的和智力的高速公路相互联系在一起时,广泛的变化在生产者和消费者的经济视野和计划中就显示出来了。"[①]正因为城市对区域发展具有增长极作用,城市是一定范围区域的中心,所以一定区域的发展水平在很大程度上取决于该区域的城市数量、城市规模和城市功能。在一定区域内城市数量多,城市规模大,其吸纳生产要素的能力强,城市的增长极功能就强,该区域的发展水平就高。

根据上述关于城市化功能的原理,我国地区经济差距就可以用城市化水平的差距来说明。东部地区之所以经济发达,原因是这里的城市数量多,城市规模大,因此城市功能强。中西部地区之所以经济不发达,原因是这里的城市数量小,城市规模少,因此城市功能弱。正因为在广大的中西部地区城市和城镇供给严重不足,农业中转移出来的劳动力在当地无城镇可"化",只能是走离土又离乡的异地城市化道路。

城市的中心地位越是突出,辐射范围越广,越能穿透行政壁垒。以

---

① 弗朗索瓦·佩鲁:"略论'增长极'概念",《经济学译丛》1988 年第 9 期。

长江三角洲地区为例,这里发展水平领先全国的主要原因是城市密集且城市化水平高,长三角已经是中国第一大并正在成为世界第六个特大型都市圈。既有像上海这样的国际化大都市,又有像南京、杭州、苏州、无锡、常州、宁波这样的大中城市。由于城市的中心地位突出,因此区域内市场和企业有强大的向城市特别是中心城市的向心力。从这一意义上说,城市化及城市功能的提升是实现区域可持续发展的强大动力。

城市如何实现可持续发展,涉及对城市价值的理解。过去人们对城市只是突出其经济价值,包括市场价值和产业价值。进入新时代后,从满足人民美好生活需要考虑,城市不只有经济价值,还有文化价值和生态价值。城市价值是经济、文化、生态三大价值的总和,也是城市实现可持续发展的基础所在。

其一,现代城市的经济价值。现代城市的经济价值主要包括以下几个方面。第一,市场价值。现代城市化的关键不是人口流动和集聚,而是提升城市功能,变工业型城市为贸易型、服务型和消费型城市,成为市场中心、商贸中心,成为人流、物流、信息流和资金流的集聚地,成为公司总部集聚地,具有最为完备的现代市场体系。第二,产业价值。过去城市集聚的主要是制造业,现在从可持续发展考虑,需要通过城市产业结构重组,将城市工业向周边小城市和城镇转移,金融、贸易、信息、服务、文化教育等第三产业向大中城市集中。第三,发展极价值。从城市作为一个区域的发展极考虑,城市对农村及外围地区有辐射带动作用,在城市聚集的要素只能是先进生产要素,聚集的产业只能是主导产业,服务业和制造业的研发中心、公司总部及其营销中心也聚集在城市。城市由工厂林立转向公司林立,吸引外资银行、保险公司、贸易企业、电信公司和各类高科技研发中心进入中心城市。

其二，现代城市的生态价值。城市要让居民能够享用生态财富，满足人民美好生活需要，且生态财富也能够提升城市的经济价值。环境治理和改善生态环境对提升城市价值具有重要意义，要在公共绿地和城市公园化的建设上提升城市的生态价值。改善生态环境也有利于提升旅游业，进而提升城市的经济价值。

其三，现代城市的文化价值。城市是文化、科技、教育、医疗卫生中心，其文化价值体现着历史文化与现代文化的交融。城市文化产生经济价值突出在三个方面：一是依托城市教育资源提升地区文化素质，增加人力资本；二是依托城市积淀的文化资源发展文化产业；三是依托科技资源建设科技创新的中心，城市成为科学研究中心和产学研协同创新平台集聚地，许多原创性的成果在城市产生，以促进科技创新。

以上对城市的经济、生态和文化三大价值的分析，实际上指出了城市可持续发展的方向。

二、"城市病"影响城市可持续发展

长期以来我国对城市的定位基本上是生产型城市，即在相当长时期内所强调的由消费型城市转变为生产型城市。生产型城市又归结为工业城市，在工业化的初期阶段发展城市工业对推动我国的工业化起了重要的历史作用，但是随着城市工业的发展，由工业集中所产生的污染、拥挤等"城市病"越来越严重。特别是在工业制成品普遍进入买方市场后，城市失业问题也越来越突出。可以说，工业比重越高的城市，"城市病"越严重。而且，随着农村工业化和城镇的发展，在农村城镇发展相同的工业比在城市成本更低，城市地位越来越下降。"城市病"是城市系统运行中经济、社会和生态子系统之间不协调的一种表现，在大城市集中表现为人口膨胀、交通拥堵、住房困难、生态破坏和环境污染。"城市病"的恶化和蔓延会严重削弱城市价值,阻碍城市可持续发展。[①]

（一）城市人口膨胀、交通拥堵与住房困难

世界上任何一个特大型城市都面临过人口急剧增长的压力。发达国家在城镇化中期阶段的城市繁荣往往伴随着人口剧增后城市内部效率与资源分配失衡、城市社会矛盾凸显等问题。当下,我国城镇化进程进入中后期阶段,根据城市化发展的阶段性规律,是"城市病"集中爆发的时期。

一些大城市人口数量剧增、人口密度过高,挑战着城市资源承载力极限。人口往大城市集聚是城市化的客观规律,但当城市管理能力和公共服务能力与人口、经济规模不相适应时,就会引发交通拥堵、住房困难等问题。虽然近年来伴随着道路规划及相关政策的完善,全国交通拥堵现象有所改善,但城市通勤高峰阶段,路段通行不畅现象仍普遍存在。2020 年,在我国 361 个主要城市中有超过 40% 的城市通勤高峰道路处于拥堵或缓行状态。[②] 针对新增人口住房困难这一重大民生问题,中央政府多次出台房价调控政策,但对于部分热点城市和城市中心区域而言,外来人口的攀升与土地资源紧张使城市住房的供需矛盾十分突出,房价居高不下。

（二）城市环境污染与生态破坏

水体污染和大气污染是工业化国家的主要城市环境问题,严重影响了公共健康甚至危及生命。英国 19 世纪 30 至 50 年代,因为水体污染带来的霍乱引起工业城市经常出现上万的人口死亡。此外,噪声污染、固体废弃物污染、地面沉降等都是工业化发展的伴生物。

我国城市环境污染突出体现在城市的污染物排放量超出当地的

---

① 洪银兴、杨玉珍、王荣:"城镇化新阶段:农业转移人口和农民市民化",《经济理论与经济管理》2021 年第 1 期。

② 高德地图等:《2020 年度中国主要城市交通分析报告》,高德地图 2021 年。

承载力。有研究表明国内城镇化率每提高 1%，生活污水增加 11.5 亿吨、生活垃圾增加 1200 万吨。[①]但当前垃圾回收利用水平仍处于低位，2006—2015 年我国的城市生活垃圾回收利用率从 12.1% 上升至 17.0%，然后又缓慢下降至 15.6%，难以满足城镇化率快速提升伴随的生活污水、生活垃圾处理需求的剧增。[②]

我国城市生态功能脆弱、气候问题也影响了市民健康生活和社会健康发展。伴随着城市化进程，大量生态用地被侵占，工业污染排放量攀升，导致城市生态系统自我调节能力逐步下滑，城市热岛效应加剧，局部内涝、雾霾、极端炎热天气等问题在城市地区频繁发生。2013 年以来，我国针对环境问题出台了一系列政策措施，其中《大气污染防治行动计划》被称为新中国"史上最严"的环境政策。在该政策指导下，2013 年至 2017 年 4 年间京津冀、长三角、珠三角重点区域取得了PM2.5 平均浓度分别下降 39.6%、34.3%、27.7% 的惊人成效，但是以"雾霾"为代表的环境污染问题仍然存在。[③]

三、城市在现代化中实现可持续发展

观察现代化国家可以发现，城市是现代化的中心，是科学技术和文化思想的策源地，是先进社会生产力和现代市场的载体。推进城市现代化将促进技术创新和文明进步，进而推进社会经济现代化和城市文明的地域扩散，提高区域现代化的潜力。在区域经济中，城市是所在一定区域范围内的增长极。在现代经济中，城市在区域经济和社会发展中的主导地位越来越突出。城市的中心地位越突出，对周边区域的辐

① 张玉林："中国的城市化与生态环境问题——'2018 中国人文社会科学环境论坛'研讨述评"，《南京工业大学学报（社会科学版）》2019 年第 1 期。
② 周传斌、吕彬、施乐荣等："我国城市生活垃圾回收利用率测算及其统计数据收集对策"，《中国环境管理》2018 年第 3 期。
③ 林弋筌："中国'雾霾'治理的政策效果与机制分析"，《系统工程》2021 年第 4 期。

射力越强,区域的整体发展水平越高。这种作用的发挥依赖于城市的发展,以及要素和主导产业在城市的聚集。在现阶段无论是在发达地区还是欠发达地区,城市增长极作用的提升集中在其现代化水平的提升上。

城市现代化建设秉承新发展理念,推进城市产业、经济、科技、社会进步与自然环境和谐发展,是解决"城市病"问题、全方位提升城市价值从而实现城市可持续发展的路径。

（一）基于城市价值和功能的转型

城市现代化要突出其内涵和功能的现代化,而不是片面追求其规模。过去的城市化以城市规模的扩张为特征,其原因是当时城市化处于工业化阶段,因此城市规模越大,工业化水平越高。而现代工业化正在进入信息化阶段,以信息化为基础的城市现代化水平没有必要用城市规模来说明。①

城市中制造业和居民住宅的高度集中造成了过分拥挤和环境恶劣等问题,城市单位土地使用的效益也严重下降,同时也挤占了现代产业和服务发展的空间,城市现代化水平难以提升。因此城市现代化涉及通过土地置换,使大量工业、普通住宅等偿付租金能力差的用地从中心区退出,在传统工业和居民出城的同时鼓励企业总部进城,为租金偿付能力强的金融、商务、公司总部及公共建筑等进入城市提供空间,促进城区的功能更新。

城市现代化需要增加现代城市要素的供给。一是人口结构以中等收入作为主体。二是城市业态重组。要把金融、贸易、信息、服务、文化教育等服务业集聚在城市,尤其是重视高端服务业。三是要发展总

---

①　美国学者曼纽尔·卡斯泰尔（Manuel Castells）将现代城市发展归结为两个趋势：中心化过程和扩散化过程。现在在美国几个大城市出现的现象是：信息密集型产业正在向城市、大城市及其中心地带集中,公司办公地点则向郊区扩散。这与其员工大多数住在郊区相关。（参见曼纽尔·卡斯泰尔：《信息化城市》,崔保国等译,江苏人民出版社2001年版）

部经济。特别是要关注全球价值链总部的集聚。四是城市的国际化。需要以更加开放的环境来吸收吸引外资银行、保险机构、贸易企业、电讯公司、高科技研发中心。五是现代城市设施建设。尤其是发展枢纽经济,重视交通枢纽建设和新兴基础设施(5G 等)建设。一个地区的枢纽固然非常重要,但是有枢纽、没有经济还是发展不了枢纽经济,因此必须要围绕枢纽来办经济、建经济。

(二)城市绿色发展

城市绿色发展是城市可持续发展的必然要求,也是城市居民对改善城市生活环境的基本要求。在资源短缺、生态环境问题凸显的约束下,城市必须走绿色发展道路,在保持城市功能正常发挥、城市经济增长的基础上,实现城市生态、经济和社会环境的和谐统一。城市绿色发展应该从产业的绿色转型升级和城市绿色空间打造两方面着力。

城市绿色发展要发展绿色产业,重点应集中于高耗能产业的节能减排和产业结构绿色转型升级。高耗能产业的节能改造需要通过节能减排技术革新、产业链横向纵向集聚发展、强化排污权管理等方式,减少生产环节的能源消耗,强化资源能源循环利用,降低废弃物排放,[①]从而助力实现我国碳达峰、碳中和的目标。城市产业结构绿色转型升级应从更新主导产业、改革低效产业、培育新兴产业三方面推动。[②] 更新主导产业,要求衍生强化其上下游产业,利用产业集聚和规模效应促进循环经济模式发展;淘汰低效衰退产业,对资源利用低效产业实行再开发和退出管理,实现城市产业更新;培育新兴产业,加强清洁产业、清洁能源等新兴产业的政策支持。

城市绿色发展需要以绿色空间规划引领打造城市绿色生态空间。

---

① 李海生、傅泽强、孙启宏等:"关于加强生态环境保护,打造绿色发展新动能的几点思考",《环境保护》2020 年第 15 期。

② 冯婧、李素侠、张雪花:"基于系统动力学的新兴绿色产业链价值增值研究",《科技管理研究》2019 年第 22 期。

城市绿色空间规划中需要重点加强以下方面：一是注重全市统筹、功能协调、布局合理，[①] 将绿色空间规划融入国土空间规划；二是强化生态功能区的打造，注重城市空间与所处区域自然环境的协调贯通，利用其生态资源优势特点，形成城市与生态功能区的有机整体，[②] 诸如打造类似纽约中央公园、新加坡滨海湾花园等兼顾城市功能与生态景观的功能区；三是以城市资源环境承载力为参考，注重人地的协同，适度控制都市圈外延扩张，促使城市规模适度发展。

生态环境可持续也是城市可持续发展的重要内容，城市生态可持续的关键在于协调经济发展与资源环境保护之间的矛盾，提升城市生态价值。生态可持续并不是不要发展，而是通过转变发展方式实现经济与生态的协调发展，这对城市产业创新和工业的绿色升级提出了要求。在减少城市生产活动对资源环境破坏的基础上，还需进一步修复提升城市生态功能。

（三）智慧城市建设

城市价值提升的关键在于为居民提供高质量的城市基础设施、公共服务、人居环境、城市管理和高质量的市民化，进而为居民提供高质量的生活和就业，[③] 这也是实现可持续发展的具体路径。

创新驱动、科技赋能城市现代化治理需要从新型信息技术嵌入和智慧城市制度设计等方面着手，并着重解决"城市病"。通过将新型技术嵌入城市运转全流程，实现城市海量信息的动态集成与流通，提高城市资源配置效率与服务质量，从而促进城市治理的精细化和现代

---

① 李志明、邱利："英国绿色空间规划的实践经验及其对中国的启示"，《现代城市研究》2018 年第 11 期。

② 汤大为、韩若楠、张云路："面向国土空间规划的城市绿地系统规划评价优化研究"，《城市发展研究》2020 年第 7 期。

③ 方创琳："中国新型城镇化高质量发展的规律性与重点方向"，《地理研究》2019 年第 1 期。

化。[1] 加强智慧城市建设制度设计，建立一个全局性的顶层设计框架，进一步梳理组织结构、制度规定、业务流程、保障体系。[2] 针对"城市病"问题，需要建立城市危机综合管理信息系统，利用云计算、大数据等现代科技手段，感测、分析和整合城市运行的各项关键数据，从而对市民的各种需求做出智能响应。[3]

第二节　可持续发展的城镇化

我国农民在推进农村工业化过程中创造了就地进入城镇的城镇化道路。国家统计局的数据表明，我国常住人口城镇化率由 1990 年的 26.41% 提高到了 2021 年的 63.89%，城镇常住人口从 3.02 亿人增长到 9.02 亿人。现在，城镇化进入以人为核心的高质量发展阶段，旨在解决人口快速转移的城镇化进程中存在的市民与进城农民所享权益的不平衡以及资源环境不堪重负的短板。[4] 因此，新型城镇化具有人的城镇化和绿色城镇化双重内涵。

一、人的城镇化和城镇城市化

人的城镇化就是要使城乡居民共同分享城镇化发展成果，其重点在于农村转移人口的市民化。人的城镇化不应仅指进入城市的农业转移人口的市民化，还要实现留在农村的农民市民化，即没有进城的农民就地在城镇实现市民化。农民就地实现市民化的关键在于城镇城市

---

① 嵇江夏、宋迎法："智慧城市治理的研究进展与前沿热点——基于中国知网数据库的文献计量可视化分析"，《四川行政学院学报》2021 年第 1 期。

② 李雪松："新时代城市精细化治理的逻辑重构：一个'技术赋能'的视角"，《城市发展研究》2020 年第 5 期。

③ 李明超：《大城小镇：城市化进程中城市病治理与小城镇发展》，经济管理出版社 2017 年版。

④ 洪银兴："中国共产党百年经济思想评述"，《东南学术》2021 年第 3 期。

化，使城镇具备城市功能，使得农村居民能够在城镇享受到城市文明。

　　人的城镇化不再仅仅关注城镇化的速度，而是强调城镇化质量，使发展成果惠及农民，使得广大农民能够公平、全面地享受市民权利。当前城镇化过程中相当数量的农业转移人口虽然转入城镇生产生活，但无法享受到与市民平等的医疗、教育、住房、社会保障等基本公共服务。因此，人的城镇化的重要方面是农业转移人口的市民化。

　　推动人的城镇化也是对城镇化路径不可持续问题的回应。当前大城市交通拥挤、环境污染、就业困难、房价高昂等"城市病"频发，难以承担进一步的人口数量转移。同时，如今农村剩余劳动力逐渐减少，达到"刘易斯拐点"，继续追求以促进农村转移人口进入劳动力密集型产业带动经济发展的城市化效果甚微。因此，可持续发展的城镇化应将重心从人口转移意义上的城镇化转至人的城镇化建设上来。这需要推动户籍制度改革，打破农业转移人口市民化的制度壁垒。在现有城乡二元户籍制度框架下，尚未取得城镇户籍的外来务工人口难以公平地享受到基本公共服务。2012 年以来，我国常住人口城镇化率与户籍人口城镇化率差值达 16% 左右，相差人口超过 2 亿人。通过促进农业转移人口户籍的转变，能够保障转移人口的市民权利。人口市民化不仅仅是户籍人口数量的提升和城镇户籍人口权力的保障，还应逐步剥离户籍上附着的农业户口与非农业户口的福利区别，实现医疗、住房、教育等基本公共服务的全覆盖[①]。为此需要健全政府主导、企业与个人共同分担的成本分担机制。其路径包括推动城乡融合发展，提高农村人口可支配收入；通过创新土地政策，放活土地经营权，促进土地流转，推动农业规模化经营，提高进城务工农民的收入。

　　城镇城市化可以降低农业转移人口市民化成本。农业转移人口进

---

　　① 程业炳、张德化："农业转移人口市民化的制度障碍与路径选择"，《社会科学家》2016 年第 7 期。

入城市需要农民自身承担高昂的住房成本、医疗成本和子女的教育成本，企业承担难以接受的社会保障费用，转入地政府需要满足急剧增加的基础设施和公共服务需求。城镇城市化提供了必要的低成本替代选择，体现为使农村人口不需转入城市就可享有市民权利，实现就近市民化，能有效降低农民、企业和政府多方的人口市民化成本。

城镇城市化，是指城镇具有城市功能，城镇城市化能够有效缓解城市压力，解决"城市病"。房价高昂、交通拥挤、环境污染、交通困难等"城市病"的本质是城市发展、扩张的规模超出了合理限度，城市已无法继续承担大规模的人口市民化的重任。通过城镇城市化，能够使得处于农村的城镇有效分担城市人口市民化的任务。推进城镇城市化是解决"城市病"降低人口市民化成本的必然选择。

城镇城市化有助于促进乡村振兴，解决"农村病"。伴随着快速城镇化的推进，农村人口老龄化、村庄"空心化"、农村劳动力质量退化等"农村病"问题日渐突出，[①]城乡差距进一步拉大，城市要素流向农村受阻。推动城镇城市化能够降低城市与农村之间的落差，避免农村人口的进一步流失，并引导资本与劳动力流向农村，通过农业科技的创新以及农村产业的优化实现农业现代化，助推乡村振兴。

当前城镇城市化面临市民化能力建设不足、城镇基础设施及公共服务无法满足农村人口市民化要求、难以吸引生产要素向农村转移等问题。因此，城镇城市化就是依据城市观念、按照城市功能建设城镇，通过完善公共服务、基础设施建设，营造高标准、高质量的生活环境，使得农村居民能够在城镇享受到城市文明，实现就近市民化。[②]

[①]　魏后凯："新常态下中国城乡一体化格局及推进战略"，《中国农村经济》2016年第1期。

[②]　洪银兴："城乡差距和缩小城乡差距的优先次序"，《经济理论与经济管理》2008年第2期。

第一，完善城镇基础设施建设与公共设施建设，使城镇具有现代化城市水平，拥有城市生活功能，具备实现农村人口就近市民化能力。在交通方面，提高城镇公路等级、质量及密度，构建完善便捷、城乡一体的交通网络；在公共设施方面，完善城镇电路建设、水利工程建设，提升城镇水、电、气普及率，不断完善城镇功能。

第二，实现城乡基本公共服务均等化。在教育方面，加大对城镇地区的教育投资，农村人口可以享受与市民平等的优质教育资源以及择校权利；在社会保障方面，不仅要覆盖城市人口，也不能忽视进入城镇的农村人口；在医疗卫生方面，完善城镇卫生建设，解决城镇看病难、看病贵等问题。

第三，激励返乡民工在城镇创新创业。依托产业园区、创业园区，打造城镇创新创业平台，[①]通过完善创业指导、创业补贴、创业贷款政策吸引农民工回流创业，并通过完善社会保险补贴、失业保险金等失业保障政策降低农民工返乡创业风险。

二、城镇集约化和绿色化

我国开启城镇化时存在"村村点火、户户冒烟"的状况，由此遗留的问题包括城镇化资源利用粗放、能源消费结构不合理、生态环境治理能力滞后、资源环境矛盾突出，进入城镇化的新阶段必须转向集约化和绿色化的新型城镇化。

城镇集约化发展是指充分利用现有的城镇物质基础，通过合理的城镇布局、科学的城镇发展规划，引导产业、资源和人口的有机结合和有效集聚，强化城镇内涵和提升城市功能。以绿色、低碳、循环的生态文明理念为引导，通过科技创新、产业转型、生态修复与保护，实现城

---

① 王耀、何泽军、安琪："县域城镇化高质量发展的制约与突破"，《中州学刊》2018年第8期。

镇人口、资源、环境的绿色协调可持续发展。

改变城镇粗放式发展模式，走集约化和绿色化道路，是解决城镇化可持续发展与资源约束间矛盾的关键途径。传统城镇化发展过程中，城镇土地供后监管存在盲区，土地利用规划与产业规划割裂，导致用地指标短缺与土地资源低效利用现象并存。同时，大部分城镇企业涉及冶金、机械、化工、造纸等高耗能、低效率的产业。城镇集约化绿色化发展可通过科学合理的城镇布局，提高空间资源利用效率，同时以绿色技术引领产业绿色化转型，实现资源的高效率应用，在自然资源供给紧张的背景下为城镇化可持续发展创造条件。

城镇绿色化发展是在全球发展面临环境、气候变化等多重生态危机的背景下，实现可持续发展的必然选择。我国城镇化工业化起步较晚，不但面临本国城镇生产性污染物排放量过高对气候和生态环境造成的威胁，还受到发达国家早期工业化、城镇化累积的全球性环境污染的影响。在此严峻形势下，我国城镇化的可持续发展必须走绿色化道路。

城镇绿色化发展能够改善城镇人居环境，实现以人为本的可持续发展。城镇兼具城市便利特征与乡村自然风貌特征，但其早期的粗放式发展与后期的规划治理不足，导致现实中城镇人居环境"脏乱差"问题突出，具体体现在生活垃圾和污水处理不足、功能分区不明显以及忽视绿色景观打造。据《2019 年城乡建设统计年鉴》统计，2019 年建制镇生活垃圾和污水处理率仅 88.09% 和 54.43%。城镇街道除满足基础通行需求外还承载着赶集、休闲娱乐等复合功能，缺乏良好的街道空间秩序。城镇开发中破坏大量绿色空间，又缺乏绿色建设。城镇绿色化发展可通过提高污染物处理能力和布局规划合理性解决城镇"脏乱差"的问题。

在绿色空间规划引领下通过生态环境治理提升城镇生态功能，具体途径有两条：一是绿色空间规划要着重发展产业集群，避免分散布局，推动第二、第三产业向城镇聚集，通过规模效应和集聚效应提高资源利用效率。绿色空间规划还要加强空间布局的功能划分，对城镇生产、生活和生态空间做整体规划设计，打造现代化的小城镇环境，提升城镇生态系统功能。二是推动城镇绿色产业发展。积极采用财政补贴、税收优惠、贷款贴息等方式引导"绿色工业"，逐步淘汰高污染、高消耗产业，调整工业产业结构，建设"绿色工业"园区，实现工业化、城镇化、绿色化的同步协调发展。结合城镇的地理位置、发展阶段和基础资源等情况，在差异定位中培育新兴优势特色产业。例如积极利用城镇旅游资源，推动生态旅游发展，在生态产品价值实现的过程中实现经济效益与生态效益的双赢。三是，开展城镇生态环境治理，健全和明晰政府内部的环境管理职能分工制度，完善责权相统一的城镇环境管理机制；建立多样化的环境保护投资渠道，积极探索利用市场化的环境公共服务供给模式，构建以民众需求为导向的多元化环境基础设施与公共服务供给机制体系。

第三节　可持续发展的乡村振兴

实施乡村振兴战略，对促进乡村可持续发展具有重大意义。2017年党的十九大提出了乡村振兴战略，从全局和战略高度把握和处理城乡关系。2018年，中共中央、国务院颁布《乡村振兴战略规划（2018—2022年）》，对实施乡村振兴战略做出阶段性谋划。2021年4月29日，十三届全国人大常委会第二十八次会议表决通过《中华人民共和国乡村振兴促进法》，并于2021年6月1日起施行，为全面实施乡村振兴战略提供法治保障。乡村振兴战略的目标，是通过农业农村现代化建设缩小城乡差距。当前全面建成了小康社会，在全面建设社会主义现代化国家的新征程中,最艰巨最繁重的任务依然在农村。按照产业兴旺、生态宜居、乡风文明、治理有效、生活富裕的乡村振兴战略总要求,加快推进农业农村现代化,是全面建设社会主义现代化国家、实现中华民族伟大复兴的一项重大任务。

一、发展现代绿色农业

农业关乎国家粮食安全和整个社会经济的稳定,是乡村最基础的产业,是农民赖以生存的根本。乡村振兴所要求的产业兴旺必然包括农业的兴旺,农民生活富裕的来源必然依赖农业收入的提高。现阶段农业发展面临的主要问题有两个:一是资源和环境的双重约束,农业要实现可持续发展必须进行绿色转型,大力发展资源环境友好的绿色农业;二是绿色农产品的有效供给不足,需要通过绿色农业的健康持续发展增加绿色优质农产品供给。同时,从农业生产者的角度出发,发展绿色农业、增加绿色优质农产品的供给能有效提高农产品的附加值,从而提升农民收入。

在环境污染问题倒逼下,生态文明建设在农业农村建设中的战略地位不断提升。改革开放后,乡镇企业快速崛起并推动农村工业化,农村面临工业污染问题。与此同时,为增加农业产量大量使用农药化肥,农业面源污染后果逐渐积累。进入新时代,每年中央"一号文件"都对绿色农业发展进行了相关表述。2017 年提出的乡村振兴战略更是以农业农村现代化作为总目标,农业生态文明建设进入提质发展全新阶段。在农村资源环境约束日趋紧张的矛盾中,乡村振兴战略的必须遵循绿色发展为实施理念,实现经济、社会与生态多维度的协同振兴。

农业绿色生产层面仍然存在新型农业人才支撑和绿色科技支撑不足等问题,严重制约了传统农业绿色转型与升级。绿色农业发展不足导致的农业资源利用效率偏低和农业面源污染严重依然威胁着乡村系统的可持续发展。据《第二次全国污染源普查报告》，我国农业源水污染物排放量较高，化学需氧量1067.13万吨，氨氮21.62万吨，总氮141.49万吨，总磷21.20万吨。农用薄膜带来的"白色污染"问题也日益凸显，目前农膜残留率高达40%。[①]

发展绿色农业需要从人力资源体系构建和科技创新引领两方面着力。发展绿色农业需要构建绿色农业发展人力资源支撑体系。一是要引导优质人力资源进入乡村，特别是要引进优秀的农业科技人才，以农业高校、农业科学研究院的科研人员为主导，构建绿色农业技术研发团队，提升绿色农业科技人才队伍素质。[②]二是要优化乡村存量人力资源。通过教育、社保、产权等体制的深化改革，以教育、科技等领域为突破点，解决乡村教育投入不足、网络不连通等基础性难题，提高新一代乡村居民的知识水平和技能水平。三是促进农民合作组织的形成，完善乡村社区集体组织，通过提升农民的组织化程度提升乡村人力资源质量。[③]

发展绿色农业需要创新引领。一是要建立有力的科技支撑技术体系。从农田资源节约与高效循环利用、农业生态环境修复与地力保育、农产品高优生产与绿色耕作管理、畜禽健康养殖与废弃物循环利用、循环农业标准体系与推广机制创新五个方面开展技术攻关。二是要创新并完善多元化资金投入机制。政府要提供农业新技术示范、推广的费用，提高对农民而言的新技术可得性，并鼓励和引导龙头企业增加农业项目投资力度，鼓励民间资本进入乡村金融服务领域。三是实现农业的适度规模经营与集约化生产。依法引导土地经营权流转，按照自愿

---

①　赵颖文、吕火明："刍议改革开放以来中国农业农村经济发展：主要成就、问题挑战及发展应对"，《农业现代化研究》2019年第3期。

②　吴晓艳："以绿色思维推进农业现代化"，《人民论坛》2018年第17期。

③　石洪斌："谁来振兴乡村？——乡村振兴人力资源支撑体系的构建"，《治理研究》2019年第6期。

与有偿使用的原则,创新发展多种形式的集约化合作与农业综合开发的适度规模经营。

二、美丽村庄建设

农民生活的富足富裕不仅在于提高收入水平,还应提高生活水平和生活质量。近年来农村的面貌有了一定改观,但农村人居环境依然是农村现代化建设的突出短板。进一步建设美丽村庄,打造优美人居环境,是补齐农村现代化建设短板的关键。同时,美丽村庄建设能通过提升农村人居环境缩小城乡生活水平差距,为乡村吸引人力资本,从而为乡村的全面振兴和农业农村现代化发展提供有力支撑。

伴随农业农村发展与社会主义现代化建设进程推进,农村人居环境整治的要求不断提高,从"村容整洁"升级至"生态宜居"。进入新时代,2013 年中央"一号文件"明确提出要加强农村生态建设、环境保护和综合整治,努力建设美丽乡村,对乡村人居环境提升从生产条件、基础设施配套和环境治理方面提出了更为综合性的要求。2017 年乡村振兴战略提出"生态宜居"目标。以生态宜居替代村容整洁,这不仅是对社会主义新农村阶段性发展目标的延续与继承,更是顺应时代发展提出的更高要求,更为注重乡村自然生态与人文生态的有机统一。2020 年,党中央首次提出"实施乡村建设行动",明确要求把乡村建设摆在社会主义现代化建设的重要位置。

美丽村庄建设关乎乡村生态、社会、经济系统乃至整个城乡系统的可持续发展。对乡村内部而言,美丽村庄建设是根治乡村空心化等"乡村病"的途径,通过人居环境提升能为乡村吸引人气,延续乡村社会的可持续。对城市而言,美丽村庄建设可以舒缓过量农村人口向城市转移的需求与有限城市环境承载力供给间的张力,同时,能为城市居民提供优质生态产品与休闲空间。置于城乡整体系统中考虑,建设美丽村庄是可持续发展公平、共享原则的体现，能够缩小城乡差距，促进城乡共同繁荣。

当前农村尤其是经济欠发达地区农村生活污水和生活垃圾集中处理配套基础设施不足以及厕所粪污无害化处理不足，导致生活污水与生活垃圾随处排放、倾倒或堆积，破坏乡村生存环境，还可能带来疾病传播。村庄缺乏规划或规划不合理导致村民住房和生活空间宜居性不高，影响村庄美观。尽管很多村庄进行了规划，但村庄规划缺乏科学性，失去了乡村应有的特色，还有一些农村进行集中居住点建设，改变了传统乡村聚落肌理，割裂了乡村人居环境与乡村自然风貌景观的连续性。

针对当前突出的乡村人居环境问题，美丽村庄建设要聚焦农村生活垃圾处理、生活污水处理和村容村貌提升等重点领域。积极推行农村生产、生活垃圾就地分类和资源化利用；加快城镇污水管网向村庄延伸，并与农村改厕有机衔接；深入推进生态河湖行动计划，全面消除农村黑臭水体；优化乡村建筑和风貌，因地制宜进行人居环境改造。统筹山水林田湖草沙系统治理，实施重要生态系统保护和修复工程，并将生态保护修复与产业转型升级有机结合起来，为乡村生态保护与修复提供长效内生动力与持续资金支撑。

要以绿色村庄空间规划引领乡村"生产、生活、生态"三生空间的融合。即按照先规划后建设的原则，通盘考虑土地利用、产业发展、居民点布局、人居环境整治、生态保护和历史文化传承，因地制宜编制实用性村庄规划。同时，基于地域整体识别判断哪些能成片发展，哪些能沿线发展，哪些能以点发展，以及哪些应走向限制或禁止开发，[1] 从数量、质量、空间多重维度明晰绿色空间范围，引领村庄整体生态和生活风貌提升。

---

① 洪银兴："探寻乡村振兴之路——苏州常熟蒋巷村调研的理论思考"，《红旗文稿》2019 年第 10 期。

第四节　城市、城镇和乡村的可持续发展系统

城市、城镇和乡村并非完全独立的区域,而是作为一个整体系统存在,系统内部各子系统间发生着复杂的物质和非物质交换。党的十九大报告提出,要以城市群为主体构建大中小城市和小城镇协调发展的城镇格局,加快农业转移人口市民化。这就明确了我国构建城市、城镇和乡村的可持续发展系统的方向。

一、大中小城市和城镇的协调分工融合发展

根据增长极理论,分布在区域内不同点的大大小小的城市可以成为当地带动周边地区发展的增长极。在现代化进程中需要在区域内形成包含中心城市、县城和中心城镇的城市群。现代化的城市群协调涉及三个层次的内容:第一是提升中心城市,成为现代化国际性都市和创新型城市;第二是壮大中小城市,增强其产业发展和现代服务功能,使之具有吸引中心城市产业和人口转移的能力;第三是建设小城镇。农村城镇是城乡一体化的重要节点,担负着在广大农村推进现代化的重任。

大中小城市和城镇是一个整体系统,在空间上紧密相连,在经济、人口、产业上也相互关联,同时也具备不同的特点和功能。大城市具有空间溢出效应,主要表现在物质流通、产业转移、人口流动、信息传播、技术协作等方面,在城镇化体系中是带动经济和产业发展的主导力量。大城市产业和要素的扩散能使人口在中小城市空间集聚,促进中小城市功能提升。中小城市是城市网络的基础,也是连接城乡的重要纽带。[1]中小城市在具备完善的产业发展、吸纳就业、公共服务和人口

---

[1]　刘国斌、朱先声:"新型城镇化背景下大中小城市和小城镇协调发展研究",《黑龙江社会科学》2018年第4期。

集聚等城市功能的前提下,能有效承接大城市产业转移、疏散大城市人口。城镇同样具有疏散大中城市产业、人口的功能,城镇城市化是推进周边农业农民现代化的关键途径。

大中小城市与城镇的协调融合发展对城市系统乃至整个城乡系统的可持续发展具有重要意义。大城市的发展离不开其他等级城市与城镇在生产要素、资源等方面的支持,大城市"城市病"根治的关键在于中小城市和城镇对大城市人口、产业的有效疏散。同时,中小城市和城镇的城市功能提升需要借助大城市的溢出效应。[①]对广大农村而言,在城乡融合背景下城市和城镇通过溢出效应能够有效带动农业农村现代化,农村周边城镇发展也是农民就地实现市民化的关键途径。对城镇化整体系统而言,促进大中小城市与城镇协调发展能有效减少地方政府热衷于土地扩张但产业配套不足引发的资源低效利用与闲置现象,实现各种要素资源在不同等级城市间的优化配置,从而缓解资源约束矛盾。

大城市相较小城市而言在集聚经济、规模经济、外部效应等方面有着更高的效率,优先发展大城市符合客观规律,但由于大城市的基础设施和公共服务配套跟不上城市规模扩张的需求,大城市的持续扩张引发了严重的"城市病"问题。同时,虽然部分中小城市在核心城市正向空间溢出效应下经济发展动力充足,但也存在因不同等级城市间缺乏有效功能互补和发展协同形成的"大都市阴影区",使一部分中小城市因临近核心城市反而发展不足、经济发展动力较弱、城市功能单一。[②]

新时代,推进大中小城市和小城镇系统的可持续发展,需要发展城市群,充分利用大城市的集聚效应和扩散效应,将周围中小城市融入城

---

① 孙斌栋、金晓溪、林杰:"走向大中小城市协调发展的中国新型城镇化格局——1952 年以来中国城市规模分布演化与影响因素",《地理研究》2019 年第 1 期。

② 安树伟、张晋晋:《都市圈:中小城市功能提升》,科学出版社 2020 年版。

市群发展体系内,形成合理分工、协调发展的现代化城市群格局。具体来说,第一,基于核心城市和大城市的辐射带动功能,以提高发展质量和效率为核心目标,进一步提升大城市创新能力、集聚能力和包容能力。第二,提升中小城市的承接能力。根据自身要素资源禀赋和特色产业情况科学规划城市功能,实现产业和城市功能提升的有机结合。此外,将大城市资源、疏散功能与产业以平台合作方式进行有效对接,从而实现空间上相互协同、产业间相互融合、产业链上有效衔接。[1] 第三,要加快推进城镇城市化,增强小城镇疏散城市转移产业和人口功能。第四,改善交通体系,打造一体化交通,为大中小城市与城镇居民提供便捷的城市交通活动空间,为产业协同发展与要素资源流动提供快速、高效的交通连接。[2]

二、城乡融合协同推进新型城镇化与乡村振兴

城市与乡村是一个有机体,只有城乡融合发展,才能相互支撑,实现城乡整体系统的可持续发展。[3] 对农村而言,城市在城乡系统中作为中心,能通过商品供求、生产要素的相互流动对农村系统产生支配效应,并通过向外围农村扩散资金、技术和信息等推动农业农村现代化发展。对城市而言,农村为城市产业经济的发展提供原材料和市场,也能为城市的"大城市病"等问题提供疏散功能。

新型城镇化战略与乡村振兴战略相辅相成、相得益彰,二者协同推进才能实现城乡融合。第一,没有新型城镇化,就没有农业现代化。一方面,农业现代化技术的升级和生产需要工业化和城镇化支

---

[1] 刘秉镰、孙鹏博:"新发展格局下中国城市高质量发展的重大问题展望",《西安交通大学学报(社会科学版)》2021年第3期。

[2] 安树伟、张晋晋:《都市圈:中小城市功能提升》,科学出版社2020年版。

[3] Liu, Y., Li, Y., "*Revitalize the world's countryside*", *Nature*, 2018, 548: 275-277.

撑；另一方面，没有城镇化吸纳大量劳动力，农业现代化释放出的大量农业人口仍然滞留在乡村，就谈不上乡村振兴。第二，新型城镇化是城乡融合发展的引擎，也是乡村振兴的助推器。乡村振兴的核心是产业振兴，关键是要吸引城市现代化要素进入乡村。而新型城镇化就是要提升城镇城市功能，使城镇作为城乡联系的节点，成为城市现代化要素向乡村扩散和辐射的中间环节，从而成为乡村振兴的中心与依托。[①] 第三，乡村振兴能为新型城镇化挖掘新的人才红利、土地红利和资本红利。具体而言，乡村振兴战略的实施能通过职业技能培训等措施提升农村转移劳动力的素质，提供"人才红利"；通过深化农村土地制度改革提供"土地红利"；通过新产业新业态发展，吸引城市从事第二、第三产业的企业进入农村，既推进农村第一、第二、第三产业的深度融合，又实现了城市制造业的转型升级，为新型城镇化发展提供"资本红利"。[②]

实现城乡融合，协同推进新型城镇化与乡村振兴应以打破城乡二元体制结构、促进城乡产业融合和空间融合为突破点，从以下几个方面着力。

首先，通过多维制度联动改革建立城乡要素双向流动机制，引导资金、人才、信息和产业合理流向农村。通过创新农村金融政策，推动金融资本流向农村；深化户籍、医疗和社会保险、就业创业制度改革与创新，促进人才在城乡间的自由流动，并推进农村产品和服务走向城镇；通过土地制度改革，优化土地资源在城乡间的配置。

其次，以产业高质量融合为抓手，以建设现代化产业体系为导向，升级产业体系。以精准导向、靶向定位的支持政策推动农业现代化，培

---

① 洪银兴："新阶段城镇化的目标和路径"，《经济学动态》2013年第7期。
② 张琛、孔祥智："乡村振兴与新型城镇化的深度融合思考"，《理论探索》2021年第1期。

育农村经济新动能,通过释放城市化的产业红利助推高质量发展。[①]

　　最后,重构城乡区域"三生"空间格局和空间形态,构建"城镇—乡村"大循环体系。一方面,加强城镇和乡村地域生产、生活、生态空间以及各类技术支撑的网络空间的同步优化,实现人口、资源、环境、信息等特色要素在城乡融合空间上形成集聚效应;另一方面,地方政府应以"新基建"投资促进交通、互联网设施一体化发展,以畅通城乡之间经济社会循环网络体系,形成城乡地域"生产圈—生活圈—生态圈—信息圈"一体化格局。

[①]　刘秉镰、孙鹏博:"新发展格局下中国城市高质量发展的重大问题展望",《西安交通大学学报》(社会科学版) 2021 年第 3 期。

第十一章　实现可持续发展的区域协调

中国幅员辽阔、人口众多,各地地理区位和历史发展等因素差异明显,导致各地区经济社会发展很不平衡。尤其是不同区域自然资源禀赋不同,对自然资源的生产利用和消费需求也有差别,可持续发展客观上需要区域协调,以解决资源、环境的代内公平和代际公平问题。这就涉及对区域生产力布局、资源开发、生态保护、经济合作等方面的区域协调。其内容包括构建彰显优势、协调联动的区域发展体系,规划好主体功能区,有效实施流域生态一体化保护和治理,建立科学、有效的区域协调机制。

第一节　区域经济发展差异的成因

区域经济发展差异是由多方面因素导致的,这些因素包括自然条件因素、经济社会因素,剖析各类因素对区域发展差异的影响,对于探索有效的可持续发展的区域协调路径是不可缺少的。

一、自然条件与区域发展差异

自然条件包括自然环境和自然资源两方面,不同区域的气候水文、地理位置、地质地貌等环境因素,以及各种矿产、动植物等资源因素也不尽相同。自然条件对区域发展有着最原始的影响。马克思曾把自然条件差异所形成的劳动生产率称为劳动的自然生产率,这种劳动的自然生产率是区域经济增长的重要因素[①]。

自然条件差异对区域发展差异的影响主要在四个方面。第一,自然条件为经济发展提供物质基础,是劳动对象的主体,尤其是那些资源型产业对自然资源的依赖很大,自然条件禀赋的分布差异会使区域经济发展出现不平衡。第二,第一产业受自然条件的影响很大,当第一产业出现区域差异时,随之而来的有关联的第二、第三产业的发展也会出现差异,进而形成区域间产业结构的差异。第三,自然条件的区域分布会对经济发展的空间结构产生影响,各个经济中心和经济地带的分布背后都有相应的自然条件分布。第四,自然条件通过影响当地人们的生活方式和经济发展,进而会影响到当地的社会和文化的发展,这些也会引起区域差异。现实中,经济欠发达地区其自然资源禀赋往往较多但使用较少,而经济发达地区虽然自然资源禀赋较少但却使用较多,这客观上引起了自然资源配置公平问题的讨论。

值得注意的是,尽管自然条件对区域发展差异有重要影响,但随着科技、信息化、交通等的发展,自然条件禀赋对区域经济发展的作用就越来越小,越是生产力发达的区域对自然条件的依赖越小,反之越大。有关数据表明,20 世纪以来,世界对原材料的需求每年下降约 1.25%,20 世纪末一个单位的工业产品所需要的工业原料至多只有 20 世纪初的 40%。经济的发展逐渐从资源密集型向资本和技术密集型转变,自然条件的优劣差异并不是导致区域差异的决定性因素。但工业生产依然要消耗原料和燃料,特别是农业和采掘业对自然条件的依赖依然很大,因此自然条件对区域发展差异的影响仍然不可忽视。

二、经济社会条件与区域发展差异

现实中,一个地区的资金(资本)、技术、基础条件、市场、城市化

---

① 马克思:《资本论》第 1 卷,人民出版社 1975 年版。

等经济社会条件对区域发展差异的影响比自然条件更加大。

第一是资本（资金）条件。工业区位理论认为，资本因素是社会生产过程必不可少的要素。没有足够的资金供给，新工业区便不可能形成，没有持续的资金供给，已经形成的工业区也会衰落，这里的工业会向其他地方转移。区域发展所需的资金有内部来源和外部流入两方面。就其内部来源来说，主要是其自身经济发展水平所能提供的资金支持。越发达的地区其企业利润、财政收入和居民收入也越高，因此投资也会越高，而欠发达地区企业利润、财政收入和居民收入也低，造成了投资和储蓄能力也低。经济发展水平的差异本身就造成了地区间的内部资金来源的差异。就资金外部流入来说，发展程度不同的地区，其自身对外部资金的吸引力也存在差异。经济活跃、经济开放度高、增长率高、法制健全、经济安全性强的地区对外部资本的吸引力更强；反之，经济发展滞后、营商环境不好的地区对外部资本的吸引力则很弱。发展较好的地区，其自身造血能力和引进外部资金的能力也强，发展不好的地区，自身造血能力差，引进外资困难，如果不存在政策干预，内外部资金积累的差异会进一步扩大地区间的差距。

第二是技术水平的区域差异。技术水平高低的影响因素，主要在于经济发展水平和创新制度。经济发展水平越高，资金也越充足，能支撑更多的研发创新和技术应用，该区域的创新能力和技术力量就越强；另外经济发达地区往往是科教资源及相应的技术要素丰富的先进区域，同时也能吸引大量的高素质人才，这些进一步推动了技术进步。创新制度、科研氛围也会影响一个地区的技术水平。对创新的激励、知识产权保护、有利于科研的社会制度和风气等，这些都会提高一个地区的创新能力和技术水平。落后地区尽管暂时不能在经济水平上与先进地区一争高下，但可以制定先进的创新制度，培育良好的创新氛围，提高教育水平，同样可以很好地提升地区技术水平。

　　第三是一个地区的基础条件,包括硬件方面的基础设施和软件方面的基础条件。交通、信息、高校和科研机构等基础设施,以及金融发展水平、劳动力素质、地方政府行政能力办事效率、社会文化等基础条件,在地区之间是存在差异的,进而引起区域发展差距。一般来说,发达地区在交通、信息、教学科研等方面的基础设施条件要优于落后地区,在金融、劳动力和行政效率等基础条件方面也会好于落后地区。

　　第四是市场因素,既涉及一个地区的市场化水平,也涉及一个地区的市场容量。市场因素从生产的需求方面影响区域产业布局,进而影响区域经济发展。消费水平的提高、市场容量的变化都对区域产业结构变化和经济发展有着重要影响。经济地域上的产业分布和产业结构以市场与消费条件的变化为依据,不断进行调整和发展。地域分工的理论,实质上就是互为市场的理论,即研究如何发挥各区域诸方面条件的特点和长处,发展优势产业,以其优势产品与其他区域进行商品交换,从而实现互为市场的目的。市场化水平很大程度上表现为市场结构,市场结构存在多元化特征,市场的多元结构在多方位牵动区域经济发展的同时,也不可避免地由于区域差异的客观存在,对区域经济的不平衡发展产生影响。另外,市场规模的扩大、市场竞争的加剧和市场变化节奏的加快,使市场活动呈现多变。经济发展水平不同的区域对多变的市场具有不同反应,进而调节自身结构的速度不同,最终会造成区域经济发展不平衡。

　　第五是地区的城市化水平。城市化水平反映一个地区的经济能量的集聚程度。由产业聚集而形成的聚集力能够带来规模经济效益以及外部经济效益。公司和服务业的集聚程度、外资的集聚程度、市场和信息的集聚程度都是经济集聚程度的表现。不发达地区经济落后的重要原因就是城市少、城市小、城市功能弱,集聚不了发展的要素。经济落后地区要有序推进城市化,靠城市化的牵引力来带动各方面的发展。

三、不平衡发展战略效应

根据发展经济学理论,区域发展有两种模式,一种是平衡发展战略,另一种是不平衡发展战略。平衡发展战略考虑到各区域生产要素之间的互补性,以及资本的供给和需求间的均衡性,主张在各区域均衡布局生产力,谋求各地区经济均衡增长。不平衡发展战略则是主张集中力量首先推动发展基础好的区域的生产力,并以它们为动力逐步带动其他区域的发展,谋求区域经济的高速增长,即强调某些区域的"重点"发展。不平衡发展战略的理论根据是,发展中国家不具备全面增长的资本和其他资源,因而平衡发展战略在实践上行不通。而且,发展中国家束缚经济发展的主要因素是人们的投资决策能力。解决这个问题的途径是设法创造一些促使人们做出决策的因素,即有意使不同区域和部门之间出现不平衡,迫使人们进行投资。一个国家不必同时发展各个区域,而应当集中力量首先发展某些区域和部门,借助于区域间的联系,通过扩散效应带动其他区域发展。

面对幅员辽阔、各个地区的自然资源条件和发展历史基础不尽相同的状况,我国自改革开放初期采用的是不平衡发展战略,即允许一部分地区先富起来。东部沿海地区发展基础好,地理位置优越,将生产力布局在东部沿海,可通过东部的重点发展,带动中西部的共同发展。东部地区借助其较好的发展基础、优越的地理位置及国家的生产力投资倾斜等,大力发展资本密集型、技术密集型和部分劳动密集型产业,积极对接国际市场,引进国际投资和技术,率先发展起来。同时,中西部基于自身的丰富资源条件和劳动力,在产业链上对接东部地区,大力发展资源型产业和劳动密集型产业,为东部地区的生产提供了丰富的原材料和初级产品。另外,东部地区经济发展起来后,东部企业会从自身发展来考虑,或者是为了开拓市场,或者是为了获得原材料和廉价劳动力,主动向中西部地区投资,由此会促进中西部发展。而且从中西部流入到东部的劳动力不仅获得人力资本投资的机会,其收入汇回中西部本身也是中西部资金积累的重要渠道。正因为如此,不平衡发展模式下的生产力布局,既促成了东部的率先发展,也带动了中西部的共同发展。

但是,不平衡发展战略推行到现在负面效应也逐步凸显。随着国家的经济总体发展水平的进一步提高,不同区域间的差距也在逐步拉大,区域间的差距过大,将会对国家的经济和社会发展产生负面影响,不可避免地产生区域发展不可持续的问题。一方面自然资源禀赋丰富的中西部不发达地区逐步衰落,另一方面以中西部地区为资源基地和市场的东部地区也会因此而失去竞争力。

第二节 区域协调的可持续发展目标

区域协调的可持续发展目标,就是要在经济、社会、生态等方面,形成各区域协调互动、优势互补、相互促进、共同发展的可持续发展格局。

一、区域发展差距扩大导致区域经济不可持续发展

区域发展差距扩大导致经济不可持续发展,主要在于以下几个方面。

首先,区域发展差距会造成区域经济主体的短期化行为。现存的差距和可预见的差距,会让各区域经济主体从这种差距的变化中审视自身的经济行为和结果,并采取相应对策使自身利益尽量在这种差距的变化中最大化。先进地区试图维持甚至扩大差距确保自身的优势地位不动摇,落后地区则想办法尽可能地赶超先进地区,由此产生不可持续发展的后果:第一,导致产业结构趋同,抑制区域比较优势和特色的

发挥。在市场和科技的推动引导下，某些行业的效益会高于其他行业，经济发达地区的高效益行业规模一般大于落后地区。为了尽快增长经济，各地会纷纷发展那些市场效益好的行业，使衡量经济发展的代表性指标快速提高，而不管这是否符合当地比较优势和特色。这就导致各地产业结构出现趋同的趋势，从全国范围来看，这其实不利于产业结构优化和地区比较优势发挥。第二，助长地方保护主义行为。在存在区域发展差距的背景下，地方政府为了保护和扩大本地区的利益，往往不惜采取各种经济上和行政上的手段，构筑贸易壁垒，限制外地的资源和商品进来，保护本地企业在本地市场的份额；同时，对于本地资源的外流，又会百般阻挠。地方保护主义阻碍了全国统一市场体系的形成，破坏了市场对资源配置的决定性作用，降低了国民的福利。第三，加剧区域市场分割。区域市场分割干扰了经济资源的市场化有效配置，破坏了经济运行机制，使得市场信号失真，影响宏观经济发展；市场分割造成了地区间的摩擦和矛盾，导致地区间为争夺资源的恶性竞争行为，不利于各区域间协调发展合作机制的形成；市场分割导致地区间经济发展趋同，不利于比较优势的发挥，市场分割会使得受到地方保护主义庇佑的企业丧失市场意识，弱化企业竞争力。

其次，损害落后地区的可持续发展能力。过大的区域差距，会使得落后地区在对资金和人才等资源的争夺中处于不利的地位，进而造成发展动力更加不足，这会进一步拉大差距，结果是差距大—资源少—发展不足—差距更大的恶性循环，这对落后地区的自我发展是非常不利的。尤其是，落后地区为了赶超先进地区，有时会不惜破坏当地生态和环境以换取一时的经济增长，而这种短视行为不但对于落后地区自身的可持续发展不利，将来还会影响到发达地区进而全国的经济社会发展。

最后，影响国民经济总体发展。我国中西部是矿产、能源和原材料的主要分布地区,因此也分布着很多资源型产业,而东部沿海地区是我国加工工业和科技工业的集中地区。长期以来,东部沿海与中西部是一种垂直分工关系,中西部为东部经济发展提供能源和原材料。但当东部与中西部经济发展差距过大时,资金和人才等资源也流向了东部,造成中西部的生产对东部的供给能力减弱,同时东部快速发展对能源和原材料的需求进一步上升,如此造成了严重的供需不平衡,资源型产业与加工工业严重脱节。这种供需失衡到最后会抑制东部地区发展,同时中西部也不能尽快发展,影响国民经济总体发展。区域差距过大,落后地区的需求就跟不上发达地区的生产,不能为发达地区提供有效充足的市场需求,最后制约发达地区的经济增长,最终影响国民经济发展。

二、区域经济关系的可持续发展

各区域经济发展水平与区域间经济联系是一体两面的,不可分割的,各区域特定的经济发展水平决定了相互间特定的经济联系,经济联系也会反作用于各区域经济发展。区域经济发展水平及经济联系是可持续发展的区域协调的重要目标之一。从可持续发展的角度看,区域经济发展有两个基本目标:经济增长和区域平衡。一方面,从整个国家的可持续发展角度和地区协调发展角度来布局生产力,协调好各地区的经济发展水平和经济联系。另一方面,从人与自然和谐共处,从资源的保护、开发、利用和建设的角度在各区域安排好生态布局,既能实现经济发展,又能实现生态资源保护。特别需要指出,在当前的世界百年未有之大变局中,我国的发展格局将转向以国内循环为主,发达地区和不发达地区的经济联系将更为紧密。

面对地区之间日益扩大的发展差距,可持续发展的区域生产力布局,不但要考虑到效率问题,也要考虑到公平问题。当国家的总体经济水平发展到一定阶段,同时各区域间的差距也扩大到一定程度的时候,就要考虑从不平衡发展战略适度地转向平衡发展战略。只有不同区域相互促进、共同发展了,整个国家才能实现可持续发展。因此,可持续发展的区域生产力布局的总体目标,就是既要防止发达地区对落后地区的过度吸纳,造成落后地区的不可持续发展,又要防止牺牲发达地区和整个国家的可持续发展来协调地区差距,应达到公平和效率的统一。

区域协调的一个基本理论是诺贝尔经济学奖得主缪尔达尔的"累积性因果关系理论",该理论有两个基本概念:扩张效应与回流效应。扩张效应是指一个地区经济增长对另一个地区的经济增长产生有利影响的效应,其中包括市场、技术、信息等先进生产要素的扩散。回流效应是指一个地区经济增长对另一个地区的经济增长产生不利影响的效应。其中包括劳动、资本等要素从增长缓慢的地区流向增长迅速的地区,污染严重的项目由先进地区转移到落后地区。地区发展不平衡可以用回流效应强于扩张效应来说明,并且,如果区域间经济发展水平差距过大,导致区域间无法进行紧密、有效的分工,就会进一步强化回流效应,同时阻碍扩张效应,使得区域差距进一步扩大,造成经济不可持续发展。

我国中西部的不发达地区交通、通信、水利等基础设施条件落后,资金短缺,科技水平低,劳动力素质也较低。一方面,在市场利益的驱动下,落后地区的资金、人才、劳动力等生产要素向效益好、投资回报高的发达地区流动,这被称为回流效应。另一方面,发达地区的扩张效应主要表现为,产业(新技术的载体)在空间上不断地由发达地区向欠发达地区扩散。但如果地区间经济发展水平差距过大,超过了合理的区间,落后地区不具备必要的经济技术基础和相当素质的劳动力,这种扩散就难以实现。中西部地区将陷入"积累资金不足—技术进步缓慢—劳动生产率低下—居民收入水平低下—资金供给能力不足"的恶性循环之中,各种自然资源不能综合利用和深度加工,资源优势得不到充分发挥,最终使中西部地区的发展动力越来越弱,区域差异进一步拉大。发达地区对落后地区的扩张效应无法实现,可持续发展所要求的整体利益也相应受到破坏。

地区差距进一步扩大同样会影响东部地区发展的可持续性。中西部地区发展相对落后,对加工品的需求增长必然缓慢,使东部地区的产品缺少市场。同时,中西部地区由于没有能力加快企业技术改造,原材料的成本高居不下,甚至会高于国外的成本,从而迫使东部地区从国外进口原材料。另一方面,中西部地区产业结构推进缓慢,将迫使沿海地区长期生产那些中低档产品以满足中西部地区生产结构的层次和消费结构的需要,从而放慢产品的更新换代速度,影响总体产业结构高级化进程。中西部地区产品市场和资源供给两方面的约束,毫无疑问地反作用于发达的东部地区,对发达地区的进一步发展起到制约作用,其结果必然是损失了我国从区域分工和区域经济联系中应该得到的比较利益,并使地区之间经济发展不可持续。

区域经济发展水平和经济联系的协调,不可能完全消灭地区差距,但要求区域间的经济发展差距不能过大,保持在适度合理的区间内,同时在此基础上实现各区域间的合理高效分工和紧密的经济联系。基本路径主要有以下两个方面。

第一是适度倾斜。区域发展差距的存在和扩大,使得落后地区仅依靠自身难以与先进地区均衡发展,因此需要政策上的适度倾斜才能缩小区域差距。对落后地区的倾斜,要注意基于其自身发展基础和比较优势,强优势补短板,如此才能事半功倍。在我国,相对落后的中西部地区有丰富的矿产资源、能源和原材料、农业资源等,可重点扶持相关资源型产业的发展;针对基础设施短板,还需重点投资交通、通信等方面的建设。适度倾斜一方面发挥中西部地区的比较优势,利用其比较优势弥补区域劣势,实现快速发展,同时又能支撑东部可持续发展;另一方面,通过补短板改善落后地区的生产生活条件和投资环境,夯实发展基础条件,增强中西部承接东部产业和技术转移的能力,创造条件促使东部地区对中西部地区产生扩张和带动效应。

第二是优势互补。可持续发展的区域协调必须建立在区域间合理分工的格局之上,而那种地区间相互封闭的地方保护主义做法会阻碍要素资源的自由流动,造成了市场分割,引起产业结构趋同,抑制各地自身优势发挥,破坏地域分工格局。要实现区域间非均衡可持续发展,必须依据比较优势进行合理的区域分工和协作,加强区域间的经济联系。东部沿海地区的优势在于地理优势,与海外联系便利,经济发展水平高,科技、资金、人才等优势明显,交通、通信等基础设施条件也较好,另外创新和商业氛围、营商环境也较好。东部沿海地区应继续发挥其领头羊的作用和优势,积极利用国内外资源,对外参与国际分工,对内带动经济发展,大力发展技术含量高、附加价值大、能源与原材料消耗低的新兴产业,推动产业转型升级、更新换代,引领我国经济高质量发展。中部地区的矿产和农业资源较丰富,可深层次开发利用优势资源,同时积极承接东部产业转移,推动工业转型升级。西部地区能源、矿产、生物等资源均较为丰富,要立足资源优势,优化已有的资源型产业,另外可依托丰富资源和已有国有企业发展高技术产业,培育西部地区的增长极。

优势互补的基础是比较优势理论。各地比较优势的发挥,是合理的生产力布局和区域分工的依据。由于自然地理、历史、制度上的原因,我国各地区在要素禀赋结构上存在很大的差异,每个地区不同的要素禀赋结构构成其潜在的比较优势。一个地区的最优产业和技术结构是由这个国家或地区的要素禀赋结构内生决定的,所以生产力的布局应该基于当地的要素禀赋结构。国家在生产力布局上对地区的倾斜政策应与地区优势有机结合,对重点发展地区的优势产业或国家重点支持发展的产业进行倾斜,以此建立起地区间合理的产业分工结构和专业化结构体系,避免由于条块失衡、重复建设和地区壁垒所造成的经济效率的损失,最终形成各区域协调互动、优势互补、相互促进、共同发展的可持续发展格局。

三、彰显优势、协调联动的区域发展体系

彰显优势、协调联动的区域发展体系是习近平总书记提出的现代化经济体系中的重要方面。只有形成东西南北各区域彰显各自比较优势,又相互协调联动的区域发展体系,才能有效解决区域发展不平衡问题,实现可持续发展观下的区域协调发展。西部大开发、中部崛起、东北振兴、东部继续率先发展、"一带一路"等,构成了区域发展体系的主干。

(一)西部大开发。西部地区资源丰富,市场潜力大,战略位置重要。推动西部大开发,缩小地区差距,是区域经济协调可持续发展的内在要求。西部基础设施落后一直是制约西部经济社会可持续发展的薄弱环节,生态环境恶化问题短时间内也难以扭转,同时水资源约束也在加深,人才资源短缺、教育发展滞后也制约着西部经济发展,另外,对外开放程度低、制度变迁滞后等,严重影响了各种发展要素的使用效率。实施西部大开发是一项长期而又艰巨的任务,在可持续发展观下,破解西部问题;要加快推进战略性基础设施建设,进一步夯实发展基础;加快发展特色经济和优势产业,增强自主发展能力;加强生态环境保护和建设,实现生态改善和农民增收;大力发展教育,提高西部人力资源质量;另外还要加速开放、深化改革,为西部大开发注入强大动力。

(二)中部崛起。加快促进中部地区崛起,对于贯彻可持续发展观,统筹区域协调发展,具有重要战略意义。在可持续发展观下,基于

中部地区的发展基础和条件,中部地区要继续充分发挥农业的比较优势,提升农业尤其是粮食主产区的重要地位;依托现有工业基础和产业转移契机,加快产业转型升级;加快城市化进程,培育若干具有较强带动作用和辐射作用的城市群;要解放思想,大力深化改革,着力进行体制机制创新;大力优化投资环境,打破地区行政分割,积极融入东部经济,提高经济开放度;加大对中部老区、库区和少数民族地区的扶持力度;提高中部资源环境对经济发展的承载能力,注重中部地区的生态保护。

(三)东北振兴。振兴东北老工业基地对于东北地区以及我国区域协调可持续发展具有非常重大的意义。东北老工业基地在改革开放之前的发展,受益于国家推行的重工业优先发展的赶超战略;而在改革开放以来的发展,则受累于赶超战略所遗留下来的、缺乏市场竞争力的产业、产品、技术结构。东北地区民营经济比重过小,国有企业包袱沉重;企业装备和技术老化,产品缺乏竞争力,不良资产和不良贷款“双高”,融资困难;资源型城市转型困难,面临发展危机。在可持续发展观下,基于东北地区的实际情况,东北振兴首先要深化经济体制改革,以体制机制的创新振兴东北老工业基地,东北三省的落后从表面上看是发展水平的现实差距,其根源则在于体制、机制的活力不强;加快推进产业结构调整升级,大力发展循环经济,走新型工业化道路;扩大对内对外开放,积极吸引外资参与老工业基地调整改造;加大对农业的支持力度,实现城乡经济的协调发展。

(四)东部继续率先发展。改革开放以来,东部地区率先发展起来,为推动中国经济整体的高速发展做出了巨大贡献。继续发挥东部在全国领先的经济优势,才能使其更好地担负起中华民族伟大复兴的历史使命,也是实现我国区域经济协调可持续发展的需要。在可持续发展观下,东部地区要实现更高质量的率先发展,就要更加注重转变经济发展方式,加快产业结构优化升级,将发展经济的着力点放到提高经济增长的质量和效益上来;更加注重生态环境保护,用绿色GDP指导发展,建设资源节约型、环境友好型社会,促进经济发展与人口、资源、环境相协调;更加注重加速科技进步,增强自主创新能力,依靠科技力量促进可持续发展;更加注重城乡统筹和区域协调发展,增强服务全国的大局意识,带动和帮助中西部地区共同发展,形成东中西优势互补、良性互动的区域协调发展机制,逐步缩小东中西部地区之间的差距,最终实现共同富裕;更加注重全面深化改革,着力完善体制机制;更加注重提高对外开放水平。

(五)重大区域发展战略。进入新时代后,我国明确提出五大区域国家发展战略。区域不同,定位不同,发展的战略目标也不同。

1.“一带一路”。“一带一路”是丝绸之路经济带和21世纪海上丝绸之路的简称,对外而言,“一带一路”旨在亚欧非大陆65个国家和地区开展更大范围、更高水平、更深层次的区域合作,深度融入全球化经济。对内而言,推动原先远离开放前沿的西部地区与东部沿海地区共同进入开放前沿。丝绸之路经济带主要涉及新疆、重庆、陕西、甘肃、宁夏、青海、内蒙古、黑龙江、吉林、辽宁、广西、云南、西藏13省(直辖市、自治区)。21世纪海上丝绸之路主要涉及上海、福建、广东、浙江、海南5省(直辖市)。

2.京津冀区域协同发展。涉及京津冀三地,三地作为整体协同发展聚焦四个方面:疏解北京非首都核心功能,调整优化城市布局和空间结构,构建现代化交通网络系统,扩大环境容量生态空间。

3.长三角区域一体化。涉及上海、江苏、浙江和安徽一市三省。长三角地区是我国经济发展最活跃、开放程度最高、创新能力最强的区域之一,在全国经济中具有举足轻重的地位。长三角区域一体化发展上升为国家战略,使得长三角区域发展具有极大的区域带动和示范作用,要紧扣"一体化"和"高质量"两个关键,带动整个长江经济带和华东地区发展,形成高质量发展的区域集群。

4.长江经济带。覆盖上海、江苏、浙江、安徽、江西、湖北、湖南、重庆、四川、云南、贵州 11 个省市,面积约 205.23 万平方公里,占全国的 21.4%,人口和生产总值均超过全国的 40%。长江经济带国家战略充分发挥长江经济带横跨东中西三大板块的区位优势,以共抓大保护、不搞大开发为导向,以生态优先、绿色发展为引领,依托长江黄金水道,推动长江上中下游地区协调发展和沿江地区高质量发展。

5.粤港澳大湾区。粤港澳大湾区是中国改革开放开风气之先的地方,是中国开放程度最高、经济活力最强的区域之一。将大力发展使其成为世界级城市群,不仅要与美国纽约湾区、旧金山湾区和日本东京湾区相比肩,而且要更具综合竞争力,成为具有全球影响力的国际科技创新中心。

以上五大国家战略打造的经济区域,不仅是引领高质量发展的重要动力源,也是区域可持续发展的动力源。

四、实现可持续发展的区域协调机制

实现区域可持续发展,需要健全区域协调机制,重点是在发挥好市场配置资源的决定性作用的同时,更好地发挥政府作用,正确制定和运用符合可持续发展观的区域发展政策。从可持续发展观来看,市场机制、合作机制、互助机制和扶持机制这四方面机制能充分体现市场调节与政府调控的统一,为各地区的优势互补、协调联动、共同发展保驾护航。

健全市场机制,就是要进一步发挥市场配置资源的决定性作用,以及市场在协调区域发展中的重要作用。要使各区域协调发展,首先还是要让市场发挥其配置资源的决定性作用,要破除地方保护主义,打破地区封锁,形成全国统一的大市场,让各种资源能够自由地在区域间流动。其次要引导产业在区域间的梯度转移,市场作用下的产业转移有利于各地区比较优势的发挥,对于落后地区是发展的机遇。要推动区域市场经济合作和一体化,使各地区能发挥其优势,能平等交易和合作,缩小区域差距,促进各区域可持续发展。

健全合作机制,就是要推动各地区在资源、技术和人才等方面的合作共赢,形成先进地区带动落后地区,共同发展的良好局面。有效合作机制,需建立在各地区自身优势的基础之上。中西部地区的优势是资源和廉价劳动力,东部地区的优势是资金、技术和人才,相互之间的合作即各方优势的结合。可推动东部某些产业向中西部转移,靠近资源原产地,同时中西部也可与东部开展科技合作,提升自身生产技术。另外,在基础设施建设、公共服务方面也可以加强合作,中西部基础设施的改善,也有利于东部地区生产的扩张。

健全互助机制,就是要鼓励和支持先富地区对后富地区的帮扶。发达地区要对口支援落后地区,在社会捐助、义务教育、医疗卫生、技术和人才等方面均可开展援助工作。发达地区在帮扶支援落后地区时,要引导落后地区逐渐提升自身的内生发展能力,这样才有利于落后地区的可持续发展。

健全扶持机制,就是要加大国家对落后地区的支持力度,实现公共服务均等化。我国落后地区尤其是一些革命老区、民族地区、边疆地区,在义务教育、公共卫生、公共安全、公益文化和生活保障等公共服务方面明显低于全国平均水平,这就需要国家调动公共资源向这些落后地区倾斜。扶持机制的基本途径是财政转移支付,扶持的力度和提供公共服务的质和量也要与财力相适应。随着国民经济的发展,扶持力度也会逐渐加大,缩小区域差距的步伐也会加快。

第三节　可持续发展的区域生态协调

可持续发展的区域协调,除了要考虑到各个区域间的生产力布局协调、经济发展协调之外,还要考虑到各个区域间的生态协调。经济发展不可避免地会影响到自然生态环境,自然生态环境也会反作用于经济社会发展。各个区域的生态状况,不只关乎该区域的可持续发展,对其他区域的生态和可持续发展也会产生影响。各个区域要明确自身的生态建设定位,且彼此之间要在生态建设上展开协作。可持续发展的区域生态协调目标,就是要综合考虑各个区域的经济发展和生态环境状况,以及二者间的联系和相互作用,确立并协调好各个区域在生态保护建设方面的定位、功能以及合作机制,构建可持续发展的生态体系。

一、主体功能区规划及其实施

规划好主体功能区,是实现可持续发展的区域生态协调的有效途径。不同区域的资源优势、生态环境承载力、发展潜力和现有开发密度各不相同,可围绕区域生态协调,将特定区域定为特定的主体功能区。划分主体功能区,依据各区域的功能定位进行发展目标明确的有序开发,对于推动经济、人口、资源和环境相协调的区域发展格局的形成有重要作用。主体功能区划体现了区域生态环境协调的可持续发展思路。

从产业发展、城市化、生态环境保护以及国土空间规划等方面综合考虑,根据各区域资源环境承载力、现有开发强度和未来发展潜力,按城市化功能区、农产品主产区和重点生态功能区三大主体功能区对各区域进行主体功能定位,既考虑了各区域间的经济发展协调,更重视了各区域间的生态环境协调。

城市化地区的功能定位于这类地区是为经济社会发展提供工业品

和服务的主要地区,也提供一些农产品和生态产品。城市化地区可区分两种情况看待。一些城市化地区经济较发达、人口密度已经较大、开发强度也较高、资源环境问题更为突出。这类地区也称为优化开发区域,应以提高工业和城市化质量为主,提升经济层级和内涵,避免经济和人口过度集聚。另一类地区目前资源环境承载力还较强,人口集聚和经济发展条件较好,有一定经济基础,发展潜力也较大。这类地区也称为重点开发区,依然可以继续大力度推进工业化和城市化,但同时也要注意人口、要素和产业的合理集聚。城市化的特征是人口不断集聚和产业不断发展,而人口集聚和产业发展会不断对环境、资源造成污染和消耗,最终会受到资源环境承载力的制约。在城市化地区,既要考虑发展也要考虑资源环境承载,既不能由于追求高增长而超出了资源环境承载力,也不能仅为了保护资源环境而使发展速度过慢,那样就不仅影响到自身的发展,还影响到其他主体功能区的健康推进,应是城乡发展、产业结构、投入产出、建设与治理等相互协调的适度发展模式。

农产品主产区的功能定位于其是为经济社会发展提供农产品的主要地区,也提供一些工业品、服务和生态产品。农产品主产区耕地较多,农业发展条件较好,应限制进行大规模高强度工业化城镇化开发,而以增强农业综合生产能力作为发展的首要任务,遵循保障国家农产品安全的功能定位。农业地区粮食安全区域本身内部存在的压力,主要表现在城市化水平低下、农业生产成本高、收入低下、农民增收渠道有限等方面。具体而言,农业现代化的推进将提高劳动生产率,致使劳动力需求越来越少,由于农民技术水平低下,形成劳动力结构性剩余与就业困难的矛盾;资源、生态环境破坏使耕地质量下降,产量减少;粮食生产成本上涨快于粮食价格,收益不高抑制了农民种粮积极性;受市场驱动,农民会转而种植市场收益高的经济作物,饲养牲畜,虽然这样也能提供农产品,但在粮食生产和保障方面就存在缺失,不利于农产品主产区功能的全面发挥。在农产品主产区,要推进农业与第二产业、第三产业协同发展,形成三产融合的联动放大效应,发展劳动力吸纳能力强、经济效益好、增收快的特色农业,延长农业产业链,提高农业现代化水平,增强保障农产品有效安全供给的能力,提高农业地区可持续发展能力。

重点生态功能区是以为经济社会发展提供生态产品和生态屏障为功能定位的地区。这类地区生态系统脆弱,资源环境承载力较低,或生态功能重要,因此不具备大规模高强度工业化城镇化开发的条件,包括限制开发区和禁止开发区。生态地区脆弱性是由于生态环境的脆弱和经济社会发展的压力,造成了生态地区在自然、经济、社会方面遭受的损失。脆弱的生态环境与区域贫困状态,是生态地区脆弱的本质特征。区域贫困是由脆弱的生态环境引起的,生态地区的发展对资源具有高度的"路径依赖"。生态地区的自然-经济-社会系统的脆弱性不是孤立发生的,而是紧密联系、互为因果、互相影响的,是以资源环境系统的脆弱性为主要矛盾的脆弱性耦合系统。生态地区生态本身承载压力,即承载的有限性,主要表现为自然环境和人类生存方式的差异,使得生态地区在面临环境和发展的压力时,以及面对变化时容易遭受到打击,或调整的成本大、时间更长。生态地区主要以生态安全为己任,而生态环境既是脆弱的,又是发展的物质基础,脆弱的生态环境制约着发展,并增加区域发展的脆弱性,一旦生态环境遭到破坏,地区将面临灭顶之灾。生态地区社会经济活动是人地系统相互作用最强烈的活动,由于生态承载的有限性,造成其自然环境系统的脆弱性。在重点生态功能区,要加强生态基础投资以提高生态建设水平,保持生态环境效益和经济效益同步增长;同时,利用科学技术不断提升生态经济的竞争力,带动循环经济、休闲产业、绿色产业的发展;采取有利于环境保护的政策,加大环境治理力度,不仅不会降低产出,还会减缓产出扰动度,有利于生态经济的可持续发展。

　　城市化地区、农产品主产区、重点生态功能区这三类主体功能区在各区域生态协调发展格局下各司其职,互为补充。推进形成、增强主体功能区可持续发展能力,需要按照不同区域的主体功能定位,通过促进要素流动、健全政策体系、实行各有侧重的绩效考核评价办法并强化考核结果运用,保障和有效引导各地区推进形成主体功能区。

二、流域生态一体化保护和治理

　　以流域这一天然生态纽带为联系构建的流域生态一体化,是区域生态协调的另一重要方面。相对于主体功能区区域协调,流域生态一体化的区域动态协作特征更为明显。如现实中的长江流域、淮河流域,同处一个流域的不同行政区域,各自经济发展状况和生态状况是不同的。流域的上游往往是不发达地区,这些地区的生态状况和生产状况对流域下游及整个流域是有很大影响的,这些地区往往承担着作为整个流域的生态安全屏障的功能,是生态功能区。流域下游相对于上游往往是较发达地区,这些地区既可能是整个流域的生态受益者,也可能是受害者。流域生态一体化需要从可持续发展的本质要求出发,统筹资源利用、生态保护和经济建设,将流域的上下游各个地区发展联系在一起,实行一体化发展,最终实现流域内各地区的共赢。

　　流域生态一体化中,基本的问题在于生态补偿以及对生态环境保护和治理的责任分配。第一,对那些影响整个区域、整个流域生态状态的生态功能区(原始森林、草地、湖泊、海洋等),由于本地区利益(地方财政收入、资源开发收益、就业减少、居民收入水平等)最大化的开发规模不同于全社会利益最大化的开发规模(往往是前者大于后者),此时,全社会应当向这些生态地区做出合理补偿,使这些地区在经济利益不致减少(甚至有所增加)的情况下压缩开发规模,这样才能使当地的经济利益和全社会的生态利益都有所改进。第二，生态功能区及其居民为享受更好的生活而追求发展是其不可剥夺的权利，全社会的生态功能受益者是无权采用强制性手段予以限制的。然而，生态功能区的发展过程又不可避免地形成一定程度的环境破坏。因此，发达地区也应当承担起生态功能区的生态恢复责任，帮助生态功能区发展以阻止他们对生态功能更严重的破坏①。第三，具有密切生态关联关系的地区之间（如江河下游的发达地区与江河上游的不发达地区）应当建立起长期的协作关系，下游地区应通过转移支付、经济协作等方式换取上游地区对森林、水土资源的保护。

在流域生态一体化保护和治理方面，可通过建立各区域政府间协调机制、构建生态补偿机制、采用流域环境网络化治理等思路达到保护和治理的目的。

（一）政府间协调机制。政府间协调机制包括横向协调机制和纵向协调机制。就横向协调机制来说，针对流域公共治理的部门分割问题，应在逐步理顺部门职责分工、增强流域治理的协调性和整体性、建立部门间的信息供需和协调联动机制、发挥部际联席会议的作用，使各部门既各司其职又能够互相配合。在实际的运作过程中区域间的协调往往是一个艰苦的过程，其中包含了大量的谈判协商和持续博弈，为方便协调，双方往往需要建立一些具体事由的联合工作组，反复召开协调会议或联席会议。就纵向协调机制来说，在流域生态环境保护中，河流的上游保护、下游受益是一种正的外部性，这个正外部性特点容易导致流域生态环境保护主体缺乏责、权、利统一的内在激励。为此，必须通过一定的市场和政府融合的激励机制，实现正外部性的内部化。政府间财政转移支付是各级政府之间的财政资金、资产或服务由一个政府向另

---

① 钟茂初:《可持续发展经济学》，经济科学出版社 2006 年版。

一个政府的无偿转移。合理的转移支付是上级政府调控下级政府财政行为的重要手段，也是促进资源在地区之间的配置、财政再分配能力提高的必要条件。

（二）生态补偿机制。在流域管理上，《中华人民共和国水法》第五十六条规定："不同行政区域之间发生水事纠纷的，应当协商处理；协商不成的，由上一级人民政府裁决，有关各方必须遵照执行。"这也为上下游政府依赖上级政府统筹、协调生态补偿提供了依据。实施流域生态补偿机制，就是通过不同形式的补偿，综合运用政府与市场的方法，使上下游都承担起流域生态服务供给的成本，共同享受流域生态服务，解决流域水资源的外部效应问题。可持续发展理论也为流域生态补偿提供了人类与自然和谐发展的理论动因。一定意义上它更是体现着流域生态补偿的伦理道德动因，体现着公平、公正、平等理念对流域生态补偿的呼唤。政府主导下的纵向财政转移支付与横向转移支付，产业转移、异地开发等政策扶持，以市场交易为基础的水权交易，非政府组织参与的补偿项目，这些机制在不同的背景条件下，取得了各自的成功。这些成功的经验说明，在进行生态补偿时应根据流域的不同情况，综合运用从政府到市场的各种补偿机制，以实现生态补偿的目标。

（三）流域环境网络化治理。各类合作治理困境的突破点在于构建流域环境治理网络有效发挥作用的合作治理平台，使得流域环境治理的各个利益相关者都能够投入各自具有比较优势的治理资源，形成一种治理的合力，进而取得理想的环境治理效果。首先，构建合作治理平台，是现阶段制度环境下地方政府间缓解合作困境相对比较可行的途径。地方政府间的合作会遭遇到包括"块块""条条"在内的各种困难，有些困难，比如现行行政管理体制的问题、部门利益分割的问题，都不是单个地方政府能力范围内容易解决的问题，但是通过构建合作共治的平台，为利益相关者提供协商讨论的方式，来制定各方都能认可和接受的政策内容。其次，流域环境问题的治理是一个复杂的相互作用过程，这些相互作用涉及区域内多个利益群体和多重利益团体，合作方案是许多不同意见和利益的混合物。网络匿名性质有利于各方真实表达意愿。地方政府在网络平台的角色从控制转变为议事安排，作为组织者、倡导者和服务者聚集利益相关方坦诚交流并为促进公共问题的解决提供便利。中央政府所扮演的角色是调停者和中间人。再次，网络治理平台不能仅仅依靠地方政府间的自主协商来推动建立，由中央政府的强制力来推动建立区域性的联席会议制度或者区域性的协调组织，是当前在环境治理过程中成本较低且治理效率较高的一种方式。最后，对于区域内的排污企业，地方政府一方面要在减排技术、淘汰落后产能以及清洁生产方面给予资金和政策支持，促使其产品转型升级，向"减量化""再利用"方向发展；另一方面，地方政府要联合公众、科研机构以及环保组织，加强对本区域内企业的监管。除此之外，政府还可以聘请一些媒体、公众作为环境督察员，做好环境监督工作，对违法排污企业实施督查与惩戒。

流域环境治理从"地方分治"到"网络共治"不仅仅意味着环境管理模式的创新，也适时推进了区域一体化进程，既有利于环境治理绩效的稳态化发展，更有利于区域内产业结构的调整和整合：以流域环境治理为抓手，推动区域经济发展方式的转变；以流域环境治理绩效的逐步实现为起点，推动区域合作和产业整合。流域环境治理绩效的实现过程，是多个地方政府之间多部门、多领域的合作。合作治理范围的扩大、合作治理的可持续性以及取得的合作治理收益，都将对区域可持续发展产生积极的影响。

第十二章　实现可持续发展的对外开放

对外开放是我国的基本国策,也是实现繁荣发展的必由之路。过去几十年中国经济高速增长是在开放条件下实现的,经济高质量发展同样需要在融入经济全球化中实现。为了适应世界经济新变化以及新阶段中国开放型经济高质量发展的要求,习近平提出了内容广泛、内涵丰富的开放发展理念。所谓开放发展,不只是在对外开放中利用国际资源和国际市场,还要提升自己的发展能力和国际竞争力,包括可持续发展的能力。

第一节　国家资源禀赋差异与开放格局

经济全球化是当今世界经济发展的趋势,如今各国都已被卷入经济全球化的浪潮之中,分享着全球经济发展的红利。国家之间的联系比以前更为紧密,信息交流也更为便捷。不管是发达国家还是发展中国家,经济全球化带来的投资全球化、跨国公司生产经营全球化、贸易全球化以及规则全球化,都对国家的发展以及可持续发展产生很大影响。

一、资源禀赋与资源的国际流动

不同国家所处的地理位置不同,所处的地质条件和地理环境的不同,造就了不同的资源禀赋。资源禀赋差异是产生比较优势的基础,在开放的背景下,资源禀赋差异在很大程度上决定了一国的贸易格局,进而影响到本国的开放格局。

不同区域拥有不同的资源禀赋,也就是非均质的资源禀赋。世界上任何一个国家都不可能拥有经济发展所需要的一切资源和技术,即便是最发达、资源最丰富的国家,情况也是如此。资源在数量上的短缺和在种类上的约束,会对一国的经济发展产生限制,特定的资源条件决定着一定的经济发展模式。这时候,资源的国际流动就显得十分重要。不论大国或小国、发达国家或发展中国家,通过资源流动,都可以取长补短、互通有无、调剂余缺,更好地满足国内生产和消费方面的需要。经济学上的国际分工、国际贸易和国际投资理论都是基于不同国家的资源禀赋提出来的。

相较于劳动力、资本等资源禀赋,从各国产业结构的现状来看,一国所拥有的自然资源禀赋,往往是形成该国产业结构的立足点之一。从一国产业结构的演进过程来看,本国所拥有的或可获取的自然资源条件,也是决定该国产业结构转化方向的重要因素之一。一个国家若较多地拥有某种自然资源,往往就决定了在该国的产业结构中,与该类资源相关的产业比重比较大。

在不同的经济发展阶段自然资源禀赋的作用是不一样的。在工业文明时期,产业转为以制造业为主,资本、技术等要素的作用明显提高,自然资源的作用相对下降,人们对工业品的需求也明显增加。由此,自然资源禀赋丰富的地区因缺少资本、技术等要素而衰落,自然资源禀赋少却工业发达的地区经济更为发达,原因是其所需的自然资源可以通过掠夺性的贸易而获得。进入服务业为主的后工业化时期,自然资源禀赋丰富的地区经济更是处于弱势地位。其主要说明因素是,一个国家或地区有丰富的自然资源,但是仅仅把经济发展放在开发和利用自然资源的优势上,过分地依赖于自然资源的开发利用,而不是依靠资本、科学技术对产业结构及时调整,那么国民经济的发展往往是缺乏后劲的,最初资源优势所形成的良好的经济增长态势很快会因自然资源的耗竭而消失,经济发展陷入资源约束瓶颈,即所谓的"资源诅咒"。

虽然自然资源在不同地区的禀赋是不能改变的,但除了土地、水资源和气候资源是不能流动的外,能源和矿产资源是可以流动的。其流动性则随着运输成本的降低而逐渐增加。能源和矿石作为工业的动力和原材料在经济发展中是必不可少的。工业化程度高但其自然资源缺乏的发达国家严重依赖资源进口,资源流动对其本国经济起了决定性的作用。2020年美国稀土消费占全球60%,其中80%的稀土金属和化合物从中国进口,完全依赖进口的有石墨、砷、锑等。日本是世界第一大天然气进口国,第二大煤炭、铁矿石、铜矿进口国,第三大石油进口国。2020年欧盟的稀土原料几乎100%依赖于进口。我国为满足现代工业需求约有2/3的战略性矿产需要进口,尤其是石油、铁矿石等对外依存度达70%。发达国家对资源型初级产品越来越大的需求和这些自然资源的有限性,使拥有这些自然资源的国家在国际贸易中具有自然资源的比较优势而处于比较有利的地位,但又促使其不得不考虑这些不可再生的资源一旦耗尽以后给国家带来的严重经济问题。

虽然土地和生态等自然资源比能源、矿产等国际流动性小,但在现实中并非不能流动。以自然资源为主要原材料的商品出口实际上起到了自然资源国际流动的作用。外国投资者到自然资源禀赋丰富的国家投资,取得对自然资源的使用权,也在实际上使不可移动的自然资源产生国际流动的效应。

二、全球产业链分工不可持续性

一般的国际分工都是以资源禀赋为依据。受要素禀赋的影响,发展中国家的农业和初级产品占有比较高的比重,而发达国家则偏重发展工业和服务业。从全球来看,发展中国家流向发达国家的主要是初级产品。这些初级产品占到发展中国家出口收入的绝大部分。这种生产和贸易格局,意味着发展中国家通常以资源消耗来获取收益和提供环境服务,而发达国家则以资源加工获取高附加值,并利用全球环境资源分摊其生产的环境成本,如二氧化碳气体的排放等。环境成本转移造成了发达国家和发展中国家之间生产与贸易结构的不对称现象,即发达国家的环境可能更多地获益于国际贸易,而发展中国家的环境则受到更多的不利影响。

现代的国际分工以全球产业链(价值链)分工为依据,发达国家以其技术优势居全球价值链的高端环节,而将其低端环节布局在发展中国家。贸易活动处在不平等的国际竞争框架下,加重了贸易与环境的矛盾,发达国家通过贸易促成自身环境的改善,却转化为对发展中国家生态环境更大程度上的破坏。在这样的情境下,仅仅使环境外部成本内在化也不能真正解决问题了,发展中国家的贸易格局呈现出显著的不可持续性。

自20世纪90年代以来,越来越多的外国直接投资从发达国家流入发展中国家。那时候的发展中国家普遍处于振兴民族经济、壮大国力的发展时期,为了获得发展经济急需的资金、技术、物资和设备,吸引更多的外资流入,往往会放松环境管制标准。这样,在该国进行生产时,其生产成本就会比在高环境标准国家生产出同样产品的成本要低。于是,在以追求利润最大化为目标的企业眼里,发展中国家在投资和生产方面具有更低的生产成本。这种成本差异将会吸引高环境标准的发达国家的企业到发展中国家安家落户,尤其是对于那些环境敏感型企业,这种影响会更加强烈。这会促使发达国家的污染密集型产业和环境绩效差的企业转移到环境标准较低的发展中国家,发展中国家由此沦为发达国家的"污染自由港",成为世界污染密集产业转移的"避难所"(pollution haven)。在全球自由贸易环境下,甚至一些发展中国家降低环境标准或放松环境规制,以达到维护本国污染密集型企业在国际市场中的竞争力,从而出现"向底线赛跑"甚至是"生态倾销"的现象,这种贸易格局对发展中国家造成了严重的环境污染和生态破坏,不利于本国经济长期可持续发展[①]。

除了发达国家通过对外直接投资进行污染外包,他们还通过进出口贸易进行污染的跨境转移。在没有环境规制或者环境规制不太严格的发展中国家,企业会将环境作为丰裕的生产要素,污染密集型产品的生产和出口数量在这些国家的贸易中都会增加。由于生产产品的环境成本从进口国转移到出口国,自由贸易可能促使更多的环境负担从进口国向出口国转移。发展中国家往往专业化生产并出口初级的劳动密集型和资源密集型产品,发达国家则通过进口发展中国家的资源密集型产品,把污染物留在发展中国家,结果是改善了本国环境质量,却造成了其他国家的环境恶化。因此,资源密集型产品的国际流动造成发达国家向发展中国家的"环境成本转移"。

然而,这种贸易格局对看似占尽便宜的发达国家果真是有百利而无一害吗?结果是否定的。短期来看,发达国家享受着高质量的环境条件,消费着高级的产品。发展中国家以环境的破坏换来了眼前的经济发展。然而,环境污染具有较强的负外部性,其影响不仅仅是局部地区或一个国家,我们生活在同一个地球,一国的温室气体排放进大气层,引发全球变暖,最终也会造成他国受损,环境污染的总成本并不完全由污染者自身承担,从而导致污染高于均衡水平,社会福利减少。这种影响是任何国家都逃不掉的,都需要为此负起责任。

---

① Bu, M., & Yang, B., *Globalization and the Environment of China*, Emerald Group Publishing Limited, 2014.

2021 年 3 月 13 日至 14 日,蒙古国多地遭遇超强沙尘暴天气,这场超强沙尘暴不仅使本国遭受到严重损失,还影响到了中国、韩国、日本等周边国家。至 16 日,包括北京在内的北方多地出现大范围沙尘暴,空气质量等级均为严重污染,最终影响到我国十个省份。3 月 28 日,韩国全国大部分地区发布沙尘暴警报,受此影响,韩国全国大部分地区细颗粒物浓度达到“非常严重”级别,铅等重金属浓度也大幅上升。3 月 29 日,沙尘暴先后抵达日本西部、中部和北部地区,大阪被沙尘暴笼罩,能见度降至 5 公里。可以看到,在这种情况下,破坏环境造成的气象灾害威胁人类生存的不只是局部地区,周边国家想置身事外也无法如愿。大气污染、海洋污染、气候变化等与每个国家息息相关,发达国家也难逃影响。

经济生产活动导致的大量污染排放使得中国成为世界上空气污染最严重的地区之一。然而本地生产活动造成的污染排放中有相当一部分是为了生产出口商品以满足其他地区的消费而产生的。研究发现,2006 年,中国 36 % 的二氧化硫、27 % 的氮氧化物、22 % 的一氧化碳和 17 % 的黑碳排放与出口商品的生产有关。研究发现,出口贸易的年际变化和相关生产活动是造成中国及其下游地区空气污染趋势的重要原因。事实证明,贸易改变了生产地点,也影响了排放物。不平等的贸易格局使得排放物的影响范围也在逐渐扩大,空气污染造成的危害是全球性的。

三、开放发展和人类命运共同体

现在中国经济进入了新时代,对外开放也进入了新时代。中国将在更大范围、更宽领域、更深层次上提高开放型经济水平。根据习近平开放发展的理念,新时代的开放发展具有如下特点。

首先,建设人类命运共同体。科学内涵就是:坚持对话协商,建设一个持久和平的世界；坚持共建共享，建设一个普遍安全的世界；坚持合作共赢，建设一个共同繁荣的世界；坚持交流互鉴，建设一个开放包容的世界；坚持绿色低碳，建设一个清洁美丽的世界。其中就包含了可持续发展的命运共同体思想。

其次，推动形成全面开放新格局。2018年4月，习近平在博鳌亚洲论坛上提出："坚持引进来和走出去并重，推动形成陆海内外联动、东西双向互济的开放格局，实行高水平的贸易和投资自由化便利化政策，探索建设中国特色自由贸易港。"对外开放新格局体现高质量的开放发展。具体表现在：第一，在提升向东开放的同时，加快向西开放步伐，推动内陆沿边地区成为开放前沿；第二，进口与出口并重；第三，扩大引进外资的领域和深度，不仅以负面清单保障外资进入中国的领域，而且进一步放开对外资进入的限制，尤其是金融领域的进一步开放；第四，建立对外开放的新载体。为推动资源和商品更为便利的国际流动，实行高水平的贸易和投资自由化便利化政策，设立自由贸易试验区、自由贸易港。

最后，形成以畅通国民经济循环为主的新发展格局。进入新时代，面对世界百年未有之大变局。中国不仅要扛起继续推动全球化的大旗，还要根据自身发展的需要，推动形成以国内大循环为主体、国内国际双循环相互促进的新发展格局。习近平2020年8月24日在经济社会领域专家座谈会上指出："这个新发展格局是根据我国发展阶段、环境、条件变化提出来的，是重塑我国国际合作和竞争新优势的战略抉择。"

新发展格局是开放的国内国际双循环。适应开放发展的需要及新发展格局，我国的开放型经济发生战略性变化，最为突出的是，出口导向的开放型经济转向内需型开放经济。内需型开放的实质是创新导向，创新导向的开放型经济具有四个特征。第一，以出口高科技的绿色产品替代资源密集型产品，特别是要替代高能源消耗、高污染产品出口。第二，以进口核心技术的中间产品替代进口一般的最终产品。第三,升级外商直接投资。在有序放宽市场准入的同时,注重外资质量。引进的外资以创新为导向进行选择:进入的环节是高新技术研发环节,鼓励外资在中国本土创新研发新技术;进入的产业是国际先进的绿色产业。第四,着力引进创新资源。开放型经济就要着力引进高端科技和管理人才,进行开放式创新。

四、开放型经济的可持续发展指向

一国经济的开放程度与该国资源禀赋、国家大小有关。资源总量的约束决定经济长期发展的规模和成长速度,而个别的资源短缺所造成的资源约束会使短期经济发展受到抑制,因此资源约束限制着经济发展模式的选择范围。在开放型经济中,国内经济和整个国际市场联系在一起,资源、商品、服务可以自由地跨境流动,充分参与国际分工,同时在国际分工中发挥本国经济的比较优势,从而实现最优的资源配置。通过参与国际分工,提升资源配置效率、获取外部市场和资源,是推动国内经济增长及效率提升的有效途径,尤其对于发展中国家而言。

发展中国家和发达国家分工结构的不平等造成了发展中国家的环境污染,这种污染不仅会导致发展中国家经济不可持续,也会对发达国家产生一定的影响,空气污染、全球变暖等事件会造成全球性环境公害,严重威胁全球经济、社会、环境的可持续发展。发展中国家要改变这种现状,就要从下面入手。

首先,一国的对外开放要充分运用好国内和国外两个市场,但必须秉持可持续发展的理念。无论是进出口还是利用外资都要有可持续发展的门槛。第一,依赖自然资源密集型产品的出口不可持续;第二,单纯追求数量的出口导向战略不可持续;第三,依赖利用发展中国家环境低门槛的外资不可持续。因此,在"引进来"和"走出去"中强调可持续发展。"引进"的重点是专利技术、先进设备、人才资源、管理经验等高级要素,"引进"的目的在改造、提升、优化内地自身的产业结构与企业的产品结构,"引进"的效果在于促进国内本地企业市场竞争能力的提升,特别是国内市场占有率的增加。出口要逐步以技术密集的制成品替代自然资源及自然资源密集型产品,引进的外资要有环保标准和技术标准。

其次,建设"绿色一带一路"。"一带一路"是"丝绸之路经济带"和"21世纪海上丝绸之路"的简称。要践行绿色发展理念,加大生态环境保护力度,携手打造"绿色丝绸之路",2017年国家特别推出了绿色"一带一路"的指导意见。绿色"一带一路"建设以生态文明与绿色发展理念为指导,坚持资源节约和环境友好原则,提升政策沟通、设施联通、贸易畅通、资金融通、民心相通的绿色化水平,将生态环保融入"一带一路"建设的各方面和全过程。这一意见的提出,有利于务实开展合作,推进绿色投资、绿色贸易和绿色金融体系的发展,促进经济发展与环境保护双赢;还可以增进沿线各国政府、企业和公众的相互理解和支持,分享我国生态文明和绿色发展理念与实践,提高生态环境保护能力,防范生态环境风险,促进沿线国家和地区共同实现2030年可持续发展目标。绿色"一带一路"不仅是中国为维护人类命运共同体而向世界做出的庄严承诺,更是各沿线成员国推动可持续发展、实现经济全面转型升级的重要契机。这是中国向全世界回馈的绿色公共产品,以及为全球环境治理无偿提供的"中国方案"。

第二节　可持续发展的国际贸易结构

在当代经济全球化背景下,国家间的经济交往日益密切,进出口贸易的规模越来越大,进出口贸易在经济活动中的地位越来越重要,在人类实现可持续发展中的地位也就越来越重要。如果可持续发展原则无法在进出口贸易领域中得到体现,这就意味着人类经济活动中比重很大、很重要的一部分没有实现可持续发展,那么,整个人类的可持续发展战略也就成了一句空话。

一、进出口贸易对可持续发展的影响

贸易全球化已成为经济全球化的重要方面。如今,进出口贸易对世界经济的拉动作用明显增强,它主要体现在两个方面,一方面是国际贸易增长率高于世界经济增长率。即使近年来国际贸易增速趋缓,2019 年的全球贸易增长率为 3.7%,还是高于 2.3% 的全球经济增长率。另一方面是国际贸易范围扩大、规模扩大,国际贸易依存度提高。经济全球化使得世界各国经济形成"你中有我、我中有你"的局面,各国经济交流的障碍在减少,对外贸易与国际资本流动在各国之间变得更容易。发达国家之间货物、服务、资金、技术和市场高度融合,发达国家与发展中国家之间的上述关系也在加强。在经济全球化中,对外贸易与投资成为发达国家与发展中国家经济联系的双向传递渠道。

对外贸易不仅直接促进世界生产力得到更有效的利用,还间接地通过市场扩张促进了分工发展和技术进步,从而有利于长期经济增长,这对于全球生产成本的下降和生产率的提高也很有帮助。实现资源最优配置。国家间的自由贸易则可以打破地域和空间界限,打破一国的资源瓶颈,实现整个世界范围内的资源最优配置。在一国的范围内,无论采取什么样的方法,其对提高资源利用效率的贡献都只能局限在本国的范围内。现实中,没有一个国家完全拥有本国居民所需的充足的资源,都会不同程度地存在资源品种和数量上的限制。而贸易可以有利于提高环境容量以满足人类的不同需求,为该国丰裕资源的充分利用创造条件,从而促进可持续发展。从全球的角度来看,通过自由贸易互通有无和优势互补，实现了整个世界范围内资源的充分利用，提高了资源的配置效率，从全球层面来讲，也节约了自然资源，因此有助于可持续发展。特别对发展中国家来说，收入增加可以打破贫困-人口增加-环境破坏-贫困的恶性循环。

但是对发展中国家来说，国际贸易的自由化和国际贸易规模的不断扩大是把双刃剑，尤其是对发展中国家的可持续发展的影响。国际贸易可能会导致国际分工位置锁定。发展中国家在国际贸易中始终处于弱势地位。按照传统贸易理论，发达国家应生产具有资本和技术优势的制造品，发展中国家则应生产具有劳动力和资源优势的初级产品。但是初级产品生产部门积累资本的能力和对其他产业的带动作用比较差，使发展中国家的制造业，尤其是资本和技术密集型制造业难以发展起来，于是不发达状态得不到改变，长期停留在国际分工体系的底层，也就是价值链的低端。并且，与发达国家相比，发展中国家出口的多是一些原材料或简单加工品。其对发达国家的资本品、工业制成品的需求大大高于其初级品出口的需求，因此，随着经济的发展，发展中国家要付出很大的成本和代价才能平衡国际收支。这就不利于发展中国家的可持续发展，将对环境产生更大的危害，加速资源的退化。

在资源方面，发达国家依仗其在国际贸易中资金和技术的有利地位对发展中国家进行生态掠夺，发展中国家靠出口自然资源或资源密集型产品，过度开发利用其自然资源，从而超过该国本身的地理承受能力，引起了生态失衡，贸易造成的某种资源的需求或供给条件的变化会使资源发生短缺或过剩，从而损害可持续发展。

在环境方面，发达国家与发展中国家处在不同的经济发展阶段，对环境保护的理解、重视，以及对环境保护技术的要求、资金投入水平都不同。因此在环境与贸易方面，发达国家十分重视进口产品是否符合环境标准,并且已经形成完整而系统的指标体系,这就对发展中国家出口产品的环境质量标准提出了更高的要求。这会产生两种效应:一方面发展中国家的出口受到发达国家的环境高标准限制,甚至是环境壁垒的阻力,使得发展中国家无论在贸易方面,还是在生态环境方面多处于不利地位。出口品的高环境标准会刺激发展中国家的企业进行技术改造和科技创新,提高本国环境标准。这有利于突破一国环境保护技术不足的限制,增强环境保护的能力,从而实现可持续发展。而发展中国家的进口,环境管理水平低,不注重国际贸易商品的环境标准,为发达国家向发展中国家直接或间接的污染转移提供方便,如出口洋垃圾或把高能耗、高污染的产业通过投资建厂的方式转移到发展中国家。从以上情况看来,国际自由贸易实际上是有利于发达国家的。这种不平衡的贸易关系,使得发展中国家和发达国家的贸易格局都具有不可持续性。例如,发达国家以出口形式转移废物甚至转移危险废物,或者将污染严重的产品转移到发展中国家生产,给发展中国家带来生态环境危害。据全球贸易数据库数据显示,向中国出口塑料等固体废物的国家中,日本的出口量最高,美国居第二。日本环境省的数据显示,日本 2017 年排出塑料垃圾 900 万吨左右,其中 140 万吨出口,出口至中国的占 72%。其中日本塑料瓶垃圾的输出总量达到了 24 万吨,而中国占据了 87% 的份额。垃圾问题已经是一个全球性的问题。不管是美国指责日本垃圾飘到美国,要求日本出钱清理,还是指责中国拒绝接收美国垃圾,要求中国继续接收西方国家垃圾,这些都不能从根本上解决影响全球的垃圾问题。要想解决这个问题,需要全球合作,需要每个国家采取措施减少垃圾排放,提高垃圾处理能力。2017 年 7 月,国务院办公厅印发《禁止洋垃圾入境推进固体废物进口管理制度改革实施方案》,提出全面禁止洋垃圾入境,完善进口固体废物管理制度,切实加强固体废物回收利用管理。根据这份实施方案,2017 年年底前,我国将全面禁止进口环境危害大、群众反映强烈的固体废物；2019 年年底前，逐步停止进口国内资源可以替代的固体废物。

　　贸易结构如何实现可持续发展？发展中国家首先应该重视环境保护，提高本国环境监管标准，设立相关政策，阻止发达国家的污染转移。摒弃跨国公司带来的负外部性，转而吸收其正面的环境和技术溢出。学习发达国家的环境规制标准，以此标准为目标来制定本国标准。其次，吸纳发达国家转移过来的先进产品和技术，从而加快产业结构演进的步伐，促进产业结构升级，实现全球价值链上的跃升。不仅如此，发展中国家还可以到发达国家进行对外直接投资，学习东道国先进的知识技术，带动投资国整个产业的技术水平提高，从而产生逆向溢出效应。对于发达国家来说，必须改变能源高消耗、环境高污染、生活高消费的不可持续的发展模式，从源头减少污染物的排放。他们必须承担起"共同但有区别的责任"，承担更多的排控责任，作为对高污染、高消耗发展模式的补偿，还应该在国际贸易中遵守国际条约，尊重发展中国家。

二、对外贸易中谋求竞争优势

　　在我国进入世界第二大经济体并达到上中等收入国家水平后，开放型经济转型升级的关键是我国参与国际分工和国际竞争的理论指导的转型，以谋求最大的国际贸易利益。这就是由比较优势理论指导转向竞争优势理论指导。

　　一般地说，国际交换之所以必要，是因为存在国际分工，国际分工使得各个国家专业化地生产最适合本国生产的产品，通过国际贸易可使贸易双方获得更大的福利。最早的比较优势理论是古典学派李嘉图（Ricardo）在 19 世纪所说的比较成本理论：各国分工生产各自具有相对优势（劳动生产率较高或成本较低）的产品，尽管一个国家（一般是落后国家）具有相对优势的产品的成本可能会高于另一国家

（一般是发达国家）不具有相对优势的同一产品的成本。对近现代国际贸易影响最大的是赫克歇尔（Heckscher）在1919年、俄林（Ohlin）在1933年所说的资源禀赋学说（简称H-O模型）。资源禀赋学说是指，各个国家的资源禀赋存在差异，有的劳动资源丰富，有的自然资源丰富，有的资本资源丰富。各个国家分工生产使用本国最丰富的生产要素的产品，经过国际贸易，各国获得最大的福利。比较优势理论的基本思路是，发达国家有资本和技术的优势，发达国家有劳动力和自然资源丰富的优势，因此发达国家生产和出口资本和技术密集型产品，发展中国家生产和出口劳动和自然资源密集型产品，大家都能得到贸易利益。按比较优势理论，我国作为发展中大国，相对于发达国家资本、技术和产业都处于劣势，只有劳动力和自然资源（特别是土地和环境）有比较优势。因此我国在贸易结构上，致力于劳动密集、资源密集和高能源消耗高排放产品的生产和出口。在引进和利用国际资源上，以廉价的劳动力和土地资源为条件引进外资。外商投资企业进入我国的环节在产业链上基本上属于劳动和资源密集环节，以及需要利用环境资源的生产。应该说，这种开放战略在发展的初期阶段是成功的。否则我国不可能进入全球化经济，不可能利用国际资源和国际市场在较短的时间内实现跨越式发展。问题是这种建立在比较优势基础上的开放战略不能长期化。这里既有国际市场的外部原因，也有我国自身发展的内部原因。

随着中国经济增长和开放型经济的深入，中国的贸易结构开始升级。出口已转向以工业制成品为主，工业制成品中以机电产品出口为主。但是目前的出口结构仍然依靠资源禀赋的比较优势，主要形式是依靠加工贸易出口工业品。所谓加工贸易，是指企业从国外进口原材料、零部件，在本国加工后再出口，赚取其中的附加值，即来料加工，来图加工，来料装配。这种加工贸易实际上仍然是利用中国的劳动力资源、土地资源和环境资源出口。加工贸易是以引进的国际资源来利用我国低工资的劳动力和廉价的自然资源（尤其是土地和环境），即使是生产和出口的高科技产品外商投资企业在我国的生产环节也主要是劳动和资源密集的环节，核心技术和关键技术不在我国，是国外提供的，我国企业附加的只是劳动价值。严格地说仍然是劳动密集型产品出口。因此虽然我国的出口产品数量大，但附加值不高。在这种条件下，开放型经济难以继续建立在低劳动成本和充裕劳动力的基础上，更不能长期在国内生产利用环境资源的出口品。这意味着开放型经济的基础需要提升，方向是改变开放型经济的廉价劳动力和自然资源的基础。以自主创新的技术替代进口中间品，以扩大附加价值。在此基础上一般性贸易所占比重近年来超过加工贸易的比重意味着出口效益的提高。所谓一般贸易是指中国境内有进出口经营权的企业单边进口或单边出口的贸易，按一般贸易交易方式进出口的货物即为一般贸易货物。简单地说是在国内购买原材料加工后出口。

中国由世界经济大国向世界经济强国提升，参与经济全球化就不能只是谋求贸易利益，还要尽快缩短与发达国家的经济技术差距。比较优势虽然能扩大出口，但会冻结我们和发达国家的差距。只有谋求竞争优势才能缩短与发达国家的差距。首先，随着经济全球化的发展，生产要素、资源可以在国际流动，在新技术革命浪潮的推动下，资源、劳动可以被资本和技术所替代，这表明，大部分发展中国家所具有的自然资源和劳动力资源的比较优势在国际竞争中不再具有明显的竞争优势。特别是经济全球化发展到现阶段，国际贸易摩擦日益频繁，各个国家保护主义开始抬头。这样，对我国的挑战，就不仅是劳动密集型产品出口收益低，还遇到保护主义的抵制。面对这些摩擦，我们的出口产品需要升级，唯有增加出口品的科技含量，才能减少国际贸易摩擦。其次，利用本国相对充裕的资源生产的产品在国际竞争中不一定具有竞争优势。原因是在世界上可能有其他发展中国家依据资源禀赋提供相同的劳动密集型产品,如服装鞋帽之类的产品。同样的劳动密集型产品在不同的国家生产,竞争力是大不一样的。有的国家因其有较高的技术或较多的资本投入而有较高的质量或知名的品牌,这实际上是资本和技术对劳动的替代。有的国家的劳动力和资源的价格更便宜。面对这种竞争,我国许多具有资源禀赋比较优势的产品已经不具有国际竞争优势。最后,伴随持续40多年的快速发展,劳动、土地等资源不可能无限供给,其价格上涨也是必然的。伴随着人民生活水平的提高和对健康要求的提高,发展项目的生态和环境约束也更为严格。这意味着相比其他发展中国家,我国的劳动和自然资源的比较优势正在失去。而且,劳动密集型产品不一定是低成本的,经济全球化不可避免地包含各个国家要素价格(包括劳动价格)出现均等化趋势。就像我国,近年来特别是经济开放程度高的沿海地区工资增长很快。这意味着,劳动密集型产品中的劳动成本有提高的趋势,这时的资源禀赋的比较优势有下降的趋势,其结果是进一步降低劳动密集型产品的国际竞争力。

　　以上说明已有的建立在利用我国资源和劳动力比较优势的开放型经济模式的发展效应正在衰减,这种模式的开放型经济也难以为继。转型升级的基本方向是改变以劳动密集和资源密集为比较优势的外向结构,改变单纯追求出口数量而不注重出口效益的出口导向战略,提升外商投资企业在我国的产业链环节的科技含量。

　　何为竞争优势? 根据波特的分析,竞争优势理论强调依靠品质、特色和新产品创新创造新的竞争优势。所以"新的国家竞争优势理论必须把技术进步和创新列为思考的重点"[①]。竞争优势理论强调的是与高

---

　　① 波特:《国家竞争优势》上,天下远见出版公司1996年版,第30页。

手竞争:"一国产业是否拥有可与世界级竞争对手较劲的竞争优势"[1],
并以此为目标推进科技和产业创新,形成国家竞争优势。这些关于竞
争优势的界定,就成为由比较优势转向竞争优势的理论指导。

转向竞争优势实际上是比较优势的升级。就如劳动力资源丰富的
优势要成为国际竞争的优势,必须有个转换过程。转换的关节点是将
高新技术,包括从国外引进的高技术和自主创新的高技术与丰富的劳
动力资源结合,生产在国际市场上有竞争力的产品,由此产生新的比较
竞争优势。这时的比较优势就在于,同是高技术产品,在中国生产的劳
动成本比在其他国家生产的低,具有价格竞争的优势。在国际分工新
格局中,我国所要谋求的产业竞争优势,在可持续发展方面就是在产业
链的国际分工中实现研发环节对制造环节的替代,既要提高附加值,又
要减少土地资源的占用,并且节能减排。

根据可持续发展的要求,提升我国的竞争优势,需要在产品的进口
和出口两个方面进行改善。

进口产品方面,2019 年我国外贸进口总额为 2.08 万亿美元,其中
工业制品进口 1.35 万亿美元,占比约 64%。其中机械及运输设备进口
约 7866 亿美元,占工业制品进口总额的 58.34%。此外,矿物燃料、润
滑油及有关原料进口 3472.33 亿美元,占初级产品进口总额的 47.57%。
总的来说,初级产品中石油矿产资源进口比重较高,工业中机械产品
和运输设备进口较高。初级产品的进口中,原油的进口占据了很大的
比重。如下图 12-1 所示,1997 年我国原油进口额仅为 54.56 亿美元,
2019 年已经达到了 2423.85 亿美元,年化增长率为 17.93%,约为同时
期我国 GDP 增速的两倍。从数据上看,原油进口在 2012 年达到 2000
亿美元规模以上,2014—2017 年由于大宗商品价格暴跌进口额短暂回
落,之后又回到了 2000 亿美元的规模之上。

---

① 波特:《国家竞争优势》上,天下远见出版公司 1996 年版,第 37 页。

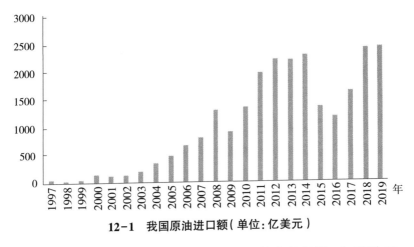

12-1　我国原油进口额（单位：亿美元）

　　除了原油之外，铁矿石的进口额也占据较大的规模。如下图 12-2 所示，2000 年我国铁矿石进口额仅为 18.57 亿美元，随后快速增长，2019 年已经达到了 1014.62 亿美元，年化增长率达到了 22.14%。从数据趋势上看，铁矿石进口额在 2011 年超过 800 亿美元之后一直维持在高位，2015—2016 年由于大宗商品价格暴跌进口额短暂降低，之后又很快增加到 1000 亿美元的规模。

　　出口产品方面，2019 年我国出口总额为 24994.82 亿美元，其中初级产品出口额为 1339.7 亿美元，占比仅为 5.36%，工业制品出口额为 23655.13 亿美元，占比 94.64%。在工业制品出口中，出口最多的是机械及运输设备，出口金额为 11954.44 亿美元，占比超过一半。

　　我国出口了较多的钢铁、水泥、玻璃等高耗能产品。其中钢铁业是典型的高污染、高耗能、产能过剩行业，钢材产品的大量出口不利于节能减排，也不符合可持续发展的对外开放原则。下面以钢材为例，分析我国近年高耗能产品的出口趋势。正如下图 12-3 所示，1999 年我国钢材出口量仅为 368 万吨。随着我国经济的快速发展，到了 2018 年我国钢材出口量已达到 6933 万吨，年复合增长率为 15.81%。从数据的趋势上看，钢材出口量自 1999 年快速增长，由于经济危机的影响，2008

年之后暂时出现了一个低谷，2010年之后又快速恢复，直到2016年达到顶峰2.27亿吨。之后随着供给侧结构性改革政策的实施，钢材出口又快速下降，但总体而言仍处于较高水平。

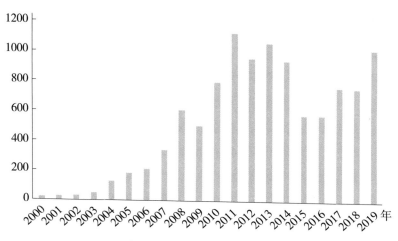

12-2　我国铁矿石进口额（单位：亿美元）[①]

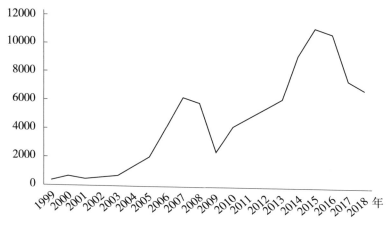

12-3　我国钢材出口统计图（单位：万吨）[②]

[①]　数据来源：国研网统计数据库。
[②]　数据来源：EPS全球统计数据分析平台。

进入新发展阶段,2020年习近平总书记提出"构建以国内大循环为主体、国内国际双循环相互促进的新发展格局"。国内经济大循环,是以满足国内需求为出发点和落脚点,以国内的分工体系和市场体系为载体,以国际分工和国际市场为补充和支持,以国民经济循环顺畅、国内分工不断深化、总体技术水平不断进步为内生动力的资源配置体系。为了适应新发展格局,外向战略由出口导向型转向内需导向型。过去的出口导向追求出口,资源环境都服从于出口。作为世界重要工业原材料供应国,中国需要改变原先的原材料出口措施,减少对各种原材料的出口,诸如稀土、镁、钨等原材料,这些材料将越来越多地用于本国的工业生产中,以制造更高质量的产品。关键原材料出口的下降,不仅将有利于减轻环境污染,同时还有利于我国进一步推进高科技产业的发展。同时,中国的资源如煤炭、铁矿石等矿产资源储量有限,需要进口相应矿产资源来保证资源出口,因此应优化进口结构、培育进口新动能、引导产业转型和消费升级、服务"双循环",推动可持续发展。

第三节　国际要素流动中实现可持续发展

在经济全球化背景下,资源、要素在全球流动,形成全球价值链。国际要素流动对优化全球范围内的资源配置,缓和国别经济发展中可能存在的要素约束,以及促进经济发展都具有重要作用。在这一过程中产生的自然资源、技术、资本等要素的流动对发展中国家和发达国家的可持续发展都有巨大的推动作用。

一、在要素的国际流动中获取发展要素

经济全球化的一个重要特征是资源和生产要素可以在国家间流动,一国的禀赋资源供给条件可以借助新技术革命的成果来改变,也可

以借助开放获取国际生产要素来改变和优化。我国过去的对外开放重在以出口创汇来扩大购买进口品。大规模的出口和充裕的外汇，并不能自动导致积极的经济发展，中国这样的大国不可能买一个现代化回来。中国经济发展的动力主要是本国产业的国际竞争力。因此我们发展开放型经济，最终是要通过引进和采用新技术革命成果来改造传统产业，优化产业结构，改善生产要素的供给条件，从而建立起现代化的基础，这可以说是引进和利用国际资源的重点。

科技和知识没有国界。根据库兹涅茨的分析，对世界范围内科学技术和知识存量的开发利用，是生产高速增长和发展中国家进入现代增长阶段的标志。在他看来，不管其所用资源的来源如何，任何单个国家的经济增长都有其国外的基础，这反映一个国家的经济增长对世界知识存量的依赖性。现在各个国家都是依赖对世界知识存量的利用进入现代增长阶段的。发展中国家与发达国家的经济差距可以用对世界知识和技术存量的开发利用的差别来说明，进入现代增长阶段的时间越晚，非利用的技术和社会知识存量越大，与发达国家相比的经济劣势就越大。[①] 我们这样后起的发展中国家，要进入现代增长阶段，就必须充分地开发世界知识和技术的存量为我所用，并且要提高利用效率。

开发利用世界知识和技术存量的载体很多，其途径可能是外资的带入，可能是人才的带入，也可能是技术贸易的带入。我国的开放型经济实际上一直是以出口为导向的。2008 年世界金融危机爆发以来，全球化经济进入了再平衡阶段。发达经济体经济长期不景气，不发达经济体中涌现出一批新兴经济体。发展中国家对发达国家的经济依附性明显减弱，尤其是中国成为世界第二大经济体并进入上中等收入国家发展阶段，在此背景下中国的对外开放战略需要调整，其国际分工和竞争定位就是提升中国在全球产业链中的地位，国内产业结构的升级，占

[①] 库兹涅茨：《现代经济增长》，戴睿译，北京经济学院出版社 1989 年版，第 253 页。

领科技和产业的世界制高点，相应的发展战略归结起来就是发展创新型经济。创新型经济依托的是人才、科技、管理之类的创新要素，目标是发展具有自主知识产权的核心技术和关键技术，着力于产业创新，体现增长的内生性和创新驱动性。增长的引擎转向创新驱动，不是回到封闭经济，恰恰是还要发挥开放型经济的引擎作用。当然它是在创新型经济这个主引擎作用的条件下发挥作用的。当然，开放型经济如果还要继续发挥经济增长的引擎作用，也需要转型升级，这就是以创新为导向发展开放型经济。

开放型经济以创新为导向：着力引进创新资源，以培育产业优势。当今的国际经济是以要素流动为主导的经济。过去我国通过引进外资来利用国际资源，原因是各种要素如技术和管理跟着资本走。现在转向创新驱动意味着需要转向着力引进人才，原因是各种创新要素跟着人才走。高端创新要素，特别是高端人才相当多地聚集在发达国家，需要利用开放型经济着力从发达国家引进高端科技和管理人才。

以创新为导向的开放型经济也会要求外商直接投资转型升级。过去的外商投资企业不只是以"三来一补"等方式将其利用国内劳动力和环境资源的制造环节进入我国，而且其带来的技术和产业水平基本上是其国内的成熟技术和成熟产业，不是先进技术和产业。现在以创新为导向，对进入的外资及其带来的技术就要有更高的要求，一方面要求其高新技术研发环节的进入，提高中国本土制造的附加价值；另一方面要求进入的产业是国际先进的新兴产业。鼓励外资在中国本土创新研发新技术成为吸引外资的重要导向。

首先是提高引进外资的层次，鼓励外资企业在中国本土研发、创新技术。创新无国界，创新型经济不仅仅指本土企业创新，也包括外资企业在中国本土的不断创新。在劳动成本和土地价格不再具有优势时，需要鼓励外资科技企业和研发中心的进入，促使外资进入的环节向价值链的高端环节和研发环节延伸。这样,外资进入中国所要利用的不完全是廉价的劳动力和不受约束的环境资源,而是高素质的人力资本和创新环境。国际直接投资也进入转型升级阶段,也就是更多的高新技术外资替代一般技术的外资,鼓励外资将世界领先的技术和产业基地放在中国。

其次是扩大外资进入的领域。国际直接投资进入的行业由着重于制造业扩展到现代服务业。原因是创新型经济所需要的国际资源的支持不仅是制造业技术,还需要与现代服务业相关的管理和服务的支持,其中涉及金融、保险、运输、信息服务、电子商务、现代物流业等。其中服务外包又是利用我国高智力劳动力的重要途径。我国一些服务外包的企业和员工在参与外包服务中边干边学,提高了自身的创新能力。

最后是扩大金融的对外开放。利用国际资源不只是利用外商直接投资,还需要通过金融业的对外开放吸引和利用国际金融资本,吸引和利用外资由产业资本向金融资本拓展。其途径包括吸引国际金融机构和金融公司进入中国,鼓励中国企业到境外资本市场上市,在国际金融市场募集资金,逐步放开外国投资者进入中国资本市场的限制,尤其是要吸引国际风险投资公司进入参与我国的科技创新和科技创业。

二、外商直接投资的可持续发展导向

外商直接投资(Foreign Direct Investment, FDI)是一把双刃剑,对东道国的经济发展产生了多方面的影响。

其正面效应是:外国直接投资的长期性以及投资者和东道国利益的潜在一致性,会促使外国直接投资有许多机会给东道国带来各种学习机会,会产生一些正面影响促进发展中国家经济、社会、环境方面的提升。外商直接投资可以直接增加东道国的资本流量,随着外来资本的注入,东道国的生产规模得以扩大,进而产出和资本积累随之增加,

同时，外来投资给东道国带来乘数效应，通过投资拉动，促进东道国的经济增长。外商直接投资可以引发相关投资，提升国内投资效率，为东道国国内企业提供了配套资金，成为促进东道国国内投资的催化剂。可以说，外商投资的进入丰富了国内投资市场的资源，促进了东道国投资环境的改善，同时也刺激了东道国企业的竞争动力，增强了当地企业的投资效率，为东道国国内企业提供了发展的良好机遇。

其负面影响是：外商资本跨国投资追求利润最大化的经营原则可能与发展中国家的计划目标不一致。其投资区位的选择一般是发展中国家经济较为发达和潜在利润率较高的部门和地区；外商直接投资的投向直接决定了东道国相应部门和地区会得到比其他部门和地区更多的投资和更快的发展，因而常常不是缩小而是扩大了东道国地区之间、部门之间发展的不平衡和收入的不平等。外商直接投资的这种引起经济结构失衡的效应，在发展中国家和经济落后地区表现得异常明显。发展中国家为了能吸引更多的外商投资，除了要不断完善本国的投资环境外，一般都对国外投资商提供超国民待遇。特别是当外资公司过于强大，或是掌握了重要资本、技术，往往会拥有更大的议价权，这时，东道国的本地企业更易受到外资公司的控制和左右；严重时，就会威胁东道国的经济主权。

在可持续发展方面，发达国家较早走上了可持续发展道路，其对污染防治方面在制度和技术方面都更为先进。外资进入东道国时，其所在企业的环境标准一般都比较高，因此外商直接投资带来的有关环境保护的理念和低耗能生产技术的扩散和推广，使得东道国生产单位产品所造成的环境污染程度不断降低从而对环境产生正面影响[1]。从投入的角度来说，生产过程中改变了劳动、资本与自然资源组合比例，以资本替代更

---

① Bu, M., Li, S., Jiang, L., "Foreign direct investment and energy intensity in China: Firm-level evidence," *Energy Economics* 2019, 80: 366–376.

多的劳动力和资源,使东道国资源密集型产业的比重下降;从排放的角度而言,资源使用效率提高,单位产出的污染排放量降低,使资源得以大量节约和循环利用,导致在给定产出下自然资源消耗降低,进而污染排放和生态破坏减少。并且,跨国公司相较于本地企业更关注自己的社会责任,会采取更高的环境标准,更有可能用友好型的技术进行清洁生产。这对东道国企业产生了正面示范的引领,也使本地企业更有危机感,促使本地企业的创新,促进发展中国家可持续的环境管理意愿[①]。

但不可否认工业污染的转嫁效应。虽然外资企业的环境标准较高,但是它在东道国投资主要利用东道国的资源(土地资源、自然资源以及环境资源),这会造成东道国资源、环境供给的不可持续,影响其本国企业的发展,会对东道国的发展产生不利影响。随着工业发展水平的不断提高,西方工业发达国家相继颁布了一系列制止工业污染的法令和政策,对本国企业的环境污染危害给予严格的管理和处罚。许多西方发达国家的跨国公司为了逃避本国政府的监管,则通过对外投资的方式将其带有污染的加工业,特别是一些重污染行业,如化工、冶金等,迁到那些急于引进外资又对工业污染管理较松的贫穷落后国家或地区,对东道国的生态环境造成了极大破坏,对当地居民的生活也造成了很大影响,致使这些地区成为"污染避难所"(Pollution Haven)。20世纪七八十年代以后,许多发展中国家在引进外商投资过程中,由于没有注重这方面的管理,致使外国投资商转嫁的工业污染严重地破坏了本国的生态平衡,对可持续发展造成非常不利的影响。

三、可持续发展的"走出去"

中国的开放发展不仅积极"引进来",还大踏步"走出去"。2020

①　Bu, M., Liu, Z., Gao, Y., "Influence of international openness on corporate environmental performance in China," *China & World Economy* 2011, 19 (2): 77–92.

年我国对外直接投资 1329 亿美元,同比增长 3.3%,位居全球前列,实现规模总体稳定、结构更加优化。在全球新冠肺炎疫情大流行、外国直接投资大幅下降 42% 的背景下,中国对外直接投资同比增长 3.3%,这一成绩的取得难能可贵,不仅为中国经济转型升级和长期稳定发展贡献了力量,也为国际产能合作和世界经济发展做出了贡献。其中最为亮眼的是进入"一带一路"的国家和地区。

联合国 2030 年可持续发展目标(SDG)的第 9 个目标是"工业、创新和基础设施",其关注对可持续基础设施的投资,这对于实现可持续发展和地区赋能至关重要。自我国 2013 年提出"一带一路"倡议以来,基础设施互联互通就作为"一带一路"倡议的先导。一系列重大基础设施工程的投资建设,将构建一个由铁路、公路、航空、航海、油气管道、输电线路和通信网络等组成的综合性立体互联互通网络。我国还特别设立了亚洲投资银行,为当今世界跨度最大、最具发展潜力的经济合作带奠定基础。中国公司和融资机构已经构成一个网络体系,使中国成为可持续发展"目标 9"实现过程中重要的角色。过去 20 年间,中国为非洲大陆创建了许多新的交通运输、通信、水和能源等基础设施。在安哥拉,由中国企业承建的铁路修复工程,横穿安哥拉东西部。中国通信企业还在非洲参与了光纤传输骨干网、固定电话、移动通信、互联网等通信设施建设,扩大了非洲国家电信网络的覆盖范围,提升了通信服务质量,降低了通信资费。其中,在坦桑尼亚承建的光缆骨干传输网,除覆盖坦桑尼亚境内主要省市外,还连接周边六国及东非和南非海底光缆,提升了整个东非地区的通信一体化水平。不仅如此,中国企业在赤道几内亚承建的马拉博燃气电厂项目,有望从根本上改善马拉博市及毕奥科岛的电力供应状况,并对周边地区农业灌溉、生态旅游具有较大促进作用。可以看到,"一带一路"建设在提升中国企业海外可持续发展能力的同时,让更多国家分享中国企业的经验,共同走出一条开放、全面、创新的发展道路。

在积极帮助非洲国家开展基础设施建设的同时,中国也开始为"一带一路"相关国家应对气候变化及保障绿色能源供应提供解决方案。随着"一带一路"建设的深入推进,中国企业踊跃"走出去",新能源合作迎来新契机。新能源产业"走出去"由点到面,呈现出全品牌、大部分国家化拓展,具有地域覆盖面广、合作模式丰富、合作内涵不断提升等鲜明特点。近年来,中国新能源合作以光伏、水电、风电为要点,为很多周边国家供应绿色能源产品,投入资金,提供相应的解决方案。目前,中国已经帮助在哈萨克斯坦南部的阿拉木图地区实施了两个可更新能源项目,即建设一个5兆瓦的风电场和一个1兆瓦的太阳能电站。两国在2011年达成协议后,中方还无偿捐赠了用于建设风电场和太阳能公园的新设备。在2019年,中国国家电网公司签署了一项支持希腊大陆与克里特岛之间的新型电力互联器的承诺,该互联器有望释放该岛上更多的太阳能发电能力,并帮助希腊改变其目标电力负荷,到2028年前,希腊有望逐步淘汰煤炭。中国企业远景能源在墨西哥的第二个并网风电项目——半岛风电场,已在2020年开始运营,半岛风电场每年可提供清洁电力超过3亿千瓦时,将大大降低当地居民的用电成本。与此同时,中国的绿色能源企业也正在用新技术、新转型、新模式,跑稳国际市场。中国新能源正在以贡献大部分国家的新姿态,服务大部分国家能源转型及绿色可持续发展,为"一带一路"相关国家提供绿色能源,不断加强高质量合作,成绩可喜、前景广阔。

中国的"引进来"和"走出去"发展战略,全面提高了我国对外开放水平,使我国在更大范围、更广领域和更高层次上参与国际经济技术合作和竞争,充分利用了国际国内两个市场。中国大力推动"一带一路"建设,为沿线国家的可持续发展提供了借鉴和帮助,中国资本走出去,强劲助力世界可持续发展。

第十三章 发展项目的可持续发展分析

可持续发展的落实需要对发展项目做可持续发展分析。发展项目的可持续分析需要科学的手段。可持续发展分析结果是项目能否开展的决策依据。发展项目的可持续发展分析，既涉及成本效益分析，还涉及发展项目对资源环境和代际公平的影响。需要从发展项目的资源环境影响评价和社会折现率选择两个维度解析。发展项目的可持续分析方法还可应用于生态产品价值评价。

第一节 对发展项目做可持续发展分析的内涵和意义

对发展项目从传统的成本收益分析转向对生态环境和代际公平的影响分析是可持续发展分析的主要内涵。对发展项目可持续发展分析可从资源环境保护决策、生态产品有效供给、维护代际公平三个维度阐释。

一、发展项目可持续发展分析的内涵

与可持续发展直接相关的公共项目不仅聚焦于经济发展，同时还兼顾环境保护和代际公平等多个维度的目标，主要包括：环境保护与治理类项目、自然资源开发与修复类项目。环境保护与治理类项目是为防止或治理大气、水、土壤、固废、噪声等污染而实施的公共投资项目；自然资源开发与修复类项目是为合理利用自然资源，实现自然资源生

态产品价值而实施的公共投资项目。

对环境保护与治理类项目而言,联合国环境规划署的报告以及相关国际组织的调查显示,环境中PM2.5浓度每立方米增加10微克,因心血管疾病死亡的风险会增加12%。PM2.5每立方米的浓度上升20微克,中国和印度每年会有约34万人死亡,[1] 同时全球80%的疾病和50%的儿童死亡都与饮用水水质有关,[2] 饮用水水质不良可导致消化系统疾病、皮肤病等50多种疾病,全球每年约有5000万人死于肝癌、肺癌,而这些疾病都与饮用水有关。[3] 因此,实施环境保护与治理类项目已成为维护人类生命健康的必要举措。我国早在2013年就已经提出大气污染防治行动计划,2019年我国生态环境状况公报强调要打赢蓝天保卫战、碧水保卫战和净土保卫战"三大战役",充分显示了我国政府对于环境保护与治理项目的重视程度。大气污染防治行动计划的实施,不仅有效降低了大气污染程度,也较好地改善了人类身体健康状况。

对自然资源开发与修复类项目而言,相关研究显示,退耕还林项目在气候调节、水源涵养、土壤形成与生物多样性保护等方面对生态环境具有显著的正向促进作用,[4] 并可有效提高生态系统服务价值。[5] 与之相似,我国实施的另一项大型自然资源修复工程——国家天然林保护工程,在提高森林覆盖率、增加森林蓄积量、保护生物多样性和控制水土流失等方面也取得了积极成效。[6] 近年来,全国各地涌现出一批生态

① 杨新兴、冯丽华、尉鹏:"大气颗粒物PM2.5及其危害",《前沿科学》2012年第1期。

② 张晓:"中国水污染趋势与治理制度",《中国软科学》2014年第10期。

③ 倪文俊、马超德等:《中国农村饮水安全工程管理实践与探索》,中国水利水电出版社2010年版。

④ 赖元长、李贤伟、冯帅等:"退耕还林工程对四川盆周低山丘陵区生态系统服务价值的影响——以洪雅县为例",《自然资源学报》2011年第5期。

⑤ 丁振民、姚顺波:"陕西省耕地转移对生态系统服务价值的影响",《资源科学》2019年第6期。

⑥ 孙传谆、甄霖、王超等:"天然林资源保护一期工程生态成效评估——以甘肃小陇山地区为例",《地理科学进展》2017年第6期。

价值实现的典型案例,探索出包括生态资源指标及产权交易、生态修复及价值提升、生态产业化经营和生态补偿等系列生态产品价值实现的主要项目措施,并取得了显著的生态绩效。比如江苏省徐州市潘安湖采煤塌陷区在生态修复项目实施后,将千疮百孔的塌陷区建设成了湖阔景美的国家湿地公园,建成的生态岛屿为 100 余种动植物物种提供了栖息地,生态产品供给能力显著提升,生态产品价值充分实现。云南省玉溪市抚仙湖山水林田湖草综合治理项目,通过强化流域国土空间格局优化与管控、推进腾退工程、推动生态修复工程和探索生态型产业发展等一系列举措,改善了水生态环境,治理后的抚仙湖流域生态恶化势头得到根本扭转,水质持续保持湖泊Ⅰ类标准,整体上推动了抚仙湖流域整体保护、系统修复和综合治理。

无论是环境保护与治理类项目,还是自然资源开发与修复类项目,这些项目的跨度周期普遍较长,若人造资本无法完全替代损失的自然资本,此时项目便产生了明显的代际影响。代际公平是可持续发展的核心要义,也是指导国内外资源环境条约与政策制定的重要原则。2015 年《生态文明体制改革总体方案》提出,要构建反映代际补偿的资源有偿使用和生态补偿制度。这一要求体现了国家对资源利用与生态补偿代际公平问题的重视。

环境保护与治理类项目的代际影响本质上是要求后代人也能公平地分享地球资源,共创良好的生态环境,保持人类生命健康。严重的环境污染不仅会给当代人带来疾病,也会剥夺后代人追求身体健康的权利。因此,对生态环境的治理需要坚持“代际公平”的原则。

自然资源开发与修复类项目的代际影响体现为自然资源利用的代际公平。有些自然资源一旦遭受破坏,将无法修复,会损害后代人使用自然资源的权利。我国生物多样性的减少,罗布泊从以前的绿洲变成如今的沙漠,都是自然资源破坏后无法修复的典型案例。因此,为实现自然资源利用的代际公平,有学者提出了代际存储的概念,[1]建议在对自然资源开采生产率测算时,充分考虑代际的负外部性影响。[2]

二、发展项目可持续发展分析的意义

2015 年,中共中央、国务院印发《关于加快推进生态文明建设的意见》,明确要求加大自然生态系统和环境保护力度,切实改善生态环境质量,强调良好生态环境是最公平的公共产品,是最普惠的民生福祉。2020 年《中共中央关于制定国民经济和社会发展第十四个五年规划和二〇三五年远景目标的建议》提出,要深入实施可持续发展战略,持续改善环境质量,全面提高资源利用效率。在此背景下,环境保护与治理类、自然资源开发与修复类发展项目的可持续发展分析,不应仅关注项目的经济效益,而应将项目的生态效益和社会效益放在突出位置。上述要求既为合理利用自然资源、保护生态环境提供了新的决策思路,也有助于促进国家生态文明建设、人与自然和谐共生以及生态产品价值的实现。

提供有效的生态产品是我国高质量经济发展体系的基本要求。党的十九届五中全会明确提出,要"建立生态产品价值实现机制"。2021年中共中央办公厅、国务院办公厅印发《关于建立健全生态产品价值实现机制的意见》,要求各地区各部门结合实际认真贯彻落实。因此,如何有效供给生态产品,实现生态产品价值,已成为满足人民群众对美好生活需求必须解决的现实问题。

发展项目的可持续发展分析有利于资源环境保护与修复类项目

---

[1] 朱平:"环境资源代际储存的内涵释义",《哈尔滨工业大学学报》(社会科学版),2017 年第 4 期。

[2] 于立宏、王艳、陈家宜:"考虑环境和代际负外部性的中国采矿业绿色全要素生产率",《资源科学》2019 年第 12 期。

的实施。以自然保护区项目为例,若用传统成本效益分析方法评估自然保护区项目价值,此项目会因短期经济效益远低于投入成本而不具有可行性,难以获得批准实施。但基于可持续发展目标对自然保护区项目进行可持续发展分析,考虑更为完整的成本效益内涵,采用更低的折现率,就容易获批实施,从而为促进资源环境保护和生态产品价值实现提供条件。因此,发展项目的成本效益分析让更多资源环境保护与修复类项目得以落实,同时减少忽视甚至破坏资源环境的项目数量,从而对增加生态产品有效供给、实现生态产品价值起着积极作用。

三、传统成本效益分析向可持续成本效益分析的转变

传统成本效益分析通常采用评估时点的市场利率作为折现率,当使用市场折现率折现项目成本与效益时,就意味着项目评估只重视眼前短期利益,而忽视了项目的未来长期利益,从而对后代人不公平。但可持续发展是一种既要满足当代人需要,又不对后代人满足其需要的能力构成危害的发展,它强调了在发展中维护代际公平的重要性。因此,发展项目的成本效益分析,以项目的长久利益为出发点,通过选择更低且逐年递减的项目折现率,从而有利于保障项目的代际公平。

发展项目的传统成本效益分析实际上是对各种备选方案的预期收益和成本通过相互比较以作为决策者进行选择和决策时参考的一种方法。[①] 成本效益分析作为常用的项目评估工具和决策方法,广泛运用在各类项目的研究与实践中,在指导项目制定、效果评估和政策调整等方面发挥着重要作用。传统成本效益分析的步骤包括:(1)根

---

① 汪全胜:"立法效益论证问题的探讨",《社会科学研究》2006 年第 3 期。

据项目生产目标提出若干备选方案,计算项目投入成本现值与可获收益现值;(2)根据成本和收益现值,选择评价标准,常用的评价标准有净现值大小和成本效益比等;(3)依据每个项目净现值或成本效益比的结果,确定各个项目或方案的优劣次序,再进行项目或方案的选择决策。

将传统成本效益分析直接应用于诸如环境保护与治理类项目、自然资源开发与修复类项目的成本效益评估,存在两点固有缺陷:一是忽视生态环境价值。传统成本效益分析往往会因追求短期效益或难以估算项目非市场价值而忽视项目的生态环境价值。以防洪工程项目的成本效益分析为例,以往考虑其成本效益时,成本主要包括人工费、材料费、机械使用费、管理费等支出,效益主要包括项目经营收益、固定投资税收减免收益和农业生产增值收益等,但上述成本效益并未涉及生态环境价值,防洪工程项目价值不完整必然会造成项目成本效益分析结果的不准确。二是忽视代际公平。传统成本效益分析通常采用评估时点的市场利率作为折现率,当使用市场折现率折现项目成本与收益时,具有当前收益和远期成本的项目会比具有远期收益和当前成本的项目更容易被批准实施,从而对后代人不公平。①

发展项目的可持续发展分析应充分考虑项目的生态环境影响,赋予项目更完整的成本和效益,项目在生物多样性、景观异质性、人居环境改善和生态系统平衡等方面创造的生态环境价值,应被纳入成本效益分析之中。而出于保障代际公平的目标,发展项目的可持续分析有必要考虑项目的代际影响,尤其是在成本效益分析时,有必要选择一个科学的社会折现率,以此在满足当代人对项目需求的同时,也能让后代人分享到项目的远期效益。

---

① 马贤磊、曲福田:"成本效益分析与代际公平:新代际折现思路",《中国人口·资源与环境》2011 年第 8 期。

第二节　发展项目的可持续发展成本效益分析

基于对发展项目的成本效益分析内涵与重要性的认识,从资源环境价值构成与价值评估方法两方面探讨发展项目的完整成本和收益,并从可持续发展的角度探讨发展项目成本效益分析中的社会折现率的选择依据、程序分析方法。

一、资源环境的价值及其构成

人类对于资源环境价值的认知经历了从无价到有价的转变。在人类利用资源环境生产活动的初期,由于对资源环境的认识存在偏差,资源环境被普遍认为是无价值的。人类在资源环境无价思想的指引下进行的掠夺式开发利用严重威胁到可持续发展。[①] 随着生态环境的不断恶化,资源环境无价的观点受到了质疑,经济学家开始从劳动价值论、效用价值论、要素价值论等理论角度探讨资源环境价值的来源。基于劳动价值论的重新思考,资源环境价值源于现实生活中人类劳动对资源环境的改造,[②] 效用价值论则认为资源环境价值源于其自身的有用性,[③] 要素价值论基于资源环境的生产要素属性,认定从生产角度看具有价值。[④]

由于学界对资源环境价值的来源存在不同观点,因此对于资源环境价值的分类同样具有不同的标准。一是基于"舒适型资源的经济价

---

① 吴靖平:《科学的资源开发模式——走出"资源诅咒"的怪圈》,中共中央党校出版社 2010 年版。

② 罗丽艳:"自然资源价值的理论思考——论劳动价值论中自然资源价值的缺失",《中国人口·资源与环境》2003 年第 6 期。

③ 陈海、康慕谊:"森林旅游资源价值核算研究进展",《资源科学》2003 年第 3 期。

④ 严立冬、陈光炬、刘加林等:"生态资本构成要素解析——基于生态经济学文献的综述",《中南财经政法大学学报》2010 年第 5 期。

值理论"，[1] 将自然资源的价值划分为比较实在的、有形的实质性价值和较虚的、无形的舒适性价值两部分。弗里曼（1979）将环境和资源服务由市场体系反映的价值称之为"间接市场"价值或"生产者"价值，由非市场体系反映的价值称之为"非市场"价值或"个人"价值。二是基于资源环境的使用价值对资源环境价值构成进行分类。皮尔斯（1990）将资源环境的价值划分为使用价值和非使用价值两部分，使用价值包括直接使用价值、间接使用价值和以生物多样性、保护栖息地为代表的期权价值，而非使用价值则包括诸如物种、基因的存在价值以及保护不可逆变化等遗产价值。[2]

　　参考资源环境价值内涵及分类体系的讨论，发展项目的资源环境价值分类体系应考虑两方面内容：一是项目的成本效益分析需要同时评估项目的市场价值与非市场价值，即将资源环境价值划分为市场价值和非市场价值两个部分；二是资源环境价值又可细分为经济价值、生态服务价值和社会文化价值。鉴于由经济价值、生态价值和社会价值共同构成项目总价值是一个普遍应用且易于接受的价值分类体系，因此，又可将资源环境的市场价值对应为经济价值，将非市场价值继续细分为生态服务价值和社会文化价值。

　　资源环境的经济价值是资源实物、原材料和产品供给的市场价值。生态服务价值是资源环境生态系统为生产和消费正常进行提供必要条件而产生的潜在价值，包括调节气候、防控灾害、净化环境、保持生物多样性和保持水土等方面的价值。社会文化价值是资源与环境为满足人类精神与文化上的享受而提供的"精神服务"价值，包括休闲旅游、

---

　　[1]　较有代表性的学者主要有美国环境经济学家克鲁梯拉（Krutilla）和弗里曼（Freeman）、英国经济学家皮尔斯（Pearce）等。

　　[2]　王乐锦、朱炜、王斌："环境资产价值计量：理论基础、国际实践与中国选择——基于自然资源资产负债表编制视角"，《会计研究》2016 年第 12 期。

科研教学、景观美学、资源遗传和娱乐健康等方面的价值。

发展项目对资源环境的复杂影响以及资源环境的多元化价值奠定了对发展项目开展成本效益分析的必要性，而全面认识发展项目的价值构成也成为开展成本效益分析的重要前提。相较于经济价值和社会价值，项目的生态价值虽然在成本效益分析中面临诸多困难，但是在新时代自然资源稀缺性增强，生态环境有待改善的大背景下，生态价值应得到更高的重视，不能为谋求物质财富而牺牲生态价值，牢固树立保护生态环境就是保护生产力、改善生态环境就是发展生产力的理念，为推进国家生态文明建设提供支撑。

二、资源环境价值评估方法

资源环境价值评估是指通过一定的手段，对资源性物品或环境服务的效用进行量化评估，并以货币的形式来表现其价值量的大小。资源环境价值包含市场价值和非市场价值，对其价值的评估理应同时评估市场价值与非市场价值两部分，尤其是要对难以通过市场实现的资源环境非市场价值进行评估。环境与自然资源经济学家根据资源环境价值的不同属性和获取信息的不同途径，构建了一套估算资源环境价值的技术和方法，通常包括市场评估方法、揭示性偏好方法、陈述性偏好方法三种基本类型。

市场评价方法是最直接简单且有效的资源环境价值评估方法。此方法通常在资源交易市场发育良好、政府或者交易双方可以确定资源环境的纯收益或者有充分的资料确定资源环境的重置成本时运用。有市场比较法、收益法、成本法三种类型。[1] 市场比较法包括直接比较和间接比较，通常需要有发育活跃的资源市场和可比较的参照物及评估

---

[1]　孔含笑、沈镭、钟帅等：“关于自然资源核算的研究进展与争议问题”，《自然资源学报》2016年第3期。

指标。收益评估法中较为常用的方法为影子价格法,以边际效用价值论为基础来确定自然资本的静态最优配置价格,[①] 但其无法表现资源本身的价值。[②] 成本评估法通常采用机会成本法与生产成本法进行实践。

揭示性偏好方法,即借助旅游、房地产或劳动力等真实市场的相关信息对资源环境进行价值估算,例如借助旅行市场信息估算公园、湿地、流域及自然保护区等具有休闲娱乐功能的资源环境价值,或借助房地产价格或劳动力市场等信息揭示森林、流域等生存环境的特征价值,代表性方法包括享乐价值法和旅行成本法等。

享乐价值法认为资源环境的价值是资源环境内一系列特征与属性的价值总和,基于不同消费者对资源环境的需求和重视程度的差异,分析评价消费者对不同资源环境特征组合的选择。[③] 享乐价值法在资源环境价值评估中运用广泛,既可评估资源环境的生态服务价值,又可评估生态环境因素对不动产价格的影响。有学者用享乐价值法估算了清洁空气在发展中国家的价值,[④] 以及利用该方法估计了降低有害藻污染水平的支付意愿。[⑤] 众多研究也运用该方法证实了临近特定的公园与森林会影响公寓价格,[⑥] 较强的飞机噪音水平意味着房屋价格较低[⑦],不

———————————

[①]　Hueting, R., "The future of the environmentally sustainable national income," *Ökologisches Wirtschaften*, 2011, 25 (4): 30-35.

[②]　姜文来:"关于自然资源资产化管理的几个问题",《资源科学》2000年第1期。

[③]　曲福田、冯淑怡主编:《资源与环境经济学》(第三版),中国农业出版社2018年版。

[④]　Yusuf, A., Resosudarmo, B. ,P., "Does clean air matter in developing countries' megacities? A hedonic price analysis of the Jakarta housing market, Indonesia," *Ecological Economics*, 2009, 68 (5): 1398-1407.

[⑤]　Osseni,A., F., Bareille, F., Dupraz, P., "Hedonic valuation of harmful algal bloom pollution: Why econometrics matters?" *Land Use Policy*, 2021, 107: 104-283.

[⑥]　Łaszkiewicz, E., Czembrowski, P., Kronenberg, J., "Can proximity to urban green spaces be considered a luxury? Classifying a non-tradable good with the use of hedonic pricing method," *Ecological Economics*, 2019, 161: 237-247.

[⑦]　Dekkers, J., E., Straaten, J., W., "Monetary valuation of aircraft noise: A hedonic analysis around Amsterdam airport," *Ecological Economics*, 2009, 68 (11): 2850-2858.

同价值的植被对公共房屋经济价值的影响具有差异性,[1] 也有学者用享乐价值法估算了湖泊水质对住宅价格的影响,[2] 探讨了包括森林、草地、湿地和耕地在内的生态土地对房价的溢出效应等。[3] 旅行成本法是以旅行费用作为替代物衡量人们对景点或其他公共物品的评价。目前已形成单一地点旅行费用模型和多地点旅行费用模型两种典型模型,[4] 也有研究发现旅行成本法更适用于整体价值评估,同时也是评估游客文化体验旅行价值的可取方法。[5] 从实际应用来看,旅行成本法通常用于自然保护区、湿地、国家公园、森林资源等旅游效益评估。如估算世界文化遗产铭文的娱乐价值、湖泊对周边居民和游客的娱乐利用价值,或者量化海洋自然保护区产生的非市场娱乐收益等。

陈述性偏好方法,主要利用人们对一些假想情景所反映的支付意愿或受偿意愿进行环境物品和服务的价值估算。陈述偏好法中应用最广泛、最成熟的方法是条件价值评估法。条件价值评估法是一种利用效用最大化原理、采用问卷调查、通过模拟市场来揭示消费者对环境物品和服务的偏好,并推导消费者支付意愿,从而最终得到公共物品非市场价值的一种研究方法。条件价值法被广泛运用于资源环境的生物多样性、休闲旅游、景观美学、娱乐健康等非市场价值的评估。目前该方法已经广泛运用在森林资源价值研究、海洋污染损失价值评估、面源污

[1]　Belcher, R., N., Chisholm, R., A., "Tropical vegetation and residential property value: A hedonic pricing analysis in Singapore," *Ecological Economics*, 2018, 149: 149-159.

[2]　Moore, M., R., Doubek, J., P., Xu, H., et al., "Hedonic price estimates of lake water quality: Valued attribute, instrumental variables, and ecological-economic benefits," *Ecological Economics*, 2020.

[3]　Liu, T., Hu, W., Song, Y., et al., "Exploring spillover effects of ecological lands: A spatial multilevel hedonic price model of the housing market in Wuhan, China," *Ecological Economics*, 2020: 170.

[4]　张帆、夏凡:《环境与自然资源经济学》(第三版),格致出版社 2016 年版。

[5]　Armbrecht, J., "Use value of cultural experiences: A comparison of contingent valuation and travel cost," *Tourism Management*, 2014, 42: 141-148.

染防控经济价值评估、流域生态补偿支付意愿研究、耕地资源非市场价值研究、旅游资源价值评估、水质改善的经济效益评估和生物多样性价值评估等领域。

三、发展项目的社会折现率选择

确定发展项目可持续分析使用的社会折现率是可持续成本效益分析的关键环节。各个国家实行的社会折现率政策存在很大差异。当前发达国家的社会折现率主要有两种类型：一是随时间变化的社会折现率，二是递减折现率（declining discount rate, DDR）。美国和一些国家以资本影子价格法为基础，采用随时间变化的社会折现率，以私人资本的平均税前回报率估计资本机会成本，以10年期政府债券的平均收益率估计社会时间偏好，二者共同确定社会折现率。英国、法国、挪威等国则采用递减折现率的形式。英国以拉姆齐（Ramsey）准则为基础，结合纯粹的时间偏好和灾难风险的折现率（1.5%）与经济增长率（2%），得出3.5%的折现率。对于大于30年的到期日，规定了一个由不确定性驱动的逐级递减的折现率。[①] 31—75年的折现率为3.0%，未来300年以上的折现率降至1%。法国采用近似拉姆齐准则，30年以下的到期日折现率为4%，以上的为2%。挪威目前的指导意见规定无风险折现率为2%，对于正常项目，在此基础上加上2%的风险溢价，得出4%的折现率。对于被认为具有高度系统性风险的项目，风险调整应增加到4%，得出6%的折现率。此外，2012年挪威财政部设立了一个递减利率的时间表：40年以下项目的无风险利率为4%，40—75年为3%，75年以上为2%。[②]

发展中国家的社会折现率通常为固定社会折现率，尚未采用随时

① Weitzman, M., L., "Gamma discounting," *American Economic Review*, 2001, 91 (1): 260–271.

② Gollier, C., Hammitt, J., K., "The long-run discount rate controversy," *Annual Review of Resource Economics*, 2014, 6: 273–295.

间变化折现率或递减折现率的形式,同时因其自身所处发展阶段处于高增速、高消耗阶段,自然资源消耗量较高,且发展中经济体未来的技术进步与经济增长存在高不确定性,因此多数选用较高的社会折现率,更加注重于短期收益。据国家发改委与建设部2006年编撰的《建设项目经济评价方法与参数》(第三版)表述,中国现行社会折现率为8%;对于受益期长的建设项目,如果远期效益较大,效益实现的风险较小,社会折现率可适当降低,但不应低于6%。[①]据相关资料显示,其他发展中国家,巴西社会折现率为7.5%,印度、巴基斯坦社会折现率为12%,菲律宾为15%。[②]

一个具有长期资源与环境影响的项目通常会在不同的时间点产生成本和效益。当项目的影响时间超过一定限度时,即会产生代际影响。成本收益分析应用于此类项目评价的关键在于项目引致的影响在代际公平方面是否满足希克斯-卡尔多(Hicks-Kaldor)补偿原则。只有当项目造成关键资源与环境的耗竭或破坏,人造资本无法替代(修复)受损的关键资源与环境时才打破希克斯-卡尔多补偿原则。而评价项目是否打破希克斯-卡尔多补偿原则是选择折现率的关键影响因素。[③]科学选择项目折现率可以有效保证项目的代际公平,折现率的选取是影响整体评价科学与否的关键因素。[④]当前主流代际折现率主要包括经验社会折现率、零折现率、环境折现率、双重社会折现率(具体见表13-1)。

经验社会折现率以观察到的经验数据,如国际借贷利率、个人消费

① 国家发展改革委、建设部:《建设项目经济评价方法与参数(第三版)》,中国计划出版社2006年版。

② 孙燕芳、张连营:"基于可持续发展观的公共项目投资社会折现率的确定",《经济体制改革》2012年第3期。

③ Price, C., Sjlie, H., K., Caurla, S., et al., "Optimal rotations with declining discount rate: incorporating thinning revenues and crop formation costs in a cross-European comparison," *Forest Policy and Economics*, 2020, 118: 102218.

④ Adam, "Over-exploitation of natural resources is followed by inevitable declines in economic growth and discount rate," *Nature communications*, 2019.

增长率等历史数据估算得出,其取值通常基于纯粹的道德角度考虑,[①]
而非根据可持续原则加以确定。经验代际折现率虽然以道德因素为基
础且与观察到的行为一致,但其仍旧存在若干缺陷:一是侵犯了后代人
的权利,因为当代人仅有权对自己的消费进行贴现,而不能对后代人的
消费进行贴现;[②]二是人为地修正折现率缺乏理论依据,忽视了时间偏
好产生的影响,造成了时间不一致性(time inconsistency),难以准确估
计代际影响,表现为决策个体(后代人)如果有机会在未来修正他们的
偏好,那么他们就不会遵循当代人设计好的最优路径;三是缺乏民主意
识,更多地体现了社会精英阶层的价值观。

　　零折现率是基于强可持续性原则。强可持续性观点主张关键自然
资源与人造资本间存在很弱的替代性或者根本不存在替代性,即关键
的自然资源的减少对人类生存以及社会经济发展的影响是增加人造资
本难以弥补的,因人造资本无法补偿这类资源环境功能的下降,从而会
打破希克斯-卡尔多补偿原则。因此,强可持续性要求上一代人交给
下一代的每一种自然资源的存量都应该与从上一代接受下来的一样。[③]
因此,零折现率表示不考虑时间偏好,主观判断后代对社会福利贡献的
效用与当代人对社会福利贡献的效用相等。不过,零折现率的缺陷在
于很多资源环境(渔业资源、草地资源等)与人造资本间存在替代性,
虽然当代人的决策可能造成资源环境功能的下降,但后代人可以从未
来的技术进步、人造资本和自然资本的投资中获利。只要可以维持资
本总量的"严格不减少",就不会损害后代人的利益。这表明弱可持续
性(新古典可持续性)原则能够保证希克斯-卡尔多补偿原则成立,成

---

　　① Sterner, T., Persson, U., M., "An even sterner review: introducing relative prices into the discounting debate," *Review of Economics and Policy*, 2008, 2(1): 61-76.

　　② Kula, E., "Future generations and discounting rules in public sector investment Appraisal," *Environment and Planning A*, 1981, 13 (7): 899-910.

　　③ 曲福田、冯淑怡主编:《资源与环境经济学》(第三版),中国农业出版社 2018 年版。

本效益分析并不会损害代际公平。

　　环境折现率与双重社会折现率是基于弱可持续性原则进行考虑的。弱可持续性认为自然资源与人造资本间存在很强的替代性，自然资源的减少对人类生存以及社会经济发展的影响是可以通过增加人造资本来弥补的，是以交给后代的资本总量（包括自然资源和人造资本）的总量来确定的。环境折现率是从消费品角度观察资源与环境，认为资源环境可以视作消费品，因此可以基于弱可持续性原则使用拉姆齐公式进行计算。环境折现率认为具有长期资源环境影响的项目产生了代际环境外部性，科斯手段和庇古手段均无法发挥应有的作用。[1] 因此考虑代际环境外部性的影响，应以低于传统社会折现率的环境折现率或者代际折现率来更好地体现代际公平。著名的拉姆齐最优增长模型[2] 和里顿-戴维逊（Britten-Davidson）模型[3] 都从数理角度详细论证了环境折现率低于传统社会折现率的原因，也有学者通过对自然资源过度利用与折现率的关系的研究对其加以论证。环境折现率适用于那些造成了人造资本可以替代，但面临较高替代难度的资源环境影响的项目。因为对于人造资本可以容易替代的资源环境破坏，资本的积累能够保证后代人的消费不减少，采用传统社会折现率就可以保证代际公平，[4] 但当自然资本尤其是人造资本无法替代的资源环境面临不可逆损害时，应该采用零折现率来保证代际公平。[5]

　　Weikard 和Zhu（2005）开创性地将项目的影响分为市场物品和环

　　[1]　Price, C. "Optimal rotation with declining discount rate," *Journal of Forest Economics*, 2011, 17 (3): 307-318.

　　[2]　Weikard, H. P., Zhu, X., "Discounting and environmental quality: When should dual rates be used?" *Economic Modelling*, 2005, 22 (5): 868-878.

　　[3]　Davidson, M. D., "A social discount rate for climate damages to future generations based on regulatory law," *Climatic Change*, 2006, 76: 55-72.

　　[4]　Padilla, E., "Intergenerational equity and sustainability," *Ecological Economics*, 2004, 41 (1): 69-83.

　　[5]　Nordhaus, W., D., *Economics and Policy Issues in Climate Change*, RFF Press, 1998.

境物品,基于弱可持续性原则,对市场物品采用传统社会折现率,对环境物品采用环境折现率,二者共同构成双重社会折现率,但双重折现率仅在市场物品和环境物品无法完全替代时才有意义。特雷格(Traeger,2011)在 Weikard 和 Zhu 研究的基础上,进一步考虑时间偏好和不同的物品替代性对折现率的影响。[1] 由于双重社会折现率基于经验和道德两个方面考虑:经验方面表现在通过观察现实行为选择来计算市场物品的折现率可以降低折现率选择中的主观性;道德方面表现在环境物品具有代际分配特征,选择较低环境折现率能够保证代际公平。在评价具有市场和环境两方面影响的项目时,双重社会折现率被视为优于单一环境折现率,有效平衡了代际公平和主观判断。[2]

表 13-1 代表性代际折现率的比较

类型	计算方法	关注重点	适用范围	原则
经验社会折现率	加权平均法、影子价格法	代内福利&经济增长	不具有代际影响的资源环境项目	——
零折现率	社会时间偏好法	环境保护	具有代际影响且人造资本和资源环境间无法替代的资源环境项目	强可持续性
环境折现率	社会时间偏好法、社会资本机会成本法	代际公平&环境保护	具有代际影响且人造资本和资源环境间不完全替代(或无法替代)的资源环境项目	弱可持续性
双重社会折现率	社会时间偏好法、社会资本机会成本法、加权平均法	代际公平&经济增长&环境保护	具有代际影响,可以细分市场物品和环境物品且人造资本和资源环境间不完全替代的资源环境项目	弱可持续性

---

[1] Traeger, C. P., "Sustainability, limited substitutability, and non-constant social discount rates," *Journal of Environmental Economics & Management*, 2011, 62 (2): 215−228.

[2] Sumaila, U. R., Walters, C., "Intergenerational discounting: A new intuitive approach," *Ecological Economics*, 2005, 52: 135−142.

四、新代际折现和多重社会折现率的选择

一般来说,一个项目仅仅造成了短期的环境影响,且此种影响可以通过人造资本加以弥补或在短时间内可以自然恢复,则应采用社会折现率;如一个项目造成单一环境资源的退化或破坏,则应采用环境折现率进行折现,如需要同时考虑资源退化对环境的影响和经济损失则采用双重社会折现率进行折现。

现实中大多数具有长期资源环境影响的项目都会造成多方面的资源和环境影响,且由于时间偏好、技术进步与经济增长的不确定性等因素干预,前述折现率均难以有效评价这类具有复杂资源环境影响的项目。例如,针对采矿区水土流失、水体污染、荒漠化等生态环境问题而启动的综合性山水林田湖草生态保护修复工程项目,除了建设成本和改善土壤带来的粮食增产等方面的经济收益外,还具有改善湖水生态结构、避免沙漠化、维持当地生态环境、抑制全球气候变化、保护生物多样性、为当地居民和游客提供植被等多维度的资源与环境影响。其中项目的经济价值、资源价值、生物多样性价值、美学价值等并非同时涌现,而是随着项目影响时间的延长逐渐显现,并且不同类型价值与人造资本间的替代难易度存在显著差异,如美学价值与人造资本间存在相对高的替代性,但是生物多样性价值则是人造资本难以替代的。因此上述四种主要的折现思路难以科学、完整地评价这类项目。

最新研究也表明,在资源与环境领域,对资源的过度利用会提高短期内的社会福利水平,促使折现率短期内快速增长。当过度的资源利用给生态环境带来的负面影响达到一定程度时,考虑到如环境不可逆性退化、技术进步速度放缓等各种不确定性,各国政府会将资源利用模式向可持续利用转型,降低自然资源的利用强度,甚至在某些时段以接

近于强持续性原则的方式约束资源利用行为。在此期间自然资源供给量势必下滑,导致社会福利水平降低,相关资源环境项目的折现率必然也会出现急剧的、非梯度式的下降。因此,具有长期资源环境影响的项目应该选用更加灵活的折现率,而非恒定折现率。

新代际折现思路是将多重社会折现率引入具有复杂资源环境影响的项目评估中,从而使得成本效益分析能够游刃有余地运用于所有具有长期资源环境影响的项目评估。根本思路是除了区分市场物品、环境物品和不可分割的市场/环境物品外,还需要根据时间偏好的不同和人造资本与环境物品间的替代程度的差异,进一步细分环境物品与不可分割的市场/环境物品使用的折现率。

新代际折现思路将折现率明确区分为"社会金融等值消费折现率"[①]与"社会福利等值消费折现率"[②]两种类型。社会金融等值消费折现率主要应用于市场物品的折现,社会福利等值消费折现率主要应用于对项目引致的每一类资源环境物品的折现,例如在徐州市潘安湖的矿区整治项目中,除了运用社会金融等值消费折现率来折现市场经济价值外,还需要对不同的环境影响(抑制沙漠化、保护生物多样性、提供美学价值等)采用不同的社会福利等值消费折现率折现。

与双重社会折现率相比,多重社会折现率提供了更为系统、更为精确的代际折现方法,在评价具有复杂环境影响的项目与政策时更具优势。多重社会折现率的选择思路可概括为:首先判断某一项目是否产生代际影响,如未产生代际影响则直接采用传统社会折现率;如产生代际影响,则判断所造成的代际影响是否可以划分为市场物品和环境

---

①　社会金融等值消费折现率主要应用于折现市场物品,依照个人消费增长率、国际贷款利率等市场指标,利用加权平均法计算得出。

②　社会福利等值消费折现率主要应用于折现环境物品或不可分割的市场/环境物品,一般依照拉姆齐公式,根据不同的时间偏好以及资源环境与人造资本替代难度计算得出。

物品;如可进行明确划分,则市场物品部分采用社会金融等值消费折现率,并进一步考虑行为个体对该环境物品的时间偏好及人造资本与环境物品间的替代难度,当环境物品的时间偏好倾向当前利益及人造资本无法替代环境物品时,则应选择零折现率以保障代际公平;否则应依照行为主体对该环境物品不同的时间偏好及人造物品与环境物品之间不同的替代难度,使用不同社会福利等值消费折现率进行计算,且折现率应在时间维度上递减。不可分割的市场/环境物品折现率选择方法与环境物品相同,但因其同时具有市场属性与环境属性,所以应略高于环境物品折现率。具体过程见图 13-1。

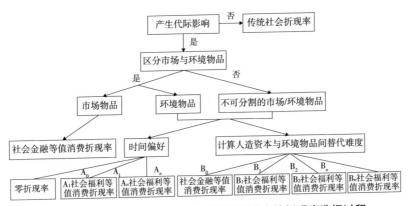

图 13-1 新代际折现思路下发展项目评价中的折现率选择过程

注:A_0 代表行为主体偏好当前利益,A_1、A_n 分别表示行为主体的时间偏好介于当前利益和未来利益之间,在 A_1 和 A_n 水平;B_0 代表人造资本与环境物品间完全替代,B_1、B_2 和 B_n 分别表示人造资本和环境物品间的替代难度在 B_1、B_2 和 B_n 条件下的水平。

在新代际折现思路下,多重社会折现率中的不同部分要求不同的估计方法。社会金融等值消费折现率(传统社会折现率)不涉及代际影响,往往根据资本的社会机会成本方法和社会时间偏好率方法来确定。例如可以根据资本回报率和消费折现率的加权平均来计算社会折现率,或者以资本的社会机会成本方法为指导,设法算出私人消费与投资的比例及税收的影响,再通过加权平均算出社会折现率。[①] 不同水平的社会福利等值消费折现率(环境折现率)是计算的难点。因为它主要依据道德判断,而非经验数据计算,因此并无统一计算方法。不过,为了保证后代人的利益,依照时间偏好、人造资本与资源环境间的替代难度等因素综合确定环境折现率,其数值介于零和传统社会折现率之间,并且随着时间而递减。新代际折现思路下发展项目评价中的多重社会折现率的制定思路,为可持续发展目标下的项目成本效益分析中折现率的选择提供了非常有价值的参考。

五、发展项目的可持续成本效益分析方法及拓展

发展项目可持续成本效益分析需要兼顾生态环境影响与代际影响,具体过程如下:1.核算项目成本。在假定项目没有后期维护成本且将项目未来的社会与生态影响纳入收益范畴考虑的前提下,基于可持续成本效益分析思路,发展项目的成本核算包括经济成本、社会成本与生态成本等。2.基于可持续成本效益分析思路,发展项目的收益核算需要囊括经济效益、社会效益以及生态效益。为同时保障当代人与下代人的利益,需应用前文提出的新代际折现思路进行折现,对项目产生的经济效益采用递减社会金融等值消费折现率进行折现,对项目产生的社会效益与生态效益,如资源价值、美学价值、康养价值、生物多样性价值等,采用递减社会福利等值消费折现率进行折现。

尽管修正后的可持续成本效益分析将发展项目的生态环境影响和代际公平影响纳入分析范畴,克服了传统成本效益分析的不足,但可持续成本效益分析方法依旧在主观性和项目影响的不确定性两个方面具有局限性。

---

① Arrow, K., Cropper, M., Gollier, C., et al., "Determining benefits and costs for future generations," *Science*, 2013, 341 (6144): 349–350.

　　首先,可持续成本效益分析的主观性难以避免。无论是传统成本效益分析抑或是可持续成本效益分析,对于项目成本与收益的核算都是由具体的人员来完成的,受当前科技水平以及对生态系统复杂性认知水平的差异等因素影响,当代人对项目实施后所造成的成本与产生的收益的认识难免有局限性,因此当代人难以估量项目可能产生的不确定性影响。因此对于项目的成本效益核算会不可避免地受到评估人员自身的主观认知影响,从而影响评估结果的准确性与客观性。虽然发展项目的可持续成本效益分析采用逐年递减的折现率以保障代际公平问题,但即便如此,发展项目的可持续成本效益分析仍然面临不确定性的考验。如前所述,在新代际折现思路下,可持续成本效益分析应用的多重社会折现率选择过程需要通过判断某一项目是否有代际影响,是否有长期或短期的代际影响,是否区分市场和环境物品,以及估算人造资本与环境物品间替代难度等,进而选择差异化的代际折现率,[①]然而这些判断多依赖于经验判断,因此不可避免地受到主观性的影响。且由于代际折现率主要依靠道德判断,而非经验数值计算,因此并无统一计算代际折现率的方法。不过,随着时间增加,项目成本效益分析尽量选择更低的代际折现率已成共识,但随着时间推移,代际折现率减少的幅度应该如何确定,在未来某一时点的折现率范围应该如何确定,仍缺乏客观、统一的评判依据,进一步提升了可持续成本效益分析的不确定性。

　　其次,难以全面覆盖发展项目的各项成本收益,且核算方法尚处于探索阶段。虽然与传统成本效益分析相比,可持续成本效益分析高度重视生态环境等非市场价值的核算,并充分考虑了项目产生的代际影响,但仍面临两项挑战。一是部分非市场价值难以评估。目

---

　　①　马贤磊、曲福田:"成本效益分析与代际公平:新代际折现思路",《中国人口·资源与环境》2011 年第 8 期。

前资源环境的非市场价值评估仍处于探索阶段,虽然对于休闲旅游价值、景观美学价值、娱乐健康价值、生物多样性价值和污染防控价值等非市场价值的研究正日益完善,但也有部分特殊类型的非市场价值,比如科研教学价值、资源遗传价值和对人类生命健康影响的价值等,仍面临较大的评估困难。二是可持续成本效益分析的目标过于单一,且非市场价值的分析方法具有局限性。可持续成本效益分析虽然利用不同方法将社会收益、生态收益等非市场价值量化为经济价值加以核算,在一定程度上弥补了传统成本效益分析的局限,但从分析结果上看依旧是以经济价值为核心指标评估项目的可行性,且目前主流的非市场价值分析方法(如条件价值法)主要是根据受访者的偏好意愿构建假想市场情况,评估结果容易受到假想偏差、策略性偏差、起始点偏差等多方面偏差的影响,从而降低成本效益分析的准确性。

可持续成本效益分析方法还需要引入成本效果分析与多目标分析。

(1)成本效果分析是评估卫生计划、健康政策效果的一种典型方法,[①]也是成本效益分析的补充分析方法之一。其主要步骤包括成本核算、效果核算、结果分析和项目决策等内容。用成本效果分析指导项目决策的依据有三类情况:一是效果相同下比较成本的高低,二是成本相同下比较效果的大小,三是比较增量成本和增量效果的比率。该方法与成本效益分析的主要区别在于,成本效益分析对效益的衡量往往是将全部效益折现为货币价值,而成本效果分析对效果的衡量,既可以是货币价值,也可以是诸如发病率、患病率、住院率、治愈率、死亡率和人均期望寿命等反映人体健康状况的指标。因此,成本效果分析可以通过直接观察人体健康指标的变化,从而做出项目决策。

---

① 李文川:"身体活动干预的时间成本——效果分析研究评述",《天津体育学院学报》2014年第2期。

这种方法既考虑了基于可持续发展目标的项目对人类生命健康的影响，又避免了将生命价值量化为货币数值的道德伦理缺陷，是评估涉及生命健康、医疗保健方面的可行分析方法之一。有学者利用该方法评估了我国雾霾治理政策的实施效果，主张用考虑死亡率的质量调整生命年和考虑发病率的质量调整生命年等指标来衡量项目实施的最终效果。[①]因此将成本效果分析的分析思路融入发展项目的可持续发展分析，对于弥补发展项目的成本效益分析的缺陷有很强的借鉴意义。

（2）多目标分析是针对具有两个及以上决策目标，运用多种标准以制定和评估项目可行性的决策方法。比如，为从若干个污水治理项目中择优选择一个项目实施，就需要综合考虑每个项目的经济效益、社会效益、生态效益、农户满意度等多方面的目标，并以此为依据进行项目评价与决策。多目标分析的具体方法较多，主要包括线性加权法、分层序列法、目标规划法、层次分析法、多目标群决策法、多目标模糊决策法和优劣解距离法（TOPSIS法）等。目前，这些具体方法已广泛运用在资源、能源、环境等领域的项目评估决策中，已成为成本效益分析方法的重要补充。多目标分析与成本效益分析的主要区别在于，成本效益分析是以净现值或成本效益比等单一目标作为项目决策的主要评判标准，但发展项目不只是以单一目标作为项目评估决策的依据，还会考虑多目标的实现。将多目标分析方法的思路应用于发展项目的可持续发展分析，可以更好地为可持续发展项目的评估提供借鉴意义。这种评估决策方法，不仅弥补了成本效益分析单一目标决策的不足，能适应多目标下的项目评估决策需要，而且也不用过多考虑项目的代际公平影响，有助于提升评估决策的效率。

[①] 王诺、程蒙、臧春鑫等："成本-效果分析/成本-效益分析方法在雾霾治理研究中的应用"，《中国人口·资源与环境》2015年第S2期。

第三节　生态产品价值评价

生态产品在狭义上被认为是满足人民日益增长的优美生态环境需要、推动生态优先绿色发展、促进人与自然和谐共生的必需品，[①] 在广义上被定义为自然生态系统与人类生产共同作用，所产生的能够增进人类福祉的产品和服务。生态产品价值评价是健全生态产品价值实现机制的重要举措。

一、生态产品价值评价的意义

早在 2010 年国务院在《全国主体功能区规划》中首次提及生态产品。2018 年，习近平总书记在深入推动长江经济带发展座谈会上指出，探索政府主导、企业和社会各界参与、市场化运作、可持续的生态产品价值实现路径。2021 年 2 月，中共中央办公厅和国务院办公厅联合印发了《关于建立生态产品价值实现机制的意见》（本节下称《意见》），明确指出建立健全生态产品价值实现机制，是践行绿水青山就是金山银山理念的关键路径。其中，建立生态产品价值评价机制是建立健全生态产品价值实现机制的重要环节，也标志着生态产品价值评价成为现阶段国家战略的组成部分。

生态产品一般可以分为公共性生态产品、准公共性生态产品和经营性生态产品。其中，公共性生态产品主要指产权难以明晰，生产、消费和受益关系难以明确的公共物品，如水源涵养、调蓄防洪等生态产品；准公共性生态产品主要指需要通过法律或政府规制的管控，创造交易需求、开展市场交易的生态产品，如碳排放交易权、排污权；经营性生态产品主要指产权明确、能直接进行市场交易的私人物品，如矿泉

[①]　国务院办公厅：《全国主体功能区规划》，人民出版社 2011 年版。

水、优质经济林木。

根据三类生态产品在交易、供求等方面的特点，生态产品有三种供给方式：针对公共性生态产品，主要依靠财政转移支付等"购买"实现其价值，因此称作政府路径；针对准公共性生态产品，主要依靠政府通过法律或行政管控等方式，创造出生态产品的交易需求，并由市场通过自由交易实现其价值，形成"政府 + 市场"的混合路径；针对经营性生态产品，由于产权明晰，交易成本较低，主要依靠市场直接配置实现价值，形成市场路径。生态产品价值评价的目的是服务于生态产品的有效供给，不同类型的生态产品对应不同的供给方式，因此，其价值评价体系也会有差异性。

在现有的生态产品价值评价体系研究中，往往把生态产品价值评估等同于生态系统服务价值核算，但是生态系统服务价值核算结果实际上反映的是自然资源的整体生态价值，[①] 这与以应用性为核心的价值评价机制并不完全吻合。在实践中，推进生态产品价值实现的任务仍然艰巨，尤其是生态产品价值评价机制缺失，直接限制了生态产品价值实现的有效性、持续性和可复制性。即使在已经开展生态产品价值实现的试点区域，也可能由于生态保护者谈判能力不对应、政府补偿原则"一刀切"等因素，[②] 存在自然资源生态保护主体权益受损的风险。因此，根据不同类型生态产品商品属性，以应用性为核心，建立新的生态产品价值评估体系能够发挥以下作用。

第一，能够服务于生态产品开发项目的成本收益分析。过往的生态产品开发项目在成本收益分析环节主要考虑单一的经济价值属性，未能全面区分不同类型生态产品的属性。此外在项目的折现率选择

[①] Xu, S., X., "Overexploitation risk in 'Green Mountains and Clear Water'," *Ecological Economics*, 2021, 179 (1). 106804.

[②] 戴君虎、王焕炯、王红丽等："生态系统服务价值评估理论框架与生态补偿实践"，《地理科学进展》2012 年第 7 期。

上,普遍采用传统的社会折现率且取值固定不变。新型生态产品价值评价能够根据生态产品的类型和价值实现路径划分出不同的折现率取值,并根据时间变化形成折现率的动态变化。在此基础上,开发项目在整体价值和代际价值上的贡献得到肯定,将进一步助力生态产品开发项目的科学决策。

第二,推动生态产品交易的价格确定。当前,我国在生态产品价值核算方法、核算指标的选取上仍具有较大的弹性,尚未形成科学的核算标准,从而导致生态产品价值核算结果呈现不确定性和不具可比性。新型生态产品价值评价在市场层面能够直接为碳排放权交易、置换等价值实现形式提供可参考的交易价格,在政府层面能够为生态补偿、生态指标交易等价值实现形式刻画财政补贴的支持额度,形成肯定生态产品不同类型价值的交易基准价。

二、生态产品价值评价体系和方法

根据发展项目的可持续发展分析的要求,生态产品价值评价体系包括:(1)生态产品完整的收益评估,即包括对经济、社会文化和生态三类价值的评估,体现不同类型生态产品的侧重属性;(2)考虑到代际影响,根据生态产品价值与人造资本间的替代难度差异和时间维度变化,选择科学的多重社会折现率来计算不同类型收益的代际转换值,体现不同类型生态产品为人类增益的代际福利。

一般认为,生态产品价值具有经济、社会文化和生态三类价值。[1]根据价值类型的区别,其评估的指标和方法也会有所差异。其中,经济价值主要取决于市场交易,因此主要依靠市场比较法评估。社会文化

① Zhang, Z., Paudel, K. P., "Policy improvements and farmers, willingness to participate: Insights from the new round of China's Sloping Land Conversion Program," *Ecological Economics*, 2019, 162 (8): 121–132.

价值强调丰富自然风光旅游、美学景观等文化功能,主要包括美学景观和科研教育。社会文化价值的实现方式一方面取决于市场价值,另一方面来自本地的历史文化积淀。因此在市场比较的基础上,需要加入旅行费用法等关注社会文化功能的核算。

生态价值是三类价值中最核心的部分,强调自然资源为生态系统产生的调节支持功能。生态价值的评估指标主要包括水源涵养、固碳释氧、净化环境、调蓄防洪、海堤防护、土壤保持、生物多样性等。这些指标的评估方法既拥有影子工程法、成果参数法等普遍的核算方法,也根据主要作用的自然资源有所差异。此外,极个别已经初具市场交易规模的生态价值,如已完全建立起碳排放权交易市场的地区,可以根据国际碳税标准的平均值等构建碳税测算等市场价值方法。

生态产品价值实现路径一般分为生态产业、生态指标交易、国土空间生态修复和环境治理以及生态补偿。这4类路径下具体的开发项目在不同的时间点会产生成本和效益,因此根据本章图13-1,需要针对不同路径下自然资本、人力资本和人造资本在价值实现中的替代难度确定不同价值的折现率,构建符合生态产品的代际折现思路。具体而言,将多重社会折现率的思路应用于生态产品开发项目,分为以下几个步骤,如图13-2所示。

(1)市场路径下的经营性生态产品价值实现路径,一方面包括原料开发、生态农业等生态产品开发项目,主要实现经济价值,基本不会产生代际影响,因此选用传统社会折现率衡量贡献;另一方面包括生态康养、生态旅游等生态产业,这些项目提倡"进入式消费",在实现经济价值的同时还实现了社会文化价值,提供了具有代际影响的市场物品,因此选用社会金融等值消费折现率衡量它的贡献。

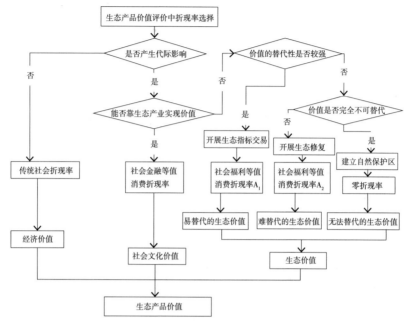

图 13-2 生态产品收益评价的代际折现率选择

（2）混合路径下的价值实现路径，如碳排放权和排污权等生态指标交易，这种价值实现路径容易形成替代，因此采用社会福利等值折现率。

（3）政府路径提供的纯公共性生态产品，由于侧重实现生态而非经济价值，因此具有极高的代际影响。其中，针对那些能够依靠国土空间生态修复路径形成价值替代的产品，在开发项目的成本收益分析时可选用考虑时间维度变化的社会福利等值消费折现率。针对维持生命健康、维护生物多样性等生态价值，即使采用充分的人力资本和人造资本，也无法挽回经灭绝的生物，当前主要以划定自然保护区的形式并对受影响的原住民提供生态补偿实现价值，这类生态产品的开发项目采用恒定的零社会折现率。

第十四章　实现可持续发展的
资源产权制度

自然资源产权制度是规范人们对自然资源开发、利用与保护行为的基础性制度，直接影响着自然资源的配置效率和可持续性。有效的产权制度安排，在维持自然资源高效率配置的同时，能有效遏制自然资源的过度利用和损坏行为，从而为经济社会发展提供可持续的资源基础和环境保障。

第一节　自然资源产权制度安排

产权制度是指既定产权关系和产权规则结合而成的且能对产权关系实现有效的组合、调节和保护的制度安排。有效的产权制度能够在个人使用财产的行为与收益之间形成合理预期，使个人对财产的权利、行为和收益达到内在的统一，在其追求自身利益的经济活动中实现资源的有效配置和可持续利用。反之，无效的产权制度由于个人的经济行为与其收益之间的不确定性，会导致资源的低效率配置，资源也往往会被过度消耗与过快耗竭。

一、"公地悲剧"与共有产权

经济学中，"公地悲剧"揭示了共有产权自然资源的使用难以达到有效率和可持续的状态，即由于共有产权的非排他性和非竞争性特征，使得共有产权主体中的成员既缺乏内在动力为资源的保护承担相应的成本，也无有效的权利排除他人对资源的不合理利用，导致每个人利用自然资源的边际成本很小或几乎为零，自然资源注定会被过度利用甚至耗尽。"公地悲剧"不仅使我们得出共有产权不利于自然资源可持续利用这样的结论，也说明了产权制度及其改革对自然资源可持续利用乃至对可持续发展的重要性。

"公地悲剧"理论，深刻揭示了在土地等自然资源存在共有产权，产权主体不明晰的制度安排下所导致的自然资源被滥用和浪费的悲剧。共有产权是指有两个或两个以上的主体对财产拥有产权的一种安排，其中的权利主体可以是私人、集体、企业或者政府组织，主体之间是非排他性的。在共有产权下，自然资源的开发利用表现出较为明显的公共物品的非排他性和非竞争性特点。

非排他性是指，共有产权主体中的任何一个主体或主体中的成员都不能排除另外任何一个共有主体对共有资源的占有或使用，也就是说，谁都可以去使用某种自然资源，该种资源的保护行为便无从发生。非排他性导致名义上共有的产权主体对资源的过度开发利用行为不能进行有效阻止，反而受自身在资源开发利用中的成本和收益对比关系的影响，在私人的净利润大于零的条件下也加入资源开发利用的行动之中，加剧了资源过度开发的程度，使资源超出合理的开发利用限度，导致"公地悲剧"发生。

非竞争性是指，增加一个资源的使用者并不会影响其他使用者对该资源的使用，也无法区分出新增加使用者带来的边际成本，在一定范围内增加一个使用者使用该资源的边际成本甚至为零。这意味着使用该种自然资源是无成本的，也就无法克服该种资源被滥用的倾向。非竞争性导致产权主体不愿意成为资源生产、保护和管理成本的分担者，产生"搭便车"激励，使得资源的有效供给和保护不足，开发利用需求增加,资源利用中的"拥挤性"加剧,最终导致"公地悲剧"。

这样,共有产权的资源成为实际上的"没有产权"约束的资源。共有产权资源的形成,现实中主要有三个方面的缘由:一是自然资源公有制的无效治理,即自然资源归国家或集体(社区)所有,如果不能解决公有制内部行为主体之间的产权关系和权利界限,自然资源很容易成为共有产权资源;二是尽管有明确的产权主体,但由于自然资源的不可分性(即资源产权边界明晰意味着巨大的交易成本),实际上的资源控制和利用很难具有排他性和竞争性,如湖泊、河流等水资源和海洋资源;三是自然资源的产权制度运行机制不健全,产权的实现缺乏有效的激励和监督,产权制度系统失灵,使很多资源也由此成为共有产权资源。

在我国,自然资源属于国家所有或农民集体所有。从理论上说,各类自然资源都有明确的所有者。在法律上,国家所有的自然资源属于国家即全民所有,由国家行使所有权;农民集体所有的自然资源属于本集体成员集体所有,属于村农民集体所有的,由村集体经济组织或村民委员会代表集体行使所有权。然而,自然资源的全民所有或集体成员所有都有一个如何实现的问题。从历史演变和现有状态来看,我国自然资源的国家所有和集体所有,都在不同程度上存在着共有产权的某些特征。全民或集体成员中的任何一员难以对自然资源中任何一部分行使所有权,无法以所有者的身份对自然资源的利用和管理行使排他权;全民或集体所有的自然资源在开发利用中不同程度上存在着非竞争性和非排他性,对全民或集体中的单个成员缺乏激励,使得国有和集体所有的自然资源在其利用上也表现为一定程度的共有产权特征。因此在实践中,无论是国有的自然资源还是农民集体所有的自然资源,都在一定程度上存在"公地悲剧"的风险。如农民集体所有的农村土地资源,即使在承包经营权归农民家庭所有的条件下,农户也无法对超出承包期后的农地质量（土壤肥力）行使排他性的收益权，由此导致农户对农地的质量提升缺乏积极性。承包期越短，农户提升土壤肥力或养地的积极性越小，掠夺性消耗土壤肥力的动力越强，土壤质量退化的风险越大。而对于国家所有的水资源而言，由于不同层级、不同区域的政府对水资源的产权关系模糊，使得由于水的流动性引起的不同主体使用水资源的非排他性和非竞争性特征更为明显，使用者对流域范围内的水资源都有尽可能利用的动力和激励，有所谓"水从门前过，不用白不用"之说，但是对于水源的涵养、水污染的治理、河道治理等水的数量质量保护行为则缺乏有效的激励，存在明显的"搭便车"行为，由此也导致许多大江大河的水量萎缩甚至断流，水质不断下降。共有产权特征下的水资源涉及的流域范围越大，参与开发利用的利益相关者越多，水资源过度消耗和被污染的风险越大。除此以外，其他重要的自然资源如渔业资源、野生动植物资源、林地资源、草地资源、矿产资源等也存在共有产权特性，尤其是在公有制条件下，如果不能有效界定参与者开发利用的权利关系，自然资源有序开发、有效保护和管理的机制难以形成，自然资源往往被过度开发利用，导致退化和耗竭。

二、产权制度对自然资源利用和保护的意义

产权是对财产的排他性占有和使用及其他相关的权利，包括财产的所有权、使用权、收益权和处置权等权利束。产权作为人与人之间围绕财产而建立的经济权利关系，具有排他性、有限性、可交易性、可分解性、行为性等性质。[①] 产权制度是对产权关系和产权结构的制度化安排，是对财产权利束的划分、界定、行使和保护等方面的制度安排。有效的产权制度能为自然资源的利用和保护提供激励与约束，降低资源

---

　　① 黄少安：《产权经济学导论》，经济科学出版社 2004 版。

配置中的交易费用,提高资源配置的效率,实现自然资源的可持续利用。

　　首先,有效的产权制度能够为资源的利用和保护创造激励机制和约束机制,为市场配置资源提供制度基础。产权的清晰界定是市场交易的基础,产权制度具有明确产权主体,界定产权主体之间、产权主体与非产权主体之间的权利和义务的功能。通过产权的明确,产权主体拥有了资源的产权,就可以在法律允许的范围内和不损害他人权益的条件下自由支配、处分资源,并独立承担资源产权行使的后果。对资源产权主体的权利、责任和义务关系的明晰化,就可以使行为人在行使产权时具有稳定的预期,他可以在一个产权安全有效的时间范围内全面权衡资源配置的成本和收益,根据收益最大化原则来配置资源,从而对资源的利用和保护起到激励与约束作用。

　　其次,有效的产权制度有利于将资源利用和保护行为的外部性内部化,消除资源配置中的市场失灵。自然资源利用和保护中的外部性比较明显,与自然资源的产权界定不清有关。人们在开发利用自然资源的过程中,如矿产资源的开采和使用,或多或少都会向生态环境排放一定的污染物,对生态环境造成一定破坏。但是矿场外的生态环境的产权安排更多是处于一种开放或共享的状态,排他性不明显。在这种产权状态下,矿产开发利用的主体不需要为开发利用过程中的污染物排放或生态环境破坏承担成本,负的外部性成本并不进入其矿产资源开发利用的决策之中,导致其矿产资源开发利用的规模超出了社会最优的规模,矿产资源被过多过早地开发利用,既加剧了生态环境的破坏,也导致了矿产资源利用的不可持续性。同样,人们在对自然资源进行保护和修复时,如林地、草地的保护,其产生的生态环境效益通常由社会共享,但社会主体一般也不会主动为良好的生态环境付费,资源保护主体也无法向社会主体索取报酬,由此导致资源保护的正外部性也难以内化为其收益,资源保护和修复行为因缺乏正向的激励而减少,资源往往得不到应有的保护和修复。通过外部生态环境产权的清晰,建立起关于外部生态环境的排他性产权制度,明晰相应的产权主体,在生态环境受到资源开发利用的负面影响时,其产权主体就可以向资源开发利用主体索取补偿,从而使负的外部性内部化。同理,资源保护和修复主体也可以向受益的外部生态环境的产权主体索取资源保护的外部性收益,形成正外部性的内部化,正向激励资源保护和修复行为。

最后,有效的产权制度能够降低交易成本,促进交易完成,提高市场配置资源的效率。传统经济学假定资源的市场化配置中不存在交易成本,完全竞争市场条件下的竞争机制和价格机制就可以引导资源进行最优配置。按照科斯的假定,只要产权明晰且交易费用确定,交易双方通过市场谈判就可以实现资源的最优配置。在科斯定理的产权交易中,产权的初始归属都不影响资源配置的效率。但是在现实中,在资源交易合约的签订、实施和监督等各个环节都普遍存在较高的交易费用。资源的稀缺性、共享性和非排他性特征使得交易涉及的利益主体众多,既有代内本地和异地的利益主体,也有代际的利益主体,使得实际的交易费用往往很大,阻碍了交易的正常实施。当交易费用大于交易收益时,交易就无法继续进行,市场对资源的配置也就失去了作用。因此,资源的市场化配置就需要产权制度对产权的主体进行明确界定,对于产权主体众多的共有产权资源需要建立有效的委托代理机制,由受委托者代表众多的产权主体来进行市场交易,以减少市场交易面临的高昂的合约形成、实施和监督执行成本。此外,有效的产权制度可以为产权提供安全有效的保护,减少交易双方面临的产权被侵犯或交易违约等带来的不确定性,降低交易的成本,促进交易的完成和市场机制作用的发挥。

第二节 基于可持续发展的自然资源产权体系

有效的产权制度安排能够解决资源利用中的"公地悲剧"与"搭便车"等问题。为提高资源配置效率和维持可持续发展的资源基础提供机制保障，需要构建有效的自然资源产权体系，从产权的明晰、保护、交易和监管等方面为自然资源的可持续利用提供激励和约束，为可持续发展提供基础制度和底层逻辑。

一、以产权结构的配置克服共有产权的弊端

分析共有产权与"公地悲剧"之间的关系以及产权制度对于自然资源可持续利用的意义，可以发现，排他性产权制度的建立对于增加自然资源的可持续供给、满足人类长期生存和发展需要发挥着重要作用。由此可见，实现可持续发展的一个关键问题是在产权制度上克服共有产权，将共有产权中的非排他性产权转变为排他性产权，建立起具有排他性功能的产权制度。

建立排他性产权制度的一个可能路径就是资源产权的私有化。如将土地、森林等自然资源分割成不同的等份，每一份资源都有唯一对应的所有者，产权从而具有明显的排他性。现实中，尽管私有化能够在相当程度上解决自然资源利用中产权的非排他性问题，但这里遇到了两个重要的问题。一是，对实行社会主义公有制的中国，自然资源的公有制是社会主义制度的基础性安排，对国家的政治经济属性起着决定性作用，在国家的发展和治理中显示出巨大的优越性。因此，不管产权制度如何改革，自然资源的私有化路径并不是可选之项。二是，由于相当部分的自然资源天然地具有难以分割或不可分割的特性，如水资源、林地资源、草地资源等过度分割会影响到自然资源的整体性功能的发挥，

而海洋渔业资源等流动性资源的分割和维持面临着高昂的经济成本等难题,使得资源的分割及其私有化在经济上也不可行。因此,建立具有排他性的自然资源产权制度的改革就不能仅仅局限于所有权的配置,或者说改变现有自然资源的国家所有制和集体所有制。

产权结构包含所有、占有、支配和使用等权利,称为权利束,也被称为权能结构。权利束中的各种权利可以结合于同一个产权主体,也可以分别在不同的主体间分割、配置。根据这个思路,改变共有产权的有效路径是在权利束上构建产权治理结构。具体地说,对于国家或集体所有的自然资源,可以将其权利束中的占有、使用、收益和处分权等权利按照一定的规则明晰给地方政府、企业、集体或农户,由此在权利束层面上形成明晰的排他性权利体系,国家或集体以所有者的身份从经济社会可持续发展的角度对自然资源开发利用和保护进行规划、用途管制和监督,其他权利主体在规划、用途管制下,通过对占有、使用、收益和部分处分权利的拥有,按照市场规则对自然资源进行开发利用并获得收益,同时承担相应的自然资源保护和管理的职责与义务。通过对自然资源产权权利束的构建、权能的完善和产权治理的创新,使得自然资源的利用主体能集自然资源利用的责权利于一体,既能对其资源利用和保护的收益有合理的、安全的预期,提高资源利用效率,同时也使其对使用的资源承担起相应的保护和修复责任,提高资源利用的可持续性。我国农村土地制度改革所经历的家庭承包经营制度与正在进行的农地所有权、承包权和经营权"三权分置"改革正是这一产权制度改革思路的具体实践。

二、自然资源产权清晰

产权的清晰包括了产权主体的明确和产权主体具有完整的权能来行使其拥有的资源产权以获得相应的收益。在所有权、占有权、使用权、收益权和处分权组成的自然资源产权的权利束中,所有权是主体对客体排他的最高支配权,它是产权的核心和基础。自然资源产权权利界定首先要明确谁拥有对稀缺性资源排他的、最高的和权能最完整的所有权。占有权是民事主体对于标的资源的实际上的占有、控制权;使用权是指依照资源的性质和用途,并不毁损所有物或变更其性质而加以利用的权利。占有权、使用权可由所有权人自己行使,也可以由非所有权人行使。收益权是指收取标的物资源所产生的利益,也就是收取标的资源的孳息。收益权一般由所有权人行使,但在既有所有权人又有用益物权人的情况下,由用益物权人取得该资源的天然孳息,如农地承包经营者自己经营农地时可获得该地块的全部收益。处置权指产权主体将标的资源以某种形式交给他人支配、占有和使用,从而带来财产主体的变换。

自然资源产权的清晰就是要明确产权的主体、客体和各种产权权利在主客体之间的归属和组合关系。其中产权主体,即享有或拥有财产所有权或具体享有所有权某一项权能以及享有与所有权有关的财产权利的自然人、单位、组织或国家;产权客体,即产权权能所指向的标的,亦即产权主体可以控制、支配或享有的具有经济、文化和生态等价值的各类自然资源。

第一,清晰自然资源产权主体,也就是明确自然资源各项权利的归属。所有权是所有可能的权利的基础。产权主体的界定首先就是对所有权主体的界定。在此基础上,所有权主体可以按照公平和效率的原则对其他权利如占有权、使用权、收益权在相应主体间进行配置。我国法律规定自然资源除属于集体所有的以外都为国家所有,即所有权主体在法律上只有国家和集体两种。

我国国有的自然资源,所有权主体在法律上明确界定为国家,由国务院代表国家统一行使所有权,并由国务院自然资源主管部门具体行使所有权。但是由于国有自然资源种类繁多、数量宏大,所覆盖的地域范围也十分辽阔,资源的分配、交易、利用和保护更是多层次、多元化,在实践中仅仅由国务院及其自然资源主管部门来行使所有权必然会产生诸如所有权主体虚化、缺位等问题,在对具体种类的自然资源行使所有权时也必然会面临各种权利边界模糊、权责不明晰和权益不落实等问题,导致自然资源开发利用中产权纠纷、粗放低效、保护乏力和功能退化等问题比较普遍。因此,单一地由国务院代表国家行使所有权及其所属的各项权能显然力不从心,应当采用授权或委托代理的方式使地方政府和中央政府一起作为国家自然资源所有权的代表,各所有权主体各司其职、各尽其能,对各自职责范围内的自然资源行使所有权。从我国现有行政体制组织结构及其运行实际来看,省、市、县三级地方政府都可以作为国家自然资源所有权代表主体。在此基础上,由各所有权主体依法将资源产权权利束中的各项权利配置给相应的主体。

我国农村集体所有的自然资源(主要是农村土地资源、林地资源和草地资源等),由村集体经济组织或村民委员会来行使所有权,实践中大多由村民委员会来行使所有权。在村集体经济组织产权制度改革的基础上,由村集体经济组织行使集体自然资源的所有权职责,同时不断培育和壮大集体经济组织,增强其行使自然资源所有权的能力。在此基础上,集体经济组织作为村集体范围内自然资源的所有者,可以依法将集体自然资源承包或流转给农户或其他主体使用。使用自然资源的单位和个人成为资源的占用、使用、收益、处分等权能的主体,同时承担着有保护、管理和合理利用资源的责任与义务。

第二,清晰自然资源产权客体,即界定产权主体所对应的自然资源的类型和空间范围等,如界定一定空间范围内的土地、矿产、水、森林等自然资源及其相对应的产权主体。我国国有产权的自然资源客体界定,就是要分清中央政府直接行使所有权、各级地方政府行使所有权的资源清单、空间范围和权力清单。如中共中央、国务院《生态文明体制改革总体方案》提出中央政府直接行使所有权的客体资源有"石油、天然气、贵重稀有矿产资源、重点国有林区、大江大河大湖和跨境河流、生态功能重要的湿地草原、海域滩涂、珍稀野生动植物种和部分国家公园等",这是将中央政府行使的所有权所指向的资源客体进行了初步的界定,还有待进一步落实具体资源的位置和边界。我国农村集体所有的自然资源种类相对较少,在规模和空间范围上也相对较小,而且产权边界较清晰,自然资源所有权所指向的客体相对容易界定。

由于各类自然资源在空间位置和功能效应上都存在相互联系,是一个有机的整体,因此自然资源产权客体界定时还需要秉持系统性观点,基于习近平总书记提出的"山水林田湖草生命共同体"理念,统筹考虑自然资源的系统性、整体性,对自然资源产权客体空间范围进行科学、合理划分和主体对应,以利于自然资源的统筹利用和可持续利用。

第三,清晰自然资源权能主体。占有权、使用权、收益权、处分权实际上是产权结构中的各种权能。自然资源产权权能的界定就是要将这些理论上已经明确概念内涵的各种权利与其所依附的资源实物(客体)和归属主体——对应起来,形成完整清晰的主体、客体和权利对应组合关系,并且产权主体能对客体资源充分行使相应的权能,有效排除其他非产权主体的产权妨碍,获取资源配置的相应收益。

随着经济社会的发展,人和自然资源之间的关系以及在此基础上形成的人和人之间的关系也在不断发展和深化之中,相应地,产权的权利束也处于不断的分化和演化之中。如我国农地资源经营经历了"所有权和经营权一体"的集体经营、"两权分离"的家庭承包经营和日前的"三权分置"的市场化经营。其中的经营权就经历了不断分化和演变。因此,产权的权利界定,也要根据自然资源保护利用和可持续发展的需要,对资源产权的权利束不断进行创新,并赋权给相应的主体,以充分发挥产权对资源有效配置的功能。

三、自然资源产权有效保护和交易

自然资源产权保护就是要保障自然资源产权在实践中能够顺利实现。不同区域、不同类型的自然资源有各自不同的产权主体。自然资源产权事实上被配置给不同的主体,就需要有产权保护性的规定和安排,避免各权利主体之间以及权利主体与非权利主体之间发生侵权的行为。

对自然资源进行确权登记,既是完善自然资源产权制度的关键环节,也是自然资源产权保护的基础。自然资源确权登记就是将清晰界定的自然资源的产权主体、资源客体状况、权利权能内容、权利边界和责任义务等信息登记纳入不动产统一登记体系之中,形成相应的法律凭证和产权证书。确权登记要集法治化、规范化、标准化、信息化于一体,明确产权边界,明晰权责,颁发相应权利证书,从基础上减少产权纠纷,进而实现产权保护。

在确权登记基础上,依法为各个自然资源产权主体提供以公平为核心的产权保护。在自然资源的占有、使用和收益过程中,保障各类产权主体依法平等行使各自的权利,按照市场规则和价值规律,公开、公平、公正地参与资源配置的市场竞争,同等受到法律保护。因此,建设统一开放、竞争有序的资源市场体系,促进资源要素在市场上自由流动、平等交换,既提高了资源配置效率,也体现了对资源产权主体的平等保护。

不论是产权的明晰,抑或是产权的保护,其目的都是为了实现自然资源的产权交易。而且自然资源产权交易本身就体现了产权保护,其重要标志是改变无偿调拨和低于资源价值的供给,坚持等价交换。

自然资源是重要的生产要素,其市场化配置程度既反映着资源产权制度改革的进程,也体现着要素市场化配置改革的成效。因而,自然资源产权交易制度不仅是自然资源产权制度改革的关键,对我国社会主义市场化改革也具有重大的意义。实现资源的市场化配置,关键是建立起统一开放、竞争有序的市场体系,实现要素价格市场决定、流动自主有序、配置高效公平。

加快建设自然资源产权交易市场。当前,我国自然资源产权交易制度主要体现在土地资源、水资源、森林资源以及矿产资源等交易机制中,其中土地资源产权交易市场较为完善,水资源、森林资源及矿产资源等自然资源产权交易制度仍待完善,而以生态价值为主的湿地等自然资源产权交易制度仍有待试点创建。因此,推进自然资源要素交易首先要加快各类资源要素交易市场的建设和完善。

构建合理的自然资源产权交易价格形成机制。遵循公平、公正、自愿的原则,保障自然资源产权平等进入开放、统一的市场进行自由交易,充分发挥市场这只“无形的手”来配置资源,利用价值规律形成完善的市场定价机制,推进自然资源有偿使用,使市场在配置自然资源中发挥决定作用。政府“有形之手”主要作用于资源开发利用和保护规划、用途管控、规范市场交易行为和修正资源交易中的市场失灵。在保证自然资源合理利用的基础上控制交易范围、协调好开发与保护的关系,用市场的手段促进资源的合理配置和节约集约利用。

四、自然资源产权的系统监管

有效产权监管机制的构建,主要是解决自然资源产权主体滥用资源以及产权主体缺位导致资源被他人“搭便车”利用的问题,防止实际自然资源使用人的短期行为导致资源退化,克服自然资源利用中的外部性问题。长期以来我国自然资源粗放利用的一个重要原因是地方政府官员存在滥用自然资源的特权及倾向,因此构建自然资源产权监管体系,必须重点监管地方政府官员的自然资源开发利用行为,克服地方政府官员为政绩而滥用自然资源的现象。

实践中,我国自然资源产权监管体系还有待完善。要从理论和实践两个层面探索完善我国自然资源产权监管制度的建设路径,构建符合可持续发展原则的自然资源产权监管体系,明确自然资源产权主体责任义务,监管自然资源利用方式和利用效率。其中,重要的是要在法律层面上加强对自然资源产权的监管及保护,对于全民所有的自然资源产权权益要有明确界定,克服各个自然资源管理部门职责边界划分不清的问题。

首先,健全自然资源产权监管的法律保障体系。目前,我国自然资源产权监管的法律保障体系不够完善。应加快立法步伐,对不同类型的自然资源规制加以区分,根据不同部门的职责设定不同的分工,推进自然资源产权监管的法治化进程。建立和完善自行处理、行政处理、司法处理相互补充、有机结合的多元纠纷解决机制,依法妥善处理自然资源权属纠纷和侵权纠纷;扩大仲裁制度覆盖领域,强化仲裁在自然资源产权纠纷处理中的作用;加强专门立法,规范处理程序,充分发挥自然资源行政部门处理自然资源权属争议的职能作用。

其次,实行自然资源产权实施的全程监管。自然资源的开发利用和保护是一个系统工程,也涉及不同的产权主体。因此,应积极发挥自然资源管理部门、自然资源执法部门、司法部门、审计部门的监督作用,以国土空间规划和用途管制为依据,对自然资源使用前、使用中以及使用后均加以监管,规范自然资源产权主体行为,形成监管合力、全程监管,实现对自然资源资产开发利用和保护行为的全程、动态和有效监管。

最后,实施自然资源产权交易监管。自然资源产权交易主要是通过市场交易、政府监管交易行为加以实现的。自然资源产权只能在法律允许的范围内进行交易。由于自然资源交易是市场行为,政府并不能过度干预,政府监管的内容主要是针对违法交易行为的查处,尤其是查处会导致资源滥用和退化、生态环境破坏的自然资源交易行为,确保市场交易的合法与公平、公正。

第三节 自然资源产权制度改革

面向可持续发展和现代化新征程,我国现有的自然资源产权制度在实践中仍存在诸多问题有待解决,如自然资源资产的所有权人虚置或不到位、所有权人责任不明确、所有权人权益不落实及监管不到位等问题。这些问题的存在加剧了自然资源的浪费、破坏等外部性问题,不利于自然资源的合理使用及保护,致使自然资源的配置效率低下,制约着自然资源可持续利用和经济社会可持续发展,自然资源产权制度亟待改革。

一、集体农地和集体林权制度改革

以农地资源、林地资源为代表的农村集体自然资源既是我国自然资源的重要组成部分,也是广大农民最重要的生产生活资料,其能否实现高效且可持续的利用直接关系到乡村振兴战略的实施,关系到生态文明建设的成效和农业农村现代化的进程。

（一）农地产权制度改革

农地产权制度构建了农村土地资源的产权结构及其产权关系,包括农地资源内含的各种权利设置及其分配、转让及收益的规则与制度安排①。农地产权制度直接影响农户的土地经营活动及其生产积极性，最终影响农地资源的优化配置及其可持续利用②。

改革开放以来，我国农地产权制度经历了从"两权分离"到"三权分置"的变迁过程，这一过程是我国农地产权制度积极创新的过程。其中家庭联产承包责任制度以集体所有和家庭承包经营相结合的方式，显著提高了农业的生产效率，对我国农村改革及整个国家的经济改革都产生了重大的影响。随着农村经济和市场经济的进一步发展以及农业现代化目标的确立，以家庭联产承包责任制为基础、以"两权分离"为特征的农地产权制度缺陷日益显露，制约着土地资源的配置效率和可持续利用。一是土地产权不够清晰。虽然我国法律明确规定农村土地属于集体所有，但缺乏明确有效的、人格化的集体组织来行使所有权，导致土地所有权虚位及土地权能缺失。二是对土地承包经营权的保护不充分，农户对承包经营权缺乏安全感。农村集体和基层政府组织以各种理由重新调整承包地和不规范地推进土地流转，使得农民逐渐失去了对承包土地的安全预期，基于土地流转基础上的各类新型经营主体的土地使用权也缺乏有效的制度保障。三是由于家庭承包制实施之初是按人口平均分配承包地，导致农户拥有的承包地碎片化，在经营权权能不明确、不安全状态下的农地流转不畅，农地细碎化的承包经营规模与农业现代化的矛盾日益突出。因此，"两权分离"的农地承包经营制度面临着进一步改革的现实需求，运用产权制度的基本原理，将农户承包经营权权能分化形成"农户承包权"和"土地经营权"，实现农地的所有权、承包权和经营权的"三权分置"，是农地产权制度改革的方向。2017年，党的十九大报告明确指出，"巩固和完善农村基

---

① 王蕾、张红丽："农村土地产权制度创新"，《农业经济》2013年第8期。
② 刘禹宏、曹妍："中国农地产权制度的本质、现实与优化"，《管理学刊》2020年第1期。

本经营制度,深化农村土地制度改革,完善承包地'三权分置'制度"。2019 年中央一号文件明确提出要"完善落实集体所有权、稳定农户承包权、放活土地经营权的法律法规和政策体系"。至此,国家层面对农地产权制度改革形成了较为完整的改革框架和产权权能目标,进一步改革的重点在于明确和落实各项权能的内涵、属性以及权能的实现。面向新时代发展的新特征和农业现代化的新要求,"三权分置"改革的重点是落实所有权、稳定承包权和放活经营权。

　　首先是确定土地所有权的实现形式。我国现行农村土地的所有权归农民集体所有,而农民集体并不是具有法人资格和可以行使法定权利的权利主体。农民集体仅仅是一个集合概念,是具有成员资格权的农户组成的一个集合体。"三权分置"改革中,集体所有权的有效实现,一是要进一步明晰集体经济组织是农地集体所有的产权主体,并根据各地情况,农地的所有权在乡镇、村级和村民小组三个层面的集体经济组织进行明确。二是要彰显集体所有权,可以通过集体经济组织发包土地给本集体成员来体现农村土地集体所有权。三是要明确界定农民的集体成员权资格,明确集体经济组织成员构成。四是强化集体所有权在农地利用与保护方面的权能,充分发挥集体经济组织在处理土地摞荒方面的监督作用,在平整和改良土地方面的主导作用,在促进土地适度规模经营方面的桥梁作用①。

　　其次是依法稳定和保护土地承包权。在现行法律制度下,依法公平公正地赋予具有农民集体成员权的农户相应的农地承包权,并将集体土地依法承包给以家庭为单位的农户,同时严格执行国家对承包期限的规定。在具体实施中,一是要通过确权登记颁证进一步保障农户的承包权,防止侵犯农户承包权的情况发生;二是要依法延长农地承包

---

　　① 史蕾:"从'两权分置'到'三权分置':农地产权制度演变的逻辑",《学习与实践》2017 年第 6 期。

期限,给予承包农户安全稳定的生产经营预期。

最后是赋能和放活土地经营权。土地经营权是从农户承包经营权中分离出来的,因此具有了流转合同约定期限内占有、使用和取得收益的权利,并且设定了抵押、担保的权能以进行融资。放活经营权的核心是保障经营权主体的经营收益,促进劳动力、资本与土地的有效匹配,促进农地经营的专业化和规模化,提高农业生产效率,促进农业现代化。放活经营权的具体内涵包括:在不损害集体所有权和农户承包权的前提下,承包农户自愿将农村土地的实际经营权流转给他人使用,同时土地经营权人可以依法对流转得到的土地享有约定的占有、使用和收益的权利;经营权人可以在合同期内对土地进行整理、提升农地肥力、建设农业基础设施和配套设施等,提高农地利用的可持续性;经营权人的经营形式可以是多样的,可以通过土地入股、土地托管、代耕代种等多种形式发展适度规模经营;经营权人可以以经营权为标的物,进行抵押贷款;等等。

(二)集体林权制度改革

林权是林业权利主体对林地、林木、森林等的所有权、使用权、经营权及其他权益的结合体[1]。集体林权是指集体经济组织及其全体成员对森林、林木、林地等森林资源的所有权、使用权和林地承包经营权等。就其资源的功能和性质来讲,林地资源对自然资源的可持续利用和经济社会的可持续发展有着非同一般的意义,林权制度的改革显得十分重要。

改革开放以来,我国集体林权制度经历了林业"三定"时期(1981—1987)、集体产权改革过渡期(1988—2002)和新一轮林权制度改革期(2003—2018)[2]。经过多轮集体林权制度改革,我国基本建立了以集体

---

① 张兵、白祥、杜海旺:"中国集体林权制度改革研究现状及展望",《农业展望》2020年第1期。

② 刘璨、黄和亮、刘浩等:"中国集体林产权制度改革回顾与展望",《林业经济问题》2019年第2期。

所有、承包经营到户的集体林权制度,加强了对农民财产权利的保护,显著提高了集体林区经济的快速发展,充分发挥了林权制度改革带动经济发展的作用。但随着经济社会的不断发展及社会主义市场经济体制的不断完善,林权制度的局限性不断凸显:以集体林家庭经营为导向的林权改革虽然解决了林地分配的公平问题,但由于家庭经营具有规模小、经营分散和经营集约度低等问题,很大程度上制约了集体林地经营的效率;由于集体林业缺乏活力、资源配置效率低下等导致了集体林业发展的深层次问题,如投入不足、开发不够、保护不力等。另外,集体林权改革还存在山林归属不清、权责不明、利益分配不合理、经营机制不灵活、产权流转不规范等障碍,妨碍了生产要素向林业聚集,制约了集体林业的可持续发展。因此,集体林权制度改革要通过明晰产权、放活经营、规范流转等举措,激发广大农民和各种社会力量投身于林业建设的积极性,要让经营者有其山,植树者受其益,务林者得其利,在遵循公平性原则的基础上进一步提高林地资源配置效率,促进集体林地资源的可持续发展。

　　2016年11月,国务院办公厅印发《关于完善集体林权制度的意见》明确指出,林权改革的主体任务是稳定集体林地承包关系、放活生产经营自主权、实现集体林适度规模经营等。该《意见》强调要进一步以提高林地经营效率为目标,逐步建立集体林地所有权、承包权、经营权"三权分置"运行机制,进一步推动林地流转,扩大林地规模经营,加大金融支持力度。2018年国家林业和草原局出台的《关于进一步放活集体林经营权的意见》明确提出,推行集体林地所有权、承包权和经营权"三权分置",积极创建家庭林场、农民林业专业合作社示范社、林业示范服务组织等多种新型林业经营主体。林地"三权分置"成为集体林权制度改革的重点和突破点。

　　因此,集体林地"三权分置"的核心在于保障并落实集体所有权,并在稳定农民承包权的基础上放活林地经营权[1]，赋予林地经营权流转权能，鼓励创新多元化的林业经营模式。如推进家庭经营、集体经营、合作经营、企业经营、委托经营等共同发展的集体林经营方式，形成规模化、集约化、商品化经营，打破林地资源固化于传统家庭经营，优化资源配置，提高林地资源利用效率，并充分发挥林地资源的整体生态功能。

首先，有效落实集体对林地的所有权。落实集体林地所有权需要解决集体所有权主体的人格化、集体成员构成界定以及所有权权能的明确和行使等问题。具体来说，一是解决所有权主体虚化和集体成员界定模糊的问题。现行法律规定，集体林权的合法所有者可以是乡镇农民集体、村农民集体或村民小组三级主体中的任何一个，但在实践中由于集体经济组织发展不健全，集体产权制度改革不到位，导致农民集体所有权依然缺乏明确的、人格化的意志表达主体，也没有明确集体成员的认定标准和成员构成。因此落实集体所有权首先就要明确所有权人格化主体，界定清楚集体成员构成以及集体的法人化地位，在此基础上明确边界清晰的具体林地的所有权归属的集体组织。二是落实集体所有权主体的权能。在林权"三权分置"下，集体所有权的权能不包含承包使用权及其相应的使用收益等权能，但仍应该包括集体林地的发包权，林地经营的监督管理权和部分处分权等权能，以防止集体所有权被虚化和集体林地出现闲置、浪费与破坏时，所有权主体缺位和不作为。

其次，进一步稳定农民承包权。在集体林地"三权分置"下，承包权是从承包经营权中分离出来的一项权利，农民是承包经营林地的法定主体。农民获得林地的承包经营权后，依法享有对承包林地的使用、收益、流转及林权抵押、担保等权利，可在自愿、有偿、依法的原则下流

---

[1] 韩文龙、朱杰："农村林地'三权'分置的实现方式与改革深化"，《西部论坛》2021 年第 1 期。

转林地经营权。在落实集体所有权的前提下,稳定的承包权可以给予
林地承包者稳定的收益预期,促进其对林地投资经营或者流转,从而提
高集体林地经营效率和可持续性。因此,稳定农民承包权是林地"三
权分置"的重要内容和关键环节,是放活经营权的前提。

稳定承包权也可保障农民的合法权益。在林地所有权为集体、承
包权和经营权合二为一的情况下,农民一旦将林地流转就是将承包经
营权完整地对外进行了流转,那么农民就面临失去社会保障的风险。
"三权分置"改革将承包权与经营权分离后,农民只是将经营权流转出
去,但承包权依然属于农民。这样做一方面可以保障林地承包户的合
法权益,增强其对承包林权的获得感与认同感;另一方面可以促进集体
林地的多元化流转,促进林地规模化经营,提高林地的配置效率,最终
实现集体、林地承包者和流转经营主体的"多赢"。

最后,高效流转林地经营权。明确界定并放活经营权权能是林地
"三权分置"的核心举措。保证经营权的各项权能完整、明晰与经营者
的合法权利可以促进林地经营者对林地进行长期投资。"三权分置"制
度改变"两权分离"下承包户林地经营的范围、内容等受到限制的状
况,鼓励林地承包者以转包、出租、入股等合法方式流转林地,有利于
积极引导社会资本参与林地流转,发展适度规模经营。放活经营权有
利于将经营权流转到更有效率的林地经营者手中,充分发掘林地的价
值,提高林地利用的效率。"三权分置"改革赋予各类林地经营者更多
的排他性权利,激励林地经营者的生产积极性和长期投资,提高林地的
生产效率和林地利用的可持续性。

二、水资源产权制度改革

水权制度是界定、配置、调整、保护和行使水权,明确政府与政府
之间、政府与用水户之间的权责利关系规则,是从法制、体制、机制等

方面对水权进行规范和保障的系列制度的总称①。水权制度是现代水资源管理的有效制度，是市场经济条件下科学高效配置水资源的重要途径，也是建立政府与市场两手发力的现代水资源治理体系的重要内容。

我国现阶段水权制度仍存在所有权虚置、行政配置为主导、缺乏法律保障等问题；同时，水权界定不够清晰，水资源利用外部性明显、"公地悲剧"时有发生。水权制度改革的目标是明晰水权并允许交易，建立节约用水和保护水资源的激励机制，实现水资源的高效配置，保障水资源安全，促进水资源的可持续利用。水权的取得包括初始分配和转让取得，使其规范是完善水权制度的前提和基础，在此基础上，不断完善水权法律体系，充分发挥市场机制的作用，促使水资源优化配置。

明晰水资源产权。尽管我国法律非常明确地规定了水资源属全民所有，并设置了水资源有偿使用的基本规定，但产权主体的虚置使产权各种权属在实施过程中不能以产权的边界来防止负的外部性和产生正向的激励效应，社会成员对水资源非排他性的消费，进一步加大了我国水资源的稀缺程度，同时固化了水资源的低效率配置。因此国有水资源产权改革首先要明晰水资源产权体系。国家作为水资源所有者，是水权分配的主体，中央政府授权各级权力机构分配水资源的使用权，中央政府始终保留水资源的最终处置权。政府作为水市场的管理者和调控者，在水资源配置方面，应行使水行政管理和水行政执法职能，加强对水权和水市场的管理。一方面为了使水权的分配、取得和转让有章可循，必须建立一套包括水权界定、分配和转让在内的较为完善的水权制度体系。水权取得的前提条件是缴纳一定数额的水资源费，而水资源费的征收、管理和使用是由国家来负责实施的。另一方面要明确用水的主体及合理配置用水量。水权分配首先要做到确认用水户享有的

---

① 林关征："水权制度及其政策含义"，《北京工业大学学报》(社会科学版) 2008年第4期。

水权,同时要做好水资源的监测,为水资源的产权界定提供条件。在明确了水权的归属以后,还需要进一步明确对流域水权的合理分配。

建立和完善水权市场。长期以来,我国的水资源配置一直采用计划经济的手段。因权属不明确,交易难以实现,水权交易市场一直没有形成。水资源开发利用主体在水资源的使用上往往以"取水最大化"为目标,造成上下游、左右岸之间在用水上的矛盾,使水资源浪费与短缺并存,同时,人与环境争夺水资源带来严重的生态问题。要实现水资源的优化配置,就要促进水资源从低效益用途向高效益用途转移,这就要培育和发展水权市场,促进水权交易。水资源市场的建立可以采取两级市场的模式,一级水资源市场是国家对水权的初始分配,由国家授权的各级政府水行政主管部门和流域管理机构等,采取取水许可等形式依法进行分配,用水单位或个人依法取得取水许可证,并进行水权登记;二级水资源市场是进行水权转让交易的市场。水权交易的形式可以采取协议转让、招标、拍卖等多种形式。在具体运作中,一级水资源市场和二级水资源市场,即水权分配市场和水权交易市场,可合并建设也可分开建设。一、二级市场都由政府水行政主管部门负责建设管理,或委托产权交易市场等机构具体运作。

建立健全水资源监督管理体制。根据水资源的属性和水权的基本特征,应对水权分配、交易和水资源市场实行严格的监督管理。应通过立法确定水资源市场的监督管理体制,包括监督管理的主体、对象、内容、方式等,明确各级政府及其水行政主管部门、流域机构等的监督管理职责和权限,确保水权分配、交易和水资源市场的良性运行。将明晰水权各项权能与全面建立河(湖)长制相结合,落实地方政府代表水资源所有权人的职能和流域机构水资源监管权职能[1],在水资源保护、水

---

[1]　田贵良、王希为:"自然资源资产产权视角下的水资源现代治理制度改革取向",《水利经济》2021年第3期。

域岸线管理保护、水污染防治、水环境治理、水生态修复上发挥地方政府的主体责任。

三、矿产资源产权制度改革

矿产资源是人类赖以生存的重要自然资源,对现代工业的发展有着举足轻重的影响。矿产资源产权制度作为矿产资源管理体系的核心制度,其制度安排对矿产资源的开发和利用起着至关重要的作用。

矿产资源产权是由矿产资源所有权及其派生的矿业权(探矿权、采矿权)等组成的权利集合,是以矿产所有权为核心的一组"权利束"[1]。它包含了产权的一般特征:排他性、有限性、可交易性等。矿产资源所有权的实现是通过采矿权的有效行使完成的,采矿权有效行使是建立在探矿完成的基础之上,所以矿产资源所有权的实现与矿业权的行使紧密结合、不可剥离。

矿产资源作为不可再生的、耗竭性自然资源,其产权制度设计直接影响各种权利主体的权益预期,进而影响资源的有效配置及可持续利用。矿产资源产权制度改革,一方面要维护国家矿产资源的所有权权益,同时提高矿业管理效率以减少"政府失灵",另一方面要维护直接从事矿产资源开发的矿业权人的权益,促使矿业可持续发展,避免"市场失灵"。这就要求充分发挥产权制度的激励约束功能、外部性内部化功能和资源配置功能,促使国家政策目标与微观经济主体行为目标在矿产资源开发利用中激励相容。

第一,改革矿产资源国家所有权的实现方式。在坚持矿产资源国家所有制度的框架下,改革中央与地方政府及其职能部门之间,公有制为基础上的交叉性委托-代理关系,防止国家所有权被地方政府及相

---

[1] 贺冰清:"矿产资源产权制度演进及其改革思考",《中国国土资源经济》2016年第6期。

关部门多元分割和这些政府主体通过行政手段干预市场经济主体所享有的矿产资源产权权利。采取有效的矿产资源管理方式正确处理好集权与分权的关系，调动中央与地方的积极性。在矿产资源国家所有权的实现方式上，一方面明晰政府主体与市场经济主体之间的权利关系，发挥产权制度的激励与约束功能，以及外部性内部化和资源配置功能；另一方面改变地方政府矿产资源代理人的身份，给予地方政府充分的矿产资源管理权，使地方政府不再只作为国家的代理人，有助于解决委托人与代理人利益不一致的问题。

　　第二，明晰矿产资源产权关系。建立和完善矿产资源产权制度，需要理顺各种经济关系，明晰各权利主体的权、责、利关系。其中最重要的是理顺国家与矿业权人的关系，使矿产资源的所有权与使用权相分离。应当界定清楚围绕矿产资源产权而存在的政府及其相关管理机构与不同所有制类型的勘探单位、矿山企业、个体开采者之间的责、权、利关系。一方面，国家在矿产资源开发中具有多重权利，既是矿产资源的所有权人，同时负责矿产资源的行政管理，甚至还有可能是矿山企业的投资主体。因此，国家以及各级政府应当享有矿产资源的所有权权益、管理权权益，以及国有企业的投资权权益，应通过法律法规保障国家对矿产资源的租金收益、税费收益和资产收益。同时，在打破国家行政垄断的条件下，使政府拥有的行政权与矿产资源产权置于不同的制度安排中，减少政府设租与寻租的机会，避免出现"国家悖论"和"代理失效"。[①]另一方面，矿业权人可通过市场机制获得矿产资源的占有、处分、收益权利，如探矿权、采矿权等，由国家法律保护其合法权益，同时其必须履行提供矿产品、纳税、治理矿山环境等各项法定义务，以及承担市场经营风险，等等。

　　[①]　曹海霞："我国矿产资源产权的制度变迁与发展"，《产经评论》2011年第3期。

　　第三,引入市场竞争机制,建立规范的"两权"流转的矿业权交易市场。竞争机制的关键作用就是促使资源有效配置,提高经济效益。在矿产资源的勘探和开采中引入竞争机制,就是要打破原有行政隶属关系在矿业权管理中的格局,严格规范矿业管理部门对矿业经济的直接干预,限制和减少公共权力的寻租,防止公共权力进入经济领域取代市场机制对矿产资源的配置与调节作用。在矿业权交易市场的构建上,矿产资源产权制度改革就是在强化国家所有的前提下,有效地将所有权与经营权分开,使所有者与经营者之间形成一种经济契约关系,建立"两权"流转的矿业权交易市场。[①]

　　第四,调整矿产资源税费制度,建立公平合理的利益分配机制。产权作为经济主体所拥有的一种行为权利,所有者对其拥有排他性的财产收益。矿产资源产权是一种财产权,国家作为矿产资源所有者主体,在所有权和使用权分离的情形下,国家可以凭借其矿产资源所有者的身份参与矿产资源的收益分配。在实现的手段上,即国家依法对矿业权人实施矿产资源税费制度。从现行的矿产资源税费制度来看,存在着矿产资源税费标准偏低,矿产资源被廉价使用,国家对矿产资源的合法权益并未充分实现等诸多问题。为配合矿产资源产权的市场化改革,应进一步完善矿产资源税费制度,构建以市场机制为基础的从价计征方式,体现需求价格弹性,同时在资源税和矿产资源补偿费上,综合考虑矿产资源的有偿使用情况和矿业权人的承受能力,结合矿产资源的分布区域,提高资源补偿费率,建立浮动的税(费)率制度,充分实现矿产资源所有者的权益。

　　由于矿产资源产权的"制度失灵",导致现行的矿产资源利益分配机制扭曲。在利益分配机制的改革上,重点是理顺中央政府与地方政

---

　　① 孙晓伟、张莉初:"我国矿产资源产权制度演进与改革路径分析",《煤炭经济研究》2014 年第 6 期。

府在矿产资源收益分配上的利益关系，避免出现"富饶的贫困"现象。同时，为解决地权和矿权使用者之间的利益矛盾，构建环境损失评估制度、勘探开采听证制度以及损失补偿制度，保证地权居民在矿产资源开发过程中的参与权与监督权，实现矿区居民利益补偿的规范化和法治化，保障矿区居民在矿业用地的征收或征用过程中所得的补偿收益与受到的损失对等，以及生计发展的可持续性。

第十五章　实现可持续发展的市场机制

　　市场对包括自然资源在内的资源配置起决定性作用。实现要素的市场化配置是党的十九大明确的经济体制改革重点之一。尽管我国自然资源市场化配置的范围不断扩大、程度不断提升，但通过行政配置、无偿调拨自然资源的比例还很高，通过低价配置资源的现象还时常存在；有的由于产权不清，还处于无主无人关心的状态。这不仅导致自然资源配置的低效率和浪费，还造成自然资源供给的不可持续。因此，解决好自然资源要素的市场化配置很有必要。尽管出于自然资源稀缺性和公共性特征的考虑，有的资源不完全等同于其他市场产品，一些自然资源的市场或价格要进行适度管制，但就整体而言，自然资源的配置仍然要遵循市场原则，服从其价格市场化形成机制和市场竞争性机制，不断完善自然资源市场体系等。当然，市场机制本身不能解决诸如不可再生资源的代际配置问题，污染外部性引致市场失败，需要更好地发挥政府作用。政府治理环境污染仍然要尽可能利用市场手段。

第一节　借助市场机制调节自然资源供求

　　理论和实践都证明，市场配置资源是最有效率的形式。明确市场对资源配置的决定性作用，实际上是回归到了市场经济的本义。无论是马克思主义经济学还是西方经济学，共同的结论是，在市场经济条件下，只有市场才能实现资源的有效配置。在可持续视角下，随着经济发展,资源环境的稀缺性对经济系统产生越来越重要的作用,自然资源日益成为生产函数中的重要因素,市场决定资源配置必然包括优化配置自然资源。

一、市场决定自然资源价格是市场经济的内在要求

资源的稀缺是经济发展的自然界限。为了克服或减弱这个界限,人类面临的问题就是如何更高效地利用有限的资源。经济理论的中心问题就是如何配置资源以达到各种理想目的之间可能的最佳配置和组合。资源商品化,可以简单地定义为:资源在市场中,依靠市场价格机制来配置。其目的是提高效率,增进人类的福利。

经过 40 年改革开放,我国在一般商品和服务领域已经建立起市场决定价格的机制,商品和服务基本上已价格放开,由市场决定。而水、石油、天然气、电力等资源性产品价格形成机制的市场化程度则相对偏低,价格行政干预较多。还有很多资源是通过行政手段划拨或近乎无偿开采,产生"公地悲剧"状况。企业生产和居民生活中资源高消费以致浪费现象严重。原因就是自然资源价格形成机制不合理,不能够反映资源稀缺程度、市场供求关系和环境损害成本,造成长期以来我国高消耗、高排放、低效率的粗放型经济发展方式难以根本转变。

自然资源是经济社会发展的重要物质基础,在国家布局以内循环为主体的双循环发展格局,统筹兼顾生态效益、社会效益、经济效益和美好生活需要,加快推进自然资源价格市场化改革,建立促进自然资源高效利用的自然资源价格形成机制,在整个市场经济体制改革中尤显重要。

市场经济是资源配置最有效率的经济体制,也是发展社会生产力和实现现代化的最优途径。市场经济有三个最重要的调节机制:价格机制、供求机制和竞争机制。价格联系着市场供给与需求,是现代市场经

济运行机制的重要组成部分。市场价格与市场供求是互相联系、互相制约的。市场决定价格,意味着市场供求的变动引起市场价格的变动;反过来,市场价格的变动也引起市场供求的变动。市场价格与市场供求之间相互作用的结果是不断促使市场价格围绕价值上下波动和市场供求趋向平衡,这是价值规律的表现形式,也是价格机制的客观表现。价格的涨跌引导着人们的经济活动,调节着自然资源的配置,影响到各种商品和服务供求关系的变化,促进经济配置效率和运行效率的提高。

市场经济的基本特征是市场发现并形成价格。价格是市场配置资源的基本信号,市场配置资源是通过价格进行的。通过市场竞争,由市场决定价格,以价格为杠杆调节供求以及由此引起的市场优胜劣汰等途径,引导市场主体把资源投入到最能满足市场需求的产品和服务上,实现资金、土地、技术、劳动力等生产要素在地区、产业、部门、企业间合理流动,达到资源优化配置。如果行政过多干预,不尊重客观经济规律,会导致价格不合理、扭曲、价格信号失真,就会影响资源配置的结构优化和效率。所以,价格是引导资源配置最直接、最有效、最灵敏的手段。没有了价格机制,市场配置资源就是一句空话。

二、自然资源价格市场化促进可持续发展

目前我国能源消耗总量、水污染物排放和空气污染物排放总量均居世界首位。不仅地表水系受到污染,地下水也部分受到污染。我国能源利用效率相对较低,从单位GDP能耗看,分别相当于加拿大、美国、英国、德国和日本的 3.3、4.3、5.3、7.7 和 11.5 倍。我国自然资源价格扭曲带来了资源浪费和环境污染,加剧了资源、环境和经济发展的矛盾,使得经济和社会的发展不具有可持续性。为了扭转这种局面,必须积极稳妥地推进自然资源的价格改革,完善自然资源的价格体系和价格构成,使价格既能反映资源的稀缺程度,又能反映资源在开采利用过

程中的生态环境损害成本、安全生产成本和代际补偿成本。

我国已成为世界上消耗资源最多的国家之一，资源开发利用导致的环境污染、生态破坏等问题日益突出，其中一个重要原因就是资源价格过低。随着我国制造业大国地位的确立和对外经贸关系的不断深化，在经济全球化的今天，缓解资源短缺的矛盾，本来可以通过利用国际市场资源来调节，然而我国许多自然资源的价格与国外相比严重偏低。偏低的国内自然资源价格，一方面使我国企业缺乏利用国外资源的积极性，另一方面使我国的产品因廉价资源的价格优势而大量出口，这更加剧了我国资源的供需矛盾。因此，必须进行自然资源的价格改革，以更好地利用国外市场和国外资源，实现经济社会可持续发展。

自然资源价格是自然资源价值的货币表现。市场经济的基本规律是价值规律，自然资源价格是资源使用者为了获得稀缺性资源使用权需要支付给资源所有者的货币额，代表了消费者与生产者愿意交换各自商品的条件。从功能上看，自然资源价格市场化，有利于更好地核算资产、使得资源价格能够全面反映市场供求状况、资源稀缺程度和环境污染成本，从而有效提高资源的开发利用成本和终端消费价格，可以有效遏制资源高消费等行为，不断提高资源利用的绩效，为我国经济社会的可持续发展提供制度保障。

第一，自然资源市场化价格提供资源性国有资产的核算尺度。价格同时反映了商品对消费者的价值和生产者的成本，具有计算和核算经济效益的功能。自然资源市场价格为自然资源的核算工作提供了重要的素材和依据，只有通过价格尺度，市场主体才能准确地衡量其经济活动的成本和收益，国家才能全面掌握和调控资源性国有资产的存量和流量。

第二，自然资源市场化价格是资源供求的信息载体。自然资源市场化价格发出价格信号，为市场主体传递各种及时、灵敏、广泛而准确的需求信息，向社会传递正确的资源导向信号，既让价格能灵敏地反映市场供求变化、资源稀缺程度和污染状况,也让市场主体自由地选择进入和退出市场,做出符合各自利益的决策。

第三,自然资源市场化价格可以优化调节国民收入分配。自然资源供求是各利益关系的交汇点,价格是调节利益关系的重要杠杆,具有分配市场主体经济利益的功能,能在自然资源的国内外市场交换过程中自发形成当事人主动参与、平等竞争、自愿协议的分配关系,各市场主体通过交换获得以货币所表现的资源商品的市场价格,分配到相应的经济利益。通过自然资源的价格改革,可以倒逼企业注重效益、节约成本,依靠技术研发和管理创新提高竞争力,这样就能使我国的经济发展方式转变为集约型和内生动力式的发展方式,并促使企业更加重视产品的质量和附加值,由产业链的低端迈向中高端。

第四,自然资源价格市场化构成全社会资源配置的基础。资源价格作为市场竞争的有效手段,既是一种直接的经济利益调节机制,也是引导调节生产和流通的信号机制,具有其他资源配置方式所没有的优势。它通过协调市场主体的各种经济活动,充分调度资源性产品的流向和流量,激励资源最终流入对其评价最高的经济社会活动环节,提高社会生产各个领域的资源配置效率[1]。

第二节 自然资源市场化价格的形成

一、自然资源价格市场化形成的目标

推进自然资源市场价格形成机制的基本目标,归纳起来主要有四个[2]:

---

[1] 夏荣静:"深化我国资源性产品价格改革的研究综述",《经济研究参考》2013 年第 12 期。

[2] 马凯:"积极稳妥地推进资源型产品价格改革",《求是》2005 年第 24 期。

第一,坚持市场经济的改革取向,使市场在资源配置中起决定性作用,同时更好地发挥政府的作用,逐步完善自然资源价格形成机制;第二,逐步理顺资源商品的价格关系,形成比较合理的比价和差价,健全自然资源的价格体系;第三,逐步建立能够反映市场供求关系、资源稀缺程度和环境损害成本的自然资源价格构成关系和各构成成分间的合理比重关系;第四,逐步积极稳妥地提高自然资源总体偏低的价格,使其基本与国际市场接轨。

市场价格配置资源的效率主要体现在三个方面:第一,市场价格机制指引资源商品的配置,使资源流向要素生产率高的部门;第二,市场价格的调节能够结清市场供求,降低要素部门分配的不均衡度,实现帕累托改进;第三,资源价格比例调节企业对各种要素的需求和配置,促进要素组合比例的优化和协调,使资源要素组合搭配最优,提高全要素生产率。

市场价格有传递信息、提供刺激和决定收入分配三种作用。市场机制的妙处是,传递信息的价格也提供刺激,使人对信息做出反应。市场机制配置的资源总是趋向于流向生产效率高的生产者那里,为了争夺稀缺资源,生产者之间必然会出现降低成本促使技术进步、提高效率的竞争。最低资源消耗的企业能提供较经济的服务并占据市场,由此整个社会的技术进步就有了实质的动力。价格发挥分配作用的机制是:生产成果(总收入)在各个要素(资源)所有者之间分配的基础是各种要素的价格在市场上形成,取决于要素市场的市场供求。只要各种要素的价格准确地反映市场供求,或者说准确反映资源的稀缺性,那么越是稀缺的资源,价格越高,越是能得到节约使用,并在各种资源比价的调节下,出现较为富裕的资源对稀缺资源的替代。比如当自然资源被合适定价后,生产者再也不能把它当作自由取用之资源,随意使用。而是把对环境资源的使用(如向大气中排放污染物)当作一种要素的投入,是需要考虑成本的。当环境资源供给减少、价格上升时(如生产者为自己向大气中排放污染物开始缴费或缴费增加时),将刺激生产者降低生产减少排污量,或采用先进技术控制排污量。

二、自然资源的影子价格

影子价格的概念是苏联数学家、经济学家、诺贝尔经济学奖获得者康托罗维奇提出来的。影子价格是指当社会经济处于某种最优状态时,能够反映社会劳动的消耗、资源稀缺程度和最终产品需求情况的价格。影子价格反映在项目的投入上是资源不投入该项目,而投在其他经济活动中所能带来的效益,也就是项目的投入是以放弃了本来可以得到的效益为代价的,相当于西方经济学家所称的"机会成本"。也就是指有限自然资源得到合理配置的机会成本。其意义是产生使资源配置向整个国民经济优化的方向发展的效果。

影子价格最早是由苏联诺贝尔经济学奖得主康托罗维奇提出来,被称为最优计划价格。影子价格提出的意义是要认识到由于国民经济中使用某种稀缺资源导致使用者获益的同时整个社会受到相应损失的状况。政府(代表社会利益)评估项目时为了计算出所谓的社会资源支出,所使用的不只是市场主导的价格,还要反映稀缺资源被用于该项目时的影子费用,被称为影子价格或会计价格。把资源的稀缺性当作约束条件,则它的影子价格能较好地反映它的稀缺性。资源的稀缺性越强时,约束条件越严格,它的影子价格也越高。

影子价格是资源增量的计算价值,是一种隐性价格。影子价格同机会成本一样,都是隐性的,都用于描述资源配置的状况,但反映的状况不同。用于生产某种商品的机会成本过高,表明该种资源原来就不该用于此种产品的生产,这种生产是浪费性生产,它牺牲了获得更大效率的机会;影子价格偏高,则表明应该使用更多的资源于该种商品的生

产,同时表明对他种资源的浪费性占用。这不仅涉及该种资源的效率,
而且涉及与之相组合的他种资源的效率。因而影子价格是一个测度资
源配置的很有用的指标,它为可持续发展过程中企业和社会实现最优
资源组合收入提供了一个有价值的计算工具和分析方法,同时也有助
于我们对特别稀缺资源制定出较合理的价格。影子价格是一种隐性价
值,但我们可以通过具体的价格形式使其显性化。比如,政府可以对本
国稀缺的自然资源制定出影子价格相对应的使用价格,使那些利用者
付出特别"租金",以使全社会更珍惜这些特别稀缺资源的利用,从而
使其发挥更大效率。

三、自然资源价格市场形成的制度安排

科学合理的资源价格能够起到激励供给、提高效率、保障公平、促
进环保等作用。因此,我国资源价格改革的核心在于形成科学、合理的
市场化定价机制。根据自然资源市场化价格的功能与目标,自然资源
统一确权,健全自然资源产权体系;在成本核算基础上构建合理的资源
价格体系;构建要素自由流动、价格反应灵活、公平有序的竞争性市场
结构和多层次资源市场体系,是加快形成自然资源的市场价格机制、促
进自然资源有偿使用的基础性制度保障。没有资源的产权市场和市场
化价格,就没有对资源的供求核算和竞争;没有供求与竞争诉求,优化
资源配置的价格机制就无用武之地。

(一)资源产权的确权

我国的自然资源实行的是全民所有和集体所有。除土地以外的重
要自然资源归全民所有,政府代表人民管理。这些自然资源虽然归国
家所有,但主要由地方政府或国有企业代表国家行使处置权和收益权。
计划经济时代资源无偿划拨体制留下的后遗症,使得目前相当规模的
自然资源被无偿占有、使用。资源无偿使用和产权界定不清,一方面导

致资源产权无法流动,严重影响资源配置效率;另一方面导致国家作为所有者的权益损失,同时还造成资源浪费和环境恶化。

　　资源作为生产要素,其价值量的大小不仅取决于其在产品生产中贡献的大小,还取决于其供求状况,即物以稀为贵。既然自然资源是有价值的,使用者在取得资源使用权的时候就应该向资源的所有者——国家付费,从而实现国家作为资源所有者的权益。国家可以利用资源使用费进行更广更深的资源勘探和开发,推动资源利用的技术创新,以提高资源利用效率、保护资源和生态环境,从而实现经济社会的可持续发展。

　　产权理论表明,只要财产权是明确的,而且其交易成本为零或者很小,则无论在开始时谁取得财产权,市场均衡的最终结果都是有效率的。所以自然资源只有产权明晰才能实现高效利用。为此,一方面必须创新供应端的产权改革,使有偿使用制度真正落到实处;另一方面,为实现自然资源的保值增值,需要对自然资源进行资产化的管理。从自然资源的勘探到开采加工的全过程,依照市场经济的原则分析成本收益进行投入产出管理。对自然资源的资产化管理,要求将其所有权和使用权分离,用法律和契约确定的规则来明确国家和企业的权利义务关系以及成本分担和利益分享机制,建立健全自然资源有偿使用制度,并将有偿使用收益再投入自然资源的开发和保护中,最终形成以资源养资源的良性循环机制。

　　2015年9月,中共中央、国务院印发《生态文明体制改革总体方案》,明确提出"构建归属清晰、权责明确、监管有效的自然资源资产产权制度"。2019年中共中央办公厅、国务院办公厅印发《关于统筹推进自然资源资产产权制度改革的指导意见》,明确要求"基本建立归属清晰、权责明确、保护严格、流转顺畅、监管有效的自然资源资产产权制度",相比《生态文明体制改革总体方案》的表述,增加了"保护严格"

和"流转顺畅",完整体现了产权界定、产权配置、产权交易和产权保护等产权制度建设的四大基本要素[①]。习近平总书记指出,"要加快健全自然资源资产产权制度,统筹推进自然资源确权登记、自然生态空间用途管制改革,其中自然资源确权登记占据重要地位"。2019年7月,自然资源部等五部委印发《自然资源统一确权登记暂行办法》,开启了自然资源的确权登记。

(二)明晰自然资源成本构成和建立合理的资源价格体系

首先是完善自然资源的价格构成,实现全成本定价。自然资源的价格包括资源价值和开采成本两个部分[②]。自然资源因为天然的有用性和稀缺性而产生的价值,应为国家所有。当前国内资源开采企业的成本大多仅包括直接开采成本,而不包括产权有偿取得、生态补偿和环境治理等成本。生态补偿成本、环境补偿成本和代际补偿成本是因为资源的开发利用破坏了生态、污染了环境和损害了子孙后代的利益而产生的,把其列入成本进入价格就可以将这些负外部性内部化。这些成本作为国家的各种税费进入国库,用于生态修复、污染治理和子孙后代的发展。

其次是理顺各种资源性产品的价格关系。价格是资源配置的"引导器",各种资源性产品之间科学合理的比价、差价关系能实现资源配置的效率和公平。要着重理顺可再生资源和不可再生资源的价格关系:按"同热值同价格"的原则理顺煤炭、石油和天然气的价格;电力中理顺火电、水电、核电、风电、太阳能电、地热电、潮汐电和生物质电等不同来源电力的价格关系。根据碳达峰和碳中和的要求,需要对可再生的清洁能源采取政府补贴的方式进行扶持,使之以较低的价格得

---

① 钟骁勇、潘弘韬、李彦华:"我国自然资源资产产权制度改革的思考",《中国矿业》,2020年第4期。

② 高兴佑:"我国资源性产品价格改革研究",《湖南财政经济学院学报》2015年第5期。

到广泛的应用。

最后是根据物价(包括生产者价格指数和消费者价格指数)的涨幅和社会的承受能力,逐步提高总体偏低的自然资源价格水平。

(三)自然资源的竞争性市场结构

建设统一、开放、竞争、有序的市场体系,是使市场在资源配置中起决定性作用的基础和前提。自然资源作为经济增长的要素之一,其价格在要素市场进而在产品市场都具有重要的作用和影响。在现代市场体系的建设中,要矫正自然资源的价格扭曲,使自然资源的价格真正由市场竞争形成和决定,这样的价格信号才能合理引导资源配置,提高资源配置的效率和公平性。

我国资源产业的某些领域和环节,实际上并非自然垄断而是行政垄断,某些企业之所以能够独占资源性产品的经营权,并不是因为缺乏潜在的竞争者,而是行政部门用准入门槛将其拒之门外。行政垄断不但限制了资源的合理流动,损失了市场配置资源的效率和公平性,而且往往导致权力寻租。当务之急是简政放权,放松或取消不必要的行政审批,鼓励民营资本进入能源资源领域,培育多元化的竞争主体,使潜在的竞争者可以自由进入市场,或通过特许经营权公开竞标方式进入市场,从而使现有垄断力量因竞争压力而自我约束。削弱行政部门从定价到投资权的直接行政管理职能,对自然资源商品与服务能放开的要坚决放开,可以形成有效的竞争。同时,自然资源垄断部门依靠其行政赋予的垄断地位获取的垄断高收益必须归国家,由国家专项用于改善自然资源的供给条件,同时也可起到公平竞争的作用。

通过资源交易市场的竞争形成的资源价格能随着市场供求的变化而变化,能反映资源的稀缺程度。价格信号能引导资源的合理流动,从而优化资源配置并协调好各方面的利益关系。需要加强资源交易市场体系的建设,形成统一、开放、竞争、有序的资源市场的体系。与资源市场相关的市场体系的建设应涵盖三个层次:资源基础市场、资源产品市场、资源期货市场[①]。资源基础市场主要是从事资源产权的交易,该市场所形成的价格要反映资源的有偿使用;资源产品经过初加工或深加工后就需要在资源产品市场进行交易,该市场的价格是一种市场竞争的交换价格;资源期货市场能够起到套期保值和价格发现的作用。我国的资源交易市场的建设较为发达,而基础市场和期货市场建设还有待加强,这就需要加快培养和完善基础市场和期货市场,并发挥和强化期货市场规避资源价格异动风险及引导资源价格形成的基础功能。采取有效措施积极培育资源市场的中介组织,大力发展和完善资源产权评估机构和专业经纪公司等中介组织,使得交易效率和交易深度能够有效地提高。

四、克服自然资源市场化配置中的市场失灵

自然资源市场化配置目标不仅是提高资源利用效率,还要实现可持续发展。需要进一步指出的是,单靠市场调节不能有效地解决可耗竭并不可再生的资源的代际配置。提高配置效率和节约资源的功能是完全的市场竞争的功能,但现实中这种完全竞争的市场机制不存在。

第一,在理论上假定,能够实现资源有效配置的市场必须具备如下条件。(1)人们能够获得关于资源质量的知识,关于生产它们的所有方法的费用的知识,并且获得这些知识的费用是零。(2)强制人们实施契约和维护财产权利的费用为零,并且财产权利,包括资源的财产权利是确定的和稳定的。(3)人们是理性的,其含义是:他们的偏爱是有序的(所以,如果一个人偏爱A甚于B,且偏爱B甚于C,那么他也偏爱A甚于C),并且他们有能力选择适当的手段以实现这些目标。(4)交

---

① 吴日中:"中国资源价格体制改革探析",《北方经济》2015年第6期。

易费用是零,或者竞争是完善的(买者或卖者都不能靠自己的独立行动影响价格,同时有进出市场的完全自由),而且没有外部因素。(5)市场上的产品是没有多少差别的,买者能够辨认各个卖者的产品,反之也一样。只有当所有这些条件都满足了,才能产生帕累托最优结果。一旦满足这些条件,生产和交换就将导致一种平衡态。现实中,这些条件不可能完全满足。尤其是像外部性、垄断成分、源于信息条件和交易费用的市场收敛的困难(如蛛网结构)和不确定性等因素,都能引起很多市场失灵的现象。

第二,根据信息经济学理论,(1)由于未来状况的不确定,市场在转移风险方面是失效的,原因是经济系统不能为未来创造风险承担的完备的市场。(2)价格信息是不完全的。不完全信息的一个重要表现形式是信息的不对称。交易双方对所交易的商品的了解程度,对同一市场的了解程度是不一样的,占有优势的一方总是能获得更多的信息。当市场所有信息没有被交易各方所了解,资源的配置不一定有效。因此价格作为资源配置的一个指示器远不是一贯正确的、可靠的。实际经济行为部分是由非价格变量支配的。

第三,在垄断的情况下,市场供给就是垄断者的产出。由于垄断者是唯一的供给者,因而市场的总需求变成了对垄断者产品的需求曲线。结果,无论何时垄断者增加或减少产出,都将改变市场的供给,同时影响市场的结果。在完全竞争中生产者作为给定市场结果的接受者,为了达到最优获利点,必须不断调整产出;而垄断者在可以调整产量的范围内通过限制产出,就可以获得最有利的市场价格。因此,垄断者常常不是价格的接受者,而是价格的制定者。

在以上关于市场失灵分析的基础上,我们可以进一步指出市场在调节资源可持续供给方面的局限性。在一般经济学分析中要素的有效配置是通过市场化途径来解决的,可持续发展涉及要素的代际配置。

从理论上说,只要对稀缺的、可耗竭不可再生的资源定较高的价格,就能减少对这些资源的需求和消耗。但它无法克服两方面的问题:第一,资源价格提高固然可减少需求,但对供给者来说则可能有较高的收益。因此资源的供给者就有对资源掠夺式开采和经营的刺激。克服这个缺陷的可能途径是对这些定了高价的资源征收资源税,使提价的收益归国家,而不是留给资源供给者。当然国家也可以将获取的这些收益专项用于改善资源供给条件,作为推动可持续发展的投入。第二,资源价格在市场上形成,形成高价的是供不应求的商品。现在的问题是,许多不可再生的耗竭性资源在一定时期中并不是供不应求的。例如土地,在开发初期价格是很便宜的,不然不会出现滥用滥占土地的状况。再如环境资源,使用它几乎是不用花钱的。这意味着单靠市场机制的自发作用不可能形成实现可持续发展要求的资源价格。第三,土地等资源可能成为投机工具。马克思在《资本论》中界定土地价格=地租/利息率。这种土地价格可能被作为虚拟资本来投机,被炒作得大起大落的资源价格不能真实地反映资源的真实价值。

克服自然资源市场价格形成的市场失灵主要从以下几方面入手。

第一,更好发挥政府作用。首先,完善物价总水平的宏观调控机制;加强政府对市场的监管,规范市场行为,加大对价格违法违规行为的惩罚力度,确保市场平稳运行和国家经济安全。其次,建立和完善资源性产品价格形成机制和管理制度。如资源有偿使用制度、资源产业管理制度、激励资源节约使用制度和惩罚浪费制度等。最后,完善国内与国际市场价格接轨的制度。稳定世界初级产品供应,防止传导性通胀输入。

第二,建立和完善成本监督机制。合理的成本是建立价格形成机制的关键和基础,没有成本的合理,就不可能有价格的合理。因此,资源性产品价格的调整应建立在合理成本的基础上。油、气价改革的核心是建立科学合理的价格形成机制,必须把对企业进行严格的成本监督作为实施价格市场化的前提。首先,要搞清楚定价的成本基础是否合理,即涨价必须建立在合理的成本基础上,企业必须努力降低成本。这样,就要需严格执行各种成本约束和成本监督措施。其次,对已经放开的由市场竞争形成的资源性产品的价格,要解决成本构成的不合理,实现外部成本内部化,社会成本企业化,必须制定相应的法规强制实施。而且资源价格市场化不能理解为仅仅是与国际市场价格接轨,把国内市场价格与国际市场价格画等号。与国际市场接轨应考虑国内市场价格状况,价格变动所带来的各种影响并不能简单地通过接轨来解决。

第三,财政税收的配合。改进资源税计税方法,将目前的从量征税改为从价征税。当前既要强化对资源税的征收,又要降低资源税推出的冲击。应考虑给资源类企业清费减负,取消各种不合理的收费,为资源性产品价格改革留出一定空间。处理好东西部地区(产地与销地)的利益矛盾,利益适当向资源地区倾斜;要控制好由于改革产生的成本推动价格上涨及其连锁反应,同步建立相应的补偿机制。在税收分配方面,应注重对环境修复和节能开发技术的投入,确保一定的比例用于保护和治理环境,促进资源环境的长期和谐发展与资源性产品的效用最大化。同时,也要适当保护地方在资源性产品开发利用过程中的收益,以达到发展地方经济、维护社会发展平衡、保护和治理环境等多重目的。

第四,自然资源价格改革与社会承受力相协调。现阶段社会对资源性产品价格(向上)浮动的承受力十分有限,过高的资源价格可能导致居民生活的困难和工业成本的普遍上升及企业经济效益的严重受损,甚至引发社会经济生活的紊乱。资源性产品价格改革不能一蹴而就,更不可能一步到位,而是要采取渐进推进、小步快跑的策略。改革要充分考虑节能减排、经济发展和群众承受能力等因素,从国际国内资源的优势互补中,发现机遇,抢抓机遇,顺势而为。对于不同的资源性产品,在不同情况下是否调整或放开价格、怎样调整和放开价格都需要细致考量。而且,由于资源市场需求存在刚性,自然资源价格市场形成机制的总体取向是"涨价",如何涨价需要反复权衡利弊得失和正负效应,自然资源产品价格的市场化机制的形成必须与不同资源行业自身发展的特点相适应。把改革的力度和社会的承受能力紧密结合起来,建立健全合理、公正、透明、可行的价格调整机制,以取得社会各方面的理解和支持,力争把负面影响和不确定因素降到最低程度,减少震荡,使有限的资源更好地承载社会稳定与可持续发展的需要。

第三节　利用市场化手段控制环境污染

一、克服污染外部性的市场失灵

外部性即企业或个人作为行为当事人不需要承担自身行为对他人造成的损失,即外部性活动的私人成本与社会成本不一致,决策者没有承担决策的全部成本或得到决策的全部收益。例如:一个从事化学品生产的厂商的私人成本包括原材料、设备、人工工资、管理等方面费用,但从整个社会看,除了化工厂已经支出的私人成本外,还应包括生产中排放的污水、废气等给社会带来的污染成本,两种成本的总和为化工厂生产的社会成本。厂商理性决定的最优产量是使得私人成本等于私人收益的产量,在不考虑外部性的竞争性经济中,厂商最优决策下私人成本与社会成本一致,市场有效。当污染外部性存在时,污染者不需要承担消除对他人造成不利环境影响的成本支出,其私人成本就小于社会成本,这时污染方仅从私人成本等于私人收益的原则出发进行生产,生产量将大大超过按社会成本等于社会收益的原则所允许的产量。换句话说,由于污染的外部性,化工厂厂商个人利益最大化的行为不会自动实现社会效益,厂商行为偏离了全社会福利最大化的产出要求。

图 15-1 中,MB 为厂商边际收益曲线,MCs、MCp 分别代表化工厂生产时的社会边际成本曲线和私人边际成本曲线,化工厂污染环境带来的外部性成本曲线为 MCe,根据生产决策原则,对厂商而言,按照 $MCp = MB$ 进行生产,产量为 Q_1;而对社会而言,要求按照 $MCs = MB$ 进行生产,产量为 Q^*,$Q^* < Q_1$。显然,由于化工厂不承担环境污染的外部成本,私人生产大大超过了社会最优所允许的产量,过度生产意味着过度污染。污染外部性的存在使市场有效配置社会资源的机制不再起作用,市场未能促使厂商将其造成的外部成本内部化,单纯依靠市场机制不足以将污染限制在合理范围内,按厂商最优确定产量所引起的过量污染实际上导致社会福利的净损失。在有外部性的情况下,用社会最优产量来衡量市场均衡产量,市场产量就大大多于均衡水平的产出量,环境污染的外部性使得市场决策失败。

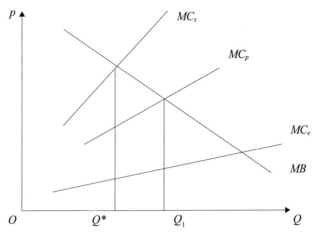

图 15-1 存在外部性条件下私人生产对社会最优产量的偏离

二、政府规制环境保护也要利用市场手段

存在污染负外部性的场合，社会成本是由其他社会成员承担的，市场机制的自发调节作用，无法遏制厂商的负外部性行为，不能实现社会资源的优化配置，解决污染问题必须寻求市场以外的力量。应对污染增加的市场失灵，客观上需要代表公共利益的政府对污染环境的行为加以干预，促使污染区域造成的外部成本内部化，提高社会整体福利。

现代市场经济国家中，在环境领域，污染外部性导致以公共利益为导向的政府环境规制。从规制的成效来看，政府环境规制确实在克服市场失灵方面做出了贡献。与市场决策不同，政府有效的前提是政府宏观层面通过需要信息累积形成整体信息，但规制者不可能收集所有分散的市场信息，政府也不可能具备各种规制政策的完备知识与预见能力，在有限信息、有限理性基础上制定的环境政策只具有相对有效性。在政府制定最优规制政策所需要的充分信息条件并不具备等多因素作用下政府规制也会失灵，规制的结果偏离了实现效率和追求公共利益最大化的目标，因此提出了规制改革的需求。对环境规制而言，单独依靠政府干预或单独依靠市场机制都难以奏效，只有将政府干预和市场机制相结合才能有效地解决环境问题，控制环境污染。因此，环境规制改革的主要方向，就是更多地借助市场化手段，充分地利用市场配置资源的优势来补充政府干预，在改进规制效率的同时保障社会利益。

在解决环境问题上更好发挥政府作用仍然需要充分利用有效配置资源的市场化工具来防治污染，实现可持续发展。排污权分配及其交易就是利用市场的有效方式。

三、排污权分配及其交易

排污权交易机制的基本含义是根据环境容量，确定区域污染物的

频繁控制总量；将排放控制总量转换成排污许可指标，面向各排污厂商进行初始分配；在具有不同边际治污成本的厂商之间进行排污权交易；政府通过公开市场业务调控市场上排污许可指标的实际使用量。由于不同的排污单位边际治污成本存在差异，各市场主体间交易排污权，可以使整个社会以最低成本实现环境保护的目标，有效配置环境容量资源，协调经济和环境之间的均衡。

（一）确定排污权总量和配置初始排污权

环境容量是一种稀缺资源。由于环境的公共品性质以及污染外部性，难以避免对环境资源的"滥用"以及环境污染过度。为了遏制环境恶化的趋势，人们试图依据环境质量要求控制总的排污数量，限定对环境容量的使用程度。总量控制是确定某一区域在一定时间内允许排放的污染物总量后，政府将该总量分解，并以排污许可证的形式发放给各排污厂商，完成对环境资源使用权的初始配置[①]。

初始排污权是一种行政许可权，是由政府主导将一定区域的排污总量在不同污染源之间做初次分配。初始排污权分配可以分为无偿分配和有偿分配两种模式。相对而言，实行排污权有偿取得既有效率，也比较公平。首先，有偿分配提高了企业再生产的门槛，从而在限制重污染、低效益企业的同时刺激企业自主治污减排以节省排污权购买支出；其次，有偿分配不仅可以帮助环保部门筹集环保资金，而且有助于抑制地方保护过程中的企业超排现象，原因是厂商支付超额排污权将导致政府税收收益外流；再次，有偿分配实现了新、旧企业在生产经营、行业进入方面的公平；最后，有偿分配排污权也意味着出口产品价格开始反映本国支付的环境代价。

---

① 李寿德、仇胜萍："排污权交易思想及其初始分配与定价问题探析"，《科学学与科学技术管理》2002 年第 1 期。

（二）排污权交易和交易价格

排污权价格包括排污权初始分配价格和再分配价格。追求利润最大化的企业总是根据其治污边际成本与取得排污权的价格对比关系来做出买、卖决策。合理的排污权价格是充分发挥排污权交易作为配置环境资源的市场经济手段的功能的基础。

1. 一级市场排污权价格确定

一般地，由于现实中还难以准确衡量环境容量资源总量，并由此推断合理的初始环境价格，基于企业治污成本的定价机制可以作为政府定价的一个次优的替代性方案。

一级市场上完全市场化的排污权价格形成方式是拍卖机制[①]。其机理是：环保部门首先确定区域排污总量，由排污厂商将求购的排污权数量及出价函件在密封之后上交环保部门。为了控制重污染厂商竞购和防止厂商囤积排污权，环保部门应在事前规定竞购的排污方必须已经达到同行业平均的清洁生产水平，并且竞购数量只能在当前核定的排污量以下，环保部门再以符合条件的竞购厂商中最高出价作为初始排污权的拍卖价。

美国在密封价格拍卖的基础上发展出了"单一价格投标法"的定价方法。"单一价格投标法"确保各企业都在准确自我评价基础上报价。正常情况下，排污厂商报价过低将失去获得排污权的机会，因而意味着再生产难以进行；高报价者则面临着亏损风险。基于密封拍卖的"单一价格投标法"在促进初始排污权价格形成的同时创造出一种自动筛选机制，即高效率的治污企业获得了排污权，而低效治污者被淘汰。

我国目前初始排污权的价格是由政府环保部门确定的。江苏省以污染治理直接成本作为参考基础，核定排污企业初始排污权价格；浙江

---

① 林云华、冯兵："排污权交易定价机制研究"，《武汉工程大学学报》2009 年第 2 期。

嘉兴市也用类似的方法核算排污权价格。鉴于政府定价可能存在的缺陷,当排污权交易机制逐步成熟之后,应当积极引入拍卖定价的模式,不断完善初始排污权定价机制。

2. 二级市场排污权价格确定

排污权的交易市场即排污权二级市场。通过交易,从一级市场获得的排污权被再分配到对它支付意愿最高者手中,即能向先进技术和最低成本实现减排的厂商提供富余排污权,新建、扩建、改建企业也可买入排污权,满足生产需求。

在排污权交易中,只有治污成本低的企业才有意愿出卖其所拥有的排污权。因此,出售的最低价就是减少这部分排污量所花费的工艺改造、新增排污设施等的成本支出,加上将这部分排污权转让给竞争对手而带来的机会成本,以及在转让过程中发生的交易费用。排污交易市场的成本加成定价就是有富余排污权的供给方在核算排污权成本的基础上,附加一个期望利润,两者之和作为其出售排污权的要价。

在排污交易机制下,通过允许许可排污量在厂商a和厂商b之间交易,治理成本较低的厂商a会多削减而减少排放,多余的许可向厂商b出售,厂商b将这部分污染削减任务外包给厂商a,厂商b因为自己(高成本)的削减量减少而降低了污染治理成本,直到两个厂商治理最后一单位污染物的边际成本相等,此时,排污权在两厂商之间的交易停止,在对应的均衡的排污权交易价格基础上,供、需双方进行进一步谈判,就可以确定出一个合理的排污权最终交易价格。

3. 排污权交易

政府确定排污总量并发放排污许可,排污许可权可以在市场上买卖,排污权交易提供了企业降低污染控制成本的减排激励。图15-2中,横轴表示污染水平和排污权。边际控制成本MAC向右下方倾斜,反映污染排放越多,污染控制越少,边际控制成本越低,边际控制成本实际上是排污权的需求曲线。向右上方倾斜的 *MEC* 为边际外部成本，它随排污量的增加而增大。最优排污水平为 Q^*，对应的最优排污权价格 P^*。Q^*S^* 为排污权的供给曲线。则当企业排污量大于 Q^1 时，企业主动控制污染，选择减排来节约（购买排污权所要支付 P^1）成本；当企业排污量小于 Q^1 时，企业将购买 Q^1 的排污权，因为 Q^1 左侧的 *MAC* 均高于 P^1，购买排污权比自行控制污染更便宜。

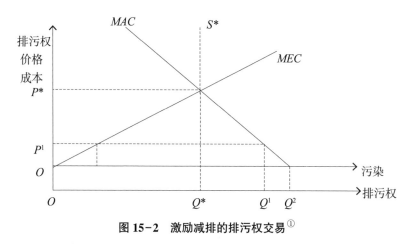

图 15-2　激励减排的排污权交易[①]

四、排污权交易制度的完善

排污权交易是一项重要的市场化环境规制机制。目前，该机制已经在美国、欧洲、日本、澳大利亚等国家和地区得到广泛应用，不仅相关理论成果层出不穷，而且在实践中表现出巨大的政策活力和减排绩效。排污交易制度的顺利运行更多地依赖于发达和完善的市场条件。中国正处于市场化转型过程，经济转型加剧了市场不完全、信息不对称以及经济活动主体的机会主义行为，放大了排污交易实施过程中的制

---

① 引自张帆、夏凡：《环境与自然资源经济学》，上海三联书店 2019 年第 3 版，第 221 页。

度摩擦成本。因此,需要进一步深化市场取向的经济体制改革,从建立排污交易的法律保障、加强政府对企业的排放监管、规范排污交易市场秩序、健全企业信用制度和道德规范等多方面建设。

（1）建立排污交易的法律保障。从环境基本法律层面明确了排污权交易等一系列环境治理经济激励制度,才能提供排污权交易的法律依据,为排污权交易和管理立法打下良好基础;同时授权拥有立法权限的地方政府根据本区域的实际情况依照法律制定排污交易的具体实施办法,做到有法可依。以法律的权威赋予"排污权"的产权地位,保障各地推行排污权交易具有的法律效力,促进全国范围的排污权交易市场的建立。

（2）加强政府对企业的排放监管。排污厂商之所以要购买排污权,是因为没有排污权就不能排污,如果规制方无法制止没有排污权的厂商排污,那么排污权交易就易于流于形式,或者根本开展不起来。因此,加强政府对企业的排放监管是排污交易机制运行的关键。强化政府监管职责,建立政府环保机构排污监管的工作制度。政府应严格对企业违规排污的惩处;加强政府排污监管的技术支持。建立适合中国现实国情、基于现代信息技术支持下的企业污染排放在线监管系统,环保政府部门是环境监管系统的主要管理者,通过监督企业排污交易账户余额的变动情况,对违规行为进行处罚、纠正,但为了保证政府监管行为的合法性、公正性和科学合理,还需要吸引非政府环保组织（NGO）和公众的参与与监督。

（3）规范排污权交易市场秩序。排污权交易的实质是将市场机制引入控制污染的环境规制政策体系,因此,市场机制健全与否将直接影响排污交易机制的运行。在我国,影响排污交易机制效率的主要原因在于制度摩擦成本导致的排污交易市场交易稀薄。因此需要培育排污权供、需主体;通过各种披露信息的途径克服信息不完全条件下的排污厂商机会主义行为;建设统一市场克服地方保护主义下的市场范围局限;进一步完善交易规则和发挥政府调控职能,以规范排污交易市场秩序来有效降低制度摩擦成本,对于繁荣排污交易市场和充分发挥排污交易机制减排效率具有积极意义。第一,应依据目标总量确定排污权发放总量;第二,加强排污交易市场的组织化程度,缓解信息约束造成的机会主义;第三,建设统一市场,市场范围包括空间(地域)范围、行业范围和参加者范围等。在排污交易市场秩序建设中,既要求政府主导完善交易规则,也要求政府调控排污许可证的数量与价格。设立期货市场可以提供一个熨平排污权价格波动、锁定风险的比较有效的机制。

(4)健全企业信用制度和道德规范。市场经济是信用经济。信用经济一方面指再生产过程的全部联系以信用为基础;另一方面指市场参与者遵守信用。信用经济需要以诚信为基础。现代企业承担三大责任:一是经济责任;二是社会责任,即追求社会效益;三是环境责任。其中只有第一个责任靠市场调节实现。排污交易机制运行中,企业针对政府排放监管采取机会主义的博弈行动,引起监管失效;排污权交易的一方缺失诚信,不遵守契约,将导致交易失败。发挥排污交易机制的减排效率,就要依靠社会信用制度和道德规范等的建设,推动企业自觉承担其社会责任、环境责任。企业信守道德规范在很大程度上是基于严格的法律制度下形成的行为习惯。一是加强环保执法部门执行环境保护法规的权力,排除各种行政干预对环保执法的不良影响;二是加强对环保执法部门的监督,防止以权谋私、以情枉法,从而通过法治建设,奠定社会信用制度和道德规范建设的基础。企业信用制度和道德规范建设的实质是使守信成为自觉的行动,克服机会主义行为。交易者共同遵守道德规范,契约的执行近乎是无成本的;而针对不守契约的失信行为,采取属于道德规范的惩罚手段较法律手段执行成本要低。

在市场化环境规制实施过程中,倡导排污企业遵守信用和伦理道德规范,克服各种机会主义的违约行为,使生产企业不仅作为"经济人"而且作为"社会人"从事生产经营活动,对于降低排污交易机制运行中的摩擦成本,促进排污权交易市场繁荣和提高其环境规制效率具有重要的意义。

第十六章　实现可持续发展的绿色金融体系

可持续发展需要资金投入，这就需要金融的支持。对不同类型的可持续发展项目，需要不同类型的金融支持。企业在节能减排上的投资既可以减少污染排放，对社会产生正效应，也可以节省资源成本，提升企业竞争力。因此，企业的环保努力应该得到多种渠道的金融支持；同时，那些经营活动污染环境的企业，也应在资金融通中受到限制。

第一节　绿色金融支持可持续发展

从功能上来看，绿色金融在金融投融资行为中，重视对生态环境的保护和污染的治理，注重绿色产业发展，通过对社会资源的引导，促进经济社会的可持续发展。根据绿色金融的理念，金融机构的投资行为可以对生态环境保护、污染治理、生态修复、绿色产业发展提供支持。

一、可持续发展的资金需求和绿色金融

金融是现代经济的核心。可持续发展离不开金融的支持，这是由实现可持续发展巨大的资金需求决定的。

推进可持续发展需要大量资金投入。无论是应对气候变暖还是开发新能源，无论是治理污染还是减少排放，资金问题都是关键。也正因为如此，在围绕实现可持续发展的国际磋商中，资金问题始终是谈判其

至争议的焦点。目前大气中的存量碳污染主要是由西方发达国家在近300年的工业活动中形成的,发展中国家在应对气候变化、减少增量碳污染方面需要大量资金支持。据世界银行估计,从2010年到2030年,发展中国家需要为此支出1400亿—1750亿美元[①]。根据国际能源署估计,如果想成功把21世纪的全球升温控制在2摄氏度以内,全球在能源结构调整和提高能效方面的资金需求累计将达到53万亿美元。未来气候变化将给政府、企业甚至个人增加额外的资金需求,随着气候变暖的问题日益严峻,气候领域的资金投放越晚,缓解排放的成本越高[②],人类必须紧紧抓住控制气候变暖的窗口期。另外,保护环境的国际协定也需要大量资金支持,这种资金投入都是以社会价值为优先考虑的。《巴黎协定》关于农业、林业、土地利用的规定,在碳汇生产、韧性减灾、减缓风险方面就需要大量资金的支持。《欧盟生物多样性2030战略》提出保护欧洲30%的土地、终止传粉昆虫数量下降的目标,到2030年植树30亿棵、生态重建25000公里河道。根据"非洲绿色长城"规划,到2030年要恢复1亿公顷退化土地,吸收2.5亿吨二氧化碳,创造1000万个农村就业岗位。"爱知生物多样性目标"(2010)的基本理念就是放弃自然产品的收获,而让自然独享,人类投入生态重建,包括陆地面积得到保护,退化生态系统得到恢复重建……以上这些目标和愿景的实现——无论是全球的、区域的——都需要巨额资金投入。

根据国务院印发的《"十三五"控制温室气体排放工作方案》,"十三五"期间,我国加快发展非化石能源,在水电开发、发展核电、风电、太阳能发电,开发地热能、生物质能和海洋能等方面进行了大量的投资。2020年我国常规水电装机达到3.4亿千瓦,风电装机达到2亿千瓦,光伏装机达到1亿千瓦,核电装机达到5800万千瓦,在建容量达

---

① 数据来源:《2010年世界银行发展报告》。

② 陈诗一:《绿色金融概论》,复旦大学出版社2019年版,第130页。

到 3000 万千瓦以上。在生态修复方面,预计全国矿山修复需要 7800 亿元总投资,其中"十三五"期间约为 1125 亿元[①]。

　　以上所述的可持续发展,不仅有巨额资金需求问题,还有间接成本以及成本分担问题。实现可持续发展除了治理环境的直接成本外,还有如下成本:一是因保护生态限制生产而放弃的产出收入,产生机会成本;二是在绿色技术开发上所需要投入的现期资金,即财务成本;三是采用清洁能源可能会使已有的使用化石能源的设备提前退出使用,这是沉没成本。不同国家、不同团体、不同地域就如何划分责任来分担这些成本存在矛盾。从"经济人"的假设出发,各方都想少承担一点责任,多获得一点收益。于是,个体的理性导致了集体的非理性,在环境保护上就陷入了"囚徒困境"。中国从共谋全球生态文明出发,提出构建人类命运共同体,以及人与自然是生命共同体的理念。这是打破"囚徒困境",实现人类可持续发展的唯一正确路径。因为资金、技术能力方面存在巨大差异,加之各国对当前环境污染的历史影响也各不相同,国际社会关于环境责任承担上坚持"共同但有区别"的原则。但这一原则一直受到美国等西方碳排放大国的抵制,根本分歧还是资金的分担比例。

　　可持续发展还有个收益问题,相比一般的市场投资,绿色投资的收益相对较低,但绿色投资不是无效投资、无谓投资,而是必不可少的、基础性和长远性投资。有一部分绿色投资因具有公益属性而不能完全得到市场回报,或者说有的绿色投资无法形成商品价值,这是由环境的外部性所决定的。一般提到生态资源的价值时,首先想到的就是其社会价值。保护好生态资源需要资金投入,这种投入的回报相对于工业

----

　　① 截至 2016 年,全国共有约 5223 万亩矿山占用损毁土地,按照平均每亩 1.5 万元的修复成本计算,共需 7800 亿元投资。按照"十三五"规划,2016—2020 年完成 750 万亩历史遗留矿山地质环境治理恢复任务,对应约 1125 亿元。

生产也许相对较低，但其产生的社会价值却是很大的。"自然"不仅是价值存在，也是价值创造。比如，一个地区在大气治理上进行投资，但形成的优良空气并不具有排他性，也就不能通过市场销售的方式回收投资成本。再比如，一个企业进行了治理污染排放的投资，但它生产出来的产品的使用价值没有因此而提升，其生产商品的个别劳动时间反而高于社会必要劳动时间，商品市场价格不变，该企业因此增加的生产成本不能通过市场交易的方式得到弥补。也正是因为绿色投资的低收益特征，才有了实践中的绿色发展难题。基于环境外部性的原因，绿色投资具有低收益的一般特点。但就可持续发展的社会价值而言，绿色投资又是必需的。

《中共中央关于制定国民经济和社会发展第十四个五年规划和二〇三五年远景目标的建议》强调，要拓展投资空间，加快补齐包括生态环保等领域的短板。这些投资需要财政资金的支持，也需要社会资本的参与。社会资本的参与就需要绿色金融的支持和引导。

从社会效益的角度来看，政府应该通过财政提供可持续发展所需资金，但不可能满足可持续发展所有的巨大资金需求。这就需要借助金融工具，以市场的方式来满足可持续发展的资金需求。在满足企业环保投入资金需求的同时，也为金融业发展开拓新的空间。绿色金融的核心功能是，在发挥市场机制在资源配置中的决定性作用、更好发挥政府作用前提下，利用社会资本弥补政府、企业在环保领域投入上的资金不足；同时，也通过减少、限制贷款的方式迫使污染企业承担环保责任，促使企业承担起绿色投入的社会责任。

绿色金融利用资本市场引导资源配置，支持可持续发展。2003年，世界银行下属的国际金融公司和荷兰银行等金融机构提出一项企业贷款准则：要求金融机构在向一个项目投资时，要对该项目可能对环境和社会的影响进行综合评估，并利用金融杠杆促进该项目在环境保护以及项目所在地绿色发展方面发挥积极作用。这个贷款准则被称为"赤道原则"，在这一准则下，逐渐形成了绿色金融的概念：为支持环境改善、应对气候变化和资源节约高效利用的经济活动，对环保、节能、清洁能源、绿色交通、绿色建筑等领域的项目投融资、项目运营、风险管理等所提供的金融服务。

2016 年 8 月 31 日，经国务院同意，中国人民银行、财政部等七部委联合印发了《关于构建绿色金融体系的指导意见》，中国成为全球首个开始建立比较完整的绿色金融政策体系的国家。构建绿色金融体系的主要目的是动员和激励更多社会资本投入绿色产业，同时更有效地抑制污染性投资。环境压力带来了巨大的减排技术市场需求，而支持可持续发展的科技创新又需要现代金融的支持。技术的开发源于科学发现、成于实验室、实现于市场应用，其过程则需要金融的支持，为绿色技术研发提供的融资活动就是绿色金融的范畴。环境信息披露是绿色金融的支柱之一，我国已经实现重点排污上市企业强制环境信息披露，利用金融的约束力，可以促使企业提供完备的污染信息，便于进行污染治理。

二、绿色金融优化生态资源配置

生态资源存在地域间和城乡间的不均衡，相对而言，越是欠发达的地区生态资源往往越丰富；而越是经济发达地区的人们对优质生态产品的需求越大。优化生态资源配置既可以满足不同地区的居民对生态产品的需求，又可以协调不同地区经济发展与环境保护的关系，实现经济社会的可持续发展。

资源配置效率是指在一定的技术水平条件下，各投入要素在各产出主体间的分配所产生的效益。生态资源配置效率是指在当前的技术条件下，生态资源的投入所产出的效益。比如，浙江湖州早期的发展靠开采山上的石头;第二阶段是把山上的竹子做成竹制品卖钱;第三阶段就不再开采山上的任何资源,而是把优质的生态资源保护起来,吸引游客来到本地消费。在第三阶段生态资源的配置效率最高,这一阶段主要依靠金融资本进行配置。为了建设国家绿色金融改革创新试验区,湖州搭建了银企对接服务平台——"绿贷通","绿贷通"汇集了湖州所有银行机构和信贷产品信息,通过调配全市相关部门和金融机构的服务资源,推动金融机构转变服务绿色发展的模式和方式,提高金融服务生态产品的供给质量和效率,对提升生态资源的配置效率起到了直接推动作用。市场的作用就在于通过交易满足参与者的需求,提高资源配置效率。金融是扩大和丰富市场的重要力量,绿色金融对生态资源的配置直接体现在把更多劳动配置到生态资源的保护、生态价值的发现和生态产品的生产上。从使用价值的角度来看,生态资源要表现出对人类的效用,才可以借助金融资本通过市场进行配置。

随着生态环境危机的不断加剧,人类的劳动不仅仅是创造使用价值的劳动,还包含以下劳动:钻探、开采能源资源的劳动,修复、净化与治理生态环境的劳动,自然景观的美化、养护与管理的劳动。维护资源所有权和保护资源都要付出多方面巨大的劳动,而这些劳动都需要进行协调,绿色金融是最好的协调手段之一。生态资源的价值是由维护生态资源所有权和影响生态资源数量和质量的劳动形成的,尤其是取得和维护生态资源所有权所投入的劳动,虽然难以直接或准确定量,但这些劳动对于确认生态资源的资产性质,并确认其价值是必不可少的。这些劳动都需要支付工资,没有绿色金融的参与,社会将大大减少此类劳动的投入。另外,绿色资本还可以帮助形成生态产品品牌,扩大生态产品的传播范围,以生态产品的生产来优化生态资源的配置。另外,绿色金融的跨期配置还可以实现生态资源的代际配置。

绿色发展理念是一种生态文化,也实实在在地体现在通过生态资源配置而实现对城乡、区域的协调发展之中。绿色金融可以提高这种协调的效率，通过绿色金融的支持可以实现生态补偿、异地搬迁，使只有绿水青山的欠发达地区发展绿色经济，并且为绿水青山资源不足的发达地区提供环境容量。"绿水青山就是金山银山"，包含着通过劳动投入、市场交换把绿水青山转化为金山银山的思想。

三、绿色金融参与生态产品创造和价值实现

狭义的生态产品是指维持生命支持系统，保障生态调节功能，提供环境舒适性的自然要素，包括清新的空气、清洁的水源、茂盛的森林、适宜的气候等。广义的生态产品又被称为绿色产品，是指节约能源、无公害、可再生的产品。生态产品的重点在"产品"。产品是指能满足人们某种需求，作为商品提供给市场被消费者使用和消费的物品和服务，包括有形物品、无形物品和它们的组合。随着我国全面建成小康社会，进入高质量发展的新阶段，人们对生态产品的需求越来越大。根据市场经济理论，要想增加生态产品供给，满足人们对生态产品的需求，就需要形成生态产品价值发现机制和手段，绿色金融就具有这一功能。

绿色金融是从"绿水青山"到"金山银山"的重要桥梁和转化器。通过绿色信贷、绿色债权、绿色保险等金融工具，可以使生态产品价值在市场中呈现出来，吸引更多的资本和资源参与生态产品生产。只有社会充分认识到生态环境本身的价值，才能形成生产生态产品所必需的投入。生态产品的生产是一种专业性的社会生产活动，为了增强生态产品生产能力，增加生态产品产出，就需要融通资金、汇聚资源，以推动生态系统修复、增殖生态资源、改善生态环境、实现生态平衡。当前，生态产品存在供给不均衡、数量不足、效率低下等问题，作为具有公共产品属性和外部性的生态产品，面临着供给和需求的突出矛盾。为了增强生态产品供给能力，需要充分利用绿色金融的价值发现功能，

带动社会劳动和其他资源投入。虽然理论上可以进行生态产品价值量的测算,但不能代替市场定价。只有依靠绿色金融的资金融通,才能实现生态产品的赋能和增值。

当下,开展生态产品价值实现机制的研究至关重要,尤其要形成生态产品市场,只有市场交换才能发现价值。生产商品的过程就是生产使用价值和价值的过程,商品的交换过程就是让渡使用价值和实现价值的过程,交换中所表现出的不同种商品的量的关系和比例即为交换价值。生态产品虽然存在于自然之中,但在环境受到污染威胁的背景下,其形成可供人们享用的物品仍然需要人类的劳动。生态产品与物质产品、文化产品一起构成支撑现代人类生存和发展的产品体系,如果说物质产品和文化产品主要满足人类物质和精神生活需要,那么生态产品则主要满足人类健康和生命需要。

价值的实现需要借助市场,金融越是在资源稀缺的领域越能发挥作用,自然资源稀缺性的提升使自然资源资产产权交易可能带来的收益大幅上升,这为绿色金融参与生态产品价值的实现创造了条件。生态产品具有整体性、外部性、消费的非排他性、非竞争性、不可分性、不可逆性、时空一致性、较难直接度量以及供给的多元性等特征。这些是很多生态产品的共同特征,充分认识和分析生态产品的性质与特征,是生态产品价值实现机制设计和制度安排的前提。生态产品的以上特性,决定了生态产品的生产需要投入大量资金,且这种投入的回报是长期的,这就需要通过绿色金融来汇聚资金,形成生态的产业化。

生态产业化,就是将生态环境资源与其他要素组合,在市场经济条件下形成具有环境和市场可持续性的商品,且这些商品因具有环境友好的特征而获得市场普遍认可,从而实现额外增值,生态产业化是生态产品价值实现不可或缺也是被市场认可的主要形式。在绿色金融的支持下,通过绿色发展的特许经营,将保护成果可持续地转化为经济效益,使生态产品的价值在市场经济条件下得以实现。比如,近些年兴起的民宿经济,通过在生态环境优良的地区投资发展民宿,吸引大量游客前去体验居住,就是将生态资源转化为经济价值。民宿投资主要是在民宿建筑硬件上的投资,对生态环境上的绿色投资并不多,主要是利用了存量生态环境资源。对环境进行投资,形成环境存量,则需要借助绿色金融的力量。

在绿色金融的支持下,建立生态经济体系,发展循环经济通过合理的投资和经营实现生态的经济化,既产生生态产品,也可以获得相应的回报。

第二节　绿色金融的基本形态

以上分析表明,虽然在理论上绿色金融是一个比较宽泛的概念,但在实践上它必须以具体的形态来实现绿色金融的功能。其中,最主要的形态有绿色信贷、绿色保险、绿色债券等。

一、绿色信贷

绿色信贷是绿色金融体系构建的最重要基础。使用绿色信贷的金融机构通过主动审查信贷业务活动中的潜在污染风险,在信贷流程中建立污染风险防控机制,充分发挥信贷的引导作用,限制污染型项目投资,支持绿色、低碳、可持续的环境友好型投资,以推动经济社会发展的整体绿色转型和可持续发展。

1980 年美国颁布了《超级基金法》[①],规定银行对其借贷客户的生

---

① 　又称《综合环境反应、赔偿和责任法》(CERCLA)。

产或商业活动引起的环境污染负有责任,并需要支付修复成本,这种责任具有可追溯性。这一法案迫使银行等金融机构开展绿色信贷业务。银行需要在借贷前对借款人的社会和环境行为进行调查,目前并没有绿色信贷的国际统一定义,通常包含环境贷款(Environmental loan)、可持续贷款(Sustainable loan)等概念。我国关于发展绿色信贷的指导意见的出台要早于构建绿色金融体系的指导意见,因为绿色金融体系包含但不限于绿色信贷,即绿色金融体系的构建是建立在绿色信贷发展的基础之上的。2012 年 2 月 24 日中国银行业监督管理委员会以银监发〔2012〕4 号印发《绿色信贷指引》,要求银行业金融机构应当从战略高度推进绿色信贷,加大对绿色经济、低碳经济、循环经济的支持,防范环境和社会风险,提升自身的环境和社会表现,并以此优化信贷结构、提高服务水平、促进发展方式转变。比《绿色信贷指引》出台更早的一个文件《关于落实环保政策法规防范信贷风险的意见》[①]曾对银行提出以下几方面要求:一是充分认识利用信贷手段保护环境的重要意义。二是加强建设项目和企业的环境监管与信贷管理,各级金融机构在审查企业流动资金贷款申请时,应根据环保部门提供的相关信息,加强授信管理,对有环境违法行为的企业应采取措施,严格控制贷款,防范信贷风险。三是加强协调配合,商业银行将企业环保守法情况作为授信审查条件,严格审批、严格管理;将商业银行落实环保政策法规、配合环保部门执法、控制污染企业信贷风险的有关情况,纳入监督检查范围;要对因企业环境问题造成不良贷款等情况开展调查摸底。

　　绿色信贷是金融业社会责任的体现,但仍然需要制度约束,使金融机构的自身利益与其绿色信贷业务紧密结合起来。金融机构在追求自身利润的过程中并不具有对企业的潜在污染行为进行尽职调查的内在

---

① 　该文件由原国家环境保护总局、中国人民银行和原中国银监会于 2007 年 7 月 12 日联合下发。

动力,相反,企业克服污染的努力还会降低产业利润,从而降低以产业利润为来源的金融资本的利润。如果所有的金融机构都只追求自己的个别利润,将信贷资源发放给利润较高的污染型项目或企业,则最终将损害整个环境和自然体系。金融机构的利润也会因之而枯竭。因此,绿色信贷既是金融机构对社会的责任,也是自身可持续发展的需要。在环境监管越来越严格、处罚力度越来越大的背景下,污染型项目面临极高的因触碰环境红线而失败的风险,这种风险自然会转嫁到为其发放信贷的金融机构,这将倒逼金融机构重视绿色信贷。建立绿色信贷机制并有效执行,需要做出以下制度安排。

一是发放信贷的金融机构都必须坚持绿色信贷原则。如果不同地区的环境标准存在差异,在其他条件相同的情况下,污染产业会流向环境标准低的地区。同样,如果发放信贷的不同金融机构执行绿色信贷的标准不一致,也会导致项目资源的不均衡分布,使那些严格执行绿色信贷标准的金融机构利润率降低。出现"劣币驱逐良币"使绿色信贷机制瓦解。

二是完善信用体系建设。绿色信贷需要以严格的信用体系为保障,企业的污染行为应该被记入信用档案,提高其融资成本,也为金融机构放贷提供信息参考。金融监管机构应同时对金融机构进行绿色信贷的信用记录。

三是积极推动绿色信贷产品创新。绿色信贷产品主要分为零售类产品和公司类产品两大类。零售类产品主要指向自然人客户发放、以绿色消费为主要用途的贷款。比如,为客户购买节能环保汽车、节能环保住房而发放的消费贷款。公司类产品主要是指向节能环保的绿色行业企业客户发放的信贷产品,用于支持企业在低碳领域的生产经营。各类外部政策特别是环境保护政策的变化,要求银行必须研发一些绿色信贷产品,绿色信贷产品具有个性化、组合化和短期化的特征。由于不同行业的差异很大，比如绿色农业、绿色工业、绿色旅游业的投入产出机制并不相同，这就要求对绿色信贷产品进行个性化设计，以满足不同类型的需求。同时，许多企业也在跨界经营，比如，做农业的企业也在做旅游业，这就要求对绿色信贷产品进行组合设计，能够"一站式"满足企业的多种需求。另外，环境政策、环境市场都在不断变化，绿色信贷产品也应该适应市场和政策的变化，进行不断地创新。

四是金融机构需要与环保、建设部门进行信息沟通与协调。生态文明建设要融入经济、政治、文化、社会建设全过程，因此，绿色信贷不仅仅是银行一个部门的事情，需要综合环保、建设、工业等多部门的力量，进行信息共享和协同治理，以提高绿色信贷效率。

五是广泛开展国际合作。在全球化的背景下，资金、生产、商品、要素都在全球分布，绿色信贷应具有全球市场和国际约束力，成为一种通用的国际准则，以支持全球环境治理，构建人类命运共同体。

我国将生态文明建设纳入"五位一体"总布局，一系列顶层制度设计和具体政策措施的出台，为绿色信贷的发展创造了有利的支撑条件和广阔的市场空间。数据显示，截至 2020 年年末，中国绿色贷款余额已达 11.95 万亿元人民币，位居世界第一。

二、绿色保险

绿色保险又称为"环境污染责任保险"，是为解决经济社会活动中必须伴随或偶发的环境危险、环境污染、生态破坏等威胁人的生命健康和可持续发展而提供的一种保险制度安排与长期治理机制。广义上的绿色保险是指与环境风险管理有关的各种保险安排，包括应对气候变化、污染和环境破坏等。狭义的绿色保险是指环境污染强制责任保险，是以企业发生的污染事故对第三者造成的损害依法应负的赔偿责任为标的的保险。狭义的绿色保险是一个险种,属于技术层面的产品设计。

　　绿色保险的理论基础是外部性理论、不确定性理论和可持续发展理论。企业的生产经营的外部性会对整个社会或不确定人群产生潜在威胁,这种威胁是不可预测但又确定存在的。为了保护潜在利益受损者的权利,即污染受损者无法得到相应赔偿时,受害者能通过保险途径得到利益补偿与救济;同时,为企业的经营生产提供保障,绿色保险的存在是合理的。保险费用的支出也是将环境污染成本内部化的过程,企业并非投保了绿色险就可以"高枕无忧"了;相反,却应该更加提高自己的环境标准,因为保险费用会随着安全生产水平的不同而调整。保险公司在给出投保费用前,会对企业的环境治理与应对能力做出评估,并进行全流程跟踪监督,迫使企业进行环境技术投入。

　　绿色保险除了具有一般保险的特征——如分摊经济损失、提高补偿能力、社会救济功能外,还具有自己的一些特征。一是公益性特征,主要表现在对公共环境权益或不特定人群的环境权益保障,当投保人因发生突发环境事故而需要承担的赔偿额度巨大,从而陷入经营困难时,绿色保险可以使受害者得到及时赔偿,投保人在一定的条件下还可以维系生产经营,其产生的社会效益是可以较好地保持社会稳定。因此,西方工业发达国家,大多强制要求从事高污染行业的企业投保环境污染责任保险。二是政策性特征,正是因为绿色保险的公益属性,一些环境污染破坏往往赔偿额巨大,这使保险公司在推出绿色保险的时候面临收益率较低的问题,为了鼓励绿色保险发展,需要政府利用财政政策或税收政策进行扶持。

　　绿色保险市场的发展与国家政策导向、人们的认识水平、保险机构风险识别能力等因素紧密相关。20世纪80年代中后期,美国的绿色保险市场很小,不仅保费价格高,而且保障范围窄;到20世纪90年代中后期,人们对环境问题愈加重视,技术的进步使保险人能够更加精确地估计环境事故发生的概率和自身的损失,不仅保险的责任范围扩展了,而且保费价格也下降到了比较合理的水平,保险市场规模也越来越大①。目前我国绿色保险市场还处在起步阶段,2018 年 5 月生态环境部审定发布了《环境污染强制责任保险管理办法(草案)》,推动了中国绿色保险市场的发展。强制性加入环境污染责任保险的做法将极大地促进我国绿色保险市场的发展。

强制性是由绿色保险的公益性和政策性特征所决定。对于一般的保险不能用强制性去推广,只能由市场供需双方自主决定;只有公益性产品才有强制推广的理论依据,因为其保护的是公众的利益。同时,为了激发供给质量,也需要利用市场机制来配置金融资源,投入绿色保险市场。绿色保险是绿色金融市场体系的重要组成部分。2017 年,我国开始在浙江、江西、广东、贵州、新疆五省(区)选择部分地方,建设"各有侧重、各具特色"的绿色金融改革创新试验区,这五个绿色金融改革试验区都较早推出了绿色保险试点工作,推进环境污染责任保险,引导保险资金进行绿色投资。浙江衢州在全国首创"安全生产和环境污染综合责任保险"试点,为企业提供全流程环境风险管理服务。比如,如果养猪户有病死猪需要保险赔偿,必须先联系对病死猪进行无害化处理的公司,公司对病死猪进行无害化处理之后才可以进行理赔。作为具有公益性的绿色保险,县财政承担保险金的大头,并将所有生猪都纳入保险范围,并以病死猪作为理赔依据。这一机制把养殖户的利益与环境保护联系起来,有效规避了"一头病死猪两次索赔"的道德风险,连接点就是绿色保险。生猪保险与无害化处理相结合的绿色保险"衢州模式",提高了养殖户的生产效益,降低了保险公司的赔付率,环境也得到了保护。江西省的赣江新区把开展环境污染责任保险作为绿

---

① 陈诗一:《绿色金融概论》,复旦大学出版社 2019 年版,第 276 页。

色金融改革创新试验区建设的重要举措,企业保费由新区、组团、企业分别按照45%、45%、10%的比例共同负担,承保机构建立了引导机制:若首年保险期间未出险,第二年续保时保险公司将给予上年企业自缴部分(10%)的优惠。对于购买了环境污染责任保险的企业,赣江新区还积极协调辖内金融机构加大对其信贷的支持力度,推动绿色信贷与绿色保险整体联动。广东省已上市巨灾指数保险、环境污染责任险、蔬菜降雨气象指数险、绿色农保+、食品安心责任保险、气象指数保险等9只相关绿色保险。在设有广州市绿色金融改革创新试验区的珠三角地区,可持续金融发展在全国保持领先。截至2019年年底,广州新增绿色保费收入488亿元,在全国各绿色金融试验区中排名第一。广东省420家企业参与绿色保险,提供风险担保金额5600亿元,珠三角九个城市总计发行绿色基金141只[①]。贵州省贵阳市开展山地茶叶气象指数保险试点,已上市的保险有环境污染责任险、森林险和气象指数保险等。

从保险市场的发展实践来看,绿色保险是与农业、工业及其他社会生产领域相关的、通过创新保险模式来实现改善环境目的的保险。以环境保护为目的,协调各种生产领域的绿色保险,能有效调动多方力量,构建政府、企业和社会全员参与的环境治理机制,防范环境责任风险、分担损害赔偿责任、保障受害者合法权益,在保护并改善环境、促进绿色经济发展、支持生态文明建设方面发挥了积极作用。

三、绿色债券

"绿色债券"是指专门用于符合规定条件的绿色项目或为这些项目进行融资的债权债务凭证。政府部门、金融机构或企业发行绿色债券

---

① 数据来源:北大汇丰商学院2020年6月发布的《粤港澳大湾区绿色金融发展报告》。

向社会募集资金,同时承诺按一定利率支付利息并按约定条件还本付息。绿色债券所募集的资金主要用于支持环境保护和绿色发展,包括节能减排技术改造、清洁能源开发与利用、低碳城市和低碳乡村建设、碳汇林建设、水资源保护和开发利用、污染防治、环境修复等绿色发展项目的企业债券。

绿色债券的品种主要包括绿色金融债、绿色公司债、绿色企业债、绿色熊猫债以及绿色资产支持证券(ABS)等。每一品种又都有其自己的发行规则,比如,绿色金融债由中国人民银行核发和监督,所募集资金只能用于支持绿色产业项目,这些项目必须符合中国金融学会绿色金融专业委员会制定的绿色债券项目支持目录。绿色公司债由证监会负责监管,根据中国证监会发布的《中国证监会关于支持绿色债券发展的指导意见》,绿色公司债券是指符合《证券法》《公司法》《公司债券发行与交易管理办法》及其他相关法律法规的规定,遵循证券交易所相关业务规则的要求,募集资金用于支持绿色产业项目的公司债券。绿色企业债支持的项目必须符合国家发改委制定的《绿色债券发行指引》中的产业分类。绿色熊猫债是指境外实体在内地发行的人民币债券,募集资金专门用于绿色资产或绿色项目。资产证券化是指将缺乏流动性但具有可预期收入的资产,通过在资本市场上发行证券的方式予以出售,以获取融资,以最大化提高资产的流动性。比如,将住房、汽车进行证券化,出售这些资产证券获取资金后再来提供住房抵押贷款、汽车贷款。绿色资产证券化在交易结构、现金流归集、信用增级等方面与一般资产证券化并无区别,主要不同在于其募集资金必须投向绿色产业,用于绿色产业项目的建设、运营、收购,或偿还绿色产业项目的银行贷款等债务。

相比于普通债券,绿色债券有四个方面的特殊性:一是债券募集资金的用途是为了保护环境和绿色发展;二是要求对绿色项目进行评估与选择；三是募集资金要进行跟踪管理，保证使用范围和领域；四是要求出具相关年度报告。绿色债券的融资成本要低于一般债券，比如，2016年我国贴标绿色债券的加权平均发行成本在3%—4%之间，低于同期银行利率和其他债券。

绿色债券以支持环保和绿色发展为目的，但并不是只要募投项目符合环保要求就可以发行绿色债券，绿色债券在承销过程中需要对募投项目出具专门的绿色认证，这种认证要由专业的评估机构做出。当然，作为一种绿色金融工具，绿色债券的发行往往能够享受绿色通道，审批速度比一般债券要快。而且，对发行绿色债券的企业的负债率要求也会相对较低。但绿色债券募集的资金不一定全部用于增量在建项目，也可以偿还以前的绿色项目借款，允许一定比例的资金用于补充流动资金，但必须严格按发行说明执行。企业通过发行绿色债券，在募集发展所需要的资金的同时，还可以向社会展示良好企业形象，有利于提升企业在消费者及合作伙伴中的信誉。银行可以用绿色金融债支持绿色信贷资产运营，非金融机构可以使用绿色企业债进行项目建设或运营，以及偿还绿色项目的借款或债务。

绿色债券的低成本、长期限、安全性、声誉好等特征，使其从一出现就发展很快，特别是在经济发达地区，政府政策、社会认同、企业责任等因素共同推动着绿色债券成为绿色金融的重要支撑。根据北大汇丰商学院发布的《粤港澳大湾区绿色金融发展报告》，2018年香港地区安排和发行的绿色债券总额为110亿美元，在亚洲地区排名第三。截至2019年，广州地区累计获批发行各类绿色债券638亿元。证券市场支持绿色投资，要求统一绿色债券界定标准，积极支持符合条件的绿色企业上市融资和再融资，支持开发绿色债券指数、绿色股票指数以及相关产品，逐步建立与完善上市公司和发债企业强制性环境信息披露制度。

第三节　生态银行

生态资源往往存在碎片化、难统计、权属分散、社会资本进入困难的问题,生态系统服务价值也面临逐渐损失和不断减少的困境,在各国采取的缓解或补救措施中,最常见的政策工具就是生态补偿。生态补偿又分政府调节的补偿和市场调节的补偿,在关于市场化生态补偿的研究中,生态银行是一种重要的形式。

一、生态银行的内涵

生态银行(Ecological Bank)并不是真正意义上的商业银行,而是借用商业银行把分散的储户资金集中起来,再统一向外借贷的“分散输入、集中输出”的原理,将分散的生态资源集中起来,以实现其作为生态整体的最大价值。生态银行从理念、模式和结构上改变了传统金融的服务模式,形成一种基于生态的金融服务方式,从而将金融服务融入生态场景当中。生态银行的目标是确保人类生存所必需的生态系统服务,通过缓解生态系统保护与经济发展之间的矛盾,更有效地保护日益减少的自然资源。虽然生态银行最初仅限于传统银行业务范围[1],只提供绿色清洁环保和生态等领域的新业务,随着基于市场的环境法规越来越完善和普及,生态银行已不再是传统意义的银行,而是一种生态补偿市场化的机制[2],是架在生态资源与生态资产、资本之间的桥梁。

生态银行的政治经济学基础是马克思的“土地资本”理论。《资本

---

[1]　1988年春在德意志联邦共和国金融中心法兰克福成立了联邦德国的首家以保护生态为目的的银行,在世界上也属首家。因该银行主要经营自然和环境保护信贷业务,故又称为绿色银行。

[2]　颜宁聿等:“生态银行运行机制与本土化改造研究:文献综述”,《中国国土资源经济》2020年第12期。

论》中的"土地资本"，是指人们对已经变成生产资料的土地进行的投资。马克思将土地固定资产定义为对土地物质本身进行开发、改良所形成的土地使用价值，如土地平整、培肥地力，或者建造水井、水渠、排水沟、道路等，即狭义的土地固定资产。按照马克思对土地资本的定义，生态资本就是资本固定在生态资源上，即投入用于生态资源的保护、修复、开发、利用等的资本，生态资本属于固定资本。

生态资本的实物形式表现为自然资源资产，或称生态资产，属于存入生态银行以及可以用来"放贷"的资产。即生态资产是指用于进行价值再生产或再创造的部分或全部投入份额，它是能够带来经济和社会效益的生态资源和生态环境，主要包括环境质量与自净能力、生态系统的使用价值，以及能为未来产出使用价值的生态服务等。

可以存入生态银行的资产，能够形成生态资本必须具备以下条件。第一，必须具有使用价值的自然资源，才有可能使资本固定在其上面，形成生态资本，换句话说，并非所有的自然资源都能转化为生态资本，只有那些能够为人们提供使用价值的生态资源，资本才会对其进行投资。第二，符合生态资本条件的人造资源，也能成为生态资本，比如人工制造出来的能够为人的生命健康提供服务的场所——诸如人工湿地等。第三，资本凝结在具有价值的生态服务上，也能够成为生态资本，即资本对生态服务进行投资。生态服务领域的劳动生产出生态服务的使用价值，为此投入的货币就转化为生态资本。

从生态银行的实践来看，美国的湿地缓解银行（Mitigation Bank）是其最大的生态系统服务市场，利用社会资源对湿地生态资源进行保护和修复。湿地缓解银行的发起人通过保护湿地创造湿地信用，然后将湿地信用以市场价格出售给会对湿地造成破坏的开发者，并从中盈利，实现生态补偿[①]。湿地缓解银行类似于货币银行，区别在于它储备

---

① 柳荻等："美国湿地缓解银行实践与中国启示：市场创建和市场运行"，《中国土地科学》2018 年第 1 期。

的是湿地信用。可见,湿地缓解银行是生态银行的具体形式,除此之外还有森林银行(碳汇交易)、土壤银行(土地保护性储备计划)、水银行(水权交易)等生态银行。

二、生态银行的制度设计和运行机制

2018 年,福建南平在全国首创了"生态银行",将碎片化、分散化状态的自然资源整合利用。在供给环节,生态银行提供对生态资源的评估、收储和策划等多元化服务,实现资源规模化、精细化管理。比如,生态银行下设的大数据中心通过构建智能化管理信息系统,全面整合国土、林业、水利、农业等部门的自然资源数据,形成南平市国有自然资源"一张图",系统掌握资源分布和土地利用状况等信息,在此基础上资产评估中心聘请有资质的第三方评估机构开展资源资产价值核算,为生态产品项目开发、定价和相关补偿提供依据——这是生态银行的资源整合与信息集成功能。在交换环节,生态银行创建产权交易平台,将资源、资产进行合规性处理,进而对接资本市场,发展现代农业、旅游、健康养生、文化创意、生物技术等高附加值产业。同时拓宽融资渠道,成立融资担保公司,为企业提供低息贷款,政府与金融机构共同出资设立产业基金,撬动社会资本参与生态产品运营,实现生态资本保值增值——这是生态银行的平台搭建与金融渗透功能。在分配环节,生态银行以政府信用或集体信用为保障,通过融资担保机构、风险防控中心,使资源所有者在生态产品开发运营过程获得合理回报的同时,降低产业项目落地的商务成本、信用风险。在资源产权明晰的基础上,农民、合作社、国有农场(林场)通过生态资源股份合作、租赁、托管等方式参与生态产品生产经营活动,按股分利、按租获息,获得资产性收入——这是生态银行的生态价值实现功能。在消费环节,生态银行作为集"资源存量和价值、生态产品种类、自然生态空间规划管制和区域

发展战略"等于一体的信息平台,为招商引资、供求匹配提供了纽带,以巨大的生态产品价值潜力吸引社会资本流入、引导社会大众绿色消费行为——这是生态银行的价值放大功能。南平市生态银行在保护和有效利用生态资源过程中起到了如下作用:一是形成了市场化的生态资源转化平台;二是构建了符合典型山区生态系统特点的生态资产实物量账户、生态系统服务实物量账户和价值量账户;三是通过系统集成的方式,将分散化资源的所有权、经营权和使用权集中化流转到平台公司,进而转换成资源资产包,实现生态资源产业化变现;四是推动生态资源全域化整合,提供了生态系统整体经营的方案,通过产业、技术、人才、项目导入,高效推动生态系统保值增值以及生态价值转化[①]。

从制度设计的角度来看,绿色金融产品要做到把企业的污染成本内部化,进而使企业从利润最大化出发,形成保护生态环境的内生动力。生态银行是一种实现环境与发展相容的机制设计。为了实现我国2030年前碳达峰和2060年前后碳中和的目标,需要充分发挥生态银行的补偿、保护、修复功能。比如,成立以碳资产为交易内容的生态银行,将碳资产"储蓄"起来,企业发展不仅需要货币资金,更需要"碳资金"。具体来看,如图16-1所示,假设某地存在企业A,该企业需要研发绿色技术或购买节能减排设备的资金,它承诺经过技术升级或设备更新后会减少1000单位的碳排放,这1000单位的碳排放就形成了碳信用资产,存入生态银行B后就会获得相应的资金,然后可以使用这些资金达成减排目标。生态银行获得1000单位的碳信用资产后可以向外"出售"。假设有新加入的企业C要在该地投资生产,C的生产活动有碳排放,则必须首先向生态银行购买碳指标,如果经过测算,C的生产规模将产生1000单位的碳排放,则它必须购买这1000单位的指标。于是,

---

① 李宏伟等:"生态产品价值实现机制的理论创新与实践探索",《治理研究》2020年第4期。

该地区新增了生产企业,得到了发展,同时排放量没有增加,从而在这个
"两单位"模型的局部范围中实现了碳达峰。在这一机制设计中,A 获
得了技术升级或更新设备的资金,C 获得了发展的空间,B 在收购碳资
产和出售碳资产间通过价差获得收益,地方经济得到发展、环境得到保
护,实现了多赢。这一生态补偿机制中起作用的就是生态银行 B 提供的
绿色金融服务。生态银行 B 向企业 A 收购碳资产并支付资金,可以看作
是绿色信贷,抵押物是 A 提供的碳信用资产。企业 C 向生态银行 B 购买
碳指标的时候可以使用自有资金,也可以使用绿色债券等金融工具。由
于新加入的企业 C 为了获得碳资产而支付了成本,它也会在后续生产经
营过程中产生节能减排的动力,以便把购买碳资产的成本回收回来。这
就是生态银行的运行机制和主要功能。这里 A 是碳资产供给方的集合,
可以看作储户;C 是碳资产需求方的集合,可以看作贷款客户。

　　随着各地发展空间趋近饱和以及碳测量技术的不断进步,特别是
数字技术的发展,通过绿色金融的作用,实现了生态产品价值发现、价
值实现以及提升生态资源配置效率的功能。最终的结果将把发展空间
留给那些具有绿色技术、集约发展的环境友好型企业。粗放型高污染
企业将因无法支付内化到企业的污染成本而退出市场,因此,绿色金融
起到了"绿化"产业体系的作用。

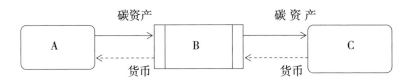

图 16-1　生态银行运行机制

注:实线是碳资产流动方向,虚线是货币资金流动方向。

　　最后,关于生态银行进一步完善的问题。当前,生态银行发展面临
的主要困难是生态资产的核算以及跨区域交易问题。需要制定明确有

效的国家标准。利用先进的技术和方法准确确定生态价值,形成生态信用资产是保障市场化补偿交易有效进行的前提条件。一些环境优美、生态资源丰富的地区通过金融资本的介入,推动了生态资本价值的实现,这些较容易实现价值的生态资本以人造生态资本和生态服务为主,比如生态农庄的建设、民宿经济、田园综合体等。还有一些自然资源资产因为产权的确定方法还不成熟、产权归属还不明晰,阻碍了金融资本顺利进入,就较难形成生态资本并实现价值。这说明,实现生态资本价值转换的首要条件是确定产权,正是因为对民宿、农庄、田园综合体投资所形成的生态资本的产权非常明晰,因此绿色金融很容易进入。也正因为自然资源资产产权归属模糊,一些地区拥有较好的自然生态资源却很难吸引绿色金融进入。自然生态资源需要在保护中发展、在发展中保护,只有吸引了金融资本进入,将资源变资产,资产变资本,形成生态资本,将生态价值发掘出来,才能实现当地经济发展与环境保护的融合。这正是生态银行发展的价值所在。随着大数据、人工智能、区块链等产业和技术的发展,以及相关法律法规的完善,生态银行发展的条件将越来越成熟。

第十七章　实现可持续发展的政府责任与公共政策

政府是国家治理的主体，推动可持续发展是政府的职能和责任。可持续发展不仅要求提高资源配置效率，同时要求在发展中保护和改善生态环境质量，防止自然资源被滥用。在尊重经济规律、尤其是市场在资源配置中起决定性作用的前提下，必须明确并有效落实政府责任，通过公共政策的科学设计、理性选择与灵活运用，实现有为政府和有效市场的有机结合，引领全社会共同实现可持续发展目标。

第一节　可持续发展的政府责任

在社会主义市场经济中，不仅要发挥市场对资源配置的决定性作用，还要更好地发挥政府作用。从经济增长、经济发展到可持续发展，政府始终都是关键主体并承担着相应责任。可持续发展中作为自然资源和生态环境的管制者，有为政府的责任主要集中在两个方面：一是解决因市场失灵引发的环境污染问题；二是扮演好国家自然资源所有者的角色，防止自然资源滥用的"公地悲剧"。

一、克服市场对资源利用环境保护的失灵

戴维·皮尔斯等指出，生态环境领域中许多可再生资源存在许多实际上的或者潜在的使用者，个人为获得更多的利润，有利用更多资源

的积极性,而如果所有人都以这种方式进行,资源就会面临过度开发的风险,同时任何协议的风险都是不稳定的。① 这就是说,企业在环境污染方面的外部性问题不能靠市场调节来克服。由于资源环境开发利用中存在较为明显的外部性和公共产品特性,容易出现资源滥用、环境污染、生态破坏、贫富分化等不可持续发展问题,都反映为市场失灵。有市场失灵就需要政府干预,防止盲目追求短期私人经济效益,使资源配置的生态效益和社会效益受到重视。

市场机制虽然能够实现资源要素在部门、企业之间的有效配置并通过竞争促进技术进步,但是市场机制在追求资源配置效益和效率最大化的同时,往往无法充分解决公平问题,尤其是作为可持续发展的共识性目标,旨在实现有限的自然资源能够满足现在与未来合理需要的代际公平。进入生态文明时代,政府的作用不仅在于克服市场失灵,还要根据绿色发展的理念引导经济发展与自然资源、生态环境相协调,也就是转向可持续发展。这个转变难以依靠追求效率的市场机制来自发完成,需要政府的自觉行为来实现。一方面要协调经济社会规模与自然资源界限相适应,另一方面要在尊重自然规律的前提下通过投资和科技创新突破自然资源的界限。经济发展长期忽视资源环境承载力约束问题亟待政府采取适度合理的宏观调控和微观规制举措进行解决。

政府克服资源利用和环境污染方面市场失灵的途径:一是规制,通过国土空间规划和国土空间用途管制,保护和维护关键资源的存量;通过实行合理的产业准入规制和技术准入规制,逐步提高产业进入的能耗和污染排放门槛,加快淘汰高能耗高污染的资源消耗型产业,推动产业结构绿色升级;二是通过庇古税等方式对环境污染者征税,使企业排污造成的外部成本内部化;三是在准确确定企业排污权的基础上,建设

---

① 戴维·皮尔斯、杰瑞米·沃福德:《世界无末日:经济学、环境与可持续发展》,张世秋等译,中国财政经济出版社1996年版。

和规范排污权交易市场。政府可以通过污染排放许可制度、污染物排放权交易等产权、行政与市场手段混合的措施，促使企业将环境污染的风险与财产收益紧密结合，并在市场作用下产生持久稳定的激励，提高经济活动的可持续性。[1]

二、防止自然资源滥用的政府责任

"公地悲剧"现象指的是自然资源以共有资源的状态存在，由于缺乏明确或实质性的所有人，自然资源的开发利用容易出现资源底数不清、所有者不到位、权责不明晰、权益不落实、监管保护制度不健全等问题，导致产权纠纷多发、资源保护乏力、开发利用粗放、生态退化严重。[2] 不可持续发展的直接原因往往是自然资源滥用和生态环境破坏，根本原因是产权缺失。面对自然资源供给有限和经济发展需求刚性的矛盾，必须摆脱掠夺式的自然资源开发利用模式，走生态文明、绿色发展、追求生态财富的可持续发展道路。我国实行自然资源公有制，除集体所有的农地和林地外，其他自然资源都归国家所有。这意味着国家作为自然资源的所有者承担着防止公有自然资源被滥用的责任。目前国有自然资源被滥用的现象屡禁不止，根本原因不在于自然资源公有制，而应从产权结构和各级政府的治理机制是否完全解决责任主体不到位的问题上查找原因。主要路径有如下几个方面。

政府要适应自然资源多种属性以及国民经济和社会发展需求，加快构建分类科学、归属明确、边界清晰的自然资源产权体系。其中包括：对国家所有的自然资源，要明确人格化的所有权主体，并在中央和

---

① 洪银兴："论市场对资源配置起决定性作用后的政府作用"，《经济研究》2014年第1期。

② 中共中央办公厅、国务院办公厅：《关于统筹推进自然资源资产产权制度改革的指导意见》2019年。

各级地方政府之间建立起有效的产权委托代理关系。推进建设用地地上、地表和地下分别设立使用权，在处理好自然资源资产所有权与使用权关系的基础上，创新自然资源资产全民所有权的实现形式。探索油气探采合一权利制度，依据不同矿种、不同勘查阶段地质工作规律合理延长探矿权有效期及延续、保留期限，根据矿产资源储量规模分类设定采矿权有效期及延续期限，来提高矿产资源利用效率。探索海域使用权立体分层设权，构建无居民海岛产权体系，完善水域滩涂养殖权利体系，来解决自然资源权利交叉缺位等问题。

加快自然资源统一确权登记，清晰界定全部国土空间各类自然资源的产权主体，划清资源所有权、使用权的边界。国务院授权自然资源主管部门具体代表统一行使全民所有自然资源所有者职责，探索建立委托省级和市（地）级政府代理行使自然资源所有权的资源清单和监督管理制度，完善全民所有自然资源收益管理制度。通过健全自然资源产权体系和统一确权登记，解决资源产权主体不明、权利边界不清和资源配置活力不足问题，为市场在资源配置中起决定性作用和全面提高资源利用效率提供基础。

推进自然资源有偿使用制度改革。全面推进矿业权竞争性出让，有序放开油气勘查开采市场，健全水资源产权制度，完善自然资源价格形成机制，完善资源市场，扩大竞争性出让，更好地发挥市场配置资源的决定性作用。

建立自然资源资产管理考核评价体系。各级政府部门与官员履行可持续发展责任的水平，很大程度上取决于国家自然资源资产管理体制以及领导干部自然资源资产离任审计制度的推行和实施。开展领导干部自然资源资产离任审计，落实完善党政领导干部自然资源资产损害责任追究制度，纠正单一追求经济增长、忽视自然资源代价的短期化行为，使地方政府和管理部门切实担负起自然资源可持续利用的管理职责。

三、可持续发展中的有为政府

政府在可持续发展中发挥作用的基本前提是政府干预必须有效，克服市场失灵同时不产生更为严重的政府失灵。同时，还要解决不同层级政府、不同地区政府目标与行为差异，使可持续发展贯穿各个条线和板块。在自然资源利用与生态环境保护中强化底线思维意识，划定资源生态保护红线，落实资源生态责任，通过自然资源、生态环境政府绩效考核引导，统一政府可持续发展行动准则，解决政府责任落实过程中的理念偏差和规制失灵等问题，保障可持续发展政策有效执行，努力实现可持续发展的有为政府。

市场配置资源的作用难以在公共资源领域实现，政府公共政策与监管体系的创新是可持续发展战略推进的重要引擎之一。可持续发展中的有为政府，主要在涉及重大公共利益且市场无法有效发挥作用的领域发挥作用。一要完善公共投资、财税金融和技术创新等公共政策体系，让政府与市场在生态环境保护、新能源开发利用、技术创新研发运用、城乡和区域公共服务均等化、重大公共基础设施建设等方面协调发挥作用；二要创新政府监管体系，依据可持续发展的法律制度要求，创新监管机构、绩效评价和监管方式，有效调控市场和社会主体行为选择，提高政府部门承责、履责、问责能力，共同促进可持续发展目标的实现。具体来讲，可持续发展中的有为政府主要体现在以下几个方面。

政府应对资源环境的开发、利用和保护进行全面管控。在国土空间规划的基础上，形成以总体规划、详细规划为依据，对陆海所有国土空间的保护、开发和利用活动进行整体控制，按照规划确定的区域、边界、用途和使用条件等进行行政审批。通过划定并严格遵守永久基本农田、生态保护红线和城镇开发边界三条控制线，强化山水林田湖草沙整体保护，将生态功能重要的公益性自然资源纳入以国家公园为主体的自然保护地体系加以保护,维护国家和区域资源安全和生态底线。通过资源总量和开发强度控制,更好地发挥政府对自然资源开发利用的管控作用。对流域水资源、水能资源的开发利用进行统一监管,完善自然资源开发利用的标准体系和产业准入政策。

　　运用税收、金融、生态补偿等经济杠杆,引导、规范自然资源和生态环境管理对象的行为。自然资源利用中的一个显著问题是容易产生负的外部性,企业对此不承担责任导致资源被过度开发利用,超出社会的最优利用水平。政府可以通过设置促进自然资源节约集约利用与生态环境保护的税目,对自然资源开发过程中产生的负外部性进行内部化修正,促使企业将外部成本纳入到生产决策之中,改变资源利用的成本与效益对比关系,使得企业的资源开发利用决策与社会最优决策尽可能一致。无论是从生产者和消费者的成本出发征收庇古税或资源环境税,还是从生产者和消费者的收益出发开展绿色金融、生态补偿,都是政府鼓励和引导有利于可持续发展的经济活动的方法。

　　加快自然资源及其产品价格体系改革,完善自然资源交易服务。在市场缺位或价格机制无法有效发挥作用的前提下,政府应完善自然资源产权和市场体系,以准确反映市场供求关系、资源稀缺程度、环境损害成本和生态修复效益,通过制度创新和制度供给建立吸引社会资本的可持续发展市场机制。政府还可以建设统一的自然资源交易平台和服务体系,健全市场监测监管和调控机制,建立自然资源市场信用体系,促进自然资源更加充分地流转和高效利用。同时,通过行政体制与机构改革,降低审批管理等交易成本。

　　制定和执行自然资源和生态环境法规制度,确定社会普遍遵循的行为准则。政府及其自然资源与生态环境管理部门,可以依据有关法律法规,对开发、利用和保护自然资源与生态环境的行为活动实施监管并加以规范,对违反法律法规的行为进行处罚和限期纠正并弥补所造成的损失,将对自然资源和生态环境造成的破坏程度限制在适当程度以内。

加强自然资源和生态环境调查与监测评价。要实现资源合理开发利用和生态环境有效保护,首先必须弄清楚自然资源和生态环境底数,掌握自然资源供给潜力和生态环境承载能力。由于市场和个人无法提供这些信息,需要政府进行组织安排。政府要研究制定统一的自然资源分类标准,建立自然资源调查监测评价制度,健全生态环境监测评价制度。还要建立自然资源资产核算评价制度,编制自然资源资产负债表,通过动态监测及时跟踪掌握各类自然资源变化情况,并向社会发布,共享有关信息。

第二节 可持续发展的规划管理

可持续发展是一项涉及当代人之间、当代人与后代人的全局性乃至全球性的系统工程,客观上要求广泛凝聚社会共识,科学统筹人口、经济、资源、环境的关系,在国家和地区层面进行统筹规划协调推进。

一、规划管理与可持续发展

规划管理是指政府代表社会整体利益,绘制国家和地区一定时期的发展蓝图,明确发展的基本目标、主要任务和实现路径,并将其作为全社会的共同行动纲领,指引经济、社会、资源、环境等领域的活动。通过规划管理,政府将可持续发展理念融入现代化建设的方方面面,确保现代化建设建立在生态文明的基础上。

规划管理可以提高应对可持续发展中的不确定性与风险的能力。无论是经济社会发展总体规划,还是国土空间、生态环境等专项规划,都坚持问题导向、面向长远发展,遵循经济社会发展阶段性规律、山水林田湖草生命共同体自然规律等。[①] 经过科学论证和广泛征求意见的政府规划，在时间和空间上对经济发展、资源利用和环境保护等做出科学安排，既努力争取经济发展预期目标，又避免过度耗费自然资源和严重破坏生态环境带来的不可逆的影响，有助于减少单纯依赖有限理性个体的分散决策带来的不确定性，更好地应对追逐经济利润的市场机制隐含的重大风险。

规划管理有利于促成可持续发展的社会共识与共同行动。作为一项系统性工程，可持续发展要求有效协调各类利益冲突并使党政机关、社会公众、产业企业和其他主体全面参与。完善的规划管理体系加上与之配套的协调机制，有利于明确中央和地方、政府和市场的责任分工，有助于部门协同、地区协调和主体协作，能够较好地解决分散决策和市场竞争带来的冲突，形成全社会合力推动可持续发展的良好格局。

规划管理有助于落实推进可持续发展的重点任务和重大工程。可持续发展既是长期性战略，也要解决阶段性的主要矛盾和重点问题，需要实施有助于提升发展能力的重大基础设施和科学技术战略，落实生态修复与环境治理的重点任务，久久为功、持久发力。通过把影响可持续发展的重大工程和重点任务纳入战略性发展规划，并在国土空间、生态环境和产业发展等专项规划中加以体现，规划管理有助于落实那些对于可持续发展十分重要，但是建设成本高、收益周期长、受益范围广、市场不愿意投资的重大工程与重点项目，破解可持续发展面临的难点和瓶颈。

可持续发展规划并非一种专门的规划类型，它主要通过不同层次和不同类型规划之间的目标协同、内容协调、功能协作来实现。经过长期的探索实践，中国目前已经形成较为完整并仍在不断完善的可持续

---

① 杨伟民等:《新中国发展规划70年》,人民出版社2019年版。

发展规划管理体系(见图17-1)。其中,经济和社会发展总体规划处于统领地位,为其他规划提供行动纲领和基本指引。国土空间规划重在明确国土开发保护方案,划定自然资源开发利用的边界与红线,强化可持续发展的空间秩序。生态环境保护规划着力落实生态修复与环境治理的重大工程和重点任务,提供市场无法有效供给的生态建设和环境保护投资及公共品。区域规划突破行政区划和市场边界的限制,着重协调解决跨区域或流域性自然资源配置与生态环境治理问题。

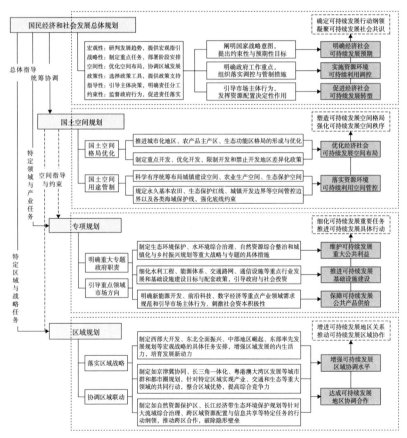

图17-1　中国可持续发展规划管理体系

二、经济社会发展总体规划与可持续发展

通过编制经济和社会发展总体规划，国家可以对经济社会的运行进行调节。经济社会发展总体规划一般分为长期规划（十至二十年）、中期规划（一般为五年）和年度计划等。

1953 年以来，中国已编制实施了 14 个国民经济和社会发展五年规划（计划），当前处于第十四个五年规划时期。从关注解决现实环境污染问题，到引入可持续发展理念，再到推动科学发展和追求高质量发展，经济社会发展总体规划对于将可持续发展上升为国家战略起到关键作用。通过理性分析预测、合理确定发展目标，制定出台相应的人口、产业、资源、环境政策，引导生产要素向先进行业产业流动，向资源环境承载力较高的地区集聚，推动经济结构调整、生产力布局优化和发展方式转变，经济社会发展总体规划在可持续发展中发挥着战略引领、统揽全局的作用。

经济社会发展总体规划依据经济-社会-生态系统进行整体性调控，有利于协同推进国家可持续发展战略。可持续发展涉及经济、社会、人口、资源、环境等诸多方面，内容交叉重叠，关系错综复杂。针对市场无法有效发挥作用的重大基础设施建设与绿色产业发展扶植等，经济社会发展总体规划进行统筹部署，以补齐可持续发展的重要短板。通过明确与可持续发展战略配套的资源配置策略，部署阶段性重点工作任务，使不同阶段、不同地区的发展目标和发展任务相互衔接，经济社会发展总体规划有利于全方位地持久推动可持续发展。

三、国土空间规划与可持续发展

国土空间规划是国家和地区空间发展的指南，可持续发展的空间蓝图，是各类开发保护建设活动的基本依据。它整体谋划国土空间全要素配置，针对耕地等重要资源被过度占用和重要生态环境区保护不力等问题，划分主体功能分区，优化国土空间布局，实行国土空间用途管制，引导约束空间开发保护行为，规范国土开发利用的结构、布局与

强度,既满足当代人发展的国土需求,又为子孙后代留下发展空间。

通过确定不同地区的主体功能定位,明确开发方向,控制开发强度,规范开发秩序,完善开发政策,国土空间规划推动形成人口、经济、资源环境相协调的空间开发格局,破解市场对短期和局部经济利益考虑多,对长远和全局经济社会生态综合效益考虑不足的问题。国土空间规划根据不同区域的资源环境承载能力、现有开发强度和发展潜力,统筹谋划人口分布、产业布局和国土利用保护,将不同区域划分为优化开发区、重点开发区、限制开发区和禁止开发区。在此基础上,与财政、产业、投资、人口、土地、环境和绩效考核等政策协同发力,[1] 优化布局重大基础设施和重点公共资源,差别化打造城市化地区、农产品主产区、生态功能区,形成主体功能明显、优势互补、高质量发展的国土空间开发保护新格局。通过主体功能区管理,国土空间规划有利于按照比较优势深化地区分工协作,提高经济发展的空间效率,较好地解决地区发展公平问题。

国土空间规划针对不同分区制定差别化的国土利用、产业准入和环境管控等要求,强化国土开发保护管制,为各类开发保护建设活动提供基本依据,可以减少对生态环境的负面干扰,避免自然资源过度损失。[2] 在国土空间适宜性评价基础上,坚持山水林田湖草生命共同体理念,统筹布局农村、城镇等功能空间,科学划定永久基本农田、生态保护、城镇开发等空间管控边界(红线)以及各类海域保护线,强化经济社会活动和资源开发利用底线约束,促使经济社会发展的规模、布局、强度与自然资源承载力和生态环境容量相协调。结合计划管理、准入限制和动态监测,严格规划审批许可,限制国土空间用途改变,国土空间规划有助于克服资源配置中的有限理性和短视行为,降低经济发展的自然资源与生态环境代价。

---

① 樊杰:"我国'十四五'时期高质量发展的国土空间治理与区域经济布局",《中国科学院院刊》2020 年第 7 期。

② 陈磊、姜海:"从土地资源优势区配置到主体功能区管理:一个国土空间治理的逻辑框架",《中国土地科学》2019 年第 6 期。

最后,国土空间规划有利于完善生态文明管理体制,加快形成绿色生产、绿色生活和绿色发展方式。[1] 国土空间规划集战略性、科学性、权威性、协调性和操作性于一体。统一的国土空间规划体系有利于避免不同行业和部门规划之间的冲突,提高政府对可持续发展的空间治理效能。它以城镇、农业、生态及其他地域空间为对象,对国土空间结构、用途转变、强度变更等提出强制性要求,特别是严格控制建设用地占用耕地和其他自然生态空间,明确不同类型国土空间的利用方式,为实施土地、水、能源和碳排放总量强度控制提供空间依据,有利于倒逼政府、市场和其他主体转变资源环境利用行为,进而推动可持续发展(见图 17-2)。

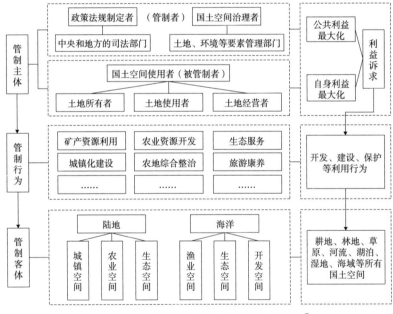

图 17-2　国土空间规划用途管制实现机制[2]

---

① 林坚、吴宇翔、吴佳雨等:"论空间规划体系的构建——兼论空间规划、国土空间用途管制与自然资源监管的关系",《城市规划》2018 年第 5 期。

② 田双清、姜海、陈磊:"从土地用途管制到国土空间用途管制:演进历程、轨迹特征与政策启示",《经济体制改革》2020 年第 4 期。

四、生态环境保护规划与可持续发展

资源环境领域广泛存在外部性、公共品问题,要求政府对市场进行必要的干预和规制,减少环境污染排放,增加生态产品供给,以满足人民日益增长的美好生态环境需求。由于生态环境问题的多样性、复杂性和整体性,除了运用排污税等公共政策矫正特定经济行为,还需从全局出发提出系统解决方案,为部门管理、企业经营和主体决策提供参考依据,因此产生了对生态环境保护规划管理的需求。

生态环境保护规划基于生态系统因子的动态变化过程和相互作用机理,应用科学手段辨识、模拟和设计生态系统内的各种生态关系,确定资源开发利用保护的适宜度,提出改善生态系统结构与功能的建设对策,以促进人与自然和谐共生协调发展。[①] 生态环境保护规划管理具有显著的时代性,随着经济发展阶段的转换、经济发展理念的进步和主要生态环境问题的变化而不断调整。以中国为例,"十一五"时期生态环境保护规划以污染物排放总量控制为核心,"十二五"时期污染排放总量控制和环境治理并重,"十三五"期间以环境质量改善为核心,统筹生态和环境,着力解决大气、水、土壤污染防治问题。进入"十四五"时期,深入践行"绿水青山就是金山银山"的理念,降低碳排放强度,推进生态环境国家治理体系和治理能力现代化成为重点。

生态环境保护规划用完善的指标体系强化可持续发展的生态环境约束。不可持续的发展往往肇始于片面追求经济利益最大化和对自然资源及生态环境的过度索取。针对可持续发展面临的生态环境问题,生态环境保护规划提出环境退化控制和生态质量提升的目标及调控指标。调控指标体系包括空气质量、水环境质量、土壤环境质量、生态状况等生态环境质量指标,化学需氧量、氨氮、二氧化硫、氮氧化物、挥发

---

①　刘琨、李永峰、王璐主编:《环境规划与管理》,哈尔滨工业大学出版社 2010 年版。

性有机物、总氮、总磷等污染物排放总量指标,国家重点保护野生动植物保护率、全国自然岸线保有率、新增沙化土地治理面积、新增水土流失治理面积等生态保护修复指标。为了强化生态环境保护规划的权威性与约束作用,规划指标可以分为约束性指标和预期性指标。其中,约束性指标是国家对生态环境保护的硬性要求,与环保督察等结合,推动地方政府优化公共资源配置,加强企业、个人监管,确保国家环境保护和生态建设目标的实现。

生态环境保护规划以系统的工作举措推动解决制约可持续发展的关键生态环境问题。以国家"十三五"生态环境保护规划为例,针对该发展阶段面临的问题和挑战,提出了强化源头防控夯实绿色发展基础,深化质量管理实施行动计划,实施专项治理全面推进达标排放与污染减排,实行全程管控有效防范降低环境风险,加大保护力度强化生态修复,加快制度创新推进治理体系和能力现代化,实施国家生态环境保护重大工程,强化项目环境绩效管理等重点任务与工作举措。需要说明的是,生态环境保护规划重在制定生态环境治理目标思路,明确重点领域、重点任务和具体要求,其实施有赖于政府结合规划目标,加大污染治理与生态修复投入,加强生态环境监管,通过征收排污税等公共政策干预企业和个体行为决策。在综合性的生态环境保护规划基础上,政府还可以制定大气、水、土壤等专项保护规划,进一步细化目标、深化内容、实化要求、强化措施,使重大生态环境问题得到有效应对和及时解决。[①]

第三节 可持续发展的公共政策

可持续发展的蓝图能否变成现实,根本上取决于作为生产者的企

---

① 王金南、万军、王倩等:"改革开放40年与中国生态环境规划发展",《中国环境管理》2018年第6期。

业和作为消费者的居民的行为决策能否实质性调整。政府要通过灵活运用强制性和激励性政策工具,对企业和居民行为进行必要的规制引导,吸引和加大绿色投资规模,形成全社会参与可持续发展的格局。

一、可持续发展的强制性政策

市场机制无法完全遏制滥用自然资源和破坏生态环境的行为,也无法充分诱导企业或个人采取改善环境的行动,难以形成制止负外部性行为和创造正外部性收益的集体行动。[①] 此时,政府可通过行政命令或法律条文对影响可持续发展的行为进行必要的限制和规范。[②]

一是进行生态环境功能分区管控。为了维持人口、经济与生态环境的平衡,克服有限理性、外部性和不合理竞争等带来的资源过度损耗和生态环境严重破坏,避免公共利益遭受重大损失,政府划分生态环境分区并进行严格管制。针对不同区域开发定位、开发方式与开发强度,政府可以明确空间准入的规则与主体准入的条件、负面清单。在 2010 年《全国主体功能区规划》中,国家划定了水源涵养、水土保持、防风固沙和生物多样性维护四类重点生态功能区,明确了自然保护、文化遗产、风景名胜、森林与地质公园五类禁止开发区。

二是实行污染物排放总量强度控制与自然资源开发许可管理。政府依据法律法规,通过总量控制和配额管理对自然资源与生态环境进行管控,使资源开发和污染排放具备排他性、竞争性,将自然资源和生态环境的真实成本反映到企业的生产成本和居民的消费价格中,促进其节约自然资源、减少污染排放。"十四五"时期,能源消费总量和强度、碳排放总量成为中国加快推进碳达峰进程的重要指标,在国土空间

---

① 王远主编:《环境经济与管理》,中国环境出版集团 2020 年版。
② 世界银行:《里约后五年——环境政策的创新研究》,中国环境科学出版社 1997 年版。

规划的指导下,水、森林、矿产、土地等自然资源的新增开发数量或整治修复规模也进行指标管控。在总量控制基础上,许可证制度是政府对资源环境进行管制的重要政策工具。它包括环境污染许可证,特别是排污许可证;环境破坏许可证,例如林业采伐许可证和渔业捕捞许可证;资源开发许可证,例如建设开发许可证;等等。通过许可证的申请、审核、核发、监督,政府可以确保符合资质的主体依照有关规范开展经济活动,把对自然资源和生态环境的负面影响控制在合理范围内。

三是强化生态环境标准与产业准入门槛管理。产业的规模、结构、技术水平和投入产出效率关系到经济发展质量的高低,是影响生态环境质量和可持续发展的重要因素。产业准入规制是产业政策和经济性规制政策的具体形式之一。产业准入门槛的核心是有意识地调节不同产业的消长来促进经济发展与资源环境相协调,最终建立资源节约型、环境友好型的先进产业体系。政府可以针对不同功能区,制定鼓励类产业、限制类产业、禁止类产业目录,以此加强对产业发展的调控。产业准入管制将各类产业、产品的资源消耗和环境影响作为产业选择的重要参考,通过清洁生产标准、污染物控制技术标准和节能减排标准的强制性要求,推动淘汰高污染、高能耗、低效益的落后产能,促进产业绿色转型升级。产业准入管制也鼓励通过产业链条组织和适度规模经营,推动资源利用率和污染治理水平提高。资源环境开发项目除需符合产业环境准入规制要求外,有的还需要通过环境影响评价,对建设项目实施可能造成的环境影响进行预测评估,提出预防或者减轻环境影响的对策措施,环境影响报告经行政部门审查通过后项目方可实施。

二、可持续发展的激励性政策

政府通过强制性政策将资源开发和环境利用的负面影响控制在一定范围内,但管理执行成本较高。间接干预和引导企业及其他主体将行为决策产生的外部性内部化的激励性政策受到重视。它从决策主体的成本与收入入手,运用税收、补贴等经济杠杆调节生产、分配、流通和消费,推动资源环境产权明晰与交易,最终实现经济发展与资源环境相协调。

对资源消耗和污染排放多的企业征收排污税,将加大其成本压力并刺激企业通过技术改造等减少资源消耗和污染排放。为了实现碳达峰、碳中和的目标,加快研究制定碳排放税,以形成税种齐全、征收有力、作用有效的资源环境税收调节体系。排污税虽然面临难以计算有效税率的困难,但是交易成本较低,而且可以为政府筹集绿色补贴、财政转移支付和生态补偿所需资金。环境补贴是指政府在企业不能有效进行环保投资的情况下,通过支付现金、税收减免、政府投资或贷款利率优惠等帮助企业进行环保设备、环保工艺改进的一种政府行为。

生态补偿是以保护和可持续利用生态系统服务为目的,以经济手段为主调节相关者利益关系,促进补偿活动、调动生态保护积极性的各种规则、激励和协调的制度安排。它对生态系统和自然资源保护产生效益给予奖励,对破坏生态系统和自然资源所造成损失要求赔偿。生态补偿并不局限于企业和个人。

为了引导地方政府加强生态环境保护,提高生态功能重要地区所在地政府的基本公共服务保障能力,国家对重点生态功能区给予转移支付。根据 2017 年财政部《中央对地方重点生态功能区转移支付办法》,支持范围包括:限制开发的国家重点生态功能区所属县(市、区)和国家级禁止开发区域,以及京津冀协同发展、"两屏三带"、海南国际旅游岛等生态功能重要区域所属重点生态县域;国家生态文明试验区、国家公园体制试点地区等试点示范和重大生态工程建设地区;选聘建档立卡人员为生态护林员的地区。转移支付资金包括重点补助、禁止开发补助、引导性补助、生态护林员补助和奖惩资金。通过排污税、环境补贴、生态补偿和财政转移支付,政府可以鼓励企业和其他主体提供更多的生态环境产品,扶持绿色产业、环保产业的发展,推动国家公园和重大生态修复工程的建设。同时,许多国家运用集融资、建设与运营为一体的公私合营模式(Public-Private Partnership,简称PPP),以政府财政资金撬动社会资本,推动流域水环境保护等基础设施建设与公共服务供给。

完善的制度环境涉及产权界定与保护、市场交易机制、信息披露及政府监管制度。排污权交易是一种典型的资源环境产权交易形式,它在满足环境约束的前提下,以总量控制为基础设立合法的污染物排放权利,并允许这种权利以许可证形式进行配额交易。排污权的初始分配可以采用有偿取得或无偿取得模式,参与排污权交易的主体被限定为纳入地区总量控制要求的排污单位,可交易的排污权为富余排污权且需得到批准。在排污权交易机制下,减排成本较低的企业将承担更多减排责任,并将余下的排放权出售给减排成本较高的企业,不仅使污染减排获得经济收益,还降低了全社会减排成本并实现排放总量控制。资源环境产权交易机制的有效运行要求有与之配套的市场和政府内外"双引擎"。[1]一方面完善自然资源价格形成机制和生态产品价值实现机制,提高有偿使用定价机制的市场化程度,提高经营性自然资源使用权的配置效率,健全交易机制以降低资产转让的交易成本。另一方面明确资源产权交易的利益分配规则,改进收益权分配机制,完善权益保护机制,实现自然资源资产增值收益的公平合理分配。[2]

三、可持续发展的公共投资

自然资源与生态环境是人类生存和经济社会发展的基础。经济发

---

[1]　涂正革、谌仁俊:"排污权交易机制在中国能否实现波特效应?",《经济研究》2015年第7期。
[2]　谭荣:"自然资源资产产权制度改革和体系建设思考",《中国土地科学》2021年第1期。

展水平越高,就越需要通过向自然资源和生态环境进行投资,拓展经济可持续增长的空间。开发新能源和可再生能源,开展土地综合整治和生态修复,对能源消耗型部门的技术改造,节能环保、低耗高效等新技术的研发与成果转化,以及为适应新型工业化、循环经济和绿色发展进行的基础设施投入,都属于对可持续发展的投资。由于市场自发投资不足,政府对可持续发展的公共投资与政策引导十分重要。

一是加大自然资本投资力度,以修复自然资源供给能力与潜力。无节制的自然资源开发所导致的生态失衡和环境污染问题,决定了政府公共投资的首要任务是通过资本和技术投入对已经破坏的资源环境进行修复,包括提高森林覆盖率以治理水土流失和土地荒漠化,设立自然保护区以维持生物多样性,实施国土综合整治,补充耕地数量、提高耕地质量。持续加大生态工程投资力度,以恢复或维持生态系统健康和景观生态安全。除了直接向自然资源进行投资,政府可以运用财政补贴和金融信贷政策引导社会资本进入新能源等可再生资源的开发利用,提高自然资源供给潜力。

二是调整固定资产投资结构,鼓励环保技术改造和绿色产业发展。在绿色GDP导向下,需要结合可持续发展的要求调整固定资产投资指向和重点。一方面要引导固定资产投资投向降低能源和原材料消耗的技术改造项目,特别是鼓励钢铁、石油炼化、水泥和化学工业等部门提高资源利用效率和产品质量。"十四五"时期,中国将大力推动制造业高端化、智能化、绿色化,推动原材料产业等重点行业改造升级,完善绿色制造体系。这些都需要政府公共投资带动全社会产业投资结构的调整优化。在有利于可持续发展的新兴产业初创期,政府通过公共投入或投资补贴引导产业发展。

三是扩大基础设施投资规模,推动新型工业化、绿色发展和共同富裕。在产业由资源密集型向资本密集型转型的过程中,经济发展的要素禀赋结构发生了明显改变,经济社会活动的基础设施条件也要进行升级。中国"十四五"发展规划纲要提出强化基础设施的支撑引领作用。通过政府公共投资完善基础设施建设条件,有利于降低项目成本风险,鼓励资本进入新兴产业加快转型升级。政府基础设施投资也事关城乡和区域公平发展,通过城乡环境卫生、市政公用和产业配套等设施及公共服务的统筹规划与均等化配置,有利于推动城乡和区域协调发展,实现共同富裕。

第四节　可持续发展的政绩考核

建立完善可持续发展的政绩考核体系,加强政府责任落实监管,保证政府不缺位、不越位,是推进可持续发展的现实需要和生态文明体制建设的重要内容。

一、可持续发展政绩考核的内容与形式

推动可持续发展,需要不断改革完善政府绩效评价的内容、对象和考核方式,将资源消耗、环境损害、生态效益等指标纳入国民经济核算体系,激励督促各级政府切实履行可持续发展责任。从考核内容来看,可持续发展政绩考核已经从污染减排考核、生态保护评价发展为生态文明建设综合考核。把环境保护纳入领导班子和领导干部考核的重要内容,并将考核情况作为干部选拔任用和奖惩的依据之一。政府绩效考核改革对中国大气、水污染和环境综合整治产生重要影响,环境治理投入力度和监督执法力度得到显著提升。

随着可持续发展理念的深化,逐步由环境治理考核发展为生态环境保护考核。2013年《关于改进地方党政领导班子和领导干部政绩考核工作的通知》进一步明确限制开发区域不再考核地区生产总值,对限制开

发的农产品主产区和重点生态功能区,分别实行农业优先和生态保护优先的绩效评价,对禁止开发的重点生态功能区,全面评价自然文化资源原真性和完整性保护情况。2016 年《生态文明建设目标评价考核办法》提出系统评价各地区资源利用、环境治理、环境质量、生态保护、增长质量、绿色生活、公众满意程度等方面的动态趋势,对国家规划体系所确定的资源环境约束性指标,以及党中央、国务院部署的生态文明建设重大目标任务完成情况进行考核。国家发展改革委等制定《绿色发展指标体系》《生态文明建设考核目标体系》,作为生态文明建设评价考核依据。2015 年《中共中央国务院关于加快推进生态文明建设的意见》进一步提出健全政绩考核制度,建立体现生态文明要求的目标体系、考核办法、奖惩机制,把环境效益、生态损害、资源损耗等指标纳入经济社会发展的综合评价指标体系,根据考核评估结果对生态文明建设成效突出的地区和部门给予奖励,对未完成绩效目标的地区和部门进行约谈问责。①

　　从考核对象来看,可持续发展政绩考核从部门责任考核上升为地方党政一体考核。早期考核主要针对环境保护领域,着重环境保护部门的管理绩效考核,而且主要考核一些重点污染物的减排治理情况,未体现总体生态环境质量改善与可持续发展的系统联系。"十三五"期间,生态环境质量改善成为全面建成小康社会的发展要求,环境治理考核逐渐从环保部门向其他部门延伸,明确自然资源管理部门要加强国土空间用途管制,对生态保护红线、永久基本农田和城镇开发边界的落实情况进行考核;发展改革和规划部门应严格执行主体功能区建设和城乡建设中的生态保护建设,保证自然保护区建设和城乡绿化、生态空间建设的有序进行;财政、金融管理部门要切实落实国家对于绿色经济扶持、跨流域生态补偿和生态金融信贷的支持;工业、商务部门要围

　　① 司林波、刘小青、乔花云等:"政府生态绩效问责制的理论探讨——内涵、结构、功能与运行机制",《生态经济》2017 年第 12 期。

绕经济发展方式转变,切实履行促进产业结构优化升级的指导和监督职责。从单一环保部门绩效考核到多个部门责任考核,虽然扩大了考核对象和考核范围,提高了生态环境治理政绩考核的影响,但是未能从根本上解决地方政府对发展中的自然资源与生态环境重视不足的问题。为了提高政府可持续发展责任考核力度,《党政领导干部生态环境损害责任追究办法(试行)》(2015年)明确提出生态环境保护与治理实行"党政同责、一岗双责、失职追责",加强对各级党委和政府领导的责任考核。党政主体责任考核既涉及地方党委和中央有关部门党组织的领导人员,也涉及地方政府和国家机关有关工作部门,通过"党政同责、一岗双责"形成党委统一领导、政府依法监管的工作格局。"失职追责"意味着党政领导干部对生态环境损害终身负责。同时,考核覆盖可持续发展的决策、审批和战略制定各个环节,以贯彻落实中央生态文明建设和可持续发展决策部署的实际成效为重点。

　　从考核方式来看,可持续发展政绩考核从点状非连续性督查考核转变为全面常态化监管考核。环保治理责任考核多针对特定时期、特定领域和特定部门,或采用环境保护专项督察的方式,连续性、稳定性不够。2002年国家开始实行跨区域和跨流域生态环境污染督察垂直管理,2015年建立环保督察工作机制,中央对省、自治区、直辖市党委和政府及其有关部门进行监督,必要时下沉至设区市党委和政府及有关部门。同时,市级环境监测机构调整为省级环保部门驻市环境监测机构,县级环境监测机构则随县级环保部门一并上收到市级。省级环保部门对省级环境保护许可事项进行执法,对市县两级环境执法机构给予指导,市级环保部门负责属地环境执法,统一管理、统一指挥本行政区域内县级环境执法力量。[①]通过生态环境垂直管理体制,生态环境部

---

　　① 熊超:"环保垂改对生态环境部门职责履行的变革与挑战",《学术论坛》2019年第1期。

门行使参与综合决策、统一监督管理职责,配合党委和政府进行环保奖惩考核,推动地方政府及其组成部门将生态环境保护工作落到实处,实现了可持续发展政绩评价的常态化。《关于深化生态环境保护综合行政执法改革的指导意见》(2018年)为生态环境部门的监管和执法提供了更加清晰的政策支持,确保各级政府全面地履行可持续发展责任。同时,中央生态环境保护督察也在不断完善问责机制,加强对领导干部的责任追究,提高中央生态环境督察的权威性、有效性。[①]

二、领导干部自然资源资产离任审计和生态环境损害责任追究

领导干部在一个地区或部门的任期有限,但是资源环境问题具有长期性,很多政府决策的效果和实际影响要在较长一段时间后才能充分显现。要有效落实政府的可持续发展责任,除了对地方政府进行整体考核,同时还需要加强对领导干部个人的考核问责。2013年十八届三中全会通过《中共中央关于全面深化改革若干重大问题的决定》,提出探索编制自然资源资产负债表,对领导干部实行自然资源资产离任审计,建立生态环境损害责任终身追究制。领导干部自然资源资产离任审计和生态环境损害责任终身追究制,是中国可持续发展政府责任监管的重要举措。

领导干部自然资源资产离任审计以资源环境账户与自然资源资产负债表为基础。资源环境账户是指针对一定区域不同核算期内自然资源环境价值总量、资源消耗、环境退化、资源补充及生态环境保护收益进行核算的资源环境经济信息系统。它反映核算期内政府管辖范围内因自然资源开发、使用、补偿和环境退化、保护带来的资源环境价值变化情况,由资源环境资产核算、资源环境损耗核算、资源环境收益核算

---

① 陈晓红、蔡思佳、汪阳洁:"我国生态环境监管体系的制度变迁逻辑与启示",《管理世界》2020年第11期。

等组成。① 自然资源资产负债是自然资源和生态环境保护责任主体应
当承担但未履行的现时义务。② 自然资源资产负债表将国家或地区可
量化的自然资源资产进行分类、加总形成综合报表，③ 是领导干部离任
审计的重要依据。自然资源资产负债表将政府官员政绩与自然资源保
护挂钩，强调绩效考核的绿色约束，是环境审计与政府审计融合的制度
创新。

国家审计机关是开展党委政府直管领导干部离任审计的主体，这
既是国家机关的法定职责，也是当前审计环境与审计活动间的关系所
决定的。领导干部自然资源资产离任审计的主要内容包括领导干部贯
彻执行中央生态文明建设方针政策和决策部署情况，遵守自然资源资
产管理和生态环境保护法律法规情况，完成自然资源资产管理和生态
环境保护目标情况，履行自然资源资产管理和生态环境保护监督责任
情况，组织自然资源资产和生态环境保护相关资金征管用和项目建设
运行情况，等等。可概括为三个方面：一是自然资源资产使用情况，特
别是在现有条件下是否做到经济有效地利用资源，有无使用不当造成
资源闲置浪费；二是自然资源资产与环境的管理状况，包括体制建设、
产权界定、生态补偿执行效果、国家政策执行情况等；三是自然资源资
产与环境监管情况，主要是国土空间用途管制下的自然资源管理体制
建设情况，生产、生活和生态空间的划分合理性与执行效果，禁止开
发、限制开发、重点开发和优化开发区域的差异化考核评价，以及制止
耕地非农化、非粮化，保障山地、林地、湿地湖泊完整性等。领导干部

① 林明太、刘莹、孙虎等："区域资源环境账户的建立与核算"，《生态经济》2009 年第 10 期。

② 胡文龙、史丹："中国自然资源资产负债表框架体系研究 —— 以 SEEA2012、SNA2008 和国家资产负债表为基础的一种思路"，《中国人口·资源与环境》2015 年第 8 期。

③ 封志明、杨艳昭、陈玥："国家资产负债表研究进展及其对自然资源资产负债表编制的启示"，《资源科学》2015 年第 9 期。

自然资源资产离任审计的一个重点是，领导干部是否存在为了任期内经济增长忽视资源环境导致了不可逆的严重破坏，以及相应的自然资源资产损害赔偿和治理成本投入。实行自然资源资产离任审计的目标在于强化地方党政领导对行政区内资源环境的开发利用、污染防治和保护修复所承担的分管责任与领导责任，以自然资源为主线，兼顾生态环境，突出地域关键问题，通过可获取的审计数据，量化党政领导对于可持续发展的实际工作成效。领导干部自然资源资产离任审计制度已经成为源头严防、过程严管、后果严惩的生态文明建设体制的重要组成，对于可持续发展的政府责任落实具有十分重要的现实意义。

第十八章　企业与居民的
可持续发展责任和行为

可持续发展不仅仅是政府的责任,同时也是企业、社会组织、商业机构和居民共同的责任。可持续发展的实现离不开企业和居民的参与及支持,这些微观主体才是具体的行动者,他们观念和行为的改变才能真正使可持续发展落到实处。因此,可持续发展不仅需要政府的宏观调控和市场导向,更需要微观主体的自觉担当。

第一节　可持续发展的微观主体

可持续发展建设是涉及亿万民众的庞大工程。企业和居民是实现可持续发展的微观主体。可持续发展需要与之相关的微观主体都积极参与共同努力。

一、实现可持续发展需要微观主体的自觉承担

可持续发展概念的提出源于人们对环境资源问题的重视。实现可持续发展需要政府、企业和居民三个主体的共同努力。政府和市场是实现可持续发展的调节机制,其调节对象是企业和居民。可持续发展的实行主体是企业和居民。现代企业是现代国民经济的细胞,是现代社会的基础单位。只有现代企业可持续发展,才会有整个现代经济社会的可持续发展。因此,从实施可持续发展战略的行为主体来说关键

是企业。这方面需要克服对经济学理论的误解。

不能以市场和政府对企业外部性失灵而否认企业和居民克服外部性的自觉行为。经济学理论指出,市场对破坏环境等外部性失灵只是指出市场本身的失效而提出需要政府对外部性的干预。无论是讲市场失灵还是政府干预,其前提和目标都是要求企业和居民都能自觉地承担起可持续发展的责任。

环境资源利用的外部性和其公共物品的特性会导致市场失灵,政府从宏观层面制定政策和目标,政策是正式的制度安排,政策的设计实际上就是进行游戏规则的设计,是以制度来激励或约束人们的行为。制度的改变就是行为规则的改变,从而改变人们的行为,政府只起到了推动和约束的作用,信息的不对称性,利益集团的影响和体制的不健全又会导致政府失灵,这些问题使得可持续发展是不能通过某一方面的能力就能够独立解决的,更何况在某些问题上政府和市场都能力有限。然而严重的环境问题表明,市场和政府的调节行为最终还是要从根本上解决环境问题的。

外部性理论说明,经济活动当事人因其活动的外部正效应和负效应可能产生相应的收益和成本。反过来,外部成本的内部化,使生产中对外部社会所产生的效应纳入生产者的经济行为中,其机制包括两个方面,一是靠市场机制有效地控制外部不经济;二是靠政府行为(如税收)或法律的手段控制外部不经济的发生,鼓励对社会产生正的外部经济效应。就环境而言,外部不经济实际上是私人成本社会化。由于逐利动机的驱使,生产者一般不会对其生产过程中产生的废物进行处理。生产者不愿对废物进行治理而将其排入环境中,就对社会造成经济损失,即社会成本。生产者"节约"了自身治理污染的私人成本,而使社会为此付出了代价,即私人成本社会化。显然,要解决生产的外部不经济,必须通过社会成本内部化(私人化),即由生产者本身承担治理污染的费用,从而减少污染,增加社会福利。从资源配置角度看,外部不经济的内部化,可使厂商在充分考虑其行为会对社会产生危害的情况下,更合理有效地配置资源。这样,将个人利益与社会利益统一到一起,减少资源的浪费和环境污染。这无疑可以促进资源的永续利用,有利于经济可持续发展。一般说来,扭转环境恶化趋势主要靠行政和法律手段,主要手段是征收庇古税,即对导致环境恶化的活动征税。对汽车排放尾气征税,会使采用洁净能源易于接受。国家也可以借助政策和法律的机制筹集环境保护资金,其中包括要求企业直接承担环保费用等。面对造成资源和环境不可持续供给的外部负效应,仍然需要发挥市场机制的调节作用,主要路径是建立体现可持续发展要求的资源价格调节机制。资源价格体现资源的稀缺性,资源的配置只有通过价格调节机制,才能达到资源的优化配置和节约使用。使用者就会依据价格对各种资源需求替代,对最稀缺的资源最节省地使用,从而使资源组合搭配达到最优。

可持续发展需要企业和居民分别从生产者和消费者的角度改变生产方式和生活方式。改变生产方式就是要改变资源消耗型的粗放经营方式,提高产品科技含量,在生产过程中实施绿色生产,进行全产业链的绿色升级,满足人们需要。改变生活方式,就是要提高人们在日常生活中的环保和节约的意识,改变能源密集型的消费模式,鼓励绿色消费。

企业是以人为主体、自然生态和社会经济一体化的生态经济有机整体的基础单元①。作为社会物质财富和精神财富的主要创造者,它不仅是社会中的经济实体,而且是生态经济实体,并是以此为基础的"生态—经济—社会"复合系统。因而,现代企业不仅仅是谋求经济利益

---

① 刘思华编:《绿色经济论——经济发展理论变革与中国经济再造》,中国财政经济出版社 2001 年版。

的组织,不只是赚钱的机器,是谋取经济利益、社会利益和生态利益协调优化,追求可持续发展的组织。在现代市场经济条件下,企业作为社会经济运行的核心主体,其经营活动与发展行为既表现为现代市场经济发展的微观主体,又表现为可持续发展的微观主体,两者应该是有机统一体。

　　企业作为生产者是推动可持续发展建设重要的参与者,而可持续发展意味着社会、环境、经济的协调发展,这与企业社会责任所推崇的理念是一致的。因此,可持续发展是企业履行社会责任的重要目标,也是企业社会责任的本质所在。在可持续发展的道路上,离不开企业的可持续生产,以及对社会责任的切实履行。

　　实现可持续发展的目标,意味着一场深刻的变革,是世界观、价值观、道德观的变革,是人类行为方式的变革。生产的目的在于消费,消费需求决定了生产规模,从而在一定程度上决定了对资源的需求。居民既是消费者,也是环境的管理者,自然也是可持续发展的微观主体之一。因此,居民是否认识、愿意接受并积极参与,是实施这些变革的必要条件。我们只有建立起可持续发展的世界观,进而用符合可持续发展的方法来改变我们的生产、生活方式,才能使可持续发展从观念走向实践。

　　居民对可持续发展的参与不同于对一般活动的参与,它不仅包括居民积极参加有关的行动或项目,更重要的是人们要改变自己的态度与习惯。因此,转变居民的消费观念,采取可持续消费模式,有利于资源的节约和回收利用,促进资源的可持续利用,全面落实可持续发展。

　　企业层面的绿色发展方式包括生产方式、产业结构、空间格局、能源结构的绿色化,居民的绿色生活方式则包括文明意识、思维习惯、消费方式、消费结构的绿色化。两者内涵丰富、覆盖广泛,涉及供给侧与需求侧、生产端与消费端,构成相互关联、相互作用、相互影响的有机整体,在推动资源节约和循环利用、生态环境保护和修复等方面共同发挥着重要作用。然而推动形成绿色发展方式和生活方式是一项复杂的系统工程,需要持续发力、久久为功。既要不断强化绿色生产,增加绿色产品和服务供给进而引导民众绿色消费,也要通过生活方式的绿色转变倒逼生产方式的绿色转型,还要大力培育和践行绿色文化,凝聚起推动可持续发展的强大合力。

二、克服信息不完全背景下的机会主义行为

可持续发展要成为企业和居民的自觉行为需要一系列的制度安排。其中最为重要的是克服信息不完全背景下的机会主义行为。

在完全竞争乃至某些不完全竞争市场模型中,总是假定企业、居民等经济主体都具有完全信息,企业都知道生产什么,怎么生存,为谁生产;居民也都知道各自的偏好,选择什么,为何选择。事实上,市场信息往往是不完全、不对称的。现实中,政府、企业和居民都处于信息不完全的环境中。对于企业来说,使用资源越多,环境利益转化为经济利益越多,企业的利润也越高,排放的污染也越多;对于居民来说,环境质量越差,对居民的生活质量以及健康状况的危害或者潜在危害越大。同样,政府作为环境的监管者也不可能完全知晓企业和居民的行为。面对各种可持续发展的约束和监管,企业和居民都可能利用信息不完全采取机会主义行为。

居民、企业无论是作为个人或是法人,都是理性的社会行动者,在社会生活中有着各自不同的价值取向和利益追求,这会直接或间接地影响到他们的环境行为。机会主义行为包括隐瞒信息的逆向选择和道德风险行为。例如各种偷排污染物的行为。作为生产者的企业为了追求最大利益,减少生产成本,有可能在生产过程中违规排污,或是其生产的产品中具有有害物质。这些信息往往消费者是不知道的,或者很

久以后才知道，那时可能已经造成了严重的环境污染、生态破坏甚至威胁到人们的生命健康安全。这样的信息在生产者和消费者之间具有时间差，在消费者信息不完全的情况下产生的机会主义行为会造成严重的后果。显然，面对这种利益主体信息不对称及由此引起的机会主义行为难以有效预防与抑制，不仅市场失灵，政府也会失灵。

生态环境是一种公共产品，就可能产生搭便车的机会主义行为。由于"搭便车"者的广泛存在，也使得集体成员难以共同行动。搭便车者在分享环境保护的公共品时排放污染物，如不加限制，相关行为者一系列个体理性行为的博弈往往会导致一个集体非理性的排放结果。政府在管理和调控环境公共产品中，政府必须规制与引导企业和居民的环境行为，其目的是促进企业和居民环境行为的正向化，符合社会公共环境利益的要求。

回顾过去，上述机会主义行为屡见不鲜。瑞士昆虫学家保罗·米勒发明的杀虫农药DDT在全球抗疟疾运动中起了很大的作用，一度使全球疟疾的发病得到了有效的控制，因其药效稳定，当时在世界各国大量生产使用，米勒因此于1948年获诺贝尔奖。但后来在使用DDT的实践中被发现它能进入食物链，造成严重的环境污染和生态破坏，又被绝大多数国家禁止生产和使用。2008年的三鹿毒奶粉事件同样让人震惊，"三鹿"商标曾被认定为"中国驰名商标"，其产品畅销全国31个省、自治区、直辖市。2006年经《福布斯》杂志评选为"中国顶尖企业百强"乳品行业第一位。2008年因发现其在奶粉中违法掺加化工原料——三聚氰胺，严重危害了消费者的生命健康安全，造成了严重的食品安全事故，被查处并关闭。截至2008年年底，全国累计报告因食用问题奶粉导致泌尿系统出现异常的患儿共29.4万人。该事件亦重创中国制造商品信誉，多个国家禁止了中国乳制品进口。

信息不完全不仅会对消费者的利益造成伤害，还会对整个社会的环境产生破坏。那么如何克服信息不完全背景下的机会主义行为来避免危害的发生呢？政府在其中的作用,归结起来就是设计一些最优的制度安排,解决的核心问题有两个:一是信息披露问题,二是激励问题。

信息披露就是以尽可能低的成本向公众揭示他们原本不了解的信息。首先明确何种问题属于企业环境管理问题的范畴。政府可以聘请有关环境专家、管理专家和一些企业家就各地的具体环境情况、经济发展水平、不同行业可能产生的不同种类环境问题进行调研,因地制宜制定环境管理范围和责任。其次,政府必须对环境披露的真实、详细程度和披露方式进行规范。因为在有明确管制的时候,市场会更关注财务报告中的环境信息披露,这使得公司可以使用环境披露作为控制市场反应的工具,减少实际污染的负面影响。

激励就是把企业的利益目标与社会目标协调一致,让企业认识到个体利益是与社会整体利益息息相关的,只有社会整体利益提高了个体才能从中受益,任何损人利己的企图结果只能是搬起石头砸自己的脚。政府可以通过一些补贴来激励企业进行绿色生产和产业链的转型升级,或是组织绿色经营水平的考核与评比活动,调动企业绿色经营的积极性。最终目的是引导和促进行业内各企业绿色生产与经营水平的提高。

第二节　企业的可持续发展责任与行为

企业作为生产者,在可持续的消费和生产中起着举足轻重的作用。积极承担社会责任不仅是企业发展的内在需求和安身立命的基础,而且已成为现代社会对企业的普遍期望和要求。企业在享受社会环境赋予发展机遇的同时,应当义不容辞地承担起对员工、消费者和社会等利益相关方的责任,承担起推动可持续发展的责任。

一、企业的运行目标与社会责任

马克思在其《资本论》中敏锐地指出企业生产的目的是追求剩余价值。用现在的话讲就是利润最大化。如果没有利润可得，就无法期望一个企业能继续存在和日益发展。

长期在经济学中占主导的亚当·斯密"看不见的手"的著名论断指出，每个人"他通常既不打算促进公共的利益，也不知道他自己是在什么程度上促进那种利益……像在其他许多场合一样，他受着一只看不见的手的指导，去尽力达到一个并非他本意想要达到的目的。也并不因为是非出于本意就对社会有害，他追求自己的利益，往往使他能比在真正出于本意的情况下更有效地促进社会的利益"①。按此论断，每个人只是追求自身利益，不会主动去关心环境保护之类的社会利益，最后是在市场这只"看不见的手"指引下实现社会利益，这也成为"经济人"假设的依据。但是经济的现实却打破了亚当·斯密的美好理想，个人追求私利的行为非但不能使社会福利最大化，反而频频与公共福利冲突。

经济史学家诺贝尔经济学奖得主诺思在解释制度变迁时对"看不见的手"进行了明确批判，指出：将什么都解释为人们按自我利益行事的理论，不能解释问题的另一面，即对自我利益的计较并不构成动机因素的那些行为。这意味着社会利益的实现并不都是在大家追求自身利益中实现的。诺思所推崇的意识形态就是要求企业不是仅仅追求自身的利润目标，还应有主动实现社会目标的意识形态。诺思明确指出实现制度变迁有两个重要因素：一是包含一套能使社会产出最大化而完全有效率的产权；二是包含一套成功的意识形态，"其基本目的在于促进一些群体不再按有关成本与收益的简单的、享乐主义的和个人的计

---

① 亚当·斯密:《国富论》,华夏出版社 2005 年版。

算来行事"①。在他看来,这种意识形态主要是指社会强有力的道德和伦理法则。可见,市场经济条件下,社会利益的实现并不都是企业追求自身利益的结果。为了实现社会的利益,企业还应遵守社会共同的道德标准,克服市场运行中各种机会主义和搭便车行为,以提高市场运行的效率。

显然,对于企业来说,其运行目标不能只是利润目标,企业不只是赚钱的机器。企业运行时必须承担社会责任。企业社会责任是企业除最大限度谋求股东利益以外对其他利益相关者的社会责任,如对员工、消费者、供应商、环境、社区、政府和社会的社会责任。企业社会责任包含有经济方面的责任、法律方面的责任、道德方面的责任和慈善方面的责任。企业社会责任是企业的法律义务和道德义务。法律责任是强制性的责任,是对义务人的"硬约束",道德的社会责任是企业的自律行为,是企业内在的、自愿的、主动的责任选择。

企业社会责任的本质是企业对其自身经济行为的道德约束,它既是企业的宗旨和经营理念,又是企业用来约束其内部生产经营行为的一套管理和评估体系。目前,社会对企业的评判标准已由过去单纯地关注企业的经济效益到目前更关注企业的社会效益,更关注社会和人的可持续发展。为此,企业应该自觉遵守国家法律法规、社会伦理道德、行业准则、职业道德等,积极承担对经济、社会和环境的责任,承担起节能减排促进可持续发展的责任。企业承担社会责任是维护企业长远利益,符合社会发展的一种"互利"行为。这一行为对企业来说不仅是付出,也是一种获取。如果说企业没有为股东创造利润会失去其存在意义的话,那么如果只是一味追逐经济利益,不承担社会责任,破坏了社会的整体利益,该企业对社会来说同样也没有存在的价值。总

---

① 诺斯:《经济史中的结构与变迁》,上海三联书店、上海人民出版社 1994 年版,第11 页。

之,企业的存在以社会存在为前提,企业的发展取决于社会的进步。企业在承担社会责任的同时,也使自己从良好的外部环境中受益。如果企业在经营过程中损害了利益相关者及社会的整体利益,即使为股东获取了更多的短期利益,但从长远来说,企业必将为这种短期行为付出代价。

如今,越来越多的人不再认可企业只是作为赚钱的机器而存在,转而认为:企业作为社会的重要主体,应该承担更多社会责任,赚钱不是唯一要义,企业行为不只是利润最大化。习近平强调"企业既有经济责任、法律责任,也有社会责任、道德责任"[①]。企业承担社会责任虽然可能是一项成本或一种约束,但有社会责任的企业更能得到社会信任,是一种社会资本,是孕育机会、促进创新、获得竞争优势的源泉。

世界银行和国家统计局曾对工业企业进行过一次调查,样本包括12个城市的1268家企业。调查结果显示,企业承担社会责任能够显著增加企业社会资本,有助于推动企业可持续发展。毋庸置疑,企业社会责任在提高企业竞争力的同时,也会推动管理部门和其他社会组织不断提高效率,进而推动社会经济的可持续发展,而这种和谐的社会环境对企业的发展也是至关重要的。

企业承担社会责任之所以如此重要,是因为所产生的社会资本是行动主体与社会的联系以及通过这种联系摄取稀缺资源的能力。企业社会资本强调了企业不是孤立的行动个体,而是与经济领域的各个方面发生种种联系的企业网络上的纽节。能够通过这些联系而摄取稀缺资源是企业的一种能力。企业的社会责任是企业永续经营的社会资本,企业社会责任的履行为企业在关系网络中建立和积累社会资本创造了良好的先决条件,加强企业社会责任也巩固和提升了企业的社会形象,进一步为企业社会资本的积累奠定了坚实基础。

---

① 习近平在企业家座谈会上的讲话,《人民日报》2020年7月21日。

从企业社会责任的定义来看,企业通过对员工承担责任,关心员工工作和生活,公平公正地对待不同员工,可以增强员工的凝聚力和对企业的归属感,从而坚实企业员工方面的社会资本;通过对消费者承担社会责任,合理定价,提供优质服务等可以吸引更多消费者购买,获得消费者的青睐,与之建立长久的交易关系;通过遵守法律法规、照章办事、按时纳税等,可以获得政府的认可;通过节能减排履行环境责任和对弱势群体履行自愿性慈善责任,可以得到全社会的认同,提高企业社会声誉,树立良好的企业形象,最终在全社会范围内积累深厚的社会资本。履行企业社会责任,为企业建立了良好的舆论环境,维护了企业的关系网络,能够帮助企业为社会资本的获取和积累扩宽渠道,为社会资本在企业运营、发展方面发挥更加深远的作用。企业可以积极履行社会责任,在企业的社会关系网络中树立良好形象,以此得到社会网络中其他主体的认可和信任,并迅速积累社会资本,将社会资本的效用最大限度地发挥。因此,企业承担社会责任其实意味着收获更好的经营环境和更多的资源支持,这是一项长远"投资"。

从权利和责任对等的角度来看,社会资本的积累可以帮助企业减少交易成本,提高管理效率,增加产品和技术上的创新,为企业的运营带来好处。可是这些好处是企业从资本关系网络的其他个体或者组织中得来的,也就是其他个体或者组织对这个网络建设的投资、对其他对象的付出。因此,相应关系网络中的其他个体和组织也必然会要求从该企业获得利益,即要求企业通过承担社会责任对社会资本网络中的其他主体给予回报。所以,企业只有承担社会责任,履行对等的义务,并从社会资本关系网络中获取相应的利益和权利,才能在积累和加深社会资本的同时,提高企业的竞争优势。

总之,一个企业要想获得良好的公众形象,要想提高自己的市场竞争力,要确保自身的永续发展,就必须将利润目标与相应的社会目标结合起来。这就要求企业,在追求股东利益的同时应该把对债权人、消费者、员工、社区环境以及社会公众等非股东利益的实现放在重要的位置。企业通过承担相应的社会责任,足以改善自身所处的环境,推动企业、社会与环境的协调发展,推动整个社会的可持续发展,并最终为企业带来长期的利益。

二、企业的可持续发展行为

2015 年 9 月联合国可持续发展峰会通过了《2030 年可持续发展议程》,议程中涵盖了 17 项可持续发展目标(SDGs),这些目标指引着未来 15 年全球可持续发展道路的走向,是全球各国在可持续发展问题上达成的最新共识,在其中"负责任的消费和生产"被单独设置为目标 12,足以见得消费者和生产者对于推动可持续发展的重要作用。近年来,发达国家和发展中国家的可持续发展都要求制定很高的有效利用资源的目标,作为避免未来发展危机重要战略的一部分,提高能效的目标要通过产品的整个生命周期来实现,企业的可持续生产显得尤为重要。

企业作为社会经济生活的基本单位,是物质资料的加工生产者,它不仅可以创造就业机会,提供技术培训,还能为紧迫的社会和环境问题提供以市场为基础的解决方案。负责任的企业是推动社会可持续发展、改善人类生存环境的积极驱动力。因此,企业在生产时合理利用资源和保护环境,发展循环经济,对整个社会可持续发展关系重大,是可持续发展的基础。

可持续生产,是指运用科学的方法和手段,在人类需求的范围内保证最合理地利用自然资源、保护环境的生产。传统的不可持续的生产方式有两大弊端,一是在生产过程中忽视资源的利用效率,造成浪费,从而加剧了资源的耗竭趋势;二是在生产和使用过程中,不考虑产品对环境的危害,对环境造成极大的污染,从而加剧了环境危机。这种高投入、高消耗、高浪费的生产方式，可能会带来一时的经济效益，但从社会发展的综合指标和最终结果来看，它的收益是很低的，甚至可以说是入不敷出。更为严重的是，它对生态环境造成的危害将随着时间的推移而愈加显现出来，即使灾难没有降临在我们身上，最终也会降临在我们的子孙后代身上。因此，人类必须摒弃这种杀鸡取卵式的生产方式。

可持续生产是对传统的不可持续的生产方式的彻底否定，其根本要义就是确保资源的可持续利用，最大限度地减少环境污染。因此，可持续生产通过对整个生产过程实施全面控制来达到上述目的。

从原材料的获取渠道来看，企业应该通过自己的行动来正面影响其相关的企业或者投资项目，促进它们提高资源使用效率，并增加受益者群体。比如，企业正确选择和监督承包商、供应商，以保证投资项目的供给链符合其环境和社会管理的要求，符合其经营原则。如，可口可乐公司希望生产所用的包装材料能够被作为有价值的资源，得以回收供未来使用。通过减少使用、回收和再利用，可口可乐在包装材料的循环利用中创造价值，并正在将愿景转化为现实。2009年可口可乐第一次推出植物环保瓶，该聚酯塑料瓶含有高达30%的植物基，从而减少了公司对石油等不可再生资源的依赖，作为全球首个推出并大规模商业化运用植物环保瓶的公司，其目前使用的所有饮料瓶和饮料罐都含有可回收材料。

从生产环节来看，企业对资源进行加工和处理时会产生废弃物，如若处理不当，可能会出现向社会转嫁污染和破坏资源等问题。企业在生产中要秉持环保理念，走清洁生产的道路。因此，企业在生产过程中应对每一个生产工艺进行技术改造，采用少废无废的清洁生产技术和工艺，最大限度地降低资源、能源的浪费，提高其利用率，减轻对环境的污染，对产品的整个生产周期进行环境影响预测分析。企业不仅仅是被动地控制污染，而是积极主动地选择清洁生产和环境无害化技术，可以提高企业素质和现代化管理水平,加强可持续发展建设。

从消费环节来看,企业能够为当地居民提供培训机会,并推广关于产品和环境的各项标准,从企业生产层面引导居民消费,推动绿色发展方式和生活方式的形成。企业要以绿色消费为目标,积极引导消费者健康理性消费,以避免不合理消费行为的发生。比如近些年来越来越受关注的公益企业组织,积极推动商业向善,引领消费者转向可持续消费模式。

总之,可持续生产是兼顾经济效益、环境效益、社会效益的最佳生产模式。它最大限度地减少原材料和能源的消耗,降低成本,提高效益;变有毒有害的原材料或产品为无毒无害,对环境和人类危害最小。它从根本上解决了环境污染与生态破坏的问题。

第三节　居民的可持续发展责任和行为

1987年《我们共同的未来》报告强调"我们的报告是面向人民的,我们呼吁公众推动一场规模巨大的教育运动以改变人们的态度"。可以看到,可持续发展模式自诞生之时就蕴含了人民参与的理念。人民是可持续发展的重要参与者,是推动可持续发展建设的根本动力。居民的可持续发展责任体现在其消费模式和生活方式上。一方面,居民的可持续消费模式和绿色生活方式对企业生产有着倒逼和引导作用;另一方面,政府的可持续发展政策也引导着居民消费模式和生活方式的转变。

一、可持续发展的消费模式

从人类社会发展的历史进程来看,人类的消费是不断升级的,其消费模式也是不断演化的。从农业文明到工业文明再到信息化时代,都有与之相适应的消费观念、消费内容、消费特征,从而形成不同的消费模式。总体来说，人类社会的消费模式经历了原始生态消费、线性消费、循环消费和可持续消费几种模式的更替①。

农业文明时期，人类的生存主要靠与大自然的竞争，生产消费主要依靠前人总结出的常识和经验，消费品大都是直接源于自然界，是未经加工的原料，人类的生活顺应着自然的发展规律，对自然的影响较小，反而是自然界对人的影响较大，干旱、气候异常等现象都会对人类的生活造成很大影响。因此，农业社会是资源低消耗的消费，对资源的影响力不大，对应的消费模式为原始生态消费模式。这个阶段，人类几乎与其他生物成员平等地参与了生态系统循环，人类的消费资源大都受到自然的约束，属于靠天吃饭的阶段。

工业文明时期，以制造业为主导。人类的生产消费观念发生了很大的变化，开始大肆开采自然资源，利用自然原料制造出许多半成品，并排放了许多废弃物，对自然界造成了严重的污染。从依赖自然过渡到征服自然，人与自然的关系变成了征服与被征服的关系。这个阶段由于工业技术的发展，人类征服自然的能力得到了很大的提高，从而进一步发展出了享受型消费。因而，工业社会是资源高消耗的消费，对应的消费模式是线性消费模式，此时的消费对大自然已有较大影响。线性消费的特点是经济系统致力于把自然资源转化为产品，以满足人们生存、享受和发展的需要，用过的物品被当作垃圾丢弃，结果造成了资源的枯竭和浪费②。

生态文明时代是以第三产业服务业为主导的社会形态，人类逐渐意识到，自然界不可能无限制地被征服，人类必须要限制那些不合理的行为给自然界带来的破坏，必须要学会与自然界和谐相处。有了这样的意识后，一种保护自然、节约资源、寻求可持续发展的生态文明观便

---

① 张长元："消费模式的演替"，《生态经济》，2001年第1期。

② 俞海山：《可持续消费模式论》，经济科学出版社2002年版。

应运而生。这时,人类的消费活动已发生转型,资源消耗增速趋缓甚至回落。因而,信息化社会的消费追求低资源消耗,对应的消费模式为循环消费模式和可持续消费模式。循环消费模式的特点是对人类的消费活动所产生的废弃物进行及时地回收、加工和再利用[①]。可持续消费模式以公平公正消费原则,推动人类消费活动与自然界和谐发展。严格地说,可持续消费模式是对循环消费模式的修正和完善,是循环消费模式的升级发展。

早在 20 世纪对于"可持续消费"的讨论就已经开始了。国际社会上,伴随着可持续发展理论的逐渐完善,其研究领域逐渐细分。"可持续消费"就逐渐出现在联合国的各项提案中。1994 年 1 月,在挪威奥斯陆召开的"可持续消费专题研讨会"上,首次正式提出"可持续消费"一词。同年,联合国环境规划署在内罗毕发表的《可持续消费的政策因素》报告中,将"可持续消费"定义为"提供服务以及相关的产品以满足人类的基本需求,提高生活质量,同时使自然资源和有毒材料的使用量最少,使服务或产品的生命周期中所产生的污染物最少,从而不危及后代的需求"。

现代生产力的发展,生活水平的提高,使人们对生活质量提出了更高要求,并开始注重幸福感,生态文明作为提高生活福利水平的重要内容,使当代人对良好生态环境需求的满足超过以往任何历史时期,这就为绿色消费的产生奠定了基础。随着世界各国生态环境意识的提高,人们的思维方式、价值观念、消费心理及其消费行为都发生巨大变化,日渐形成一种保护环境、崇尚自然的生活风尚与消费模式,而这一消费模式逐步成为人们选择商品的价值取向与时代潮流。

在发达国家,居民参与可持续发展已经有很长时间了,他们合理表

---

① 陈启杰:《中国后工业社会消费结构研究》,上海财经大学出版社 2011 年版。

达诉求来为自己争取权益,促使政府不断迫使企业改造升级来解决现有问题。自工业革命后,生态环境问题开始显现,众多发达国家的群众就自发性地开展了以生态保护为主题的政治性运动,环保领域成为居民参与公共决策最强的领域。如1970年,丹麦公众为减少汽车尾气污染,发动了限制轿车的运动,迫使原拟在首都哥本哈根修建一系列高速公路的计划取消。

1963年,国际消费者联盟就提出了绿色消费的观念,指出消费者应具有环保义务。然而,到了20世纪80年代后半期,英国掀起了"绿色消费者运动"才引起了全球更为广泛的重视。这个运动意图号召消费者选购环境友好型产品,从消费者角度倒逼生产者做出改变,促使生产者也转向制造有益于环境的产品。这是一种靠消费者来带动生产者,靠消费领域影响生产领域的环境保护运动。在这一运动的带领下,许多公民表示愿意在同等条件下或略贵条件下选择购买有益于环境保护的商品。到了20世纪90年代,"绿色消费主义"在欧美国家迅速兴起并引领世界消费的潮流。越来越多的消费者已意识到自身的消费行为对环境的重大影响,并愿意为绿色产品支付额外的费用,希望以他们的购买选择来保护自身以及他们所处的世界。国际消费者联盟也于1991通过"绿色消费主义决议案",呼吁全球的消费者支持生态标志计划,在商品、服务选择过程中引入生态意识与绿色消费观念。

国内,可持续发展不仅同生产领域的节能减排、资源循环、生态保护有关,消费和消费者对于可持续发展也具有重要作用。我国人口众多,人均资源禀赋不足,环境承载力有限。近些年,我国居民消费持续扩大升级。2013—2017年社会消费品零售总额年均增长11.3%,网上零售额年均增长30%以上。与此同时,过度包装、浪费性消费等现象还不同程度地存在。生活领域的资源消耗量、污染物排放量、温室气体排放量以及废弃物产生量快速增长,阻碍了我国的可持续发展建设。

　　自 1994 年 4 月中国政府发布《中国 21 世纪议程》,明确提出中国
"建立可持续消费模式"以来,中国政府已将可持续生产和消费提高到
国家战略层面。2017 年中国共产党十九大报告中强调"加快建立绿色
生产和消费的法律制度和政策导向,建立健全绿色低碳循环发展的经
济体系",这旨在加快推动消费向绿色转型。

　　可持续消费模式主要体现在居民主动树立绿色消费理念,自发地
去践行可持续消费模式。通过购买绿色产品等方式从消费环节倒逼生
产环节的改变,加强企业在生产过程中对生态环境、自然资源的保护,
促使企业转型升级,向着节能环保、生产集约的生产方式转变。

　　2017 年 5 月,中共中央政治局就推动形成绿色发展方式和生活方
式进行第四十一次集体学习,习近平总书记在主持会议时强调,要充分
认识形成绿色发展方式和生活方式的重要性、紧迫性、艰巨性,把推动
形成绿色发展方式和生活方式摆在更加突出的位置。会议上,习近平
还就推动形成绿色发展方式和生活方式提出 6 项重点任务,其中第五
点就是要倡导推广绿色消费。他强调,生态文明建设同每个人息息相
关,每个人都应该做践行者、推动者[①]。要加强生态文明宣传教育,强化
公民环境意识,推动形成节约适度、绿色低碳、文明健康的生活方式和
消费模式,形成全社会共同参与的良好风尚。

　　绿色消费是指一种以适度节制消费,避免或减少对环境的破坏,以
崇尚自然和保护生态等为特征的新型消费行为和过程。它要求消费者
购买和消耗符合环保标准的商品,即绿色产品,培养消费者的环保意
识来引导企业生产和制造符合环境标准的产品。国际上通常把绿色消
费概括为"5R",即:节约资源,减少污染(Reduce);绿色生活,环保
选购(Reevaluate);重复使用多次利用(Reuse);分类回收,循环再生

---

　　① 习近平主持中共中央政治局第四十一次集体学习的讲话,《人民日报》2017 年 5
月 28 日。

（Recycle）；保护自然，万物共存（Rescue）。

　　随着消费者对可持续产品不断增长的需求以及不断成熟的消费理念，如今，消费者越来越关注环境、社会和经济问题，并越来越愿意为此采取行动。在生活中，居民越来越愿意为有机食品、绿色的生活方式付出更多的时间和金钱，以提高自己的生活质量，绿色消费和绿色产品逐渐成为更多人的选择。绿色消费不仅为绿色产品市场的形成与发展提出了广阔前景，而且引导生产厂家生产和制造符合生态环境标准的绿色产品，推动生产领域的彻底革命。世界各国的生产厂家和零售商们为了满足公众的绿色消费需求，纷纷推出形形色色的绿色产品，使绿色产业可望成为21世纪的主导产业。并且，当今的居民对于可持续消费的认知已不再仅仅局限在购买绿色产品、进行环保回收，而是从整个产品生命周期来认识，更关注企业在"生产运营中节能减排"、"产品、包装的绿色创新及循环利用"等方面的行为，并且在选购产品的时候，除了关注自身健康利益，还开始关注产品制造生产商对可持续发展的承诺与实践。这会激励可持续生产的实践者——企业，要在全产业链的生产流程中都践行可持续发展理念，积极履行企业社会责任，生产能更好满足消费者需求的可持续产品，并将可持续发展理念纳入企业战略中，带动可持续消费市场的健康发展。

　　消费者已经成为推动可持续发展的重要力量，消费者的关注和选择，将与厂商的努力形成良性互动，构成可持续社会的内生机制和基石；消费者对可持续发展的认知、态度及行为的转变，将有助于推动更多企业主动承担社会责任，积极参与可持续产品创新及全价值链可持续发展，从而有利于推进全社会可持续发展模式的形成。

二、绿色生活方式

　　绿色生活方式是指一种与自然和谐共存，在满足人类自身需求的同时尽最大可能保护自然环境的生活方式,实质上是通过充分考虑资源环境承载力来平衡人类社会的需求,达到保护自然资源、动植物栖息地、生物多样性,实现经济社会可持续发展的目的。亲近自然、注重环保、绿色消费、节约资源等是绿色生活方式的基本特征。可以说,绿色生活方式是既提高生活水平,又保护自然环境、能源和生物多样性的科学、健康、可持续的生活方式。

党的十九大报告明确提出"形成绿色发展方式和生活方式,坚定走生产发展、生活富裕、生态良好的文明发展道路"。在 2018 年全国生态环境保护大会上,习近平总书记明确了绿色生活方式形成的时间表,即"到本世纪中叶,物质文明、政治文明、精神文明、社会文明、生态文明全面提升,绿色发展方式和生活方式全面形成"[1]。要使绿色生活方式及理念深入人心,使之成为人民群众的生活常态和美好生活的重要内容,亟待明确绿色生活方式的理论蕴意和实践路径。

为了让居民积极践行绿色生活方式,从中央到各地政府都推出了一系列指导意见,并且自政策推出至今已经产生了很好的效果。2008 年 1 月,国务院办公厅下发《关于限制生产销售使用塑料购物袋的通知》,从 6 月 1 日起,在全国范围内禁止生产销售使用超薄塑料袋,并实行塑料袋有偿使用制度。"限塑令"实施十多年来,对白色垃圾的治理起到了重要作用。过去 10 年间,超市、商场的塑料袋使用量普遍减少 2/3 以上,累计减少塑料袋 140 万吨左右,相当于节约了 840 万吨石油。

而在 2020 年 1 月,国家发展改革委、生态环境部公布了《关于进一步加强塑料污染治理的意见》,这是一项更为严格的"禁塑令",其目标是到 2020 年年底,我国率先在部分地区、部分领域,禁止、限制部分塑料制品的生产、销售和使用,到 2022 年年底,一次性塑料制品

① 习近平:《习近平谈治国理政》第三卷,外文出版社 2020 年版。

的消费量明显减少,替代产品得到推广。目前,已经有了立竿见影的成果,2020年年底,全国范围餐饮行业已禁止使用不可降解的一次性塑料吸管。

自2019年7月1日《上海市生活垃圾分类制度》正式实施,上海开始进入"强制垃圾分类"的时代,垃圾分类的话题也成为全民热议的焦点,接着其他地区也开始了垃圾分类,更多的消费者受到影响,在家中开始有意识地进行垃圾分类,如今已经有46个城市开始实施垃圾分类。随着未来我国逐步实行垃圾分类制度,城市可回收垃圾的比例将逐步提高,未来有望达到90%以上的城市可回收垃圾比例,按照目前我国可回收城市垃圾的占比,未来与之相关的废塑料、废纸等城市垃圾的市场回收将达到800亿元左右。

2020年11月,国务院办公厅印发《新能源汽车产业发展规划(2021—2035年)》,提出,到2025年,纯电动乘用车新车平均电耗降至12.0千瓦时/百公里,新能源汽车新车销售量达到汽车新车销售总量的20%左右,高度自动驾驶汽车实现限定区域和特定场景商业化应用。到2035年,纯电动汽车成为新销售车辆的主流,公共领域用车全面电动化,燃料电池汽车实现商业化应用,高度自动驾驶汽车实现规模化应用,有效促进节能减排水平和社会运行效率的提升。

而要促成居民参与绿色生活行动的制度化、组织化、规范化,使居民积极践行绿色生活方式和可持续消费方式,需要政府和全社会的共同努力。把绿色生活方式转化为日常生活的自觉习惯,仅仅依靠强制和建立经济激励是不够的,从根本上还需要社会道德规范的引导。

一方面,要提高居民环保意识,加强对居民进行资源有限性和可循环利用等方面的教育。作为一种体现环境友好和饱含生态责任感的生活方式,绿色生活方式的形成与培养居民强烈的环保意识密不可分。通过调查研究产生环境知识、通过科学普及传播环境知识,通过知识产生环境认知和意识,激发居民的绿色生活意愿和自发行动,培养具备生态文明思想和素质的合格公民。在中小学教育阶段,以趣味方式带领学生感受环境美好,认识自然现象,掌握基本知识和技能;高等教育阶段,注重培养学生的国际视野和代际思维,深刻体会地球环境当前面临的问题和挑战,形成对人类社会未来的共同关注。还应大力倡导实践教育,开展有利于个人又有利于环境的行为示范。加强学校与城乡互动,鼓励学生参与垃圾分类、绿色出行、拒绝野味、环保科技创新等不同形式的实践活动,利用互联网和智能技术,降低绿色生活的行动成本,提升绿色生活的收益,以此与环境教育产生合力,发挥更好的效果。

另一方面,应以绿色采购推动绿色消费,促进绿色生活方式形成。绿色采购是绿色消费的前提和基础,离开绿色采购,绿色消费和绿色生活方式就会成为空谈。通过绿色采购,一方面能推动消费者的消费升级,促进绿色消费,助力形成绿色生活方式;另一方面有助于引导和鼓励企业更注重自身形象,改变粗放的生产经营方式,生产更多绿色产品,提供更多绿色服务,进而推动绿色生活方式的形成。在流通领域推进绿色采购,除了要借助媒体、网络等平台在全社会大力宣传倡导之外,政府及相关部门还要进行科学的制度设计,健全法律法规和激励制度,并在实施过程中不断根据各种调查反馈来完善绿色采购制度。

全球推行绿色采购成功的一些国家,都是依靠政府相关部门积极提倡和主动引导推行绿色采购制度,进而带动绿色消费,推动形成绿色生活方式的。例如,瑞典政府在过去的近 20 年里一直鼓励公众在日常采购行动中承担更大的环保责任。瑞典政府的行动计划明确提出,"公众绿色采购是一个以市场为基础的、对于引导社会向着长期的可持续消费和生产的强有力工具"。

第十九章　实现可持续发展的法治调节

资源配置的调节手段,除了市场调节和政府调节外,还有一个重要的调节手段,就是法治调节,相比其他调节手段,法治调节具有规范透明强制性的特征,而且交易成本最小。这种调节手段对涉及资源环境的可持续发展最为适合。

第一节　法经济学与可持续发展

可持续发展必须要解决市场失灵和政府失灵问题。法经济学关于财产制度、规制与惩罚制度等方面的理论对于我们分析可持续发展所面临的障碍及其法治化解决方案提供了一个重要的分析视角。

一、市场失灵和政府规制失灵

市场是资源配置的基础手段,然而市场不是万灵的,实现可持续发展需要解决市场失灵问题。市场失灵的产生一定程度上源于环境与自然资源及其利用、管理过程中的产权问题与外部性问题。一般认为,导致市场失灵的因素有垄断、外部性、公共物品和严重的信息不对称。[1]就环境保护的市场失灵而言,除了与许多环境资源具有公共物品或者准公共物品这一因素相关之外,更主要的是与外部性相关。这种外部

---

[1]　参见罗伯特·考特、托马斯·尤伦:《法和经济学》,史晋川等译,格致出版社、上海三联书店、上海人民出版社 2012 年版,第 34—37 页。

性既包括正外部性,也包括负外部性。例如优美的风景具有正外部性,而环境污染就是典型的负外部性。由于外部性的存在,使得市场配置资源无效率,从而导致市场失灵。"市场失灵可以被定义为市场在引导经济过程走向社会最优化方面的无能为力。其中的一个主要方面就是无法把外部效果反映在成本和价格中,或者是减少了效用和利润,使得那些并不直接参与市场交易或有关活动的当事人不得不承受这些外部效果方面的失灵。如果把它同环境物品和服务联系起来,可以认为市场失灵表现在同污染、资源开发和生态系统的破坏相关的外部性。"[①]

解决外部性问题,就需要将外部性内在化。在有的情况下,私人也可以解决外部性问题。科斯定理认为,当交易成本为零时,无论产权在法律上如何安排,私人谈判都会导致资源最优配置,他们就可以自己解决外部性问题。[②] 尽管科斯定理的逻辑很吸引人,但是由于交易成本的存在(在许多场合下私人协商的交易成本是巨大的),私人并不能有效地解决外部性问题,因此就提出政府干预解决外部性问题的途径。

政府规制在一定程度上可以解决市场失灵问题,但是政府规制也常常以其高成本、低效率甚至规制失灵而被人诟病。在可持续发展与环境保护中政府规制也会产生失灵现象,这是由环境规制的特殊性所决定的。

在环境规制中受影响的群体主要有两类:一是被规制企业,一般是行政规制的直接相对人;二是公众,其人身权、财产权、环境权会受到或多或少的影响。企业与公众对于环境规制与环境保护有着不同的立场与利益诉求,而且两者受环境规制影响的特征很不相同。环境规制就像威尔逊所指出的,20 世纪 70 年代通过的很多关于公共利益的管制

---

①　经济合作与发展组织:《环境管理中的经济手段》,张世秋等译,中国环境科学出版社 1996 年版,第 25 页。

②　参见罗伯特·考特、托马斯·尤伦著:《法和经济学》,史晋川等译,格致出版社、上海三联书店、上海人民出版社 2012 年版,第 77 页。

在政治上的特征可被描述为集中化的成本（由企业承担）和分散化的利益（给予"公众"）。① 一般来说，单个企业受规制的影响要远远大于单个的公众成员，这样企业就有足够的动力去维护自己的利益，并且企业往往通过建立各种行业性协会、商会，成为影响政府决策的特殊利益集团。而单个公民受到的影响往往较小（尽管叠加起来的公众利益可能很大），而且环境保护具有正外部性，所以"理性"的个人往往选择"搭便车"。这样，"正如在某种程度上醒悟的詹姆斯·兰迪斯于1960年所描述的，结果是企业在利益代表中占尽主导地位，'企业对行政机关及其工作人员的影响如同每天用机枪扫射一样'，这种影响往往会在行政机关的观点中形成对企业的偏好"②。

在行政决策的过程中，被规制企业的利益与主张将会获得"充分的"甚至"过度的"考量，而公众有可能成为"沉默的大多数"，无法提出有影响力的利益诉求。因此，在行政决策中，规制者往往对于被规制企业有系统性的偏爱，规制者由此堕落为被规制企业的俘虏。正如批评者所指出的：在执行宽泛的立法指令时，行政机关不公正地偏向有组织的利益，尤其是那些受管制的或受保护的商业企业利益以及其他有组织集团的利益，而损害分散的、相对而言未经组织的利益，如消费者、环境保护主义者以及贫困者。③

二、法治规制污染者与规制规制者

由上可见，可持续发展的实现必须要面对和克服市场失灵与政府失灵现象，应当在有效发挥市场与政府积极作用的同时要预防、克服其消极作用。这就需要建立健全的法治国家与法治社会，通过法治规制

---

① 彼得·H.舒克编著：《行政法基础》，王诚等译，法律出版社2009年版，第37页。

② 理查德·B.斯图尔特著：《美国行政法的重构》，沈岿译，商务印书馆2002年版，第26页。

③ 同上书，第23页。

市场与政府。

在市场经济中,市场是资源配置的基础手段。可持续发展的追求和实现不仅需要市场发挥应有的作用,同时也需要发挥法律在资源配置中的作用。可持续发展是人类发展观、发展模式的一场革命,实现可持续发展要求的机制、体制与制度不可能是自发的,也不可能单纯依靠市场机制,还需要通过法律手段予以调节。[①] 这种法治调节一方面体现为运用激励和诱导型手段促进可持续发展,例如我国《清洁生产促进法》《循环经济促进法》等法律规定了表彰奖励、税收优惠等制度。另一方面,法治调节手段还包括强制性手段,包括命令性和禁止性手段,以期通过法律制度的完善来推动可持续发展和生态文明制度的强制性制度变迁。例如我国《环境保护法》等法律规定的污染物排放标准制度、重点污染物排放总量控制制度、生态保护红线制度、严重污染环境的工艺、设备和产品的淘汰制度等,均是强制性的制度设计。

如果我们回顾历史,则会发现 20 世纪 60 年代末 70 年代初开始,西方发达国家开启了可持续发展与环境保护方面的重大立法工作,用法治保障和促进可持续发展。例如 20 世纪 70 年代被称为是美国的环境十年(the environmental decade),1969 年美国国会通过了环境基本法——《国家环境政策法》,在 70 年代还通过了《清洁空气法》《职业安全卫生法》《资源回收法》《联邦水污染控制法》《海岸带管理法》《联邦杀虫剂、杀真菌剂和杀鼠剂法》《资源保持和回收法》等主要法律。据统计,美国在 1969—1979 年间通过了 27 部环保法律,以及数百部行政规章(administrative rule)。[②] 作为"公害大国"的日本于 1967 年制定了环境基本法——《公害对策基本法》,1970 年日本召开

---

① 参见洪银兴主编:《可持续发展经济学》,商务印书馆 2000 年版,第 415 页。

② See Nancy K., Kubasek and Gary S. Silverman, *Environmental Law*, Prentice Hall, 2002, p. 115.

了第 64 届国会,历时一个多月,专门讨论环境问题,所以被称为"公害国会"。在这次会议上,修订了《公害对策基本法》《大气污染防治法》《噪声防治法》等 7 部法律,新制定了《水污染防治法》《公害纠纷处理法》《关于危害人体健康的公害犯罪制裁法》等 7 部法律。1972 年日本又制定了《自然环境保护法》等重要法律,形成了一个以《公害对策基本法》为核心的相当完备的环境法体系。

可持续发展法治体系主要通过以下几种手段来预防和治理可持续发展中的市场失灵与政府失灵。第一,建立保障可持续发展的强制性的"命令与控制"模式,以污染防治为例,这种模式通常包括:禁令(绝对禁止);行政许可(相对禁止),例如排污许可、环境影响评价许可;设立标准,例如环境质量标准和污染物排放标准;行政制裁,例如对企业超标准排放污染物的行为予以行政处罚。第二,建立基于市场或者经济激励的法律机制,例如对排放污染物的行为征收环境保护税(费),通过排污许可和排污权交易制度建立产权和市场交易制度。第三,建立信息公开和公众参与机制,引入社会公众力量监督企业守法和政府执法行为。这方面的一个典型例子是社会组织或个人作为原告的环境公益诉讼制度,现代环境公益诉讼制度的典范是美国的公民诉讼(citizen suit)制度,该制度滥觞于 1970 年的美国《清洁空气法》(Clean Air Act of 1970),该法第 304 条规定,任何人都可以自己的名义对任何人(包括美国政府、政府机关、公司和个人)就该法规定的事项提起诉讼。公民诉讼是公众参与执法、监督政府行政的重要管道,属于环境法的"私人执行"(private enforcement),区别于政府机构的"公共执行"(public enforcement)。

第二节　可持续发展的法律体系

我国可持续发展法律体系历经三个阶段的演进,已形成一个由可持续发展的专项立法与宪法、民法、刑法等相关立法共同构成的日臻完善的庞大法律体系。

一、可持续发展法律体系的演进

我国可持续发展法律体系的演进可以分为三个阶段。

第一个阶段是可持续发展法律的起始阶段（1973—1989）。1973年8月我国召开了第一次全国环境保护会议，把环境保护提上了国家管理的议事日程，会议拟定了《关于保护和改善环境的若干规定（试行草案）》。1978年修订的《宪法》第11条首次对环境保护做出专门规定："国家保护环境和自然资源，防治污染和其他公害。"这为国家环境保护的立法提供了宪法基础。1979年全国人大常委会颁布了《环境保护法（试行）》，标志着我国的环境保护和可持续发展开始走向法制轨道。20世纪80年代开启了我国环境保护与可持续发展的专项立法，这个时期颁布了几部污染防治方面的法律文件：《海洋环境保护法》（1982年通过）、《水污染防治法》（1984年通过）、《大气污染防治法》（1987年通过）。在自然资源管理和保护方面颁布了《森林法》（1984年通过）、《草原法》（1985年通过）、《渔业法》（1986年通过）、《矿产资源法》（1986年通过）、《土地管理法》（1988年通过）、《水法》（1988年通过）、《野生动物保护法》（1988年通过）。

第二个阶段是可持续发展立法的发展阶段（1990—2014）。1989年全国人大常委会颁布了《环境保护法》，这是我国第一部正式颁布的环境保护基本法，该法规定了环境保护的基本原则、基本制度。从此我国环境保护与可持续发展立法进入快速发展时期，在这个时期制定了一些新的立法，在污染防治方面有《固体废物污染环境防治法》（1995年通过）、《环境噪声污染防治法》（1996年通过）、《环境影响评价法》、《清洁生产促进法》（2002年通过）、《放射性污染防治法》（2003年通

过）、《循环经济促进法》（2008 年通过），在自然资源管理和保护方面
的立法有《水土保持法》（1991 年通过）、《防沙治沙法》（2001 年）、
《海域使用管理法》（2001 年通过）、《海岛保护法》（2009 年通过），
在能源利用和保护方面的立法有《电力法》（1995 年通过）、《煤炭法》
（1996 年通过）、《节约能源法》（1997 年通过）、《可再生能源促进法》
（2005 年通过）。这个阶段，我国相关立法迅速发展，可持续发展法律
体系基本形成。

　　第三个阶段是可持续发展立法的完善阶段（2015 年至今）。中共
十八大以来，将生态文明建设与经济建设、政治建设、文化建设、社会
建设一起纳入“五位一体”总体布局，提出并坚持创新、协调、绿色、开
发、共享的“新发展理念”，将我国的可持续发展与生态文明建设放在
更加突出的位置，这种顶层设计促进了我国可持续发展法律体系的完
善。2014 年 4 月 24 日全国人大常委会通过了新《环境保护法》，该法
自 2015 年 1 月 1 日起施行，共分总则、监督管理、保护和改善环境、防
治污染和其他公害、信息公开和公众参与、法律责任、附则七章。新
《环境保护法》的颁布开启了我国环境保护与可持续发展立法的新时
期，特别是该法规定的查封扣押（第 25 条）、生态保护红线（第 29 条）、
环境公益诉讼（第 58 条）、按日连续处罚（第 59 条）、限产停产（第 60
条）、移送拘留（第 63 条）等新制度，强化了我国可持续发展法律的实
施，促进了相关立法的制定与完善。2018 年《宪法修正案》将“生态文
明”“新发展理念”等纳入其中，为我国可持续发展法律体系的完善奠
定了宪法基础。这一阶段我国可持续发展的立法工作可以分为两个方
面：一是制定新法、填补立法空白，主要有《深海海底区域资源勘探开
发法》（2016 年通过）、《土壤污染防治法》（2018 年通过）、《环境保护
税法》（2018 年通过）、《生物安全法》（2020 年通过）、《长江保护法》
（2020 年通过）。二是较大幅度地修改、完善相关法律，在污染防治领

域主要有《大气污染防治法》(2015 年修订)、《水污染防治法》(2017
年修正)、《环境影响评价法》(2018 年修正)、《固体废物污染环境防治
法》(2020 年修订),在资源管理与保护方面主要有《野生动物保护法》
(2016 年修订)、《土地管理法》(2019 年修正)、《森林法》(2019 年修
订)。这个阶段,随着可持续发展理念升华,相关法律的立改废工作加
快,我国可持续发展法律的体系日臻完善。

纵观我国可持续发展法律体系三个阶段的演进,可以看出我国相
关立法数量不断增多,法律制定、修改的速度变快,法律内容日益完
善。与此同时,日益庞大的可持续发展法律体系也存在一些问题,主要
表现在以下两个方面:第一,现行立法基本是环境单要素立法,即以大
气、水、海洋、土壤等为对象分别进行立法,割裂了环境各要素之间的
相互联系,这种立法模式与"山水林田湖草是一个生命共同体"的科学
理念不相吻合;第二,数量庞大的单行立法造成法律规范之间有的叠床
架屋、重复立法,有的相互冲突,这对于可持续发展法律的守法、行政
执法与司法实践均会产生负面影响。解决这些问题的路径之一是我国
可持续发展法律体系朝着简化、系统化、科学化的方向迈进,具体方案
是借鉴我国《民法典》的编纂,制定一部《环境法典》。

二、可持续发展的统领性法律

我国可持续发展的法律体系主要由两大部分构成,一是涉及可持续
发展的专项立法,二是可持续发展的统领性立法,即是指专项立法之外
其他法律部门如宪法、民法和刑法中关于可持续发展及其保障的规定。

1. 宪法关于可持续发展的规定

目前大多数国家在宪法中都有保护环境资源、保障可持续发展的
相关规定,而且这些规定是该国制定专门环境资源法律规范的立法依
据和基本准则。例如,《瑞士联邦宪法》第 73 条规定:"联邦和各州应

当努力实现自然以及可再生能力与人类对自然的需求之间的平衡与可持续发展。"我国《宪法》中有不少部分涉及可持续发展与环境保护的规范,其中第 9 条第 1 款规定了自然资源的国家所有权:"矿藏、水流、森林、山岭、草原、荒地、滩涂等自然资源,都属于国家所有即全民所有;由法律规定属于集体所有的森林和山岭、草原、荒地、滩涂除外。"第 9 条第 2 款规定了国家对自然资源的合理利用与保护义务:"国家保障自然资源的合理利用,保护珍贵的动物和植物。禁止任何组织或者个人用任何手段侵占或者破坏自然资源。"第 26 条规定了国家的环保义务:"国家保护和改善生活环境和生态环境,防治污染和其他公害。国家组织和鼓励植树造林,保护林木。"

2018 年《宪法修正案》在宪法序言中将生态文明、美丽中国建设纳入"国家的根本任务"之中,在国家机构章节中将领导和管理生态文明建设纳入国务院的职权。生态文明入宪,"标志着宪法将生态文明所具备的规划国家发展目标、实现中华民族永续发展、伟大复兴以及保障人民美好生活的政治整合功能予以了根本法上的确认,标志着生态文明从政治规范走向了法律规范"。[1] 我国《宪法修正案》中的生态文明条款与宪法第 9 条自然资源国家所有和国家保护条款、第 26 条国家保护和改善环境的环保国策条款以及其他具有环保意义的隐形宪法条款,一同构成了当今中国的"环境宪法"。[2] 这就为可持续发展的立法及其实施提供了比较坚实的宪法基础。

2. 民法关于可持续发展的规定

2020 年 5 月 28 日,十三届全国人大三次会议审议通过了《中华人民共和国民法典》,这是新中国成立以来第一部以"法典"命名的法律,被称为"社会生活的百科全书"。我国《民法典》有关可持续发展的规

---

[1]　张震:"中国宪法的环境观及其规范表达",《中国法学》2018 年第 4 期。

[2]　参见吴卫星:"宪法环境权的可诉性研究",《华东政法大学学报》2019 年第 6 期。

定主要有:《民法典》"总则编"第9条规定的"绿色原则":"民事主体从事民事活动,应当有利于节约资源、保护生态环境。"该原则的具体内容贯彻体现于法典"物权编""合同编"和"侵权责任编"之中,例如"物权编"第294条规定了不动产所有权人的不可量物侵害防止义务:"不动产权利人不得违反国家规定弃置固体废物,排放大气污染物、水污染物、土壤污染物、噪声、光辐射、电磁辐射等有害物质。"该编第326条、第346条分别规定了物权人行使权利和设立建设用地使用权应当符合保护和节约资源、保护生态环境的要求。"合同编"第509条规定了当事人履行合同时避免浪费资源、污染环境和破坏生态的义务,第558条规定了债权债务终止后当事人的旧物回收义务。"侵权责任编"第七章专章规定了"环境污染与生态破坏责任",共7个条文,其中第1234条和1235条分别规定了生态环境损害的修复责任与赔偿责任(赔偿的损失和费用范围),为生态环境损害的责任追究与承担提供了法律依据。

3. 刑法关于可持续发展的规定

鉴于环境问题及其危害的严重性,各国除了采用行政手段以外,也制定刑法采用刑罚手段来予以回应。1997年《中华人民共和国刑法》在第二编第六章"妨害社会管理秩序罪"的第六节规定了"破坏环境资源保护罪",2011年全国人大常委会通过的《刑法修正案(八)》对刑法涉及的环境犯罪条款做了修改。我国现行刑法及相应的修正案共设立了15个破坏环境资源保护罪的罪名,包括污染环境罪、非法处置进口的固体废物罪、擅自进口固体废物罪等3个污染环境类犯罪以及非法捕捞水产品罪、非法采矿罪、非法狩猎罪、盗伐林木罪等12个破坏自然资源类犯罪。《刑法修正案(八)》将1997年《中华人民共和国刑法》第338条规定的"重大环境污染事故罪"修改为"污染环境罪":"违反国家规定,排放、倾倒或者处置有放射性的废物、含传染病病原体的废物、有毒物质或者其他有害物质,严重污染环境的,处三年以下有期徒刑或者拘役,并处或者单处罚金;后果特别严重的,处三年以上七年以下有期徒刑,并处罚金。"与"重大环境污染事故罪"相比,^①新规定将"造成重大环境污染事故,致使公私财产遭受重大损失或者人身伤亡的严重后果"修改为"严重污染环境",取消了"致使公私财产遭受重大损失或者人身伤亡的严重后果"这一结果要件。这意味着"污染环境罪"将生态环境法益作为刑法保护的独立法益,与修改前相比,降低了环境犯罪的入罪门槛,有利于打击环境犯罪行为,加强生态环境的刑法保护力度。2020 年 12 月 26 日,全国人大常委会审议通过了《刑法修正案(十一)》,对"污染环境罪"做了修改,提高了部分严重污染环境犯罪的法定刑,规定有四种情形的"处七年以上有期徒刑,并处罚金"。

三、可持续发展的专项立法

可持续发展具有丰富的内涵,"可持续发展的概念中包含着制约的因素——不是绝对的制约,而是由目前的技术状况和环境资源方面的社会组织造成的制约以及生物圈承受人类活动影响的能力造成的制约。"^②环境与资源是人类社会存在和发展的基础和保障,人类的发展必须要以不损害支持地球生命的大气、水、土壤、生物等自然条件为前提,必须要充分考虑资源的临界性,必须要适应环境与资源的承载能力,以实现生态环境的可持续性和资源的永续利用。因此,"可持续发展概念本身是从自然环境的污染、保护的角度引申出来的观念,就其直

---

① 修改前的《中华人民共和国刑法》第 338 条规定:"违反国家规定,向土地、水体、大气排放、倾倒或者处置有放射性的废物、含传染病病原体的废物、有毒物质或者其他危险废物,造成重大环境污染事故,致使公私财产遭受重大损失或者人身伤亡的严重后果的,处三年以下有期徒刑或者拘役,并处或者单处罚金;后果特别严重的,处三年以上七年以下有期徒刑,并处罚金。"

② 世界环境与发展委员会著:《我们共同的未来》,王之佳等译,吉林人民出版社 1997 年版,第 10 页。

接含义来说,某项人类活动减少、杜绝环境污染或使资源在一定程度上持续利用,此项人类活动则符合可持续发展的原则"[①]。1989 年 5 月举行的联合国环境署第 15 届理事会,在其通过的《关于可持续发展的声明》中指出:"可持续发展意味着维护、合理使用并且提高自然资源基础,意味着在发展计划和政策中纳入对环境的关注和考虑。"因此,我国可持续发展的专项立法主要是指环境与资源保护法。

所谓环境与资源保护法,是指为实现人类与自然的和谐和经济社会的可持续发展,调整人们在开发、利用、保护和改善资源环境以及防治污染和其他公害的过程中所产生的各种社会关系的法律规范的总称。包含以下几方面的内容:第一,环境与资源保护法的目的是要在人类与环境之间建立起一种协调和谐的关系,以实现经济社会的可持续发展。这是环境与资源保护法与其他部门法的根本区别所在;第二,保护和改善环境与防治污染和其他公害是环境与资源保护法的两项基本任务;第三,由于环境与资源保护法的庞杂性和发展历史较短,目前绝大多数国家都未制定环境与资源保护法。从法律渊源来看,环境与资源保护法是由一系列的法律共同组成的,是若干法律规范的总称,而不是仅指一两部环境保护法律。

我国现行环境与资源保护法本身就是一个比较庞大的法律体系,按照法律规范的内容和功能标准,可以将环境与资源保护法分为环境与资源保护综合性立法、污染防治法、自然资源和生态保护法、特殊区域保护法四大类型。[②]

1. 环境与资源保护综合性立法

这方面的综合性立法主要有《环境保护法》《环境影响评价法》

---

① 刘燕华、周宏春主编:《中国资源环境形势与可持续发展》,经济科学出版社 2001 年版,第 323 页。

② 参见张璐主编:《环境与资源保护法学》,北京大学出版社 2018 年版,第 26 页。

《清洁生产促进法》《循环经济促进法》，其中《环境保护法》是我国环境保护领域的基本法。现行《环境保护法》共分七章，规定了我国环境保护的基本原则、基本制度，其中第一章规定了环境保护的基本原则，即"保护优先、预防为主、综合治理、公众参与、损害担责"。第二章"监督管理"规定的基本制度主要有环境保护规划制度、环境标准制度、环境监测制度、环境影响评价制度，查封扣押制度，环境保护目标责任制和考核评价制度。第三章"保护和改善环境"规定的基本制度主要有生态保护红线制度，生态保护补偿制度，环境调查、监测、评估和修复制度。第四章"防治污染和其他公害"规定的基本制度主要有清洁生产制度、"三同时"制度、排污收费（税）制度、总量控制和"区域限批"制度、排污许可制度、突发环境事件的预警和应急制度。第五章"信息公开和公众参与"主要规定了政府和企业信息公开制度、公众参与环评制度、举报制度、环境公益诉讼制度。第六章"法律责任"主要规定了按日计罚制度、限产停产制度及其他法律责任制度。

2. 污染防治法

我国有关污染防治的法律主要有《大气污染防治法》《水污染防治法》《固体废物污染环境防治法》《海洋环境保护法》《环境噪声污染防治法》《反射性污染防治法》和《土壤污染防治法》等。

3. 自然资源和生态保护法

这方面的立法主要有《水法》《水土保持法》《土地管理法》《渔业法》《森林法》《草原法》《野生动物保护法》《矿产资源法》《防沙治沙法》《生物安全法》等。

4. 特殊区域保护法

这方面的法律包括《海岛保护法》《风景名胜区条例》《自然保护区条例》《地质遗迹保护管理规定》《森林公园管理办法》等，特别是2020年12月26日全国人大常委会通过了《长江保护法》，这是我国第一部流域管理法律，它规定了资源保护、水污染防治、生态环境修复、绿色发展等方面的内容，对于促进我国长江大保护和可持续发展立法转型具有重要意义。

第三节　可持续发展法律的实施

法律的实施是将文本中的法律转变为社会生活中的法律的过程，即将法律中的权利义务等规定予以贯彻、实现的过程，它主要包括行政执法、司法、法律监督等环节。从法经济学角度而言，改善可持续发展法律的实施需要通过加强惩罚从而对违法行为人增加威慑力。预期的惩罚等于惩罚概率（惩罚的确定性）与惩罚力度（惩罚的严厉性）的乘积。[①]可持续发展与环境保护主要关乎公共利益，因此与可持续发展司法相关的主要是环境公益诉讼以及近几年才推行的生态环境损害赔偿诉讼。在我国当下，环境公益诉讼主要包括社会组织提起的生态环境民事公益诉讼和人民检察院提起的生态环境行政与民事公益诉讼，人民检察院是以专门法律监督机关的身份提起公益诉讼的，故这类公益诉讼具有鲜明的法律监督性质。

一、生态环境损害赔偿诉讼

我国可持续发展法律中的"生态环境损害"大致等同于美国法上的"自然资源损害"（natural resource damage）和欧盟法上的"环境损害"（environmental damage），是指因污染环境和破坏生态造成大气、地表水、地下水、土壤、森林等环境要素及植物、动物、微生物等生物要素的不利改变，以及上述要素构成的生态系统功能退化。环境侵权行为

[①]　参见罗伯特·考特、托马斯·尤伦著：《法和经济学》，史晋川等译，格致出版社、上海三联书店、上海人民出版社 2012 年版，第 471 页。

造成的损害包含两类，一类是以生态环境为媒介，对其他法律主体造成的人身或财产等私益损害；一类则是对生态环境本身造成的公益损害即生态环境损害。传统侵权法以私益救济为基础，通过对民事主体人身权、财产权的救济起到间接保护生态环境的作用，而生态环境损害赔偿制度体现的是对生态环境本身的直接保护。

（一）生态环境损害赔偿诉讼制度的基本框架

生态环境损害赔偿诉讼是一项新型制度，2015 年中共中央办公厅、国务院办公厅印发《生态环境损害赔偿制度改革试点方案》（中办发〔2015〕57 号），授权吉林、江苏、山东、湖南、重庆、贵州、云南七个省份开展生态环境损害赔偿制度改革试点工作。2017 年中共中央办公厅、国务院办公厅印发《生态环境损害赔偿制度改革方案》（中办发〔2017〕68 号），明确自 2018 年 1 月 1 日起在全国范围内试行生态环境损害赔偿制度。2019 年《最高人民法院关于审理生态环境损害赔偿案件的若干规定（试行）》（以下简称《审理规定》）对生态损害赔偿诉讼的受案范围、管辖、证据、责任形式、生态损害赔偿诉讼与民事公益诉讼之关系等做出具体规定。2020 年颁布的《民法典》在"侵权责任编"第 1234 条和 1235 条规定了生态环境损害的修复责任与赔偿责任，从而为生态环境损害赔偿诉讼奠定了实体法依据。

生态环境损害赔偿诉讼的适用范围限于发生较大及以上突发环境事件的，在国家和省级主体功能区规划中划定的重点生态功能区、禁止开发区发生环境污染、生态破坏事件的发生及其他严重影响生态环境后果的三类。根据《国家突发环境事件应急预案》对突发环境事件的分级标准，突发环境事件分为一般、较大、重大、特别重大四类。根据该分级标准，对构成较大、重大、特别重大级别的突发环境事件可提起生态环境损害赔偿诉讼。

根据《生态环境损害赔偿制度改革方案》之规定，生态环境损害的赔偿权利人为国务院授权的省级、市地级政府（包括直辖市所辖的区县级政府），省级、市地级政府可指定相关部门或机构负责生态环境损害赔偿具体工作。省级、市地级政府及其指定的部门或机构均有权提起诉讼。我国可持续发展的特别立法可能会对生态环境损害的赔偿权利人做出具体的特殊规定，例如 2019 年修订的《森林法》第 68 条规定："破坏森林资源造成生态环境损害的，县级以上人民政府自然资源主管部门、林业主管部门可以依法向人民法院提起诉讼，对侵权人提出损害赔偿要求。"根据该规定，森林资源的生态环境损害赔偿诉讼由县级以上人民政府的自然资源主管部门、林业主管部门提起，省级、市地级政府不得提起该类诉讼。

生态环境损害赔偿诉讼的程序特殊性在于磋商是诉讼必经的前置程序。生态环境损害赔偿诉讼旨在修复生态环境，而非惩罚赔偿义务人。磋商程序体现了民法上的平等与意思自治原则，便于达成赔偿协议、提高修复效率。未达成磋商协议的，赔偿权利人才能提起诉讼。另外，磋商协议可通过申请司法确认的方式获得强制力保障。当赔偿义务人不履行或不完全履行赔偿协议时，赔偿权利人可向人民法院申请强制执行。以"九江市人民政府与江西正鹏环保科技有限公司、杭州连新建材有限公司一审案"[①] 为例，在依法追究被告公司及各被告人刑事责任的基础上，江西省九江市人民政府充分发挥磋商作用，促使案外公司达成协议并积极履行修复和赔偿义务；对未达成磋商协议的赔偿义务人提起诉讼，实现了诉前磋商与提起诉讼的有效衔接。

根据《民法典》第 1235 条之规定，生态环境损害赔偿诉讼的赔偿范围包括：（1）生态环境受到损害至修复完成期间服务功能丧失导致

---

① 参见九江市人民政府与江西正鹏环保科技有限公司、杭州连新建材有限公司等生态环境损害赔偿责任纠纷案，江西省九江市中级人民法院（2019）赣 04 民初 201 号民事判决书。

的损失;(2)生态环境功能永久性损害造成的损失;(3)生态环境损害调查、鉴定评估等费用;(4)清除污染、修复生态环境费用;(5)防止损害的发生和扩大所支出的合理费用。其中第一类损失被称为期间损害,是指受损生态环境从损害发生到其恢复至基线状态期间提供生态系统服务的损失量。永久性损害是指受损生态环境及其服务难以恢复,其向公众或其他生态系统提供服务的能力完全丧失,该损害只能通过价值估算确定。清除污染、修复生态环境费用的计算较为复杂,司法实践中使用了环境违法利益计算法、以排污费一定比例计算法、危险消除计算法、鉴定机构确定法等。[①]

(二)生态环境损害的评估与鉴定

生态环境利益往往是无形的、没有市场的、难以用货币衡量的。联合国千年生态系统评估(The Millennium Ecosystem Assessment, MA)系统地提出了生态系统服务理论,将生态系统服务定义为人类从生态系统中获得的惠益,包括:供给服务,如食物、淡水、木材和纤维;调节服务,如调节气候、洪水、疾病、废物和水质;文化服务,如休闲、审美和精神享受;支持服务,如土壤形成、光合作用及营养循环。[②]其中除了供给服务中生态系统为人类提供的食物、木材等具有市场价格外,绝大多数生态系统服务具有公共物品属性,没有直接的市场价格。

现代环境经济学一般将环境资源的价值称为总经济价值(Total Economic Value, TEV),它由使用价值(Use Value, UV)和非使用价值(Non Use Value, NUV)构成。其中使用价值包括了直接使用价值、间接使用价值和选择价值。所谓非使用价值一般也称之为存在价值,

---

① 参见黄薇主编:《中华人民共和国民法典释义》,法律出版社 2020 年版,第 2410—2411 页。

② 参见世界资源研究所著:《生态系统与人类福祉:生物多样性综合报告》,国家环境保护总局履行《生物多样性公约》办公室译,中国环境科学出版社 2005 年版,第 1 页。

是指人们在知道某种资源存在时，即便他们永远不会直接利用该资源而对其可能设定的价值。[①]

上述环境价值的构成中，直接使用价值最易于评估，非使用价值最难于评估。不过，现代经济学家可以通过多种评估方法计算环境资源的经济价值。环境评价方法按照市场信息的完全与否分为市场价值法、替代市场法和假想市场法，当被估价的环境资源存在市场价值时就可以用市场价值法进行估价，具体有生产率变动法、疾病成本法、人力资本法、机会成本法、预防性支出法、重置费用法和重新选址成本法等。当某些环境资源本身没有市场价格来直接衡量时，可以寻找替代物的市场价格来衡量，这被称为替代市场价值法，主要包括旅行费用法和内涵资产定价法。在连替代市场都难以找到的情况下，只能人为地创造假想的市场来衡量环境质量及其变动的价值，通常把这种方法称为假想市场法，其主要形式是意愿调查评估法，即直接通过询问来得到人们对环境的评价。假想市场法是环境价值评价的最后一道防线，任何不能通过其他方法进行的环境评价几乎都可以用假想市场法来进行。[②]

鉴于生态环境价值的不确定性，在生态环境损害赔偿诉讼中可以根据具体情况采取以下两种灵活方法。[③]

第一，在确定生态损害赔偿数额时，生态环境资源价值如果可以采用多种方法评价，出于慎重考虑，可以选择一个最低或较低的评估值，或者选取多种评估结果的平均值。

[①] 参见马中主编：《环境与资源经济学概论》，高等教育出版社1999年版，第94—96页；《千年生态系统评估报告集》（二），赵士洞等译，中国环境科学出版社2007年版，第B61页。

[②] 参见张帆、李东著：《环境与自然资源经济学》，格致出版社、上海人民出版社2007年版，第79—118页。

[③] 参见吴卫星："论环境规制中的结构性失衡——对中国环境规制失灵的一种理论解释"，载《南京大学学报》2013年第2期。

第二,环境资源具有多种服务功能,有的易于计算、有的难以计算,此时可以就某一项或某几项易于计算的功能评估其价值。例如,湿地既具有净化水质的功能,又具有调节气候、调蓄洪涝干旱、保持生物多样性等功能。其中净化水质功能比较容易通过替代成本法(亦可称为影子工程法)进行经济评估,那么在湿地生态价值评估时,至少应当包含净化水质功能的经济价值。例如在韩国,人们利用替代成本法来估算滨海湿地在处理废水和污染物方面所产生的效益,在此情况下,修建和运营废物处理厂的成本,即作为湿地生态系统服务的替代成本。①

二、环境公益诉讼

环境公益诉讼,是指享有原告资格的主体对已经损害社会公共利益或者具有损害社会公共利益重大风险的污染环境、破坏生态的行为提起的诉讼,其与传统诉讼的最显著差异在于突破了原告资格的限制。传统诉讼要求原告与案件有直接利害关系,但环境公益诉讼允许与案件无直接利害关系的原告为维护公共环境利益提起诉讼。根据被告主体的不同,环境公益诉讼分为民事公益诉讼与行政公益诉讼两类。

(一)环境民事公益诉讼

2012年修改的《民事诉讼法》是我国第一部规定(环境)公益诉讼的法律,其第55条明确法律规定的机关和有关组织可对污染环境的行为提起诉讼,为在环保领域放宽原告资格做出铺垫。2014年《环境保护法》第58条正式授予社会组织起诉资格。2015年《最高人民法院关于审理环境民事公益诉讼案件适用法律若干问题的解释》(以下简称《民事解释》)对原告资格、管辖、立案材料、诉讼请求、证据等事项做出详细的规定,方便人民法院正确审理环境民事公益诉讼案件。同年,

---

① 参见《千年生态系统评估报告集》(二),赵士洞等译,中国环境科学出版社2007年版,第B62页。

全国人大常委会授权最高人民检察院在部分地区开展公益诉讼改革试点工作。2017年《民事诉讼法》修改，在原55条的基础上新增第2款，正式授予检察机关在"破坏生态环境和资源保护"等领域的原告资格。2018年《最高人民法院最高人民检察院关于检察公益诉讼案件适用法律若干问题的解释》（以下简称《检察解释》）授权检察机关可在就环境犯罪行为提起刑事诉讼时一并提起附带民事公益诉讼。由此，符合条件的行政机关、社会组织、人民检察院可提起环境民事公益诉讼。

社会组织需满足依法在设区的市级以上人民政府民政部门登记及专门从事环境保护公益活动连续五年以上且无违法记录两个条件才可提起诉讼。实践中的适用难点在于"专门从事环境保护公益活动"的理解与社会组织的原告资格认定。根据《民事解释》第4条的规定，审查社会组织是否"专门从事环境保护公益活动"，应重点从其宗旨和业务范围是否包含维护环境公共利益，是否实际从事环境保护公益活动，以及所维护的环境公共利益是否与其宗旨和业务范围具有关联性三个方面进行。在"中国生物多样性保护与绿色发展基金会与宁夏瑞泰科技股份有限公司环境污染责任纠纷申请再审案"[①]中，一审、二审法院以中国生物多样性保护与绿色发展基金会（以下简称"绿发会"）的章程不具备"从事环境保护公益活动"且其登记证书确定的业务范围没有从事环境保护的业务为由，认定绿发会不具备原告资格。然而，再审法院经审理认定，绿发会提交的历史沿革、公益活动照片等资料足以显示绿发会自1985年成立以来长期从事包括举办环境保护研讨会、组织生态考察、开展环境保护宣传教育、提起环境民事公益诉讼等环境保护活动，符合环境保护法和环境公益诉讼司法解释的规定，应当享有原告

---

① 参见中国生物多样性保护与绿色发展基金会与宁夏瑞泰科技股份有限公司环境污染责任纠纷申请再审案，中华人民共和国最高人民法院（2016）最高法民再47号民事裁定书。

资格。通过该案例可知,对于社会组织宗旨和业务范围是否包含维护环境公共利益,应根据其内涵而非简单依据文字表述做出判断。

人民检察院在环境民事公益诉讼中可能担任两类角色,一类是在其他符合规定的原告提起诉讼的情形下,通过提供法律咨询、提交书面意见、协助调查取证等方式支持起诉;另一类是在没有符合规定的机关和组织或前两者不提起诉讼的情况下依法公告,公告期三十日届满后作为公益诉讼起诉人提起诉讼。

出于维护环境公益的目的,环境民事公益诉讼制度做出诸多特别规定。(1)人民法院享有司法主动权。人民法院认为原告提出的诉讼请求不足以保护社会公共利益的,可以向原告释明变更或者增加停止侵害、恢复原状等诉讼请求;应当自行调查收集其认为对审理案件有必要的证据;应当不予确认原告在诉讼过程中承认的对己方不利的事实和认可的证据;享有对调解协议或者和解协议的审查权,当协议内容损害社会公共利益时不出具调解书等。(2)公益诉讼的提起不影响私益诉讼。公民、法人和其他组织因侵权行为遭受人身、财产损害的,可另行提起私益诉讼。(3)为激励更多符合条件的社会组织提起环境公益诉讼,人民法院可支持被告承担检验、鉴定费用,合理的律师费以及为诉讼支出的其他合理费用以减轻社会组织经济负担。

(二)环境行政公益诉讼

环境行政公益诉讼的起步晚于民事公益诉讼。2015年全国人大常委会授权最高人民检察院在部分地区开展公益诉讼(包括行政公益诉讼)改革试点工作,2017年6月27日,全国人大常委会修改《行政诉讼法》,在原法第25条增加第3款规定,授权检察机关"在履行职责中发现生态环境和资源保护、食品药品安全、国有财产保护、国有土地使用权出让等领域负有监督管理职责的行政机关违法行使职权或者不作为,致使国家利益或者社会公共利益受到侵害的",在履行诉前程序后可以提起环境行政公益诉讼。2018 年《检察解释》对行政公益诉讼做出的具体规定可适用于环境领域。由此,环境行政公益诉讼的法律基础日臻完善。

环境行政公益诉讼分为发现线索并调查核实、诉前程序、提起诉讼三个阶段。其中,诉前程序是指检察机关在提起环境行政公益诉讼前,应当向行政机关提出检察建议,督促其纠正违法行为或者依法履行职责。只有当行政机关拒不纠正违法行为或者不履行法定职责,国家和社会公共利益仍处于受侵害状态时,人民检察院才可以提起行政公益诉讼。因此,检察机关在提起诉讼时应当提交证据,证明被告违法行使职权或者不作为致使国家利益或者社会公共利益受到侵害,以及行政机关在检察机关已经履行诉前程序的情形下仍不依法履行职责或者纠正违法行为。以"公益诉讼人剑川县人民检察院诉剑川县森林公安局怠于履行法定职责案"[1] 为例,行政处罚决定做出 3 年后,两被告均未履行林地恢复原状的责任,且行政机关没有代履行。对此,检察院向行政机关发出检察建议,建议其采取有效措施恢复森林植被。检察机关在行政机关接到《检察建议书》后仍未采取积极措施的情形下提起环境行政公益诉讼。

三、环境行政执法

可持续发展法律除了通过司法予以强制实施之外,还包括通过行政途径即行政执法程序得以实施。然而,长期以来,我国可持续发展法律面临的一个问题是行政执法疲软,主要原因之一是立法中的制度不合理,执法手段有限,企业违法成本低、守法成本高。2015 年生效的新《环境保护法》在这方面做了很大的改善,确立了按日连续处罚、查封

---

[1]　参见剑川县人民检察院诉剑川县森林公安局怠于履行法定职责案,云南省剑川县人民法院(2017)云 2931 行初 1 号行政判决书。

扣押、限产停产以及移送拘留四类比较强有力的行政执法措施,同时原环境保护部(现生态环境部)等部门出台了四部配套执行办法:《环境保护主管部门实施按日连续处罚办法》《环境保护主管部门实施查封、扣押办法》《环境保护主管部门实施限制生产、停产整治办法》《行政主管部门移送适用行政拘留环境违法案件暂行办法》,以更好落实前述执法措施。

（一）按日连续处罚

《环境保护法》第 59 条第 1 款规定:"企业事业单位和其他生产经营者违法排放污染物,受到罚款处罚,被责令改正,拒不改正的,依法做出处罚决定的行政机关可以自责令改正之日的次日起,按照原处罚数额按日连续处罚。"根据该规定,按日连续处罚的适用条件有三个:第一,企事业单位和其他生产经营者存在违法排污行为,最主要的情形是"超标超总量",即超过污染物排放标准或者超过重点污染物排放总量排放污染物;第二,实施违法排污行为的主体受到了罚款处罚;第三,被责令改正却拒不改正。其法律效果是自责令改正的次日起至主管部门复查发现仍然违法排放污染物行为之日止,按照原处罚数额按日连续处罚。按日连续处罚制度自实施以来取得了良好的效果,虽然该类案件数量占环境执法总案件数比例不大,但是罚款数额却很高,极大地改善了"守法成本高、违法成本低"的现状。例如河南省洛阳市新安县某公司因超标排放氮氧化物且一年多未能整改到位,被当地环保部门按日连续处罚 9663 万元。[1]

（二）查封、扣押

查封、扣押在性质上属于行政执法中的行政强制措施,查封一般是针对不易或不能移动的设施设备或者场所等进行就地封存,而扣押一

---

[1]　参见王灿发主编:《〈环境保护法〉实施评估报告(2016)》,中国政法大学出版社 2019 年版,第 185 页。

般是将可移动的设施、设备、物品等移置于行政机关的控制范围内。作为行政强制措施,查封、扣押的实施主体必须由法律明确规定。在新环保法实施前,环保机关并没有相应的查封、扣押权。实践中如果发现需要查封、扣押的情形,只能申请人民法院执行,但对于造成或可能造成环境污染,急需对相关设施设备予以查封、扣押的紧急情形,申请法院执行不利于对环境的立刻有效保护。基于此种情形,新《环境保护法》第25条对环境执法机关赋予了查封、扣押权。同时《环境保护主管部门实施查封、扣押办法》详细地规定了查封、扣押的相关程序,主要有调查取证、审批、决定、执行、送达、解除。查封、扣押措施的实施主体是县级以上人民政府环境保护主管部门,查封、扣押的对象是造成或可能造成严重污染的违法排污的设施设备,适用条件是企事业单位和其他生产经营者违反法律法规规定排放污染物,造成或可能造成严重污染。值得注意的是,环境保护单行法中的《大气污染防治法》《土壤污染防治法》以及《固体废物污染环境防治法》有关查封扣押的适用条件均增加了"有关证据可能灭失或被隐匿",因此在查封、扣押的对象上除了相关设施、设备外,增加了"物品"。同时,《固体废物污染环境防治法》还增加了"证据非法转移"的适用条件,在查封、扣押对象上单独增加了"工具"和"场所"。

　　值得注意的是,《环境保护法》第25条的查封、扣押措施适用于环境污染或者环境保护领域,我国自然资源立法大多没有赋予相应行政主管部门以查封、扣押权,只有个别立法有相关规定。例如《森林法》第67条第1款规定:"县级以上人民政府林业主管部门履行森林资源保护监督检查职责,有权采取下列措施:(一)进入生产经营场所进行现场检查;(二)查阅、复制有关文件、资料,对可能被转移、销毁、隐匿或者篡改的文件、资料予以封存;(三)查封、扣押有证据证明来源非法的林木以及从事破坏森林资源活动的工具、设备或者财物;(四)查封与破坏森林资源活动有关的场所。"

（三）限产停产

新《环境保护法》第 60 条规定，排污者超过污染物排放标准或者超过重点污染物排放总量控制指标排放污染物的，环境保护主管部门可以责令其采取限制生产、停产整治等措施。该项制度取代了我国环境保护中的限期治理制度，1989 年《环境保护法》第 29 条规定："对造成环境严重污染的企业事业单位，限期治理。"逾期未完成治理任务的，可以根据所造成的危害后果处以罚款，或者责令停业、关闭。但是该项制度中未完成整改才予以处罚的规定，导致其在适用中异化为企业在限期治理期间违法排污的"保护伞"。因此，在 2014 年修订的《环境保护法》中删除了关于限期治理的规定，代之以规定限产停产措施。相比较于限期治理，新环保法明确了在限产停产期间如果存在违法排污行为仍然要予以处罚，情节严重者可以经批准责令关闭、停产，防止违法企业投机取巧。同时《环境保护主管部门实施限制生产、停产整治办法》（以下简称《限产停产办法》）细化了限产停产的实施程序，使得限产停产措施更具有可操作性。

根据《环境保护法》第 60 条规定，限产停产的适用对象主要是"超标排放"行为和"超过重点污染物指标排放"行为，《限产停产办法》详细规定了三类不同措施的适用情形，该办法第五条规定了适用限制生产措施的情形，第六条规定适用停产整治措施的情形，第八条规定了适用停业、关闭措施的情形。但各单行法一般对这三类措施不予严格区分，对于适用限产、停产的情形，情节严重时一般同时规定可申请有权人民政府责令停业或关闭。且各单行法依据各自污染防治特征，增加了限产、停产的适用对象。比如《大气污染防治法》《水污染防治法》以及《固体废物污染防治法》增设了无证排污适用限产停产乃至停业关闭的措施。限产停产的适用条件主要有三个：第一，企业存在超标或超总量排污行为或单行法规定的其他可以实施限产停产的违法行为；第二，执法机关履行相关的调查、取证以及告知违法者相关权利等法定程序后可做出限产停产决定；第三，执法机关做出限产停产整治决定时，应当责令排污者改正或限期改正违法行为并依法处罚。

（四）移送拘留

移送拘留是指企业事业单位和其他生产经营者有特定违法情形尚未构成犯罪的，对相关人员予以行政拘留。行政拘留作为环境执法手段的规定始于 2008 年修订的《水污染防治法》第 90 条之规定："违反本法规定，构成违反治安管理行为的，依法给予治安管理处罚。"该条虽未直接规定行政拘留，但是依据《治安管理处罚法》的相关规定和《全国人大常委会法工委对违法排污行为适用行政拘留处罚问题的意见》（法工委复〔2008〕5 号），排污单位违反国家规定，向水体排放、倾倒毒害性、放射性、腐蚀性物质或者传染病病原体等危险物质，构成非法处置危险物质的违反治安管理行为的，可以由公安机关对单位直接负责的主管人员和其他直接责任人员依法给予行政拘留处罚。

新《环境保护法》第 63 条在《水污染防治法》第 90 条规定的基础上进一步明确了行政拘留在环境保护领域的适用，移送拘留的对象是违法企业事业单位和其他生产经营者中的直接负责的主管人员和其他直接责任人员，适用范围有以下四种情形：（1）建设项目未依法进行环境影响评价，被责令停止建设，拒不执行的；（2）违反法律规定，未取得排污许可证排放污染物，被责令停止排污，拒不执行的；（3）通过暗管、渗井、渗坑、灌注或者篡改、伪造监测数据，或者不正常运行防治污染设施等逃避监管的方式违法排放污染物的；（4）生产、使用国家明令禁止生产、使用的农药，被责令改正，拒不改正的。《行政主管部门移送适用行政拘留环境违法案件暂行办法》细化了上述四类违法行为并规范了移送拘留的程序。

我国个别自然资源立法中也有涉及行政拘留的治安管理处罚规定,例如《森林法》第 82 条第 2 款规定,违反本法规定,构成违反治安管理行为的,依法给予治安管理处罚。该款涉及治安管理处罚的情形主要包括:(1)拒绝、阻碍县级以上人民政府林业主管部门依法实施监督检查的;(2)伪造、变造或者买卖林木采伐许可证,买卖或者使用伪造、变造的林木采伐许可证的;(3)盗伐林木的,开垦、采石、采砂、采土或者其他活动造成林木或者林地毁坏的。[①] 以上情形涉及治安管理处罚责任的形式包括罚款和行政拘留。

[①] 杨合庆主编:《中华人民共和国森林法释义》,法律出版社 2020 年版。

第二十章 实现可持续发展的文化建设

可持续发展是经济增长、社会进步和生态平衡等多种目标的统一。可持续发展不仅是经济和生态问题,也是文化问题,即人们的自然观、价值观、道德观以及社会习俗等观念形态。文化显著影响可持续发展的微观行为和宏观政策。与此相应,实现可持续发展仅仅依靠与经济利益相关的价格机制、产权制度和政府规制是不够的,还需要充分发挥文化的作用,通过优秀文化建设使人类以更加自律、节制的方式对待财富的获取和资源环境的利用,从而避免由于人类认知局限和正式制度安排滞后导致的资源和环境破坏。

第一节 文化与可持续发展

文化的概念十分宽泛,其主要内涵和作用机制也很丰富。这里,我们从制度经济的视角,对文化的功能与价值及其在可持续发展中的作用做一分析。

一、非正式制度安排与可持续发展文化

文化,通常是指人类在社会历史发展过程中所创造的物质财富和精神财富的总和,特指精神财富。[①] 从源头来说,文化源于人们适应与改造环境的生产和生活;从可持续发展的视角,是指由知识、信仰、哲

---

① 《现代汉语词典》,商务印书馆 2000 年版。

学、法律、道德、艺术、风俗习惯等组成的观念形态。[①] 人的行为总是会受到其所处的文化环境的影响。

在新制度经济学的研究中,"制度"(institution)可以被定义为一系列被制定出来的规则、守法程序和行为的道德伦理规范,它旨在约束追求主体福利或效用最大化利益的个人行为。[②] 在诺思的经典框架中,制度包括正式制度、非正式制度以及二者的执行特征。[③] 这里所讨论的文化,主要是在经济治理中发挥作用的一种非正式制度安排。作为非正式制度,文化的功能或价值从经济学意义上主要表现在以下几个方面。

第一,约束经济主体追求利益最大化的行为。制度的关键功能之一是通过影响人们对不同行为可能产生结果的预期,进而影响当前的行为选择;文化作为制度的形态之一,具有同样的功能。好的文化有利于行为主体形成合理的预期,从而做出更有效率的资源配置选择,反之则可能导致短视行为和资源的低效配置;比如热爱自然的文化传统能够有效减少破坏环境的行为,因为公众的道德谴责一定程度上会阻碍潜在的可能通过破坏环境而牟取私利的人。

第二,文化是正式制度产生和变迁的"土壤",并为任何一种正式制度提供了根本上的"合法性"的认定规范。良好的文化有利于更好地促进正式制度的制定,保障和监督其有效实施,并在正式制度的相关规则与现实发展不相适宜时推动其合理演进。比如技术进步是现代经济增长的重要源泉,也是实现可持续发展的关键因素,技术引进的一个重要条件是适宜的制度创新,而制度创新的形式主要受文化传统的限

---

① 陈先达:《陈先达文集·第四卷:哲学与文化》,中国人民大学出版社 2006 年版。

② 道格拉斯·C. 诺思:《经济史中的结构与变迁》,陈郁、罗华平等译,上海三联书店 2003 年版。

③ 道格拉斯·C. 诺思:"新制度经济学及其发展",《经济社会体制比较》,路平、何玮编译,2002 年第 5 期。

制；如果诱致技术和制度创新的力量同植根于人们头脑中的传统规范不一致，对社会有利的创新就可能不会实现。[1]

第三，文化作为社会群体的一种共识，能够弥补正式制度的不足，并与正式制度一起，降低社会经济系统运行的交易成本。对于经济发展中的公共问题，在认知有限的条件下大量社会主体的无序参与必然导致高昂的交易成本和社会效率的损失。文化共识的建立事实上提供了群体治理的社会秩序和运行机制，从而得以有效降低主体参与的交易成本，并同时得以改善社会博弈过程中的信息对称程度，避免群体治理中可能存在的道德风险和逆向选择，最终改善社会整体的资源配置效率。[2]

第四，文化本身具有意识形态的功能。撇开政治领域关心的意识形态问题，意识形态可以简单理解为社会对某一问题形成的某种共识性认识，这种认识会影响或引导人们的行为选择。意识形态被认为是减少提供其他制度安排的服务费用的最重要的制度安排。意识形态这种功能的本质也可以被视作节约信息费用的一种工具，成功的意识形态可以通过给个人提供有选择性的激励来检查搭便车及减少强制执行法律和法院决议的费用，从而有效减少制度的运行成本，促进资源配置效率的改善。[3]

文化所具有的这四个方面的经济功能事实上是相互交织的，文化作为非正式制度与正式制度之间也存在相互的影响机制。在正常情况下，文化与正式制度一起，在各自的边界内通过人们对行为及其结果的预期间接影响人们的决策和行为的实施，并在正式制度相对模糊或难以实施的领域发挥其补充作用；同时，通过培育特定时期社会的某些价

---

① 速水佑次郎：《发展经济学——从贫困到富裕》，李周译，社会科学文献出版社2003年版。

② 刘向南：《区域生态用地规划管理研究》，中国大地出版社2014年版。

③ 林毅夫："关于制度变迁的经济学理论：诱致性变迁与强制性变迁"，《财产权利与制度变迁》，上海人民出版社1994年版。

值、道德共识以降低制度运行的成本,促进社会和经济的发展。当正式的制度与社会发展的现实要求出现矛盾时,积极的、健康的时代文化可能促进正式制度的有序演进,反之,落后的、保守的文化也可能制约正式制度的优化;而一旦正式制度发生改变,也会对文化产生影响,形成新的文化形态或内涵。

值得注意的是,特定时空背景下的文化并不一定有利于可持续发展的实现。文化对社会发展的影响具有两个相反的方面:或者推动社会前进,或者阻碍社会进步。对可持续发展的影响也是如此。马克思认为:"每一历史时代主要的经济生产方式、交换方式以及必然由此产生的社会结构,是该时代政治的和精神的历史所赖以确立的基础。"[1] 显然,如果一个社会的文化强调人与自然、人与人之间的和谐相处、相互尊重,人们在利用自然的过程中就更有可能遵循自然规律,不过度利用,为自然的恢复和他人的利用留有余地;反之,如果自私狭隘、唯利是图的文化占据了主导,就极易导致对自然不计后果地掠夺和滥用,造成生态的退化,削弱人类生存的资源环境基础。

文化在可持续发展体系中的作用,是和经济发展方式的转变、正式制度的演进相辅相成的。一旦可持续发展的文化共识得以形成,就会在引导人类养成资源节约、环境友好的行为选择,促进正式制度的制定、实施和演进,节约可持续发展过程中社会的交易成本以及积累成功的意识形态这种"社会资本"等方面发挥长期的重要影响。在人与自然关系的动态变化过程中,当一个社会的经济基础发生嬗变之时,如果能够成功地实现文化变革,那么,这种与新的经济基础相适应、代表了新的社会生活发展方向的新文化就会有力地推动社会进步,成功地实现经济转型。比如随着工业化时代的到来,人类对自然的利用能力变得空前强大,如果能够及时意识到其中隐含的对自然的威胁,在坚持人

---

[1] 马克思、恩格斯:《马克思恩格斯选集》(第 1 卷),人民出版社 1972 年版。

与自然相和谐的文化观下,强调通过投资和技术进步提高资源质量、增加资源的有效供给、促进资源间的合理替代,就可能有效规避人与自然矛盾的激化,保障可持续的工业化进程和人类福祉的改善。

二、可持续发展文化的主要形态

文化尽管属于精神领域,但它可以通过语言文字以及其他物质载体,使其由个人意识变为社会意识,由主观精神变为客观精神,从而形成一种社会文化环境。我们每个人都生活于某种文化体系处于主导地位的社会中,它将对我们每个人的生活发生巨大的影响。所谓人的社会化过程,就是接受文化的培育和熏陶的过程。即使没有受过正规教育,但社会风气和家庭环境,自小至大的耳濡目染,也往往使人被这种社会所"同化"。一个社会主体文化的重要作用,就是培养一代又一代人对该社会制度的归属感和认同感。从这个角度来看,在资源环境问题严峻的现实背景下,可持续发展文化的培育、扩散和传承,对影响个体形成积极、健康的自然观、价值观,进而形成生态友好的社会共识,引导人类资源环境利用行为的转变,就尤其具有重要的意义。

文化是一个非常宽泛的概念,从人类社会不同发展阶段影响可持续发展的文化形态及其作用来看,其主要内涵可以从如下几类来加以分析。

1. 自然的相关知识体系。知识是人类在观察现实世界的过程中形成的经过验证的、相对客观的、可被反复应用的经验性的认识,人类关于自然的相关知识体系对人类利用自然、改造自然的行为具有直接的指导作用。知识属于文化,而文化是感性与知识的升华。[①] 人类对自然的相关知识体系越先进、越完善,就越有利于形成合理的自然资源和环境的利用行为,反之则可能出现破坏自然、导致发展不可持续的行为。比如20世纪80年代以来,人类对生物多样性的保护从以珍稀物种的

---

① 雅克·阿塔利:《未来简史》,王一平译,上海社会科学院出版社2010年版。

保护为主转向以自然栖息地的保护为主，这与生物学、生态学等学科知识的进步密不可分，事实上也取得了显著的成效。

2. 自然观。自然观是人类对自然界总的看法。和知识不同的是，即使人类对自然的一些判断并未经过验证，也不妨碍人类对自然形成某些特定的主观认知。在知识水平相对低下的发展阶段，人类对自然的行为就主要受到自然观的影响。敬畏自然、尊重自然的自然观有利于更加和谐的自然利用行为，反之，缺乏敬畏之心、将人与自然相对立的自然观必然导致对自然的不顾后果的索取，人类历史上许多地区出现的严重的生态退化往往就是在知识不足的情况下错误的自然观所导致的后果。

3. 社会的道德体系。道德是有关是非对错的价值判断。生存与发展、平等、尊重与包容都是人类基本的一些价值取向；如果一个社会具有较高的道德水平，在对自然的利用中就更容易形成相对节制的、环境和群体友好的方式。因为一个人对自然的过度利用势必影响到其他人利用的机会和选择，对自然的破坏和不合理的利用也必然影响到个体和社群长期的发展。当基于人与人之间关系的社会道德发展到人与自然关系的生态道德，即使在知识有限、缺乏整体自然观的情况下，也有利于人与自然的和谐。

4. 社会的风俗和习惯。风俗习惯是由于自然条件和社会文化差异而形成的不同地区人们共同遵守的某种特定的行为模式或规范，比如乡规民约、某些传统的仪式和风尚等。在发展水平较低的前现代社会，普通人的行为更多受到这类文化因素的影响，比如不捕猎幼小的动物、保护村社周边的山林等。许多经济学家、社会学家的研究都发现，社会的风俗习惯对自然利用中的技术采纳、制度创新以及个体间的合作都具有深远的影响。[①]

---

① 埃莉诺·奥斯特罗姆：《公共事务的治理之道》，余逊达、陈旭东译，上海三联书店2000年版。

可持续发展要求人们处理好当前发展和未来发展之间的关系,要求今天的发展能为未来的发展留有余地,不仅不能耗尽或毁掉未来发展的资源环境基础,而且要为未来发展提供更好的条件。为了实现可持续发展,人们应恰当、合理地利用自然资源,同时保护自然资源和生态平衡;为了实现可持续发展,人们还应为今后的发展做好科学上、理论上、人力资源上的各种准备,这就要求人们不仅要开展各种能在今天带来效益的文化建设活动,也要开展各种虽然不能立即带来发展效益但能在未来的发展中显示效益的文化建设活动。哲学、人文科学和自然科学的基础研究和人才培养,各种高雅文学艺术作品的创作活动等,常常不可能有直接的明显的经济效益,但对于未来的可持续发展来说却是不可缺少的。要实现可持续发展,就要重视文化建设,从这一意义上讲,我们也可以说可持续发展战略在本质上是一种文化发展战略。[①]

第二节　可持续发展的文化

可持续发展要求人们改变将环境与经济相分离的思维方式,将关心人类后代的利益上升为一切活动的基本目标之一。它从人类可持续发展的高度看待贫富不均、两极分化,并断言一个相差悬殊的世界是不能持续的。因此,可持续发展战略的实施特别需要文化的支撑。

一、可持续发展的文化演进与冲突

人与自然的关系是人类社会永恒的主题之一,在可持续发展理念出现和形成之前的人类发展历史中,与此相关的文化传统始终存在,并从不同方面影响着资源、环境与经济社会发展之间的关系。

---

① 吴元:"论发展观与文化建设",《中国社会科学》,1996 年第 5 期。

　　从古代社会到工业革命以前，人类社会的经济形态长期停留在农业和手工业阶段，在低水平的科技条件下，人类的生存和发展直接仰赖于自然的赐予，随着人口的增加，一旦对自然的过度利用导致生态环境的退化，就可能直接威胁到人类的生存。在这种情况下，人类很早就开始思考如何对待自然的问题，并形成了一些朴素的生态文化观。

　　中国自周、秦以后对这类问题的研究就达到了超越时代的高度。奠定中国传统文化基础的重要典籍《周易》一书，用"阴阳五行""天人合一"学说解释自然界的奥秘及人与自然之间的关系，将天、地、人视为一个整体，认为只要顺应自然，合理利用自然，就能五谷丰登；反之就会受到大自然的报复，影响人类社会的发展。老子《道德经》中提出"人法地，地法天，天法道，道法自然"，强调师法自然，遵从自然的规律。《庄子》中明确提出"泛爱万物，利而不害，和谐共存，辅助自然"的思想。在这种人与自然和谐共存的文化观指引下，传统社会在制度建设和农业经济生产中也反映了因时、因地制宜的观念和认识。比如《逸周书·大聚篇》中提到"春三月，山林不登斧，以成草木之长。夏三月，川泽不入网罟，以成鱼鳖之长"；《孟子·梁惠王章句上》中有"不违农时，谷不可胜食也，数罟不入洿池，鱼鳖不可胜食也；斧斤以时入山林，林木不可胜用也"的认识。在自然利用上，先秦之时就有"禁山泽"的法令，《唐律》《大明律》《大清律》等历朝法令中也有对森林资源"取之有度、用之有节"的相关规定，并对特定的林木有砍伐禁令。

　　在我国古代社会，"天人合一"的生态文化观广泛体现在不同时期的农业生产和自然利用实践当中。早在春秋时代，《尚书·禹贡》就详细列出了华夏九州各自的土壤种类、肥力等级、利用程度和植被情况以指导农业生产，《周礼》中对山林、川泽、丘陵、坟衍、原隰五种土地利用类型适宜的动物、植物种类进行了总结。不同时代的农书都强调因时、因地制宜利用土地的道理，如《左传》中写"物土之宜而布其利"，北魏的《齐民要术》强调"顺天时,量地利,则用力少而成功多"。在这种思想指导下,我国很早在农业生产中就广泛总结和应用节气的自然规律,以及采纳轮作、间作、混作、休耕和套种等耕作制度,最大限度合理利用地力、增加农业产出并保持农业的可持续性。同时,不同时期的一些农业工程特别是灌溉设施在漫长的历史过程中都发挥了重要作用,比如闻名世界的都江堰水利工程,东晋《华阳府国志》就称颂"旱则引水浸润,雨则堵塞水门。故记曰:水旱从人,不知饥馑,时无荒年,天下谓之天府也"。无论农业耕作方式还是各类农业工程的成功,都是尊崇自然、人与自然相和谐的生态文化观在实践中的杰出体现。

　　西方文化事实上也有着悠久的自然主义传统。比如在早期社会中普遍存在的万物有灵论(animism)的思想,认为自然万物都具有一种内在的精神或意识。有机论(organicism)则把整个自然看作一个复杂的有机体,拥有物化分析所难以理解的性质,这种性质是一种结构效应的反映。新柏拉图主义(Neoplatonism)秉持一种整体的自然观,将自然看作多样化的统一体,一个共情和相互依赖的世界。这些观点总体上体现了某种尊重自然、强调自然与人的普遍联系的认识。西方人与自然和谐文化观的杰出代表是英国的吉尔伯特·怀特、美国的亨利·戴维·梭罗和约翰·穆尔等人,其思想主要反映在《塞尔伯恩博物志》《瓦尔登湖》和《夏日走过山间》等著作当中,可以被归结为田园主义或者阿卡狄亚主义(Arcadianism)。总体上,这是一种与自然亲密相处的简朴的乡村生活理想,以生命为中心,把自然看作需要尊重和热爱的伙伴。学者们认为这一思想经常沉溺于一种天真的怀旧情感之中,但它仍然有助于形成一种合作的而不是支配的、和谐的而不是个人逞强的、人是自然的一部分而不是优越于自然的生态道德。[1]

----

　　[1]　唐纳德·沃斯特:《自然的经济体系——生态思想史》,侯文蕙译,商务印书馆2007年版。

前工业化时代，人对自然的态度既有被动的适应，也有主动的改造，但总体上，由于科技水平低下，一旦人口快速增长，人类对自然的利用很容易超出自然承载的限度，从而导致自然的退化。比如我国早在宋元时期，黄河上游森林就已砍伐殆尽，水土流失加剧，黄河泥沙量大增；中国经济中心南移至长江下游，江南"田尽而地，地尽而山"，围垦湖面、开发山坡地已很常见。中东两河流域严重的土地次生盐碱化、北非的沙漠化、尼罗河古代文明的消亡等都与生态环境的退化紧密相关。从这个意义上看，可持续发展文化的现实影响是与经济生产方式和科学技术的基础分不开的。

自工业革命以来，随着科学技术的迅速进步，人类的生存空间得到了极大拓展，对自然的开发和利用能力得到了前所未有的提高，在这一过程中，人与自然关系中人类适应、顺从于自然的地位被逐渐翻转，强调以人为中心、将人类与自然相对立，把自然看成供人类索取和利用的资源，希望借助于以科学为基础的技术，获得一种直接的对自然界的统治权的观点。即使到今天，这事实上仍然是一种经常用来评价甚至指导知识追求的一种价值观。[①]

人类中心主义的兴起强调人的主观能动性，主张通过科技手段以改造自然，使自然更好地服务于人类的利益，本身具有积极的一面；但这种关系客观上应该是双向的，人类能动性和科技力量的发挥必须考虑到自然本身的特性，在利用和改造自然的同时注重对自然的保护，这样的关系才是长远的、可持续的。但事实上单纯强调以人类为中心的片面的发展观在很大程度上过分夸大了人类的能动性和科技的力量，忽略了对自然应有的尊重和保护。对自然不计后果地开发和利用，乃至表现为"征服自然"的文化观，在实践中广泛导致了普遍的资源耗竭

---

① 唐纳德·沃斯特：《自然的经济体系——生态思想史》，侯文蕙译，商务印书馆2007年版。

和环境退化。

片面的发展观一味追求经济的增长,不但在现实中加剧了人与自然的对立,也导致了人类价值观的扭曲。这种片面的发展观,以物质财富的增长为核心,以经济增长为唯一目标,并认为经济增长必然带来社会财富的增加、人民福利的增多。由于把经济增长作为发展的根本目的,把人作为实现经济增长的工具与手段,一方面造成了人的异化和畸形发展,使之成为只知道物质享受而丧失精神追求的单向度的人;[①]另一方面也造成了大量的社会问题,引发了诸如效率与公平、自由与平等、个人与社会、农村与城市、富人与穷人等一系列的矛盾与冲突。同时,对无限增长的盲目追求,生产能力的迅速扩张,对自然资源的滥采滥用以及对环境的破坏与污染,加剧了人类社会和自然环境、人类的今天与未来之间的矛盾和冲突。

人与自然相对立、片面追求经济增长的发展观,在社会生活中导致了普遍的拜金主义、利己主义、享乐主义的蔓延和泛滥。物质财富的占有和积累成为评价事物好坏的标准,这样的价值观和生活方式下,人与自然相和谐的传统的朴素生活方式被抛诸一边,最终导致了文化价值的分裂,导致了现代人生活中的文化危机与社会危机。

二、可持续发展的价值观和道德观

可持续发展的文化观,概而言之,是在一定的经济基础上,基于特定的科技和制度条件,形成的人与自然和谐共存、协调发展的价值共识和道德要求,主要是可持续发展的价值观和道德观。理解可持续发展的价值观和道德观,需要理清人与自然、代内公平与代际公平等几个关系范畴,进而从其特征和内涵去把握。

---

① 赫伯特·马尔库塞:《单向度的人——发达工业社会意识形态研究》,刘继译,上海译文出版社 2006 年版。

（一）以人为中心还是以自然为中心？

单纯强调以人为中心的片面的发展观导致了对自然不计后果的利用，成为资源耗竭和环境退化的重要原因。因此，在可持续发展理念形成和演进的过程中，以自然为中心的提法应运而生。但如果承认以自然为中心，又如何看待人类自身的发展？事实上，以自然为中心的理念似乎从未得到社会的共识，因为这有悖于人类的理性。以人还是以自然为中心，本质上都蕴含着一种价值判断，而价值作为一个关系范畴，反映着主体与客体之间需要与满足的相互关系；脱离了人类这一主体，自然本身也就失去了讨论"价值"的意义；自然的价值恰恰在于自然是人类存在和发展的基础。[①] 所以，以人为中心或者以人为本的理念从逻辑上看并无不妥，关键在于如何理解这里所说的"中心"。

"中心"一词，主要有两方面的含义：一种是空间或者物理意义上，与周边距离相等的特定的空间位置；一种是人文意义上，特指事物的主要部分，或者占有某种重要地位的城市或地区，如政治中心、经济中心等。空间意义上，中心与非中心只是一种客观的相对位置的描述，并不具有价值意义上重要性或平等性的判断；但在人文意义上，相比非中心，显然中心具有某种地位、作用或重要性的不同。人类中心主义究竟意味着人与自然是一种对立的关系还是和谐的关系，取决于如何看待这种人文意义上中心的内涵。事实上，人文意义上中心与非中心可以是排斥或对立关系，比如说个人中心主义，也可以是协同共处、互相依存的关系，比如服务中心或者管理中心。[②] 所以，人类中心主义带来的争议和分歧，根本上只是一种语义上的差异。

以人为中心既强调人类的主体地位，同时又蕴含人主动寻求与自

---

① 周海林：《可持续发展原理》，商务印书馆 2004 年版。
② 同上。

然的和谐共处;通过人的主观能动性,在利用自然的同时,通过对自然的有意识的保护和管理,提升自然对产品和服务的持续供给,这时以人为中心就成为符合可持续发展的价值与道德共识。

(二)代内公平还是代际公平?

可持续发展强调"既满足当代人的需求,又不损害后代人满足其需求的能力",这两个方面被普遍解读为代内公平和代际公平。其中代际公平是一个典型的文化选择。如果将当代人和后代人割裂开来看待,后代人的最大问题是在当代经济事务当中没有"投票权",也就无法从经济上保障自身的权益,对代际公平的考虑显然是站在人类整体的立场上,在伦理道德层面的一种考虑。当代的一些经济建设使当代人获益,但需要由后代承担其环境后果,比如核电站的建设,当代人获得了它带来的能源利益,但当几十年后核电站生命周期结束,后代人必须承担处理核废料的成本,在这种情况下,对后代人权益的保障只能通过一些强制的经济手段,比如建立代际基金或从核电站每年的收益中提取出一部分折旧用于未来核废料处理的成本。

代内公平的内涵可以从对公平三个方面的解读来理解,起点和过程的公平有助于效率的提升,而结果公平更多是道德上的考量。比如对自然保护区和生态退耕地区的居民,生态保护行为导致了其经济收入的直接下降,生态环境改善的成果则是由社会所共享的,在这种情况下,必须通过生态补偿等经济机制使其对社会的贡献在经济上实现,才能促进当地居民对生态保护的积极性。在自然资源利用过程中,公平竞争也有助于提升资源的利用效率。而对那些环境条件相对恶劣的地区,社会也有义务通过积极的环境改善保障当地人基本的生存和发展权益。

代内公平和代际公平表面上存在差异,但事实上由于世代之间是连续的,二者之间也难以严格区分。

三、可持续发展的发展观

人的生存和发展离不开物质价值,所以人要从事物质生活资料的生产,要同自然界进行物质、能量、信息的交换,要发展经济实现经济增长。但经济增长只是实现人的生存和发展的手段,其价值取决于对人的意义、对文化的意义。一般地说,人在自己的生存和发展中,不仅有物质生活条件上的追求,还有精神上的追求。希望有一种丰富、充实的精神生活;希望获得他人、群体和社会的尊重;获得自由和自主;希望在认识、改造客观世界的实践活动中显示自己的存在和价值。人的所有这些要求和希望归结起来就是文化的追求,就是要使自己实现对自然界动物生存状态的提升和超越,一旦人们这样认识自己的生存和发展的时候,就会超越那种单纯经济增长的狭隘眼界而认识到文化的价值和意义。

社会进步虽然要以经济发展和增长作为基础,但并不归结为单纯的经济增长。因为没有文化上的觉醒和进步,就不可能实现社会的全面进步。仅有物质上、经济上的富裕不可能解决所有社会问题,也不可能实现社会的全面进步。经济快速发展过程中的一些社会危机往往不是因为物质上的匮乏,而是因为文化上、精神上的危机,这也说明了价值观和道德观在实现社会全面进步中的不可缺少、不可替代的重要地位。可持续发展中人与自然之间多元主体及其关系的复杂性,以及正式制度的局限性,都使基于是非对错的价值判断、对行为的道德约束具有不可替代的重要作用。

传统的单纯追求经济增长的片面发展观,在讨论经济发展时把现实的人及其活动抽象掉了,仅仅依靠表示物的各种经济范畴去建构经济增长或发展理论,因而也就排除了文化的作用。可持续发展的价值观、道德观把现实的人及现实的经济单位作为讨论发展理论的出发点,这就必然重视文化的作用,因为现实的人和单位都是历史形成的文化环境的产物,都深受文化环境的影响。

传统的经济理论中对经济人的理性选择往往只注重对物质财富的追求,而忽视了价值取向、伦理道德等文化因素对效用和成本的影响,也没有意识到这些文化因素对经济发展本身的影响。这种影响有时甚至是决定性的,正如诺贝尔经济学奖得主诺思所说:"任何一个成功的意识形态必须克服搭便车问题,其基本目的在于促进一些群体不再按有关成本与收益的简单的、享乐主义的和个人的计算来行事。"① 当代经济学、管理学也深切地认识到了价值和道德取向在企业管理和市场管理中的重要作用。文化价值还直接参与经济价值的创造,一个物质产品不仅意味着一种经济价值,同时也意味着一种文化价值。

每个时代都有自己不同的财富观,这种财富观不仅支配着人们经济活动的目标指向,而且影响着这个时代的经济理论和经济发展战略。近代以来,支配着人们经济活动的财富观,是在现代化商品经济中形成的、在对物质无限增长追求中形成的商品价值观。在现代商品经济社会中,任何物质的存在只有转化为商品的价值时,才能成为被社会承认的财富存在,所以对价值的追求,就成为工业社会发展的原动力。

但是,当代人类面临的困境是,人们对商品价值过度追求的结果,正在使生态环境失去保证人类健康生存和发展的价值。要恢复自然生态健康的结构和功能,人类必须重新投入经济资源,就此,环境也就具有了价值意义和财富意义。"绿水青山就是金山银山"的理念,一方面在于绿水青山本身对人类生存和福祉具有的重要价值,同时也在于绿水青山的保护、恢复和改善需要金山银山的投入。

对现代社会财富观念的冲击,还有随着科技创新在经济发展中重

---

① 道格拉斯·C.诺思:《经济史中的结构与变迁》,陈郁、罗华平等译,上海三联书店2003年版。

要性的不断提升，出现的以知识资源为基础、以信息为主导产业的知识经济。随着知识经济的发展，构成现代社会的以物质价值衡量的社会财富结构发生了巨大的变化。不论是从一国总产值看，还是从某一商品价值看，传统意义的物质形态的价值所占份额越来越少，而以技术形态、文化形态形成的价值所占份额越来越大，比如现代社会中的信息产品，如计算机和软件等，其 90% 以上由技术价值构成。即使人们消费的一般物质产品，随着人们对商品自然需求向审美需求的转变，其中包含的技术价值、文化审美价值的含量也日益提高。知识与文化的价值，在现代社会中，不仅可以同物质产品一样用价值标准去衡量，而且还可以同物质产品一样生产出来。知识与文化的商品化，不仅改变整个人类的经济形态，而且在深层上改变着整个社会的消费方式和生活方式。

国民财富是由物质财富、生态财富和精神财富共同积累而成的。物质财富是一个国家所拥有的一切物质资源、物质产品的总和，是这个国家物质力量的显现；生态财富则是一个国家拥有的环境资源的总和；精神财富是一个国家所拥有的一切精神资源、精神产品的总和，是这个国家精神力量的显现。这三种财富的共同积累和这三种力量的协同发展、相互融合，便构成和显现了这个国家的综合国力。所以文化是以其生产精神产品、丰富精神资源和充实国民经济体系的方式来显示综合国力，并成为综合国力的重要标志的。

21 世纪的人类生活在一个物质、环境、知识与文化多元价值共存的经济社会中。以物质、环境、知识与文化多元价值论、财富观认识现在、设计未来，对于人类全面走向可持续发展的社会是非常重要的。以全新的财富观设计中国的未来，使中国在未来以环境经济、知识经济、价值经济为基础的可持续发展的世界经济中，占据应有的份额具有非常重大的意义。

科技进步是人类文明的重要组成部分。全社会思想道德水平的提高,离不开教育科学文化事业的发展。这是因为科学文化知识对于人们树立正确的世界观、人生观、价值观具有重要的作用。理想是对美好未来的追求和向往,是人们的力量源泉和精神支柱。道德是以教育、舆论和内心信念为约束力和推动力,来调整人与人之间、个人与社会之间关系行为规范的总和。由于理想和道德所涉及的内容极其广泛深刻,道德与理想的形成和发展离不开科学文化知识的学习。科技进步不仅改变人的价值观念,而且直接和间接地决定着人类的理想和信仰,比如哥白尼的日心说,就极大地推动了知识和科学技术从中世纪神学中的解放。知识创新和科技进步的核心是在人类科学技术活动中无禁区、无偶像、无顶峰,永远倾听实践的呼声。正是这种伟大的实践精神,才使人类揭开了一个又一个真理,使人类社会不断进步和发展,推动了人类文明的进程。

第三节　可持续发展文化观的构建

一、弘扬尊崇自然的生态文化观

我国有着长期、优秀的生态文化传统,这是生态文明领域文化自信的重要组成部分。以顺应天时、敬畏生命为主要内容的天人合一观是古代人类特有的自然观,古代的天人合一观,虽然有利于自然生态保护,但不利于人类认识自然、改造自然创造力的发挥。近代以来的天人对立观,虽然有利于人类主观能动性的发挥,但不利于自然生态的保护,并在现实中导致了生态环境恶化、资源短缺、物种锐减等危机。适应可持续发展的需要,新时代的自然观只能是建立在天人平等基础上的天人制衡、协调发展观。自然作为人类的生存空间或者说人类的家园,人类有权力在认识自然、改造自然的过程中获取满足人类生存与发展需要的物质财富。出于人类文明可持续发展的需要,人类也有义务像保护人类自身的生命一样爱护自然。人类自身的发展和对自然资源的开发,应当在不破坏自然平衡和自然的持续能力的前提下进行。只有这样,才能真正实现人类与自然之间的协调发展,才能在满足当代人发展的同时也为后代人留下可持续发展的时间和空间。

可持续发展理论的形成,正是人类在享受工业文明、现代文明的辉煌成果的同时又付出沉重代价以后,重新审视经济发展与生态环境相互关系正反两方面经验与教训的基础上进行反思的结果。可持续发展理论在价值观上是从过去的人与自然的对立转变为和谐关系,在道德观上是强调人在利用自然的同时负有保护自然、改善自然的义务,在发展观上是从过去的单纯追求经济目标转变为以经济、社会和自然综合协调发展为目标。

这种旨在谋取最大限度的人与自然互相促进、共同发展的观点,对于人多地少、资源短缺的当代中国尤其重要。如果说特殊的历史条件曾经允许西方国家在天人对立观下完成了西方的现代化,那么当前无论国内条件还是国际条件都没有为中国重复这条老路留下任何余地。历史留给当代中国走向未来的唯一出路,只能是在人与自然协调发展的基础上,走出一条既符合中国国情也符合生态文明观要求的新文明之路。

不同国家的实践表明,即使在没有正式制度施加有效约束的情况下,一些优秀的社区传统文化也能有效保障自然资源保护和利用之间的协调。即使在经济发展水平不高的一些相对贫困地区,尽管全球的经验表明贫困往往是导致环境退化的重要原因之一,但尊崇自然的生态文化观也有效保证了当地经济利用和自然生态之间的平衡。而在另一些区域的发展过程中,恰恰是一些外部因素的介入,比如以正式制度取代非正式的社区文化下的制度安排、人口迁徙或者价格等刺激手段打破了传统文化的平衡,才成为发展不可持续的重要动因。这都说明,即使在知识和科技水平快速进步的现代社会条件下,弘扬尊崇自然的生态文化观依然有着重要的现实意义。

在新的时代,一方面要传承传统生态文化中的优秀部分,同时,也需要在新的经济、社会和科技条件下进行发展和提升。自党的十八大以来,习近平生态文明思想迅速发展和成熟,形成了以"人与自然和谐共生"的生态哲学观、"绿水青山就是金山银山"的生态经济观和"良好生态是最普惠的民生福祉"的生态民生观为核心的生态文化体系,对实现经济、政治、文化、社会、生态文明五位一体的建设发展实践产生了重要的推动作用。在新时代,弘扬尊崇自然的生态文化观,就是要大力宣传、深入贯彻"绿水青山就是金山银山"的理念,通过构建、完善绿水青山和金山银山之间的双向转化机制,在全社会营造保护生态环境就是保护生产力、改善生态环境就是发展生产力的认识和实践氛围,并积极推动以体制机制改革创新为核心,加快完善政府主导、企业和社会各界参与、市场化运作、可持续的生态产品价值实现路径,持续推动产业生态化和生态产业化进程,使尊崇自然的生态文化观和经济社会的持续发展实现有机融合,最终形成具有中国特色的生态文明建设新模式。

二、培育和践行先进社会价值观

提倡文化理性,优化文化环境。文化的传递主要是通过文化塑造与特定社会制度要求相一致的个人,从而维护社会的同一性与稳定性。但是我们应该清醒地看到,市场经济中的利润原则以及有可能滋生的拜金主义,会冲击可持续发展文化的建设,改变文化建设的方向。不论承认与否,我们都不能不直接面对当代中国的某些文化现象,如理性高雅的文化与感性媚俗的文化的落差或错位。尽管后者为中国的老百姓提供了色彩缤纷、松软甜爽的文化生活,但却以感性化、平面化、媚俗化、游戏化的精神使大多数人难以保持缄默与庄重，人的尊严与历史承诺销蚀于嬉戏之中。无疑，国家文化意识的理性化（文化政策，市场调控）、大众审美意识的理性化（健康高雅，养情怡性），是我们消解感性媚俗、重建理性高雅的社会主义新文化的先决条件。毫无疑问，大众文化应具有娱乐性、休闲性、趣味性，但也应该弘扬主旋律，提高品位，优化文化环境。就此，围绕可持续发展文化观的主要内涵，需要不断完善现有的文化政策和制度体系，加大对优秀文化建设、发展和传播的投入，坚持文化正确的价值取向和审美品位，引导积极向上的大众文化环境，有效调控和抑制低俗文化产生的土壤，使文化更好地服务于可持续发展。

社会文明是可持续发展的本质特征。可持续发展理论主题中有两个基本要点：一是强调人类在追求生存与发展权利时，要保持其与自然相和谐的关系；二是强调当代人在创造和追求今世发展与消费的时候，应承认并努力做到使自己的机会与后代人的机会平等。这两方面首先都是道德和伦理层面的选择。从这个意义上，实现可持续发展首先需要极大地提高人的文明素质，提升社会整体的文明水平。人的文明素质基于人的价值观，培育和践行先进的社会和生态价值观就成为可持续发展文化观建设的重要内容。

社会主义核心价值观是当代中国精神的集中体现，凝结着全体人民共同的价值追求。培育和践行这一价值体系，应该系统强化教育引导、实践养成、制度保障，发挥社会主义核心价值观对国民教育、精神文明创建、生态环境优化、精神文化产品创作传播的引领作用，把社会主义核心价值观融入经济、政治、文化、社会和生态文明"五位一体"的建设当中，转化为人们的情感认同和行为习惯。在社会内部，广泛开展理想信念教育，深化中国特色社会主义和中国梦宣传教育，全面提高人民的思想觉悟、道德水准、生态文明素养，提高全社会文明程度。

社会主义文化既是凝聚国人的黏合剂，激励国人的鼓动机，又是改造国民人性和完善国民人性、人情的精神力量。保持国家可持续发展的澎湃活力,必须以国民素质的高度发展和人的潜力的充分开发、人力资源的充分利用尤其是人才优势的形成为先决条件。推进社会主义的经济、政治、文化、社会和生态文明建设,说到底要靠国民的现代意识、改革开放意识、经济金融意识、自由平等民主意识;要靠提高国民的思想道德水准、科学技术水平和充分发挥人的创造力。而这一切又无不以先进的社会价值观和生态价值观为基本前提。没有同现代化社会发展相适应的社会和生态价值观,没有国民文明素质的极大提高,要建设可持续发展的社会主义强国就成了无源之水、无本之木,这已为数千年的历史和中华人民共和国成立后正反两方面的经验所反复证明。

社会主义市场经济与可持续发展的文化建设不仅是相容的,而且前者对后者能起到推动作用。从根本性质上说,我们不是建立与工业化相一致的所谓工业文化,也不是与市场经济相一致的市场经济文化,而是与我们的社会制度相一致的可持续发展的文化,这是一种以马克思主义为指导的,充分吸收中国传统文化和西方先进文化的积极因素的新的文化形态。

市场经济对于可持续发展的文化建设有着积极的推动作用,具体表现在:文化市场的启动,有利于较多的资金向文化事业投入;适度的物质利益原则,有利于调动人的主动性和积极性,发挥潜藏的创造才能;适度的竞争原则,有利于使优秀人才和成果脱颖而出;文化企业的出现,可以在文化中注入市场机制的生机,有利于优秀文化产品的传播。更加重要的是,通过市场机制使文化更加面对群众、接近群众。文化面向大众是社会主义文化本身的要求。文化不能只停留在少数文化人的圈子里,应该交给群众。市场经济有利于文化的传播和普及,有利于大众多渠道、多形式地获取文化科学知识,以更好地服务于建设可持续发展的美丽中国。

主要参考文献

[1] 《马克思恩格斯全集》第8、20、35、46、47卷，人民出版社2006年版。

[2] 《马克思恩格斯选集》第1、2、4卷，人民出版社2012年版。

[3] 马克思：《资本论》，人民出版社2004年版。

[4] 恩格斯：《自然辩证法》，《马克思恩格斯文集》第9卷，人民出版社2009年版。

[5] 习近平：《习近平谈治国理政》，外文出版社2014年版。

[6] 习近平：《习近平谈治国理政第三卷》，外文出版社2020年版。

[7] 习近平：《之江新语》，浙江人民出版社2018年版。

[8] 中共中央文献研究室：《习近平关于社会主义经济建设论述摘编》，中央文献出版社2017版。

[9] 中共中央宣传部组织编：《习近平总书记系列重要讲话读本》，学习出版社、人民出版社2016年版。

[10] 埃莉诺·奥斯特罗姆：《公共事物的治理之道：集体行动制度的演进》，余逊达、陈旭东译，上海三联书店2000年版。

[11] 安树伟、张晋晋：《都市圈：中小城市功能提升》，科学出版社2020年版。

[12] 奥利弗.E.威廉森：《治理机制》，王健等译，中国社会科学出版社2001年版。

[13] 保罗·A.萨缪尔森、威廉·D.诺德豪斯：《经济学》第12版，中国发展出版社1992年版。

[14] 彼得·H.舒克编著：《行政法基础》，王诚等译，法律出版社2009年版，第37页。

[15] 波特：《国家竞争优势》上，天下远见出版公司1996年版。

[16] 蔡宁、吴结兵：《产业集群与区域经济发展：基于"资源−结构"观的分析》，科学出版社2007年版。

［17］ 陈磊、姜海:"从土地资源优势区配置到主体功能区管理:一个国土空间治理的逻辑框架",《中国土地科学》2019 年第 6 期。

［18］ 陈启杰:《中国后工业社会消费结构研究》,上海财经大学出版社 2011年版。

［19］ 陈诗一:《绿色金融概论》,复旦大学出版社 2019 年版。

［20］ 陈先达:《陈先达文集·第四卷:哲学与文化》,中国人民大学出版社2006 年版。

［21］ 陈晓红、蔡思佳、汪阳洁:"我国生态环境监管体系的制度变迁逻辑与启示",《管理世界》2020 年第 11 期。

［22］ 陈艳利、弓锐、赵红云:"自然资源资产负债表编制:理论基础、关键概念、框架设计"《会计研究》2015 年第 9 期。

［23］ 大卫·皮尔斯:《绿色经济的蓝图（3）——衡量可持续发展》,北京师范大学出版社 1996 年版。

［24］ 戴维·皮尔思、杰瑞米·沃福德:《世界无末日:经济学、环境与可持续发展》,张世秋等译,中国财政经济出版社 1996 年版。

［25］ 道格拉斯·C.诺思:《经济史中的结构与变迁》陈郁、罗华平等译,上海三联书店 2003 年版。

［26］ 道格拉斯·C.诺思:"新制度经济学及其发展",《经济社会体制比较》路平、何玮编译,2002 年第 5 期。

［27］ 樊杰:"我国'十四五'时期高质量发展的国土空间治理与区域经济布局",《中国科学院院刊》2020 年第 7 期。

［28］ 高国力:《区域经济不平衡发展论》,经济科学出版社 2008 年版。

［29］ 龚胜生、敖荣军编:《可持续发展基础》,科学出版社 2009 年版。

［30］ 谷树忠、姚予龙、沈镭等:"资源安全及其基本属性与研究框架",《自然资源学报》2002 年第 3 期。

［31］ 郭岚:《中国区域差异与区域经济协调发展研究》,巴蜀书社 2008 年版。

［32］ 国家发展改革委、建设部:《建设项目经济评价方法与参数（第三版）》,中国计划出版社 2006 年版。

［33］ 国家发展和改革委员会,中华人民共和国水利部:《全国水资源综合规划（2010—2030）》。

［34］ 国家统计局编:《中国国民经济核算体系（2016）》,中国统计出版社2017 年版。

［35］　国家统计局、生态环境部:《中国环境统计年鉴(2019)》,中国统计出版社 2021 年版。

［36］　国务院办公厅:《全国主体功能区规划》,人民出版社 2011 年版。

［37］　过建春编:《自然资源与环境经济学》,中国林业出版社 2007 年版。

［38］　何正斌:《经济学 300 年(下)》,湖南科学技术出版社 2010 年版。

［39］　赫伯特·马尔库塞:《单向度的人——发达工业社会意识形态研究》,刘继译,上海译文出版社 2006 年版。

［40］　洪银兴、孙宁华:《中国经济发展:理论、实践、趋势》,南京大学出版社 2016 年版。

［41］　洪银兴、杨玉珍、王荣:"城镇化新阶段:农业转移人口和农民市民化",《经济理论与经济管理》2021 年第 1 期。

［42］　洪银兴:"论市场对资源配置起决定性作用后的政府作用",《经济研究》2014 年第 1 期。

［43］　洪银兴:"探寻乡村振兴之路——苏州常熟蒋巷村调研的理论思考",《红旗文稿》2019 年第 10 期。

［44］　洪银兴:《从比较优势到竞争优势》载《经济研究》1997 年第 6 期。

［45］　胡文龙、史丹:"中国自然资源资产负债表框架体系研究——以 SEEA2012、SNA2008 和国家资产负债表为基础的一种思路",《中国人口·资源与环境》2015 年第 8 期。

［46］　黄少安编:《产权经济学导论》,经济科学出版社 2004 版。

［47］　黄薇主编:《中华人民共和国民法典释义》,法律出版社 2020 年版。

［48］　J. 迪克逊等编:《扩展衡量财富的手段:环境可持续发展指标》,张坤民等译,中国环境科学出版社 1998 年版。

［49］　吉利斯、波金斯、罗默、斯诺德格拉斯:《发展经济学》,彭刚、杨瑞龙等译,中国人民大学出版社 1998 年版。

［50］　杰里米·里夫金:《第三次工业革命:新经济模式如何改变世界》,中信出版社 2012 年版。

［51］　金碚:"中国工业化的资源路线与资源供应",《中国工业经济》2008 年第 2 期。

［52］　金德尔伯格:《经济发展》,上海译文出版社 1986 年版。

［53］　金相郁:《中国区域经济不平衡与协调发展》,上海人民出版社 2007 年版。

［54］　经济合作与发展组织:《环境管理中的经济手段》,张世秋等译,中国环

境科学出版社 1996 年版。

[55]　库兹涅茨:《诺贝尔经济学奖获得者讲演集》,中国社会科学出版社
　　　　 1986 年版。

[56]　库兹涅茨:《现代经济增长》,戴睿译,北京经济学院出版社 1989 年版。

[57]　李明超:《大城小镇:城市化进程中城市病治理与小城镇发展》,经济管
　　　　 理出版社 2017 年版。

[58]　李晓蕙:《中国区域经济协调发展研究》,知识产权出版社 2009 年版。

[59]　理查德·B. 斯图尔特著:《美国行政法的重构》,沈岿译,商务印书馆
　　　　 2002 年版。

[60]　联合国等编:《环境经济综合核算(2003)》,丁言强等译,中国经济出
　　　　 版社 2004 年版。

[61]　林毅夫:"关于制度变迁的经济学理论:诱致性变迁与强制性变迁",
　　　　 《财产权利与制度变迁》,上海人民出版社 1994 年版。

[62]　刘贯春、刘媛媛、张军:"中国省级经济体的异质性增长路径及模式
　　　　 转换——兼论经济增长源泉的传统分解偏差",《管理世界》2019 年
　　　　 第 6 期。

[63]　刘琨、永峰、王璐编:《环境规划与管理》,哈尔滨工业大学出版社 2010
　　　　 年版。

[64]　刘起运、夏明、张红霞编:《宏观经济系统的投入产出分析》,中国人民
　　　　 大学出版社 2006 年版。

[65]　刘世庆、许英明、巨栋等:《中国流域经济与政区经济协同发展研究》,
　　　　 人民出版社 2019 年版。

[66]　刘思华编:《绿色经济论——经济发展理论变革与中国经济再造》,中
　　　　 国财政经济出版社 2001 年版。

[67]　刘思华:《可持续发展经济学》,湖北人民出版社 1997 年版,第 22 页。

[68]　刘向南:《区域生态用地规划管理研究》,中国大地出版社 2014 年版。

[69]　刘燕华、周宏春主编:《中国资源环境形势与可持续发展》,经济科学出
　　　　 版社 2001 年版。

[70]　联合国环境规划署:《全球环境展望 5》2012 年。

[71]　罗必良编:《新制度经济学》,山西经济出版社 2005 年版。

[72]　罗伯特·J. 巴罗:《经济增长的决定因素:跨国经验研究》,李剑译,中
　　　　 国人民大学出版社 2004 年版。

［73］罗伯特・考特、托马斯・尤伦著：《法和经济学》，史晋川等译，格致出版社、上海三联书店、上海人民出版社 2012 年版。

［74］马传栋：《可持续发展经济学》，中国社会科学出版社 2015 年版。

［75］马凯："积极稳妥地推进资源型产品价格改革"，《求是》2005 年第 24 期。

［76］马贤磊、曲福田："成本效益分析与代际公平：新代际折现思路"，《中国人口・资源与环境》2011 年第 8 期。

［77］马中编：《环境与资源经济学概论》，高等教育出版社 1999 年版。

［78］曼昆：《经济学原理》，上海三联书店 1999 年版。

［79］倪文俊、马超德等：《中国农村饮水安全工程管理实践与探索》，中国水利水电出版社 2010 年版。

［80］聂华林：《区域可持续发展经济学：基于中国西部经济发展和生态重建的理论与实践》，中国社会科学出版社 2007 年版。

［81］配第：《配第经济著作选集》，陈冬野等译，商务印书馆 1981 年版。

［82］《千年生态系统评估报告集》，赵士洞、张永民、赖鹏飞译，中国环境科学出版社 2007 年版。

［83］曲福田主编：《土地经济学（第三版）》，中国农业出版社 2011 年版。

［84］曲福田、冯淑怡编：《资源与环境经济学（第三版）》，中国农业出版社 2018 年版。

［85］曲福田、诸培新编：《土地经济学（第四版）》，中国农业出版社 2018 年版。

［86］曲福田等编：《中国土地和矿产资源有效供给与高效配置机制研究》，中国社会科学出版社 2017 年版。

［87］《生态系统与人类福祉：评估框架》，张永民译，中国环境科学出版社 2007 年版。

［88］世界环境与发展委员会著：《我们共同的未来》，王之佳等译，吉林人民出版社 1997 年版，第 10 页。

［89］世界银行：《里约后五年——环境政策的创新研究》，中国环境科学出版社 1997 年版。

［90］世界资源研究所著：《生态系统与人类福祉：生物多样性综合报告》，国家环境保护总局履行《生物多样性公约》办公室译，中国环境科学出版社 2005 年版，第 1 页。

［91］斯蒂格利茨、沃尔什：《经济学》，黄险峰、张帆译，中国人民大学出版

社 2010 年版。

［92］ 速水佑次郎:《发展经济学——从贫困到富裕》,李周译,社会科学文献出版社 2003 年版。

［93］ 谭荣、曲福田:"中国农地非农化与农地资源保护:从两难到双赢",《管理世界》2006 年第 12 期。

［94］ 唐纳德·沃斯特:《自然的经济体系——生态思想史》,侯文蕙译,商务印书馆 2007 年版。

［95］ 涂正革、谌仁俊:"排污权交易机制在中国能否实现波特效应?",《经济研究》2015 年第 7 期。

［96］ 王安建、王高尚、张建华:《矿产资源与国家经济发展》,地质出版社 2002 年版。

［97］ 王灿发主编:《〈环境保护法〉实施评估报告(2016)》,中国政法大学出版社 2019 年版,第 185 页。

［98］ 王格芳、崔永刚编:《以人为核心的新型城镇化理论与实践》,山东大学出版社 2019 年版。

［99］ 王舒曼、曲福田:"江苏省自然资源核算及对 GDP 的修正——以水、大气资源为例",《中国人口·资源与环境》2001 年第 3 期。

［100］ 王文军:《可持续发展经济学》,西北农林科技大学出版社 2019 年版。

［101］ 王锡桐:《自然资源开发利用中的经济问题》,科学技术文献出版社 1992 年版。

［102］ 王一鸣:"百年大变局、高质量发展与构建新发展格局",《管理世界》2020 年第 12 期。

［103］ 王远编:《环境经济与管理》,中国环境出版集团 2020 年版。

［104］ 威廉·诺德豪斯:《气候赌场》,中国出版集团东方出版中心 2021 年版。

［105］ 韦伟:《中国经济发展中的区域差异与区域协调》,安徽人民出版社 1998 年版。

［106］ 魏后凯:《区域经济发展的新格局》,云南人民出版社 1995 年版。

［107］ 吴靖平:《科学的资源开发模式——走出"资源诅咒"的怪圈》,中共中央党校出版社 2010 年版。

［108］ 吴卫星:"论环境规制中的结构性失衡——对中国环境规制失灵的一种理论解释",《南京大学学报》2013 年第 2 期。

［109］ 吴卫星:"宪法环境权的可诉性研究",《华东政法大学学报》2019 年第

6 期。

[110] 吴易风："经济增长理论：从马克思的增长模型到现代西方经济学家的增长模型"，《当代经济研究》2000 年第 8 期。

[111] 吴元："论发展观与文化建设"，《中国社会科学》，1996 年第 5 期。

[112] 谢高地编：《自然资源总论》，高等教育出版社 2009 年版。

[113] 雅克·阿塔利：《未来简史》，上海社会科学院出版社 2010 年版。

[114] 闫慧敏、封志明、杨艳昭等编：《自然资源资产负债表编制案例研究》，气象出版社 2018 年版。

[115] 杨合庆主编：《中华人民共和国森林法释义》，法律出版社 2020 年版。

[116] 杨世忠、谭振华、王世杰："论我国自然资源资产负债核算的方法逻辑及系统框架构建"，《管理世界》2020 年第 11 期。

[117] 杨伟民：《规划体制改革的理论探索》，中国物价出版社 2003 年版。

[118] 杨伟民等：《新中国发展规划 70 年》，人民出版社 2019 年版。

[119] 杨文进：《可持续发展经济学教程》，中国环境科学出版社 2005 年版。

[120] 姚志勇等：《环境经济学》，中国发展出版社 2002 年版。

[121] 伊恩·斯佩勒博格等著：《可持续性的度量、指标和研究方法》，周伟丽等译，上海交通大学出版社 2017 年版。

[122] 俞海山：《可持续消费模式论》，经济科学出版社 2002 年版。

[123] 约瑟夫·熊彼特：《经济发展理论》，商务印书馆 2000 年版。

[124] 张帆、夏凡：《环境与自然资源经济学》，格致出版社 2015 年版。

[125] 张璐主编：《环境与资源保护法学》，北京大学出版社 2018 年版。

[126] 张肃、黄蕊：《产业转移与区域经济平衡》，社会科学文献出版社 2019 年版。

[127] 张向前、黄种杰、朱小能："人力资源与区域经济发展分析"，《管理世界》2002 年第 11 期。

[128] 中华人民共和国水利部：《中国水资源公报 2019》，中国水利水电出版社 2020 年版。

[129] 钟茂初：《可持续发展经济学》，经济科学出版社 2006 年版。

[130] 周海林：《可持续发展原理》，商务印书馆 2004 年版。

[131] 朱迪·丽丝：《自然资源分配、经济学与政策》，蔡运龙等译，商务印书馆 2002 年版。

[132] 诸大建："超越增长：可持续发展经济学如何不同于新古典经济学"，

《学术月刊》2013 年第 10 期。

[133] 诸培新、任艳利、曲福田："经济发达地区耕地非市场价值及居民支付意愿研究——以南京市为例",《中国土地科学》2010 年第 6 期。

[134] 庄起善:《世界经济新论》,复旦大学出版社 2001 版。

[135] Abate, T. G., Börger, T., Aanesen, M., et al., "Valuation of marine plastic pollution in the European Arctic: Applying an integrated choice and latent variable model to contingent valuation," *Ecological Economics*, 2020: 169.

[136] Adam, Lampert, "Over-exploitation of natural resources is followed by inevitable declines in economic growth and discount rate," *Nature Communications*, 2019.

[137] Amirnejad, H., Khalilian S., Assareh, M. H., et al., "Estimating the existence value of north forests of Iran by using a contingent valuation method," *Ecological Economics*, 2006, 58 (4): 665-675.

[138] Armbrecht, J., "Use value of cultural experiences: A comparison of contingent valuation and travel cost," *Tourism Management*, 2014, 42: 141-148.

[139] Arrow, K., Cropper, M., Gollier, C., et al., "Determining benefits and costs for future generations," *Science*, 2013, 341 (6144): 349-350.

[140] Atkinson, G., Hamilton, K., "Savings, growth and the resource curse hypothesis," *World Development*, 2003, 31 (11): 1793-1807.

[141] Belcher, R. N., Chisholm, R. A., "Tropical vegetation and residential property value: A hedonic pricing analysis in Singapore," *Ecological Economics*, 2018, 149: 149-159.

[142] Bishop, R. C., "Endangered species and uncertainty: the economics of a safe minimum standard," *American Journal of Agricultural Economics*, 1978, 60.

[143] Boyd, J., Banzhaf, S., "What are ecosystem services? The need for standardized environmental accounting units," *Ecological Economics*, 2007, 63 (2-3): 616-626.

[144] Boyd, J., "Nonmarket benefits of nature: What should be counted in green GDP?" *Ecological Economics*, 2007, 61 (4): 716-723.

[145] Bu, M., Li, S., & Jiang, L., "Foreign direct investment and energy intensity in China: Firm-level evidence," *Energy Economics*, 2019, 80: 366-376.

[146] Costanza, R., D'Arge, R., De Groot, R., et al., "The value of the world's ecosystem services and natural capital," *Nature*, 1997, 387 (15): 253-260.

[147] Costanza, R., De Groot, R., Sutton, P., et al., "Changes in the global value of ecosystem services," *Global Environmental Change*, 2014, 26 152-158.

[148] Costanza, R., Kubiszewski, I., Giovannini, E., et al., "Time to leave GDP behind," *Nature*, 2014, 505 (3): 283-285.

[149] D. W. Pearce, E. Barbier and A. Markandya, *Sustainable Development: Economics and Environment in the Third World*, Aldershot: Edward Elger, 1990.

[150] Daily, G. C., *Nature's Service: Societal Dependence on Natural Ecosystems*, Washington, D. C.: Island Press, 1997.

[151] Dekkers, J. E. C., Straaten, S. W., "Monetary valuation of aircraft noise: A hedonic analysis around Amsterdam airport," *Ecological Economics*, 2009, 68 (11): 2850-2858.

[152] E. Denison, *Why Growth Rates Differ: Postwar Experience in Nine Western Countries*, Washington DC: Brookings Institution, 1967.

[153] Gollier, C., Hammitt, J. K., "The long-run discount rate controversy," *Annual Review of Resource Economics*, 2014, 6 (1): 273-295.

[154] H.E. Daly, "Toward some operational principles of sustainable development," *Ecological Economics*, 1990, 2 (1) .

[155] Holling, C. S., "Understanding the complexity of economic, ecological, and social systems," *Ecosystems*, 2001, 4 (5): 390-405.

[156] Kula, E., "Future generations and discounting rules in public sector investment appraisal," *Environment and Planning A*, 1981, 13 (7): 899-910.

[157] Kunanuntakij, K., Varabuntoonvit, V., Vorayos, N., et al., "Thailand green GDP assessment based on environmentally extended input-output model," *Journal of Cleaner Production*, 2017, 167: 970-977.

[158] Łaszkiewicz, Edyta, Czembrowski, P., Kronenberg, J., "Can proximity to urban green spaces be considered a luxury? Classifying a non-tradable good with the use of hedonic pricing method," *Ecological Economics*, 2019, 161: 237-247.

[159] Lind, R. C., Schuler, R. E., "Equity and discounting in climate-change decisions," In Nordhaus W. D. (Ed.), *Economics and Policy Issues in Climate*

Change, Washington, DC: Resource for the Future, 1998.

[160] Liu, T., Hu, W., Song, Y., et al., "Exploring spillover effects of ecological lands: A spatial multilevel hedonic price model of the housing market in Wuhan, China," *Ecological Economics*, 2020: 170.

[161] Moore, M. R., Cardinale, B. J., Xu, H., et al., "Hedonic price estimates of lake water quality: Valued attribute, instrumental variables, and ecological—economic benefits," *Ecological Economics*, 2020: 176.

[162] Ochuodho, T. O., Alavalapati, J. R. R., "Integrating natural capital into system of national accounts for policy analysis: An application of a computable general equilibrium model," *Forest Policy and Economics*, 2016, 72: 99–105.

[163] Osseni, A. F., Bareille, F., Dupraz, P., "Hedonic valuation of harmful algal bloom pollution: Why econometrics matters?" *Land Use Policy*, 2019: 104283.

[164] P. Romer, "Increasing returns and long-run growth," *Journal of Political Economy*, 1986, 94 (5).

[165] Padilla, E., "Intergenerational equity and sustainability," *Ecological Economics*, 2004, 41 (1): 69–83.

[166] Price, C., Sjlie, H. K., Caurla, S., et al, "Optimal rotations with declining discount rate: incorporating thinning revenues and crop formation costs in a cross-European comparison," *Forest Policy and Economics*, 2020, 118: 102218.

[167] Rogers, P. P., Jalal, K. F., Boyd, J. A., *An Introduction to Sustainable Development*, Earthscan, 2012.

[168] See Kubasek Nancy and Silverman Gary, *Environmental Law*, Prentice Hall, 2002, p.115.

[169] Solow, "Technical change and the aggregate production," *The Review of Economics and Statistics*, 1957, 39 (3).

[170] Sterner, T., Persson, U. M., "An even sterner review: Introducing relative prices into the discounting debate," *Review of Environmental Economics and Policy*, 2008, 2 (1): 61–76.

[171] Sumaila, U. R., Walters, C., "Intergenerational discounting: A new intuitive approach," *Ecological Economics*, 2005, 52: 135–142.

[172] Tansley, A. G., "The use and abuse of vegetational concepts and terms," *Ecology*, 1935, 16 (3): 284–307.

[173] Turner, P., Tschirhart, J., "Green accounting and the welfare gap," *Ecological Economics*, 1999, 30 (1): 161−175.

[174] Wang, J., "Revive China's green GDP programme," *Nature*, 2016, 534: 37−37.

[175] Weikard, H. P., Zhu, X., "Discounting and environmental quality: When should dual rates be used?" *Economic Modelling*, 2005, 22 (5): 868−878.

[176] Weitzman, Martin, L., "Gamma discounting," *American Economic Review*, 2001.

[177] Wu, S., Han, H., "Sectoral changing patterns of China's green GDP considering climate change: An investigation based on the economic input-output life cycle assessment model," *Journal of Cleaner Production*, 2020, 251: 1−20.

[178] Xu, S. X., "Overexploitation risk in 'Green Mountains and Clear Water'," *Ecological Economics*, 2021, 179 (1) .106804.

[179] Yansui, L., Yuheng, L., "Revitalize the world's countryside," *Nature*, 2018, 548.

[180] Yusuf, A. A., Resosudarmo, B. P., "Does clean air matter in developing countries' megacities? A hedonic price analysis of the Jakarta housing market, Indonesia," *Ecological Economics*, 2009, 68 (5): 1398−1407.

[181] Zhang, Z., Paudel, K. P., "Policy improvements and farmers willingness to participate: Insights from the new round of China's Sloping Land Conversion Program," *Ecological Economics*, 2019, 162 (8): 121−132.

后　　记

　　2000 年由洪银兴主持编写的《可持续发展经济学》一书在商务印书馆出版。在当时是国内最早的一本可持续发展经济学著作。本书出版后在国内产生较大反响。2002 年又再次印刷。2002 年获评教育部高等学校人文社会科学研究成果奖。近期本书荣幸入选商务印书馆"中华当代学术著作辑要"再版。非常感谢商务印书馆对本书的肯定。

　　本书自 2000 年出版至今已有 20 多年。再版本书不只是保留本书的基本思想和基本框架，还需要考虑到 20 多年来以下三个方面的新情况和新进展，对本书进行全面修订。

　　一是在这 20 多年间世界范围内可持续发展问题得到了包括发达国家和发展中国家在内的广泛重视，可持续发展研究取得了巨大进展。可持续发展涉及的领域非常广泛，自然、环境、政治、社会、法律、文化等领域都涉及，但经济学领域尤为重视。对发展中国家来说，尤为关注其与经济发展的关系。从经济入手解决可持续发展问题受到广泛关注。

　　二是当前中国经济进入了新发展阶段，由高速增长转向高质量发展。习近平总书记对可持续发展提出了一系列重要指示，其中包括：绿水青山就是金山银山理论；绿色发展理念。尤其是习近平总书记公开宣示，中国将在 2030 年前实现碳达峰，2060 年前实现碳中和。所有这些都开拓了可持续发展经济学研究的新境界。

　　三是 2021 年我国全面建成小康社会，开启了现代化建设的新征程。这是转向生态文明时代的现代化,即人与自然和谐共生的现代化。目标是建设美丽中国。这样,对可持续发展的研究需要同社会主义现代化的新目标联系起来。

以上三个方面可以说是修订本书的指导思想,不仅要求适当调整全书的结构,而且需要增加新的内容和新的研究成果。本书在修订时还进一步加强了可持续发展的经济学分析以及可持续发展的经济评价,增加了关于可持续发展的知识性和技术性的内容。

本书共20章,逻辑上的安排是:第一至三章是总论,涉及可持续发展经济学的产生、研究背景和对可持续发展的经济评价。第四至七章是可持续发展的系统,涉及人口、资源、环境和经济发展方式。第八至十三章是可持续发展的发展领域,涉及创新、产业、城镇化、区域、对外开放以及发展项目评价。第十四至二十章是实现可持续发展的正式的和非正式的制度安排,涉及产权制度、市场、金融、政府、微观主体、法治和文化建设。

2000年版《可持续发展经济学》的作者中洪银兴、曲福田和高波教授参与了本书再版的修订。这次修订由洪银兴和曲福田共同主持。参与修订本书的作者包括南京大学和南京农业大学相关领域的专家教授及博士、博士后。冯淑怡教授和卜茂亮博士协助我们做了大量的组织协调工作。本书的主要著者为洪银兴,曲福田,冯淑怡,卜茂亮,(以下以承担写作的各章为序)高波,杨玉珍,诸培新,刘蓓蓓,刘向南,王辉龙,马贤磊,夏明,季小立,姜海,吴卫星。

修订本书作者的分工如下:总论,洪银兴;第一章,卜茂亮;第二章,高波,陈诚;第三章,冯淑怡;第四章,杨玉珍;第五章,诸培新;第六章,刘蓓蓓;第七章,曲福田,刘向南;第八章,王辉龙;第九章,杨玉珍;第十章,马贤磊;第十一章,夏明;第十二章,卜茂亮;第十三章,马贤磊,冯淑怡;第十四章,曲福田,诸培新;第十五章,季小立;第十六章,王辉龙;第十七章,姜海;第十八章,卜茂亮;第十九章,吴卫星;第二十章,刘向南。此外,杨琳琛、何玉凤、司益诚、高攀、孙雪、姚瑶、谢皖东、陈乐天、郭恩泽、谢贤鑫、张玉娇、范佳旭、赵伟、王鹤鸣参与了有关章节的研究工作。全书的修订由我们俩共同策划、主持和统稿。

本书2000年版为洪银兴主持的国家自然科学基金资助项目成果。本修订版为洪银兴主持的国家社科基金重大研究专项项目"新时代中国特色经济学基本理论问题研究"(18VXK002)的阶段性成果。

厉以宁先生专门为本书的2000年版写了很长的一段序言,那是他当时一字一字手写的。序言所包含的思想至今仍然是前沿的,因此仍然将它作为本书修订版的序言。再次感谢厉以宁老师。

感谢商务印书馆为出版本书的辛勤付出。

洪银兴　曲福田

2021年暑假于南京